早期中国研究丛书

睡虎地秦简所见秦代国家与社会

[日] 工藤元男 著

[日] 广濑薫雄 曹峰 译

上海古籍出版社

丛 书 序

     "早期中国"是西方汉学(Sinology)研究长期形成的一个学术范畴,指汉代灭亡之前(公元 220 年)的中国研究,或是佛教传入之前的中国研究,此一时期的研究资料和研究方法都自成体系。以吉德炜(David Keightley)教授于 1975 年创办 Early China 杂志为标志,"早期中国"这个学术范畴基本确定。哥伦比亚大学近年设置的一个常年汉学讲座也以"早期中国"命名。

     "早期中国"不仅是西方汉学研究长期实践中形成的一种实用分类,而且是探求中国传统文化之源的重要的实质性概念。

     从最初的聚落发展到广大地域内的统一的中央集权专制主义的秦帝国建立,并且在汉代走上农业文明之路、确立起帝国社会的价值观体系、完善科层选拔官僚制度及其考核标准,早期中国经历了从文明起源到文化初步成型的成长过程,这个过程实际上也就是中华民族的形成过程。可以说,早期中国不仅奠定了中华文明的基础,也孕育、塑造了此后长期延续的传统中国文化的基本性格:编户齐民自给自足的小农经济长期稳定维系;商人的社会地位始终低下;北方游牧民族入主中原基本都被汉化,帝国疆域的扩张主要不是军事征服而是文化同化的结果;各种宗教基本不影响政治,世俗的伦理道德教化远胜超验的宗教情感;儒家思想主导的价值观体系以及由此造就并共同作用的强大的官僚制度成为传统中国社会的决定性力量，等等。追源这类基本性格形成伊始的历史选择形态（动因与轨迹），对于重新审视与厘清中华文明的发生发展历程，乃至重新建构现代中国的价值观体系，无疑具有至关重要的作用。

早期中国研究不仅是西方汉学界的研究重心，长期以来，也是中国学术研究中取得巨大进展的重要方面。早期中国研究在中西学术交流的大背景下，形成了独特的研究风格和研究方法。这就是：扩充研究资料、丰富研究工具、创新研究技术，多学科协同不断探索新问题。

1916 年，王国维以甲骨卜辞中所见殷代先公先王的名称、世系与《史记·殷本纪》所记殷代先公先王的名称、世系一一对照，发现《殷本纪》所记殷代先公先王之名，绝大部分出现在卜辞中。王国维把这种用"纸上材料"和"地下新材料"互证的研究方法称为"二重证据法"："吾辈生于今日，幸于纸上之材料外更得地下之新材料。由此种材料，我辈固得据以补正纸上之材料，亦得证明古书之某部分全为实录，即百家不雅驯之言亦不无表示一面之事实。此二重证据法惟在今日始得为之。"

出土文献资料在现代的早期中国研究中显示出越益重要的作用。殷墟甲骨 100 年来约出土 15 万片，其中考古发掘出土的刻辞甲骨有 34 844 片。青铜器铭文，1937 年罗振玉编《三代吉金文存》，著录金文总数 4 831 件，其中绝大部分为传世器。《殷周金文集成》著录资料到 1988 年止，共著录了金文 11 983 件。此后到 2000 年，又有约 1 350 件铭文出土发表。最近二、三十年，简帛文献资料如银雀山简、马王堆帛书、定州简、阜阳简、郭店简、上博简等都以包含大量古书而深受关注。

严格地说，王国维说的地下材料，殷墟甲骨、商周金文都还是文字资料，这些发现当时还不是考古发掘的结果，研究也不是从考古学的角度去研究。真正的考古学提供的是另外一种证据。傅斯年提倡"重建"古史，他主张结合文献考证与文物考证，扩充研究"材料"、革新研究"工具"。1928 年，傅斯年创立中央研究院历史语言研究所，并立刻开始发掘殷墟。傅斯年在申请发掘殷墟的报告中说："此次初步试探，指示吾人向何处工作，及地下所含无限知识，实不在文字也。"从 1928 年 10 月开始一直到 1937 年夏，中央研究院历史语言研究所在殷墟共进行了 15 次发掘，发掘地点共 11 处，总面积 46 000 余平方米，这 15 次发掘收获巨大：在小屯北地发掘了 53 座宫殿基址。在宫殿基址附近还发现了大量甲骨。在小屯村北约 1 公里处的武官村、侯家庄北地发现了商代王陵区，发掘了 10 座大墓及一千多座祭祀坑。在小屯村东南约 1 公里处的高楼庄后岗，发掘出了仰韶、龙山和殷三种文化层的叠压关系，解决了华北地区这三种古文化的相对年代。在后岗还发掘了殷代大墓。在殷墟其他地区，如大司空村等地还发掘了一批殷代墓葬。殷墟王陵的科学发掘举世震惊。中国考古学也从开创之初就确立了鲜明的为历史的特色和风格。为历史的中国考古学根植于这块土地上悠久传承的丰富文化和历史知识的积淀，强烈的活的民族情感和民族精神始终支撑着中国考古学家的工作。近 50 年来，中国考古学取得了无比巨大的成就，无论是新石器时代城址还是商周墓葬的发掘，都是早期中国文明具体直观的展示。

不同来源的资料相互检核，不同属性的资料相互印证，提供我们关于早期中国更加确切更加丰富的信息，能够不断地解决旧问题提出新问题，又因为不断提出的新问题而探寻无限更多的资料，而使我们对早期中国的认识不断深入愈益全面。开放的多学科协同的综合研究使早期中国研究取得了辉煌的成绩。对其他历史研究和学术研究来说，早期中国研究的这种研究风格和研究方法或许也有其可资借鉴的意义。

王国维、傅斯年等人是近现代西方科学思想和知识的接受者传播者,他们的古史研究是现代化的科学研究,他们开创了中国历史学和中国学术的新时代。现代中国学术的进步始终是与西方学术界新观念、新技术、新方法的传播紧密相联的。西方早期中国研究中一些重要的研究课题、重要的研究方法,比如文明起源研究、官僚制度研究、文本批评研究等等,启发带动着中国同行的研究。事实上,开放的现代学术研究也就是在不同文化知识背景学者的不断交流、对话中进步。我们举最近的一例。夏商周断代工程断代的一个重要基准点是确认周懿王元年为公元前 899 年,这是用现代天文学研究解释《竹书纪年》"天再旦于郑"天象资料的一项成果。这项成果的发明权归属韩国学者,在断代工程之前西方学界已确认了这个结论。将"天再旦"解释成日出前发生的一次日全食形成的现象的假说是中国学者刘朝阳在 1944 年提出的,他和随后的董作宾先生分别推算这是公元前 926 年 3 月 21 日或公元前 966 年 5 月 12 日的日食。1975 年韩国学者方善柱据此假说并参考 Oppolzer 的《日月食典》,首次论证"天再旦"记录的是公元前 899 年 4 月 21 日的日环食(《大陆杂志》51 卷第 1 期)。此后,1988 年美籍学者彭瓞钧、邱锦程、周鸿翔不仅也认定"天再旦"所记是公元前 899 年的日环食,并对此次日食在"郑"(今陕西省华县,$\lambda=109.8°E$, $\varphi=34.5°N$)引起"天再旦"现象必须满足的天文条件,第一次做了详尽理论分析和计算,并假设食甚发生在日出之时,计算得出了表示地球自转变化的相应的 ΔT 为(5.8 ± 0.15) h,将天再旦的研究又向前推进了一步。夏商周断代工程再次确认了"天再旦"这一成果,并为此于 1997 年 3 月 9 日在新疆北部布网实地观测验证。

本丛书不仅是介绍西方学者一些具体的早期中国研究的成

果,引进一些新的概念、技术、思想、方法,而且更希望搭建一个开放性的不断探索前沿课题的学术交流对话的平台。这就算是我们寄望于《早期中国研究》丛书的又一个意义。

只有孤寂的求真之路才通往独立精神、自由思想之境。值此焦躁不安的文化等待时刻,愿《早期中国研究》丛书能够坚定地走出自己的路。我们欢迎所有建立在丰富材料缜密分析基础上、富有独立思考探索成果的早期中国研究著作。

著述和出版是长久的事业,我们只要求自己尽力做得更好一些。希望大家来襄助。

朱渊清

2006/12/2

写于学无知室

目　录

写在中文版出版之际

　　我的论文集借助曹峰先生、广濑薰雄先生之力，有机会译成中文，我感到无比高兴。而且，此书是在中国最有名的出版社之一上海古籍出版社出版，这于我是极其光荣的事。借此机会，我对自己为何要撰写这部论文集再作一个简单的说明。

　　我真正投身睡虎地秦简研究，是在进入早稻田大学研究生院之后。20世纪70年代以后，在中国相继出土了银雀山汉简及马王堆汉墓帛书等简牍资料，在日本也引起关注，一般日本人对其关心度也很高，报纸曾在第一版予以大幅介绍。尤其是1975年发现的睡虎地秦简，对研究中国古代史的学者而言，具有特别重要的意义。我想其原因在于，对秦汉帝国的形成过程及其性质特征的研究，是日本战后东洋史学研究中最为重要的一个领域。以东京大学西嶋定生先生、早稻田大学栗原朋信先生为代表，许多学者竞相在此领域作出了出色的研究成果。这些成果从1970年岩波书店刊行的《岩波講座　世界歴史》第4卷"古代4"可以得到反映（以下简称《讲座》）。我们这些1950年前后出生的人，进入大学后，先读《讲座》，然后有志于中国古代史研究者不在少数。然而，《讲座》刊行的年代，还在70年代出土文字资料出现以前，因此，除了过去已经发现的居延汉简等资料外，可以说基本上都是依据传世文献史料得出的成果。就在这部总括战后东洋史学成果的《讲座》刊行后不久，报道了睡虎地秦简出土的消息，因此，我们对这批资料的期待是非常大的。从这个意义上讲，说睡虎地秦简的问世，是揭开了利用出土文字资料展开新型中国古代史研究的帷幕，恐不过分。

　　睡虎地秦简这批新资料出土后，或许中国学界也是如此，日本的学界掀起了一股秦简研究的热潮，我就是急切投身其中的一人。当时，日本的大学中，好几个睡虎地秦简研究会纷纷成立，有不少人在学术研讨会上以秦简为主题作研究报告。我进入研究生院后所作第一个研究报告《睡虎地秦墓竹簡にみえる内史について（睡虎地秦墓竹简所见的内史）》（第 76 届史学会大会东洋史分会场，1978 年 11 月 12 日），就是这种学界潮流的产物（已收入本书第一章）。接着我又发表了《睡虎地秦墓竹簡よりみた都官について（睡虎地秦墓竹简所见的都官）》（第 78 届史学会大会东洋史分会场，1980 年 11 月 9 日，已收入本书第二章）。当时我对睡虎地秦简的研究，集中于以秦律为中心的和法制资料相关的领域。有的人利用这些新资料，是要证明他们自己依据传世文献构建起来的历史形象。而当时像我这样的年轻一辈，是想以此新资料为研究的出发点，对过去的学说作出批判性的检验。就这样，对于新资料的反应因年龄而有所不同，但大家的研究对象都集中在秦律等法制资料上，这是唯一的共同点。

　　睡虎地 11 号秦墓不仅出土了法制资料，还出土了称为《日书》的占卜书。对于这部《日书》，日本的历史学者多不太关心，我自己最初也是如此。我开始关心《日书》，是因为池田温教授主持的东京大学东洋文化研究所"律令制研究会"上，和大栉敦弘先生（现为高知大学教授）一起负责研读《日书》。这成为我深入探究《日书》的契机，研究对象从秦律转换到《日书》。在这个过程中，我所考虑的问题是，能否建构起一个可以同时讨论秦律和《日书》的共通的

"场"。过去对睡虎地秦简的使用方法，过分集中于秦律等法制资料，研究《日书》者仅限于古文字学或思想史方面的人。然而，既然是同样出土于11号秦墓中的简牍资料，那么彼此之间不可能完全没有关系，应该存在着可以通观睡虎地秦简全局的视角。我在此采用的是Annales（年鉴）学派的社会史研究法。就是说，在秦占领统治下的南郡这块区域，统治者秦和被占领者楚是如何对峙的？秦法是如何渗透到楚的基层社会中去的？或者说，由于受到习俗的抗拒，秦法被迫经历了怎样的曲折历程？我设定了这样一些基本的问题，通过"法和习俗"的视角来展开讨论。我进而试图对生存于基层社会的人的心性作出分析，对他们日常的精神世界作出可视化的尝试。这样的尝试是否成功，还有待于读者的判断，但至少还没有人依据这样的方法论、从这样的视角去分析睡虎地秦简，我想，这就是本书对学界作出的一点贡献。

现在，我以过去的睡虎地秦简研究为基础，在习俗方面作更进一步的探索，尤其以产生出"日书"的社会背景为研究的方向。目前，最早的"日书"可以追溯到九店楚简，以此为界限，更早的楚墓中随葬的是卜筮祭祷简。至今为止，我用中文发表的、论述从"卜筮祭祷简"向"日书"转变之过程的论文，主要如下所示：

1. 《从卜筮祭祷简看"日书"的形成》，《人文论丛》特辑（郭店楚简国际学术研讨会论文集），湖北人民出版社，2000年5月。

2. 《包山楚简"卜筮祭祷简"的构造与系统》，《人文论丛》2001年卷，武汉大学出版社，2002年10月。

3. 《"卜筮祭祷简"所见战国楚的王权与世族、封君》，楚文化研究会编《楚文化研究论集》第6集，湖北教育出版社，2005年6月。

4. 《楚文化圈所见卜筮祭祷习俗——以上博楚简〈東大王泊旱〉为中心》，武汉大学简帛研究中心主办《简帛》第1辑，上海古籍出版社，2006年10月。

5. 《平夜君楚简"卜筮祭祷简"初探——战国楚的祭祀仪礼》,《简帛研究二〇〇五》,广西师范大学出版社,2008 年 9 月。

6. 《从地域文化论的观点考察"楚文化"》,《珞珈讲坛》第 4 辑,武汉大学出版社,2008 年 6 月。

7. 《社会史研究与"卜筮祭祷简"、"日书"》,佐竹靖彦主编《殷周秦汉史学的基本问题》,中华书局,2008 年 9 月。

8. 《从九店楚简〈告武夷〉篇看"日书"之成立》,武汉大学简帛研究中心主办《简帛》第 3 辑,上海古籍出版社,2008 年 10 月。

这些研究成果没有收入本书,所探讨的问题是,利用随葬于战国楚墓的"卜筮祭祷简"考察"日书"的生成过程。这表明,"日书"是从楚文化圈中诞生出来的。

与这项研究的展开相前后,又出土了王家台秦简"日书"、岳山秦墓木牍"日书"、周家台秦简"日书"等秦的"日书",以及张家山127 号汉墓竹简"日书"、香港中文大学文物馆藏汉简"日书"、虎溪山汉简"日书"、孔家坡汉简"日书"、杜陵汉墓木牍"日书"等等汉代"日书",为此我们需要讨论战国、秦代的"日书"进入汉代以后,发生了怎样的变化,这使我们的研究进入了新的阶段。在此,究竟什么是"日书"再次成为一个问题。这些占卜资料被称为"日书",是因为睡虎地秦简"日书"乙种简末背面墨书有"日书"二字。现在,虽然各种各样被视为"日书"的资料在不断增加,但确实可以称为"日书"的,只有附带"日书"篇名的睡虎地秦简"日书"。严格说来,其他的各种资料只不过因为和睡虎地秦简"日书"相似,而被认定为"日书"。因此,重要的是,需要将这些占卜资料和睡虎地秦简"日书"作出严密的比较分析。在这个意义上讲,从内容的构成、篇名的类似看,最应予以注目的是孔家坡汉简"日书"。关于这批资料,我以《"日书"所见地域文化与中国文明》为题,申请了日本文部科学省科学研究补助金基盘研究(C)并获得批准,是 2007 年度~

2010 年度正在实施中的研究项目。

为了将秦律和"日书"所见秦代法和习俗的关系，进一步扩展到汉代加以考察，我将研究深入到了张家山汉简"二年律令"和"奏谳书"。这个领域得到武汉大学陈伟先生和荆州博物馆彭浩先生的帮助，利用红外线相机拍摄相关资料，以电子数据为基础，三方共同出版了新的文本，那就是彭浩、陈伟、工藤元男主编的《二年律令与奏谳书》(上海古籍出版社，2007 年 8 月)。对这一问题的研究，我已发表了《中国古代の"日書"にみえる時間と占卜—田律の分析を中心として—(中国古代"日书"所见时间与占卜——以田律的分析为中心)》(《メトロポリタン史学(都市史学)》第 5 号，2009 年 12 月)一文。

虽然本书原版刊行至今已过去了一段时间，但我学术重心基本上没有什么大的改变，而作为分析对象的相关资料有了更多的增加，今后，通过加入这些新的资料，我期待着能够有机会出版一部具有新内容、新高度的《中国古代的法与习俗》。

工藤元男

2009 年 12 月 14 日于早稻田大学长江流域文化研究所

凡　　例

一、本书所参照的睡虎地秦简的版本如下所示，共有四种：

① 睡虎地秦墓竹简整理小组《睡虎地秦墓竹简》，线装本七册，文物出版社，1977年。

② 睡虎地秦墓竹简整理小组《睡虎地秦墓竹简》，平装本，文物出版社，1978年。

③《云梦睡虎地秦墓》编写组《云梦睡虎地秦墓》，精装本，文物出版社，1981年。

④ 睡虎地秦墓竹简整理小组《睡虎地秦墓竹简》，精装本，文物出版社，1990年。

二、本书所采用的简号来自具有整体编号的版本③。版本④以篇为单位设置简号，本书最后设置有版本③和版本④的对照表，可以参照。

三、本书称版本③的释文为"旧释"，版本④的释文为"新释"。

四、整理小组制定的原文和白话译，笔者依据的是版本②和版本④，两者没有差异时依据版本④。

五、原简的错字用〈　〉表示，但二字以上的错字、倒文，在划线之后，也将正确字句用〈　〉表示，将原简的异体字、假借字读为通行文字时，在原字后用（　）表示通行文字。

六、原简有脱字时,用【　】表示补字。有断简时,用▨表示断简。

七、原简的重文、合文,特别是在引用原文时,在该字右下附加"＝"的符号。

八、"｜"、"レ"、"●"、"■"等符号,均为原简自身的符号。

九、笔者释文中,据意增补之处,用〔　〕表示。

序 章

睡虎地秦简与中国古代社会史研究

　　七十年代对中国古代史研究有着划时代的意义,这是学者间几乎没有异议的共同认识。因为,自从 1972 年山东省临沂县银雀山西汉武帝时期墓葬出土了《孙子兵法》等各种兵书以来,至今为止已出土了不少战国秦汉时代的简牍帛书[1]。池田知久先生指出,如果我们以出土文字资料与传世文献的异同为基准,这些出土资料可以分为以下三类:① 虽然在内容上多少有些差异,但现存有同样的书,出土资料相当于其最古老的文本之一;② 虽然同样的书现在已经散佚无存,但仍有可能将其确定为《汉书·艺文志》著录的某一本书;③ 同样的书现在已经散佚无存,而且也没有可能将其确定为《汉书·艺文志》著录的任何一本书[2]。本书作为主要史料将要分析的对象是睡虎地秦简,虽然关于它是否属于典籍会有不同的解释,但按照以上的分类,它属于第③种。当然,有些传世文献和其注释中引用了秦法制史料,我们据此可以知道秦法的某些内容[3]。但与清末沈家本[4]和民国初年程树德[5]等收集的汉律佚文相比,其数量实在寥寥无几。而且汉代文献对秦的法治主义有偏见和歪曲[6],因此这些佚文其内容到底有多正确还值得怀疑。从这个意义来讲,1975 年 12 月至 1976 年 1 月,在湖北省云梦县睡虎地大量发现以秦律为主的法制史料,正可谓是划时代的事件。

　　本书将睡虎地秦简作为主要史料加以分析,试图阐明秦统一六国的过程及其法治主义的特征。为此,我们首先要介绍秦简的出土情况及其内容。

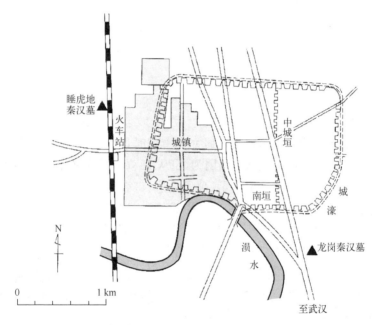

图一　楚王城与睡虎地(图为藤田胜久先生所作)

　　云梦县在湖北省中部偏东,距武汉约 100 公里,涢水的东边是一片城镇。1958 年,对西半部包含有城镇的"楚王城"进行了试掘。1986 年以来,进行了三次试掘调查。根据发掘简报,夯土城墙总长约 9 700 米,东西长约 1 900 米,南北宽约 1 000 米,东、南、北三面及中部尚有高约 2～4 米的土垣,城外有宽 40 余米的护城河环绕[7]。此处被认为是战国时代楚国的安陆故城(图一)[8]。城址的四周分布着约 10 处墓葬区,睡虎地是其中之一,它北离纵贯城镇西郊的汉丹铁路（汉口至丹江）云梦火车站百余米。在睡虎地修建排水渠道挖掘土方时，发现了12座秦墓，其中11号秦墓棺内出土了竹简1150余枚（图二）[9]。竹简长度为23～27.8厘米，宽度为5～6毫米，厚度为1毫米。字体是称为秦隶的早期隶书。全部竹简按照出土位置被分为甲～辛组，其内容被分为10篇（表一），其中《语书》、《效律》、《封诊式》、《日书》是原标题。各篇内容如下[10]：

《编年记》：共53枚简。它以编年体的方式记载了自秦昭王元年（前306）至秦始皇三十年（前217）约90年间的秦国大事（主要内容为战争），并附记了一些名叫"喜"的人物（姓不清楚）的私人经历及其亲属的内容。简文分上下两栏书写，先写完上栏后，再书写下栏。从字体分析，自昭王元年至秦王政十一年的大事是一次写成的；秦王政十二年以后的简文及昭王四十五年"喜产"的记载，因为字迹较粗，被认为是后来别人补写的。从其

图二　M11棺内竹简等
出土情况平面图

内容分析，墓主是"喜"，《编年记》是在原来为了某个目的而制作的大事年表上，加上了墓主的经历，为留传他的经历而随葬的。在此列举《编年记》中与墓主经历有关的记事：

表一　睡虎地秦简的组别、篇名、尺寸　　（单位：cm）

组别	甲组	辛组(1)	丁、戊组	辛组(2)	辛组(3)	丙组	乙组(1)	辛组(4)	乙组(2)	己、庚组
篇名	编年记	语书	秦律十八种	效律	秦律杂抄	法律答问	封诊式	为吏之道	日书甲种	日书乙种
长	23.2	27.8	27.5	27.0	27.5	25.5	25.4	27.5	25.0	23.0
宽	0.6	0.6	0.6	0.6	0.6	0.6	0.5	0.6	0.5	0.6
厚	0.1	0.1	0.1	0.1	0.1	0.1	0.1	0.1	0.1	0.1

　　[昭王]卌五年，……十二月甲午鸡鸣时，喜产。（045/1）

　　今元年，喜傅。　　　　　　　　　　　　　（008/2）

　　三年，卷军。八月，喜揄史。　　　　　　　（010/2）

　　【四年】，……十一月，喜□安陆□史。　　（011/2）

　　六年，四月，为安陆令史。　　　　　　　　（013/2）

　　七年，正月甲寅，鄢令史。　　　　　　　　（014/2）

　　十二年，四月癸丑，喜治狱鄢。　　　　　　（019/2）

　　十三年，从军。　　　　　　　　　　　　　（020/2）

　　十五年，从平阳军。　　　　　　　　　　　（022/2）

　　据此记载，喜是昭王四十五年（前262）出生的。"今"指秦王政（后来的秦始皇），喜作为地方官的经历，从秦王政三年（前244）成为"史"（从事文书事务的小吏）开始[11]。四年成为安陆县（现在的湖北省云梦安陆一带，当时属于南郡）的"□（御？）史"，六年成为安陆县"令史"（县令的属吏，掌管文书等），七年调任鄢县（现在的湖北省宜城南）"令史"。五年后，在鄢县担任"治狱"（处理法律案件）的职务[12]。此后没有喜作为地方官的经历记录，《编年记》结束于秦始皇三十年。若此年是喜的卒年，喜是满44至45周岁时死亡的[13]。就是说,喜作为地方官的经历,是从故乡安陆的史、令史开始,然后调到鄢县,在那里作为令史担任了18年"治狱"的职务(图三)。他死后,遗体被送到安陆,埋葬在城外西郊的睡虎地。因此,其墓随葬大量和法制有关的竹简,与喜生前的职务有密切的关系[14]。秦简的年代下限是秦始皇三十年,但竹简的内容可以追溯到战国时代。这些内容通过本书将得到检验。

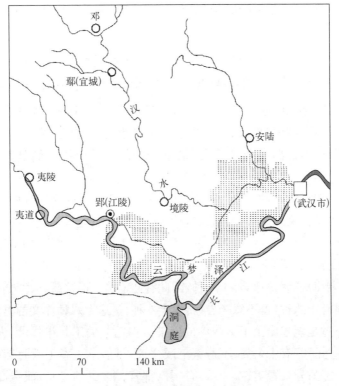

图三　睡虎地秦简相关地图

《语书》:共14枚简。067简背面有"语书"标题。全篇简长及字体一致,但前半篇8简的编缀痕和后半篇6简不一致,因此有人

推测两者原来不是一部书[15]。前半篇 8 简是南郡守腾下达给郡
内县、道的下行文书[16],本文开头是:

> 廿年四月丙戌朔丁亥,南郡守腾谓县、道啬夫。(054)

末尾是:

> 以次传。别书江陵布、以邮行。(061)

"廿年四月丙戌朔丁亥"是"秦王政二十年(前 227)四月二日"。其
内容是:

> 今灋(法)、律、令已具矣ㄥ,而吏民莫用,乡俗、淫失(泆)
> 之民不止ㄥ。是即灋(废)主之明灋(法)殹(也)。(056—057)

就是说,南郡的统治遇到了"乡俗、淫泆之民"的阻碍,无法进展。
对此南郡守腾督促县、道的主管者彻底推行秦之"法、律、令"[17]。
一般认为,这前半篇 8 简是《语书》本文,而后半篇 6 简是其"附
件"[18]。

《秦律十八种》:共 201 枚简。这是由 108 条律文组成的律文
集,每条律文末尾都记有律名,计有《田律》、《厩苑律》、《仓律》、《金
布律》、《关市律》、《工律》、《工人程》、《均工律》、《徭律》、《司空律》、
《置吏律》、《效律》、《军爵律》、《传食律》、《行书律》、《内史杂律》、
《尉杂律》、《属邦律》等十八种,因此有此篇名。但这既不意味着秦
律只有十八种,也不意味着《秦律十八种》是这十八种律文的全文。
只不过是偶尔出土了秦律中的一部分而已。关于其年代,因为律
文中"正"字有十余处,不避秦王政之讳,可能早于秦王政时期(前
246)。另外,《置吏律》(224)有"县、都官、十二郡"一句,而秦设十
二郡的时间至迟应在秦昭王末年(薨年是前 250)之前。因此整理
者认为其上限年代为商鞅变法时期,后来又经过了不断的修改和
补充,到了秦始皇时期仍然沿用[19]。但 1989 年 10 月至 12 月,距

"楚王城"南垣约 450 米的龙岗发现了 9 座秦汉墓,其中 6 号墓是秦代墓葬,出土了用秦隶写的木牍 1 枚,竹简 150 多枚[20]。刘信芳、梁柱两位先生将其内容分为关于禁苑、驰道、马牛羊、土地租借等管理方面的律文及其他的五种,认为其主要的法律条文施用于秦始皇二十七年(前 220)至秦二世三年(前 207)14 年间[21]。这些六国统一后的秦律,为探讨六国统一时是否对秦律进行大幅度的改定,提供了非常珍贵的史料。

《效律》:共 60 枚简。第一枚简的背面有"效"字标题。此律有 22 条律文,规定了都官和县的物资账目的核验制度。《秦律十八种》也有 8 条效律,而且《秦律十八种·仓律》及《秦律杂抄·藏律》有一部分与《效律》重复。据此江村治树先生推测,某一个时期由于只凭秦国原有的律文已经无法作效的处理,或由于其他的原因,出现了控制所有官府物品管理之必要,因此秦国收集了其他律中与效有关的部分,独立编纂了《效律》[22]。

《秦律杂抄》:共 42 枚简。这是 27 条律文的集成。这类简有的有律名,有的没有律名,现存的律名有《除吏律》、《游士律》、《除弟子律》、《中劳律》、《藏律》、《公车司马猎律》、《牛羊课》、《傅律》、《敦表律》、《捕盗律》、《戍律》11 种。这些律文似乎都是根据需要从秦律中摘录的。每条律文结束后不改行,接着抄写另一条,因此难以确定它是从同一条律文中摘录的,还是摘录了相同律名的几条律文并记在一起的。《秦律杂抄》与《秦律十八种》并无重复,有人认为这是出于不同于《效律》的另一种目的,将一些律文集中在了一起[23]。

《法律答问》:共 210 枚简。它采用问答的形式,对律文的意图及术语的意思加以解说,一共有 187 条,常常被比作《唐律疏律》。籾山明先生将问答内容分为以下两种:

A　"特定用语的概念规定"(a 费解词汇的词典式定义,b 模糊不清的词汇的具体定义,c 不易分辨的两个词汇

　　的区别）

　　B　"律文没有作出规定时的判断"（d 律文不完整的场合，e 律
　　　文完全欠缺的场合）

籾山明先生指出，A 类型是汉代"律说"（律注解）的先例[24]。

《封诊式》：共 98 枚简。简末背面（678 简反）有标题。它有
25 条，各条第一简开头有小标题，即《治狱》、《讯狱》、《有鞫》、《封
守》、《覆》、《盗自告》、《□捕》、《□□》、《盗马》、《争牛》、《群盗》、《夺
首》、《□□》、《告臣》、《黥妾》、《覉（迁）子》、《告子》、《腐（疠）》、《贼
死》、《经死》、《穴盗》、《出子》、《毒言》、《奸》、《亡自出》。其中《治
狱》和《讯狱》是讯问嫌疑犯的总则；《有鞫》和《覆》是平行文书的文
例[25]，请求嫌疑犯原籍地的县确定其姓名、身份、籍贯；其他都是
叫"爰书"的公证书（负责案件的官员为了帮助上级官员审案而制
作的证明文书）文例集[26]。

《为吏之道》：共 51 枚简。简文分上下五栏书写，从右到左，
写完第一栏后，再书写第二栏。其内容是对秦国理想官员的具体
描述。其开头云：

　　　凡为吏之道，必精絜（洁）正直，慎谨坚固，审悉毋（无）私，
　　微密纤（纤）察，安静毋苛，审当赏罚。（679/1～685/1）

据此，整理小组用开头四个字作篇名。但有很多学者指出此篇在
内容上可以分为几段。例如黄盛璋先生分为六段[27]，张永成先
生[28]及蒋义斌先生[29]分为九段，徐富昌先生分为十段[30]。之所
以想要这样去分段，主要是因为第五栏插入了《魏户律》、《奔命律》
的缘故。就是说，由于这两条魏律的存在，大家认为《为吏之道》是
由来源不同的几种文章拼凑而成的。关于此篇所反映的思想倾向
也有各种不同的解释。例如高敏先生指出，此篇反映出早期法家
思想发生了变异，这种变异主要表现为儒、法、道几家思想汇合在

了一起[31]；江庆柏先生指出《为吏之道》有墨家的影响[32]；邢义田先生[33]、余宗发先生[34]、徐富昌先生[35]特别强调《为吏之道》有儒家思想的倾向。按理说，官员是秦国法治主义的旗手，秦国要求他们接受的思想应该是法家思想。《为吏之道》恰恰使这种预断落了空。秦国的法治主义变得如《语书》所见那般严格，可能是战国末年的事，而其前较为宽大。《为吏之道》思想的复杂性正反映出这种情况。这一点也会通过本书得到证实。

《日书》：甲种共 166 枚简，乙种共 259 枚简。根据出土位置和书写方式的不同，可以分为甲乙两种。乙种简文不仅写在正面，也写在背面，其最后一枚简（1154 简反）有"日书"的标题。其内容以占卜时日吉凶为中心。这种占书被称为"日书"，是由于秦简的出现才广为人知的。

至今为止，在中国发表的睡虎地秦简的文本有如下几种：

① 云梦秦简整理小组《云梦秦简释文（一）～（三）》（《文物》1976 年第 6～8 期）：睡虎地秦简出土后，《日书》以外的所有释文由云梦秦简整理小组发表在《文物》上。就中国出土资料而言，其公开速度之快是令人惊讶的。但当时《语书》称为《南郡守腾文书》，《编年记》称为《大事记》，《秦律十八种》、《效律》、《秦律杂抄》、《法律答问》、《封诊式》各篇称为秦法律令第一种～第五种。原简的照片只是第 6 期发表了《为吏之道》的一部分（15 枚），第 7 期发表了《效律》的一部分（13 枚）而已，没有简号。而且简文的顺序也有很大的问题。

② 睡虎地秦墓竹简整理小组《睡虎地秦墓竹简》（线装本 7 册，第 1 册、第 2 册为图版，第 3～7 册为释文、注释，文物出版社，1977 年）：本书刊行于①出版后第二年，其中收录了《日书》以外的所有简的原大照片、简体字释文和注释。至于篇名，除了《南郡守腾文书》和《治狱程序》沿用《文物》的篇名，其他都和表一相同。另

外,此文本第一次附加了各篇的简号。

　　③ **睡虎地秦墓竹简整理小组《睡虎地秦墓竹简》**(平装本,文物出版社,1978年):本书刊行于②出版后第二年,其中不仅收录了《日书》以外的所有简的简体字释文和注释,还附加了白话文译(《编年记》、《为吏之道》没有白话文译)。其注释比②更详细,原注释被修改的地方也不少。没有附带原简照片(但在扉页作为插图附有《为吏之道》9枚简、《语书》9枚简的照片),也没有简号。卷末附有秦简地名示意图(1页)和简单的词汇索引(21页)。此外,《语书》、《封诊式》的标题是本书第一次公开的。

　　④ **《云梦睡虎地秦墓》编写组《云梦睡虎地秦墓》**(中型精装本,文物出版社,1981年):这是睡虎地发现的12座秦墓的正式发掘报告书。图版50～166第一次公开了包括《日书》的全部竹简的照片。还有繁体字的释文附于原简照片的旁边,非常方便。遗憾的是,由于缩小影印,照片不太清晰。但此文本第一次使用了统一简号,还有"出土登记号",据此可以了解竹简的缀合情况(74～103页)。

　　⑤ **睡虎地秦墓竹简整理小组《睡虎地秦墓竹简》**(大型精装本,文物出版社,1990年):包括《日书》的全部竹简的原大照片在此书中第一次公开,也有繁体字的释文、注释、白话文译(《编年记》、《为吏之道》、《日书》没有白话文译)。释文、注释、白话文译沿用③,简号又恢复了各篇分开的简号。此文本第一次登载了《日书》的注释。但有不少错字,连简号的错误也频繁出现。

　　如上所述,至今为止已刊行了五种文本[36]。为了避免引用时的麻烦,本书采用④的统一简号。卷末收录了各文本之间的简号对照表,请随时参照。

　　秦简刚出土时,学者的关注点集中在秦律等法制史料,这或许是自然的趋势。虽然要将秦简作为中国古代史研究的原始史料来使用,我们首先要对其史料性质进行全面的研究。但最初刊行的文本中没有《日书》,使得学者的注意力从一开始就偏于法制史史料方面的研究,尽管后来《日书》公开了,但对《日书》感兴趣的人依然不多[37]。

　　由于④文本的刊行,《日书》的释文得以公开,但对此予以研究的学者大多是古文字学者和思想史学者。当然,从其文本性质来看,有这种倾向也是在所难免的。但在将睡虎地秦简作为中国古代史研究的原始史料使用的场合,如果将秦律和《日书》作为互不相关的东西看待,最终就和随意利用已有文献史料没什么两样。如果我们不是从墓主喜和他所生活时代之间的关系去解释随葬秦简的内容,那出土史料的使用也就毫无意义了。因此,本书从社会史的角度,寻求秦律和《日书》都可以成为分析对象的研究领域,从这个视角来摸索中国古代史的解读方法。

　　下面概括各章所探讨的内容:

　　第一章《内史的改组和内史、治粟内史的形成》:内史一直被认为是掌管京师(秦咸阳、西汉长安)的官员,但秦简所见内史未必如此,其职掌和官制结构与汉代掌管国家财政的治粟内史倒很相似。秦内史继承的是掌管王的策(册)命的周内史,这样的秦内史其后经过了怎样的过程才成为掌管京师的官员呢?秦简所见内史为什么与治粟内史很相似?为了系统地解释这两个问题,笔者设想战国末年有过内史改组之事。

　　第二章《秦的都官和封建制度》:在统一六国的过程中,秦国面临的不仅是作为原据点关中地区之整治问题和确保粮食的财政问题,还有国内的封建遗制问题。秦国在中央集权化的过程中,是如何处理宗室贵族的旧邑?如何对待根据商鞅变法创设的军功褒奖制形成的封邑?本章通过秦简所见都官的官制对这个问题作出探讨。

第三章《秦的领土扩大与国际秩序的形成》：秦国在推进国内中央集权化的同时，不断地对周边地区发动战争扩大领土。在这个过程中，秦国一定接收了许多其他六国的民众和其他民族。本章探讨经过怎样的手续这些被纳入秦统治的人成为"新秦人"，同时通过这个问题的探讨，复原了以秦为中心的国际秩序结构。

以上是利用秦律等法制史料探讨统一过程中秦史的基本问题。那么，如果同样利用秦简来看那些被纳入秦统治的社会形态，它会以怎样的面貌出现在我们的眼前呢？以下几章主要依据《日书》对这个问题进行研究。

第四章《睡虎地秦简〈日书〉的基础性研究》：中日欧美的《日书》研究已经不在少数[38]，但系统探讨《日书》资料特征的专论却不多。本章全面地研究《日书》的资料特征，即其作为册书的形态、甲乙篇之间占辞的异同、占法原理、和日者的关系等，并介绍了近年来各地出土的各种《日书》。

第五章《〈日书〉所见国家与社会》：笔者将《日书》全文加以数码化，以此对秦简整体中《日书》甲乙两种的用字倾向加以分析。在这种文本分析的基础上，对与国家和官制有关的词汇加以系统分类，然后通过《日书》这面镜子观察，对于当时的国家和社会，官员和民众有着怎样的印象，官员们拥有怎样的心情心态。

第六章《先秦社会的行神信仰和禹》：为了探讨当时的人的日常社会生活结构，此章专门研究了行神（保佑旅行平安之神）信仰。在儒家的言论中，禹作为"治水圣王"或"夏王朝之祖"受人崇敬，但由于《日书》的出土我们才发现，在先秦社会的民间信仰中，禹是行神。出行时，行人（旅行者）选择怎样的吉日良辰、举行怎样的仪式之后才出发，归来时又经过怎样的手续经过城门回到自家？本章复原了旅行的整个过程，以阐明行神信仰的结构。

第七章《〈日书〉所见道教风俗》：返顾的禁忌、禁咒的形式、禹步等,构成行神信仰的各种因素,这些也见于比睡虎地秦简稍晚出土的天水放马滩秦简《日书》中。因此,本章利用这批新出秦简旁证行神信仰的内容,并指出这些各种因素也见于道教经典,讨论行神禹的信仰世界为后来道教世界吸收的问题。

第八章《禹形象的变迁与五祀》:《日书》中出现的禹不仅是行神,它也是与嫁娶日吉凶相关的神。本章从文献佚文和出土文字资料中搜集了和禹面貌多样性有关的记载,分析作为治愈神和asyl神❶的禹之信仰形态。这些信仰,除了asyl神的禹以外,都以时日表的形式被具体化了。因此,本章再次讨论行神信仰,试图阐明其变化的过程,即它如何被纳入五祀中,其祭祀如何经过经典化升格为国家祭祀,却反而因此丧失了其固有的内容。

第九章《〈日书〉所反映的秦、楚的目光》:以上第四章到第八章是通过《日书》探讨先秦社会的各种面貌。那么,对这些社会的各种面貌,秦国究竟是用怎样的目光来看待的呢?《日书》中有一些占辞,占领者秦人的目光和被占领者楚人的目光相互有交叉。本章通过阐明占法原理之差异,来探讨秦人和楚人如何通过占卜相互面对的问题。

第十章《战国时代秦国的啬夫制和县制》:《日书》所见秦国和楚地基层社会之间的关系,可以反映出秦国的法治主义是既现实又宽大的。其出发点很有可能可以追溯到商鞅变法。本章把这种秦国法治主义的特征与都官的例子结合起来,探讨秦国如何将保留春秋时代以来基层性质的县邑及其主管者的县啬夫(大啬夫)纳入到了县的体制中。

终章《睡虎地秦简所见战国时代秦国的法和习俗》:秦简中可

---

❶　译者按:第八章对"asyl神"有详细的定义,较难翻译,大致可译为避难处的神或保护神。

以明显地看出两种相反的倾向，一种是像《日书》那样容忍基层社会习俗的倾向，另一种是像《语书》那样将其习俗看作"恶俗"而排斥、追求一元统治的倾向。这与其说是矛盾，不如说暗示了墓主喜生活的时代是秦国法治主义的转换期。以这个转换期为界限，秦国的法制统治是如何渗透到社会共同体内部的呢？本章通过《封诊式》分析这一问题，最后也谈到秦国法治主义转换的最终结果，即作为制度象征的皇帝之称号的意义。

如果用一句话来说明本书的主题，那就是"睡虎地秦简所见中国古代的法和习俗"。就是说，本书以统一六国过程中，秦国和基层社会的关系为讨论的焦点，基于对秦简史料性质的分析，试图阐明秦国统治制度的转变过程：最初秦律遇到了来自基层社会习俗的严重障碍而被迫发生改变；其后秦律渗透到了社会共同体内部，从此秦国统治制度开始走向一元化的道路。

注

〔1〕关于七十年代以后出土文字资料的出土情况和研究动态，请参看大庭脩《中国簡牘研究の現状（中国简牍研究的现况）》（《木簡研究》第 1 号，1979 年）；《中国における最近の簡牘研究（中国最近的简牍研究）》（《木簡研究》第 7 号，1985 年）；池田温《中国における簡牘研究の位相（中国简牍研究动态）》（《木簡研究》第 3 号，1981 年）；《中国における出土文字資料整理研究の近況—国家文物局古文献研究室の活動—（中国简牍出土文字资料整理研究的近况——国家文物局古文献研究室的活动）》（《東方学》第 64 辑，1982 年）；永田英正《居延漢簡の研究（居延汉简研究）》序章（同朋舍，1989 年）；《古代文化》特辑《中国秦漢時代の中国出土文字資料（中国秦汉时代的中国出土文字资料）》第 43 卷第 9 号，1991 年，等等。

〔2〕池田知久《馬王堆漢墓帛書五行篇研究》，汲古書院，1993 年，1〜2 页。

〔3〕从传世文献搜集秦法制史料并展开研究，有董说撰《七国考》卷 12《秦刑

法》;孙楷撰,徐复补修《秦会要订补》20～22《刑法上～下》等。近年的成果,有马非百撰《秦集史》的《法律志》,中华书局,1982 年。

〔4〕《汉律摭遗》二十二卷,《沈寄移先生遗书》甲集,中国书店,1984 年。

〔5〕《汉律考》八卷,收入《九朝律考》,商务印书馆,1926 年。

〔6〕参看栗原朋信《史記の秦始皇本紀に関する二、三の研究(关于〈史记·秦始皇本纪〉的两三个研究)》,收入《秦漢史の研究(秦汉史研究)》,吉川弘文馆,1960 年;鎌田重雄《秦郡考》,收入《秦漢政治制度の研究(秦汉政治制度研究)》,日本学术振兴会,1962 年。

〔7〕湖北省文物考古研究所、孝感地区博物馆、云梦县博物馆《'92 云梦楚王城发掘简报》,《文物》1994 年第 4 期。

〔8〕藤田胜久《〈史記〉と楚文化(〈史记〉与楚文化)》,《"社会科"学研究》第 28 号,1994 年。图一把藤田先生制作的图作了简化处理。

〔9〕此处的说明,除了要作特别说明之处以外,主要根据《云梦睡虎地秦墓》编写组《云梦睡虎地秦墓》(文物出版社,1981 年)。图二也引自这部发掘报告书。此外,池田雄一《湖北雲夢睡虎地秦墓管見》(中央大学文学部《紀要—史学科》第 26 号,1981 年)利用正式发掘报告书发表以前的资料,详细地讨论了睡虎地秦墓墓葬、墓主、竹简的情况。

〔10〕在此基本上依据的是① 睡虎地秦墓竹简整理小组《睡虎地秦墓竹简》(文物出版社,1978 年)及② 睡虎地秦墓竹简整理小组《睡虎地秦墓竹简》精装本(文物出版社,1990 年)的【说明】(后者沿用前者),以下略称为①《睡虎地秦墓竹简》或②《睡虎地秦墓竹简》。另外,籾山明《雲夢睡虎地秦簡》(收入滋贺秀三编《中国法制史—基本資料の研究—(中国法制史——基本资料的研究)》,东京大学出版会,1993 年)有很多精辟的意见,笔者也有所参考。

〔11〕①《睡虎地秦墓竹简》12 页,②《睡虎地秦墓竹简》6 页。

〔12〕池田雄一先生认为此"治狱"不是官名而是职务内容,喜的官名是令史,秦王政十二年以后从事与"治狱"有关的职务,参见池田雄一《湖北云梦睡虎地秦墓管见》。

〔13〕根据武汉医学院人体解剖教研组的鉴定,墓主的年龄在 40 到 45 岁之

间,与根据《编年记》推定的年龄大致一致。

〔14〕籾山明《秦の始皇帝(秦始皇)》,白帝社,1994年,166页。

〔15〕①《睡虎地秦墓竹简》14页,②《睡虎地秦墓竹简》13页。

〔16〕下行文书是上级发给所属下级的公文。可参李均明《秦文书刍议——从出土简牍谈起》,国家文物局古文献研究室编《出土文献研究续集》,文物出版社,1989年。

〔17〕虽然不太清楚"灋(法)、律、令"在秦国的法体系中各自占据怎样的位置,但《管子·七臣七主》云:"夫法者所以兴功惧暴也。律者所以定分止争也。令者所以令人知事也。法律政令者吏民规矩绳墨也。夫矩不正,不可以求方。绳不信,不可以求直。"关于法和律的关系,广池千九郎先生说"我们只能说法是体,律是用而已。"广池千九郎《東洋法制史序論》,早稻田大学出版部,1905年,28页。

〔18〕②《睡虎地秦墓竹简》13页。

〔19〕②《睡虎地秦墓竹简》16页。

〔20〕湖北省文物考古研究所、孝感地区博物馆、云梦县博物馆《云梦龙岗秦汉墓地第一次发掘简报》,《江汉考古》1990年第3期。

〔21〕湖北省文物考古研究所、孝感地区博物馆、云梦县博物馆《云梦龙岗秦简综述》,《江汉考古》1990年第3期。

〔22〕《雲夢睡虎地出土秦律の性格をめぐって(关于云梦睡虎地出土秦律的性质)》,《東洋史研究》第40卷第1号,1981年。

〔23〕籾山明《云梦睡虎地秦简》认为,《秦律杂抄》有"备忘录或笔记本的性质"。

〔24〕籾山明《云梦睡虎地秦简》。

〔25〕平行文书是平级机构间的往来公文书,参见李均明《秦文书刍议——从出土简牍谈起》。

〔26〕籾山明《爱书新探—漢代訴訟論のために—(爱书新探——汉代诉讼论研究的前提)》,《東洋史研究》第51卷第3号,1992年。

〔27〕黄盛璋《云梦秦简辩证》,《考古学报》1979年第1期。又收入《历史地理与考古论丛》,齐鲁书社,1982年。

〔28〕张永成《秦简为吏之道篇的版式及其正附文问题》,《简牍学报》第 10 期,
　　1981 年。

〔29〕蒋义斌《秦简为吏之道在思想史上的意义》,《简牍学报》第 10 期。

〔30〕徐富昌《睡虎地秦简研究》,文史哲出版社,1993 年,57～58 页。

〔31〕高敏《秦简〈为吏之道〉中所反映的儒法合流倾向——兼论儒法合流的
　　历史演变并批“四人帮”》,《云梦秦简初探》,河南人民出版社,1979 年。

〔32〕江庆柏《“睡简”〈为吏之道〉与墨学》,《陕西师范大学学报》1983 年第
　　4 期。

〔33〕邢义田《云梦秦简简介——附:对〈为吏之道〉及墓主喜职务性质的臆
　　测》,《食货月刊》复刊 9 卷 4 期,1979 年。又收入《秦汉史论稿》,东大图
　　书公司,1987 年。

〔34〕余宗发《〈云梦秦简〉中思想与制度钩摭》,文津出版社,1992 年,31～
　　46 页。

〔35〕徐富昌《睡虎地秦简研究》,58 页。

〔36〕各文本的照片清晰度有差别,简号的附加方法也不同。请参看籾山明
　　《云梦睡虎地秦简》。

〔37〕例外的是于豪亮的《秦简〈日书〉记时记月诸问题》(中华书局编辑部编
　　《云梦秦简研究》,中华书局,1981 年。又收入《于豪亮学术文存》,中华
　　书局,1985 年)。于豪亮先生因为参加了秦简整理工作,所以秦简出土
　　后不久就开始了《日书》研究。附带指出,⑤的《日书》注释是于豪亮先
　　生所作的(参见籾山明《云梦睡虎地秦简》)。

〔38〕拙著《雲夢秦簡〈日書〉の研究(云梦秦简〈日书〉研究)》(平成三、四年度
　　科学研究费补助金一般研究 C 研究成果报告书)收录了 1993 年以前的
　　论文目录。

第一章
内史的改组和内史、治粟内史的形成

前　　言

　　众所周知,《周礼》所见周内史是掌管王八枋之法(爵、禄、废、置、杀、生、予、夺)的官吏,而秦汉时代内史是掌管京师的官吏。但睡虎地秦简中有不少与内史有关的记载[1],这些记载表明秦内史深入地参与到财政管理中,类似于秦汉时代的财政官吏治粟内史(后来的大司农)。那么秦内史和治粟内史有什么关系? 沿袭周内史的春秋秦内史经过怎样的变迁才成为掌管京师的秦汉内史? 支持秦完成六国统一的财政机构究竟是如何形成的? 睡虎地秦简所见内史,为我们研究这个问题提供了新的史料。因此本章对睡虎地秦简所见内史记载加以分析,在此基础上探讨周代到秦代的内史变迁,尤其探讨秦统一六国的过程中内史在财政上起到了怎样的作用。

第一节　睡虎地秦简所见内史的问题

1. 内史和谷仓

睡虎地秦简中有 8 条与内史相关的规定[2]，另外还有 11 条称为《内史杂》的规定。看这些规定可知，内史掌管谷仓簿籍的檐籍。《秦律十八种·仓律》(095)云：

> 入禾稼、刍、稾，辄为檐籍，上内史。●刍、稾各万石一积，咸阳二万一积，其出入、增积及效如禾。　仓

"辄"是"每每立即"的意思[3]，此条律文的意思是每次禾稼(谷物)、刍稾(饲草、禾秆)入仓，要立即记入仓库簿籍，将其簿籍送到内史。那么，当时对这些东西是怎么课税的呢[4]？《秦律十八种·田律》(075～076)云：

> 入顷刍、稾，以其受田之数，无狠(垦)不狠(垦)，顷入刍三石、稾二石。

这为我们提供了秦受田制度的重要史料。古贺登先生据此记事认为，秦发给一般农民田地，或登记农民所拥有的耕地作为"受田"，这些所谓"受田民"的田租可能不是按照受田的数量缴纳，而是按照垦田的数量即每年的种植面积缴纳；至于刍、稾，不管是否垦田，都是以顷为单位缴纳[5]。那么这些征收来的租税是怎么收藏的呢？《秦律十八种·仓律》(088～094)云：

> 入禾仓，万石一积而比黎之为户。县啬夫若丞及仓、乡相杂以印之，而遗仓啬夫及离邑仓佐主稾者各一户以气(饩)，自封印，皆辄出余之索而更为发户。啬夫免，效者发见杂封者，

以隉（题）效之，而复杂封之，勿度县，唯仓【啬夫】自封印者是度。县出禾，非入者是出之，令度之，度之当隄（题），令出之。其不备，出者负之；其赢者，入之。杂出禾者勿更。入禾未盈万石而欲增积焉，其前入者是增积，可殹（也）；其它人是增积，积者必先度故积，当隄（题），乃入焉。后节（即）不备，后入者独负之；而书入禾增积者之名事邑里于癉籍。万石之积及未盈万石而被（披）出者，毋敢增积。栎阳二万石一积，咸阳十万【石】一积，其出入禾、增积如律令。长吏相杂以入禾仓及发［户］，见屡之粟积，义（宜）积之，勿令败。　仓

将此条律文与上引的仓律、田律结合起来作解释，可知在一般的县，禾（稼）、刍、稾以一万石为一积，收藏在县仓。其和秦都咸阳、旧都栎阳的比例，如表一所示。

表一　一般县、咸阳、栎阳的比较

	禾（稼）	刍	稾
一般县	一万石	一万石	一万石
栎　阳	二万石	一万石？	一万石？
咸　阳	十万石	二万石	二万石

这些租税每次入仓，就要立即填写癉籍。关于癉籍的格式，《秦律十八种·效律》（235～237）云：

> 入禾，万【石一积而】比黎之为户，籍之曰："某癉禾若干石，仓啬夫某、佐某、史某、稾人某，是县入之。"

上引的《仓律》也称"书入禾增积者之名事邑里于癉籍"，可见入禾增积的直接负责人在癉籍上不仅要写姓名，还要写籍贯。这样的

廥籍被立即送到内史。

另外,《续汉书·百官志五》所引胡广注云:

> 秋冬岁尽,各计县户口、垦田、钱谷入出、盗贼多少,上其集簿。

汉代,县在年度末向所属郡国提交其辖内户口等各种事务的集簿,以接受治绩考核[6]。但在上引秦律中,县仓的廥籍直接送到内史。这一点与汉代县的上计不同,值得引起注意。由于秦简出土于南郡之县官的墓葬,而且如古贺登先生和何四维先生所指出的那样,墓主喜生前在秦国的统治下真的使用过这些秦律[7],因此战国秦内史的职掌通过对县仓廥籍的管理,跨越故秦之地(关中)而涉及秦全部疆域。

2. 内史和公器

内史不仅掌管谷物、刍、稾的廥籍,还掌管公器。《秦律十八种·金布律》(153～155)云:

> 县、都官以七月粪公器不可缮者,有久识者靡〈磨〉蚩之。其金及铁器入以为铜。都官输大内,【大】内受买(卖)之,尽七月而臑(毕)。都官远大内者输县,县受买(卖)之。粪其有物不可以须时,求先买(卖),以书时谒其状内史。凡粪其不可买(卖)而可以为薪及盖蓳〈蘙〉者,用之;毋(无)用,乃燔之。　金布。

关于"粪",整理小组注云:"《说文》:'弃除也。'意同现在所说的'处理'。"就是说"粪"指公器的废物处理[8]。至于"久识"和"靡蚩",整理小组注云:"久,读为记。记识指官有器物上的标志题识。靡,即磨。蚩(音"产"),读为彻。磨彻,意为磨坏、磨除。"关于"时谒"的解释是:"及时报请。"关于"都官"和"大内",后面要作详细论述。据这一规定可以推测,内史是公器管理的最高负责人。此外,《秦律十八种·工律》(169~170)云:

> 公甲兵各以其官名刻久之,其不可刻久者,以丹若髹书之。其叚(假)百姓甲兵,必书其久,受之以久。入叚(假)而而毋(无)久及非其官之久也,皆没入公,以赀律责之。　工

《秦律十八种·工律》(171~172)云:

> 公器官□久,久之。不可久者,以髹久之。其或叚(假)公器,归之,久必乃受之。敝而粪者,靡〈磨〉蚩其久。官辄告叚(假)器者曰:"器敝久恐靡〈磨〉者,遝其未靡〈磨〉,谒更其久。"其久靡〈磨〉不可智(知)者,令赀赏(偿)。[9]

前者是借官有兵器、盔甲的规定,而后者可能是借其他官有器物(如农具)的规定。就是说,上引《金布律》所见"公器"指的大概是这种官有器物吧。这两者的共同点是国家对公器管理的严格态度。例如《秦律十八种·效律》(245)云:

> 公器不久刻者,官啬夫赀一盾。　效[10]

可以想见,秦的公器管理的维持,是通过让负责官员承担很大赔偿责任来实现的。

既然公器管理很严格,那么秦对制作部门的管理也应该同样很严格。《秦律十八种·均工律》(178~179)云:

> 新工初工事,一岁[故工]半红(功),其后岁赋红(功)与故【工】等。工师善教之,故工一岁而成,新工二岁而成。能先期成学者谒上,上且有以赏之。盈期不成学者,籍书而上内史。均工

此条律文是工匠技能教育的规定，在一定的期间内不能学会技术的人，以文书形式上报内史。

《工律》和《均工律》是秦官营手工业的规定。据佐藤武敏先生研究，秦汉时代的官营手工业大都属少府管辖，其中若干种归属将作大匠、大司农、水衡都尉[11]。另外，据《汉书·百官公卿表上》（以下简称百官表），除了水衡都尉，这些官府都能追溯到秦制（但将作大匠秦为将作少府）[12]。既然如此，那么少府、将作大匠、大司农（秦治粟内史）等各种官名应该出现在《工律》和《均工律》才对。但这些官名却不见于睡虎地秦简，而且如上所述，从公器的制作现场到公器出入的管理乃至废弃，似乎一直都是由内史来监督。那么秦简所见秦内史是怎样的官方机构呢？

第二节　睡虎地秦简所见内史的结构

1. 内史和大仓、县、都官

《秦律十八种》佚名律文（086～087）云：

> 今课县、都官公服牛各一课，卒岁十牛以上而三分一死，不【盈】十牛以下，及受服牛者卒岁死牛三以上，吏主者、徒食牛者及令、丞皆有辠（罪）。内史课县，大（太）仓课都官及受服【牛】者。

此条律名残缺，整理小组推测是《厩苑律》。其规定的内容是，内史和大仓在年度末对饲养、驾用公服牛的县、都官的管理情况进行考核。这里，需要讨论的是都官和大仓。整理小组对都官作注云："都官，直属朝廷的机构，古书又称中都官。"整理小组引用《汉书·宣帝纪》所见两条颜师古注作为根据：

> 都官令丞,京师诸署之令丞。
>
> 中都官,凡京师诸官府也。[13]

大庭脩先生也认为"都官是汉代的中都官,也可以说是设置在内史的官"[14]。何四维先生认为,都官是皇帝即中央政府雇用的所有官员[15]。就是说,颜师古注及根据颜师古注立说的各家将都官释为"京师诸署(官府)",而何四维先生释为"官吏"。关于都官,下一章有专门讨论,但为阐明都官的基本特征,我们不得不引用《秦律十八种·置吏律》(224～225)以下内容:

> 县、都官、十二郡免除吏及佐、群官属,以十二月朔日免除,尽三月而止之。

可见都官和十二郡[16]、县一样,是构成郡县制的战国时代秦国地方行政机构之一。关于大仓,整理小组认为是"太仓",注曰"太仓,朝廷收储粮食的机构。"很显然,整理小组认为太仓是《百官表》所见治粟内史的属官太仓:

> 治粟内史,秦官,掌谷货,有两丞。景帝后元年更名大农令,武帝太初元年更名大司农。属官有太仓、均输、平准、都内、籍田五令丞,斡官、铁市两长丞。

关于治粟内史的职掌,《续汉书·百官志三》太仓令本注云:

> 主受郡国传漕谷。

关于其所在,《三辅黄图》卷6"仓"条云:

> 太仓,萧何造,在长安城外东南。[17]

似乎佐藤武敏先生也采用这一说明[18]。但《汉书·息夫躬传》云:

> (息夫)躬立表,欲穿长安城,引漕注太仓下,以省转输。

据此也可以认为太仓就在长安城内。至于秦太仓的所在，完全没有记载。但从长安城的例子来看，认为秦太仓在咸阳城周边也不会有太大的错误吧。

根据上面对都官和太仓的讨论，我们再次回顾上面所引佚名秦律（《厩苑律》），其内容可以整理为以下三点：① 内史和大仓在年度末对县、都官饲养、驾用公服牛的管理情况进行考核。内史对县、而大仓对都官（及领服牛的人）进行考核。② 这一考核中，判定有罪的条件是：第一，年初有十头牛

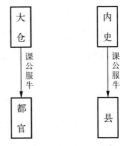

图一　围绕公服牛的内史、
　　　大仓、县、都官的关系

以上者，一年间死了三分之一；第二，年初不满十头牛者，一年间死了三头以上。③ 这一考核的对象是吏主者、徒食牛者及令、丞。令、丞之所以也会获罪，是因为他们受牛的直接管理人即吏主者、徒食牛者的牵连而连坐的缘故吧。围绕公服牛，内史、大仓、县、都官四者的关系如图一所示。

如果像《百官表》所示，大仓是掌管谷物的中央官府之属官的话，那么在其他秦律中也应该同样形成围绕谷物的四者关系。《秦律十八种·仓律》（104）云：

> 县上食者籍及它费大（太）仓，与计偕。都官以计时雠食
> 者籍。　仓

此文费解，整理小组将"食者籍"释为"领取口粮人员的名籍"。关于"与计偕"，整理小组引用了《汉书·武帝纪》元光五年八月条的颜师古注：

> 计者，上计簿使也，郡国每岁遣诣京师上之。偕者，俱也。
> 令所征之人与上计者俱来，而县次给之食。后世讹误，因承此

语,遂总谓上计为计偕。

整理小组据此指出"即与地方每年上呈计簿同时上报",并根据以上的解释,将此条《仓律》译为"各县向太仓上报领取口粮人员的名籍和其他费用,应与每年的账簿同时缴送。都官应在每年结账时核对领取口粮人员的名籍。"我们暂且不论其对"食者籍"的解释,但整理小组对"与计偕"的说明,我们还存在一些疑问。

根据福井重雅先生对汉代官吏任用制度的研究,汉代最主要的任用制度即选举和辟召形成于西汉,至东汉才臻完善[19]。若果真如此,颜师古注所说"与计偕"的内容和制度也应该视为汉代的制度[20]。整理小组引用了颜师古注,却对《仓律》所见"与计偕"作注说"即与地方每年上呈计簿同时上报",这没有充分地利用颜师古注。不管是秦还是汉,"与计偕"之"计"当是颜师古注所说"上计簿使"。而"与"上呈计簿的使者相"偕"者,在汉代是地方政府向中央推荐的人,而在《仓律》当为"食者籍及它费"。因此我们认为,《仓律》的"与计偕"是当时的行政用语,意为县一级让计吏带着领取口粮人员的名籍和其他费用(的计簿)向大仓上报。从大仓的职掌来推测,县一级之所以向大仓上报"食者籍",可能是因为秦的俸禄是用谷物支付的缘故[21]。

若上引《仓律》的前半部分可以如上理解,那么后半部分都官的"都官以计时雠食者籍"应该怎么解释? 在此可以参考的是上面引用过的《金布律》。其中有一句与《仓律》后半部分句式非常相似。下面引用原文来比较一下:

　　(《仓律》)都官以计时雠食者籍
　　(《金布律》)以书时谒其状内史

可见"以计时雠"、"以书时谒"与其他秦律中往往能见到的"以书(言)"、"以次传"、"以县次传"、"以邮行"等用语[22]一样,是当时的

定型行政用语。整理小组将"以书时谒"译为"以文书及时报告",
却将"以计时雠"译为"在每年结账时核对"[23]。然而,关于《仓律》
的"计",因为前半部分"与计偕"的"计"可以解释为计吏,所以如果
不将后半部分"以计时雠"的"计"释为计吏,上下文的逻辑就不吻
合了。只有将"计"释为计吏,才能与《金布律》"以书时谒"的读法
一致。但"时谒"的确切意义不清楚。不管怎样,都官也派计吏上
报,并"时雠食者籍",这是以都官和大仓的关系为前提。因此三者
的关系可以表示如图二所示。

图二　围绕食者籍的大仓、
县、都官的关系

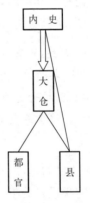

图三　围绕粮草部门的内史、
大仓、县、都官的关系

　　以上从各种角度讨论了《仓律》,但不知为何,内史没有出现在
其中。不过上面已经说明,全秦县仓的簿籍都送到内史手中。从
这一点来看,内史可以视为粮草部门的财政统括机构[24]。至于县
一级地方行政机构用为军粮、俸禄的粮草,根据上引《仓律》,主要
是通过大仓来管理。换言之,大仓是内史粮草部门的行政执行机
构。因此,虽然这次出土的秦律中没有规定直接表明内史和大仓
的关系,但通过大仓,在粮草部门的财政方面,内史与县、都官形成

了像图三那样的关系。

2. 内史和大内、县、都官

　　既然统括粮草部门财政的是内史，而且如上所述，从公器的制作现场到出入管理，甚至废物处理都由内史来负责，那么可以推想，粮草部门、货财部门的财政都由内史来统括。因此下面我们来考察一下围绕货财部门的内史行政结构。

　　在探讨这个问题时，上引《金布律》给我们提供很重要的史料。为讨论方便，将其分为（A）～（E）再次抄录：

　　　　（A）县、都官以七月粪公器不可繕者，有久识者靡〈磨〉蚩之。（B）其金及铁器入以为铜。（C）都官输大内，【大】内受买（卖）之，尽七月而觱（毕）。（D）都官远大内者输县，县受买（卖）之。（E）粪其有物不可以须时，求先买（卖），以书时谒其状内史。

首先，引人注目的是，内史、大内、县、都官四者围绕公器的废物处理有紧密的联系。关于其中的大内，整理小组引用《史记·孝景本纪》中六年条《史记集解》所引韦昭注："大内，京师府藏。"此外，山田胜芳先生指出，治粟内史即汉代大司农的属官都内在西汉初期称为大内[25]。

　　根据以上的讨论，此条《金布律》的内容可以解释如下：（A）每年七月举行公器的废物处理，此时县和都官选出无法修理的器物，若器物上有标识，则磨除其标识。（B）其内容虽然意义不明[26]，但暂且搁置这一部分的解释，也不会影响到对内史、大内、县、都官四者关系的探讨。（C）那些公器不是马上废弃，而是都官将其运交大内。大内收取这些器物后变卖。（D）距大内路途遥远的都官运交给县。县收取这些器物后，像大内一样变卖。若(A)、(C)、(D)的内容可以作如上解释，我们可以分析出内史、大内、县、都官四者有如下关系：① 每年七月举行公器的废物处理，县和都官在执行上地位相同。② 但都官似乎没有将当作废物处理的公器加以变卖的职务权限。都官将废物公器运交大内可能就是因为这个原因。③ 距大内路远的都官运交给县是因为县和大内一样有变卖的职务权限。(E)说的是，比如说铁器一旦生锈就急剧腐蚀，无法等到一并处理废物公器的时候，这种器物可以马上找买主变卖，但需要以文书将其情况及时报告内史。此规定(E)应该适用于县、都官两者。因为两者都有可能发生这种情况。那么为什么县、都官要报告的不是大内而是内史？《秦律十八种·内史杂》(254)有如下规定：

> 都官岁上出器求补者数，上会九月内史。　【内史】杂

据此可知，都官将废物公器运交大内（距大内路远的都官运交县）后，会向内史申请补充。这证实了我们的推测，即内史是公器管理的最高负责人。

剩下的问题是为什么县有自己变卖废物公器的职务权限。我们已经确认，每年七月举行公器的废物处理，县和都官在执行上地位相同。既然如此，县应该和都官一样将公器运交给大内就行了，但实际上不是。这里面应该有什么原因或情况。考虑这个问题时，古贺登先生的讨论值得参考。古贺先生对睡虎地秦简的《田律》和《仓律》加以分析后指出，县仓中收储了各县租税的大部分，这一是因为当时运送到中央很困难，二是因为商鞅的耕战制度将所有成年男子变为耕战之士，这是一种以县为单位进行战争的体制[27]。我们认为古贺先生的这一解释也可以适用于战国时代秦的货财部门。我们使用《秦律十八种·金布律》(157～160)讨论这个问题：

　　　受(授)衣者,夏衣以四月尽六月稟之,冬衣以九月尽十一
月稟之,过时者勿稟。后计冬衣来年。囚有寒者为褐
衣。……(a) 已稟衣,有余褐十以上,输大内,与计偕。都官
有用□□□□其官,隶臣妾、舂城旦毋用。(b) 在咸阳者致其
衣大内,在它县者致衣从事之县。县、大内皆听其官致,以律
稟衣。　　金布

这是给囚犯发放衣服的律文。我们先看(b)部分,据此可以确认以
下两点:① 大内在咸阳;② 大内和县分别给管辖内的囚犯发放衣
服。关于②,在此将(b)部分分为(甲)"在咸阳者致其衣大内"、
(乙)"在它县者致衣从事之县"两个部分。根据(甲)可知,在中
央官府所在咸阳服役的囚犯向大内领衣;而根据(乙)可知,在咸阳以
外的各县服役的囚犯向其所在的县领衣。至于都官,因为有残缺
字无法说明。我们再看(a)部分,可知衣服发放之后,剩余衣服十
件以上,县得送交大内。因此,如(b)部分所示,大内和县都参与衣
服的发放,但其职掌本来应该归大内主管。就是说,"有余褐十以
上,输大内,与计偕"表明,县计吏要带着剩余的衣服去大内,接受
大内的会计监督[28]。不用说,只有咸阳的囚犯向大内领衣是因为
咸阳是秦的国都,中央官府的大内在咸阳的缘故。

　　《金布律》(153～155)指明县和大内同样自己可以变卖废物公
器,而在《金布律》(157～160)中,县和大内同样可以给管辖内的囚
犯发放衣服。这就是因为秦的耕战制度以县为单位,不仅粮草,连
国家货财的大部分也储藏在县的缘故。从发放衣服的例子来看,
大内监督县管理的货财。另一方面,与围绕县仓的内史和大仓的
关系一样,内史通过大内统括县和都官的货财。这种围绕货财的
内史、大内、县、都官关系如图四(a)、(b)。将此图四和上面的图
一、二、三结合起来,就形成了表示战国时代秦内史结构的图五。

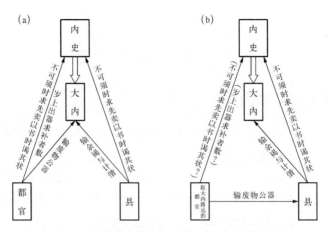

图四　围绕货财的内史、大内、县、都官的关系

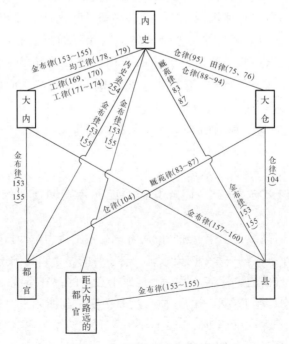

图五　战国时代秦内史的结构

第三节　内史的变迁与改组

1. 内史和治粟内史

　　如图五所示,战国时代秦内史的官制结构显然与治粟内史相似。因此我们有必要讨论内史、治粟内史两者的关系。关于内史和治粟内史,劳榦先生指出"又治粟内史亦故内史之职,汉时改为大司农"[29],西嶋定生先生在说明汉初国家机构时也指出"掌管帝国财政的是治粟内史。这也沿袭了秦制。从该官称为内史来看,似乎当初该官只掌管京师(首都)的财政,后来扩大为全国性的财政管理机构"[30]。但这些都是睡虎地秦简出土以前的讨论,是根据官名的类似推测的。因此我们再去看看睡虎地秦简出土以后的讨论。关于前面引用的可以推定为《厩苑律》的佚名秦律所见内史,整理小组注引用《百官表》"掌治京师"的同时,又介绍了"此处应指治粟内史"的说法。何四维先生从后一说,认为睡虎地秦简所见内史是治粟内史而不是《百官表》所见内史,睡虎地秦简所见内史和《百官表》、《续汉书·百官志》所见治粟内史、大司农的职掌一致[31]。但据管见所及,没有一例治粟内史称为内史,因此我们不能完全赞同何四维先生的看法。

　　此外,高敏先生作了独特的解释。高先生认为,秦时存在两套经济管理系统。一套是内史系统。县主管的属于封建国家所有的财物,直接由内史管辖。另一套是属于大仓的都官系统。其所管理的财物具有王室私产的性质。从商鞅变法到秦昭王时期,因为还没有治粟内史和少府,所以由"内史"行使"治粟内史"之职,由大仓与都官行使"少府"之职。秦始皇统一六国时期,改"内史"为"治粟内史",并将"大仓"与"都官"之职掌归于"少府"。另外,都官所管理的财产虽然主要归属王族所有,但形式上仍以归属封建国家的"公器"、"公产"的名义出现,有时与属于内史所有的财产之界限并不十分严格。而属于大内所有的王室私产的形成还处于初始阶段。到治粟内史与少府两套系统形成以后,封建国家所有财产和王室私产的区分就严格了[32]。但图五证明高敏先生所论难以成立。因为县在行政上与大仓、大内都有密切的关系,这一点都官也相同。再说,如果像高先生所说那样,内史是在统一六国时才改为治粟内史,那么,怎么说明秦内史在统一六国后也继续存在的事实[33]?

以上各种说法,都是从各自的角度关注内史和治粟内史的关系。但若要讨论两者的关系,有必要将其与秦治粟内史本身的官制机构相对照。前面引用的《百官表》说,治粟内史的属官有太仓、均输、平准、都内、籍田及斡官、铁市。在这些属官中,可以视作秦官的是太仓和都内[34]。太仓上面已经讨论过了,在此考察都内。《汉书·食货志下》颜师古注云:

> 京师主臧者也。

就是说,都内是大司农(治粟内史后来的名称)的财库官。《汉书·外戚恩泽侯表》所载阳城侯田延年条所引如淳注云:

> 天子钱藏中都内,又曰大内。

《汉书·严助传》所引应劭注云:

> 大内,都内也,国家宝藏也。

可见都内也称为大内。这一点山田胜芳先生也已指出[35]。我们据此认为,《百官表》"治粟内史,秦官,掌谷货"的意思是,在秦代,太仓主管谷(物),都内即大内主管货(财),统领这两个官府

的治粟内史统括秦财政。汉初也沿用治粟内史,《史记·陈丞相世家》云:

> (陈)平曰:"陛下即问决狱,责廷尉;问钱谷,责治粟内史。"[36]

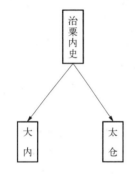

图六　秦代治粟内史的基本官制机构

根据以上讨论,秦代治粟内史的官制机构可以复原为图六。

但山田胜芳先生认为,秦代大内属于少府[37]。其论证大略如下所示:《汉书·丙吉传》有少内啬夫一官,颜师古注云:

> 少内,掖庭主府臧之官也。

这当是宫中的财库官。若果真如此,西汉有大内和少内两个财库官,其中大内是都内,而少内是少府属官的御府。都内和御府是皇帝的公用财库和私用财库,所以各自称为大内、少内。另外,《淮南子·泛论》云:

> 秦之时,高为台榭,大为苑囿,远为驰道,铸金人,发适戍,入刍藁,头会箕赋,输于少府。

据此可见,秦代赋税缴纳到少府。因为此赋税应该由大内收储,所以可以推测大内和少内都是少府属官。继承秦制的汉因为治粟内史掌管赋税,所以收储赋税的大内归治粟内史管辖。根据以上的讨论,山田先生将秦财政制度整理为表二[38]。

但我们认为山田先生的解释有两个问题[39]。第一,栗原朋信先生在《史記の秦始皇本纪に関する二·三の研究(关于〈史记·秦始皇本纪〉的一些研究)》[40]中指出,与秦相关汉代史料中,如果使用的是汉代批评秦人的史料,需要小心。因此,能否囫囵吞枣地

表二　秦的财政制度（此据山田先生所作表）

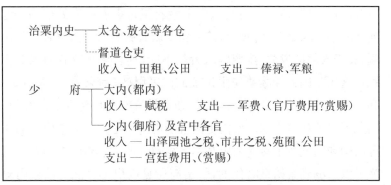

相信《泛论》篇的内容，值得怀疑。楠山春树先生概括《泛论》篇主旨时说，"达观古今历史和内外形势，不拘泥于一时的权威和局部的是非，看清时势的推移，保持圆滑的处世方式，是最重要的"[41]。如果从文章的前后关系来解释《泛论》篇，该文说的是秦始皇不顾人民的疲敝和窘迫，不断地大兴土木，将本来应该向治粟内史缴纳的赋税送进少府。该文在这样强调秦始皇的虐政和贪欲后，指出向这样的暴君提出忠告、阐发仁义只会害了自己。"头会箕赋，输于少府"一句可以说是为导出这种思想而使用的修辞。第二，是否可以将少内看做御府，值得商榷。据陈直先生研究，"少内"半通式印收入《善斋吉金录玺印录》卷中等处，而"御府离□"印收入《汉印文字征》第八，后者当为御府令之属官[42]。虽然"御府离□"似不是御府令丞的玺印，但很难想象同一个官府内会同时使用官名不同的官印。此外，《史记·李斯列传》中有一个故事，说二世皇帝迫害诸公子，被逼无奈的公子高想过要出奔，但后来放弃了这个念头，给二世上书乞赐死。其中公子高说：

先帝无恙时，臣入则赐食，出则乘舆。御府之衣，臣得赐之；中厩之宝马，臣得赐之。

这里，公子高感慨地说到，秦始皇生前好几次赐予过公子高御府的衣服。这表明，秦始皇时给宗室下赐衣服是由御府来处理的。但如上所述，据《金布律》规定，给囚犯发放衣服是归大内掌管。就是说，关于衣服的发放，按照领取者的不同，其管辖官府有明确的区别。这当是因为加藤繁先生论证的国家财政（治粟内史／大司农）和帝室财政（少府）的二重结构[43]在秦始皇时代已经存在的缘故。因此可以确认秦帝国治粟内史的官制机构为图六。治粟内史的这种结构和图五所示秦简内史基本上相同。如果治粟内史的存在最晚可以追溯到秦始皇时代的话，秦简所见内史不可能与治粟内史同时存在，就是说秦简所见内史是统一六国以前的官制。若果真如此，可以设想，从战国秦国的内史到统一之后秦王朝的内史、治粟内史之间有一定的官制变革。因此，我们需要通观这一变革的过程，即春秋秦国继承的周内史经过了怎样的变迁而成为统一之后秦王朝的内史及治粟内史。

2. 战国末期的内史改组

白川静先生根据他对甲骨卜辞、金文的研究，对周内史的形成过程作了如下描述[44]：在《尚书》等文献中主管祝告的作册原来是商代的制度，在祭祀和政治没有分化的时代这是一个非常重要的官职。而史的职务是奉上作册写定的祝册，因此作册和史的职务很接近。到了西周以后，由于史掌管周王的册命，因此史作为内官逐渐扩大势力，最后合并作册的地位。于是形成了内史、内史尹、作命内史、作册内史等官职。

在白川先生研究的基础上，我们再来看看《周礼·春官·宗伯》内史的职掌：

> 内史：掌王之八枋之法，以诏王治。一曰爵，二曰禄，三曰废，四曰置，五曰杀，六曰生，七曰予，八曰夺。执国法及国令之贰，以考政事，以逆会计。掌叙事之法，受纳访，以诏王听治。凡命诸侯及孤卿大夫，则策命之。凡四方之事书，内史读之。王制禄，则赞为之，以方出之。赏赐，亦如之。内史掌书王命，遂贰之。

关于其中的策（册）命，《左传》僖公二十八年条云：

> 王命尹氏及王子虎、内史叔兴父策命晋侯为侯伯。

金文史料也可以证实内史和策（册）命的这种关系[45]，因此我们可以认为，《周礼》所见内史的职掌相当正确地保留了西周到春秋时代的周内史之真实情况。秦何时开始采用内史的官制不太清楚。但秦是在周室东迁时因功而被封于宗周故地的诸侯，因此可以想象秦建国伊始就在制度方面受到周制的影响[46]。此外，《史记·秦本纪》穆公三十四年条有内史廖的故事。秦穆公三十四年（前626）和鲁僖公二十八年（前632）年代非常接近，因此春秋初期的秦内史和周内史的职掌应该大致相同。

不过到了战国后期，秦内史已经作为中央政府的行政官员出现。《战国策·秦策三》"应侯谓昭王"章明显地反映出这一点。客卿范雎对昭王说相国穰侯魏冉垄断政权的情形时提到：

> 其令邑中，自斗食以上，至尉、内史及王左右，有非相国之人者乎？

此句版本有异同，而且记载同一内容的《史记·范雎列传》也有字句的异同[47]。在此根据姚本说明此句的意思，此句以斗食为下吏的代表，"尉"为大吏武官的代表[48]，"内史"为大吏文官的代表，指出文武百官及王左右都是相国穰侯的人。因此，这一时期的秦内史已经不是仪礼官,而是中央一级有代表性的行政官员。那么,内史的这种变化有着怎样的历史原因呢？我们认为,这和睡虎地秦简所见内史掌管财政有着内在联系。

就是说,如上所述,商鞅变法后的统治体制是以县为单位组织起来的耕战制度,中央政府为统领其财政部门而改组了春秋内史,于是内史开始掌管财政。到了战国后期,秦扩大了占领地,战国内史的管辖范围也随之扩大,内史的职掌也复杂化了,因此将财政部门从内史割出,组建了统领太仓和大内的独立财政机构(治粟内史),而改组原来的内史为掌治京师的官。但这样的设想有侧重于内史财政机构一面之嫌,因此我的见解受到了各家的批评。虽然如此,经过各家的批评,使战国时代内史特征的讨论更为深入也是事实。因此我们在此重新讨论这些批评,再次探讨内史改组的过程。

这个问题与如何解释秦律的适用范围之问题有关。睡虎地秦简《语书》有这样一段话:

> 今灋(法)律令已具矣,而吏民莫用,乡俗淫失(泆)之民不止,是即灋(废)主之明灋(法)殹(也)。……故腾为是而修灋(法)律令、田令及为间私方而下之,令吏明布,令吏民皆明智(知)之,毋巨(距)于辠(罪)。(056～058)

在秦的理念中,秦本土不用说,就是连占领地秦律也同样适用。既然如此,那么内史的财政职权也应该涉及秦所有的县。

角谷定俊先生利用兵器铭文等材料对秦青铜器制作的中心即工官组织进行研究,将战国中期以后的秦器大致分为三种:① 相邦(国)或丞相作为督造者(最高负责人)在内史之地制造的器物。② 在郡守或县令管辖下制作的器物。③ 上郡根据中央政府的特别命令制造、由属邦保管且由相邦督造的器物。根据以上研究,角谷先生批评笔者认为内史对公器管理的职权涉及秦所有的县[49]。在角谷先生收集的秦器中，① 有 11 例，② 有 10 例，③ 有 1 例。尤其②10 例中的 6 例（昭王六年或秦王政六年、昭王四十年、庄襄王三年或秦王政三年、秦王政十二年、秦王政二十五年、秦始皇二十七年）是上郡制造的，其他 4 例是河内郡的邢县（秦王政四年）、河东郡（秦王政二十二年）、蜀郡（秦始皇二十六年）、陇西郡（秦始皇二十六年）制造的。上郡原来是魏国的郡，昭王三年（前 304）归秦国统治。因此，②、③的例子都集中在上郡，是因为秦完全沿用魏国的青铜器制造机构制造器物的缘故，这可以说是特殊的例子。另外，秦王政四年以后才可以确认在其他郡县制造的青铜器，这不正好反映出那个时候战国内史被改组，所谓内史（郡）被建立的史实吗？①中秦王政四年以前的青铜器虽然是内史之地制造的，但其铭文中没有作为督造者的内史之名，这也是因为当时郡之内史还没有形成的缘故吧。1979～1980 年四川省青川县 50 号墓出土了有武王二年（前 309）纪年的《田律》木牍（以下称青川木牍《田律》）[50]。其中武王命令修改田律的是丞相和内史。此事正好说明，内史在改组为郡之内史以前是在丞相下统管民政的中央官吏。

　　此外，江村治树先生对拙见作了这样的批评，秦律原来是以秦内史之地（关中）为对象制定的，秦律所见与内史及其治下的县有关的条文在其他诸郡可以适用，仅此而已[51]。藤田胜久先生也在江村先生见解的基础上批评拙见。他认为，秦的县制当初设立时优先于军政，后来才将军政和民政分离；从这个过程来看，难以认为秦一开始就组织了全国性的财政机构。睡虎地秦简所见内史不仅掌管财务，还有行政方面的规定。睡虎地秦简所见内史是通过这些行政方面的规定对县实施管理的行政机构，这是掌治京师的内史之前身[52]。然后藤田先生进一步作出如下阐述，当初的县是作为军事、交通上的据点而设置的。通过商鞅第二次变法县制推行到了秦全国,于是县变成了民治机构。下一代是秦惠文王,从他开始称王号,组建了王国机构,称其国土为王畿,为王畿的统治设置了内史。据青川木牍《田律》,武王二年以前"丞相—内史—县制"这一关中的郡县制已形成了[53]。藤田先生怀疑秦不太可能一开始就组织全国性的财政机构,但藤田先生所依据的江村治树先生也指出过,对战国时代的国家而言,确保粮食是最重要的事情之一,具体规定严格管理制度的《仓律》的核心部分,制定时代其实很早[54]。此外,藤田先生根据青川木牍《田律》认为当时关中已经形成了郡县制,这种解释也值得商榷。山田胜芳先生认为,青川木牍《田律》中的内史相当于后来的御史大夫。在商鞅变法后,秦实施以法治主义为依据的文书行政,这提高了内史的地位。设置在边境地区的郡逐渐扩充军事以外的行政机构,成为其所管辖之县的上级官府,内史随之在丞相府下开始统括全秦的文书行政,同时也是秦本土的行政长官,由此出现了内史的双重性[55]。

山田先生试图从这种双重性的角度把握战国时代秦的内史,而重近启树先生利用睡虎地秦简论证山田先生的观点。重近先生认为,向中央政府呈报的簿籍应该区别上计的计簿(一年的总计簿)和其他各种簿籍。《史记·范雎列传》云:

> 昭王召王稽,拜为河东守,三岁不上计。

可见战国后期,秦的郡守要汇总属县的计簿向秦王上计。而据睡虎地秦简可知,在关中,内史接受属县的计簿,根据其计簿进行考核。不仅如此,县和都官还要向大仓、大内等中央官府提交执行职务需要的各种簿籍。据此可见,内史通过大仓、大内掌管县仓、公器,其管辖范围涉及秦全部疆域。因此内史有和郡守相同的一面,但基本上是以大仓、大内为属官的中央官吏。随着秦征服地的扩大,内史的职掌也扩大了,大仓、大内从内史独立出来,构成治粟内史，而内史中掌管关中诸县的行政部分成为执掌京师的内史[56]。

　　重近先生着眼于向中央政府呈报的簿籍之区别，其结论证实了山田先生设想的战国时代秦内史的双重性。重近先生还认为内史的职掌通过属官的大仓、大内涉及秦全部疆域，由于战国时代秦内史的改组形成了执掌京师的内史和治粟内史，这些见解都与笔者想法一致。但重近先生对笔者的见解也作了批评，他认为笔者没有区别上计的簿籍，没有对作为秦本土行政官的战国时代秦内史的特征作充分的考察，只讨论了从睡虎地秦简的内史到治粟内史、执掌京师的内史之改组。这一批评，笔者是必须接受的。

　　如上所述，通过讨论各家对笔者见解的批评，战国时代秦内史的特征和其改组的过程更加清楚了。但还有一个重要的问题与战国时代秦内史有关，却至今无人论及。藤田先生指出秦在惠文君时代称王号，称故秦之地为王畿，这固然不错。但王畿却不是称"内史"而是称"邦中"，见《秦律十八种·工律》(168)：

　　　　邦中之繇(徭)及公事官(馆)舍，其叚(假)公，叚(假)而有死亡者，亦令其徒、舍人任其叚(假)，如从兴成然。　　工律

关于"邦中"，我们将在第五章专门进行讨论。这与文献史料所见"国中"是同一个词汇，写作"国中"是避高祖刘邦之讳[57]。《周礼·秋官·乡士》云"掌国中(之狱)"[58]，其注云：

　　　　郑司农云：谓国中至百里郊也。玄谓：其地则距王城百里内也。

据此，国中是王城内部或距王城百里内之地。"邦中"这一词竟然见于《工律》，这表示"邦中"不一定是经学上的观念，战国时代秦国将其作为王畿的别称使用[59]。关于睡虎地秦简年代的上下限，一般认为睡虎地秦简中的秦律主要是昭王以后的律，而不包含统一

六国后的律[60]。若果真如此,这意味着昭王时代以后、秦统一六国以前的秦称王畿为"邦中"。就是说,一般认为,因为内史掌治京师,所以其统治地也称为内史。但这一称呼是内史改组后出现的,战国时代秦的内史始终是官名。

结　　语

以上的讨论,可以大致概括如下:沿袭周内史的秦内史成为中央行政官,起因在于县制的施行。就是说,最初秦的县是作为前线军事据点设置的。由于商鞅的第二次变法,县制在秦全国实施,县变成了民政机构,与此同时,关中作为秦本土也完善了其统治机构。当时的内史是统括秦全国文书行政的行政官,因为商鞅施行的县制以耕战制度为基础,所以在文书行政中财政占的比重很大。换言之,继承春秋内史的战国秦内史并非一开始就是统治关中的地方官,而是沿袭周官内史传统的统括文书行政的中央官员。

孝公之子惠文王时秦占领了巴蜀,并通过对六国的战争扩大占领地,在这些占领地上设置郡。可以设想,从此以后秦本土和诸郡之间出现了一种双重统治的状态[61]。通过与六国间不断的战争,秦的领土超越本土不断扩大,内史职掌中与财政有关的职掌随之通过文书行政涉及这些占领地。在睡虎地秦简中,内史通过大仓和大内掌管秦全国的县仓和公器,反映的可能就是这种情况。但即使内史的职权涉及占领地,这一制度也没有直接发展成为秦的一元统治。在秦王政二十年(前227)发布的《语书》中,南郡守腾批评郡内"乡俗"妨碍秦法的施行,称这种"乡俗"为"恶俗"。这表明,秦的占领地统治遇到了深深地扎根于基层社会的习俗之阻碍,郡县的官吏们在实施秦律时以现实的态度对这些习俗和惯例作出妥协。因此,虽然说都是秦的领土,但秦本土和占领地间存在难以消除的隔阂,秦越扩大领土越需要强固作为统治中心的本土。我们认为这强化了内史作为统治故秦之地的行政官特征。因此战国中期至后期的秦内史,一方面随着秦领土的扩大,也扩大了对秦全国县、都官财政方面的控制范围,另一方面又收缩成为专门统治秦本土的官吏,可以说内史是一种包含着双重性的存在。这种双重性成为内史改组的契机,以太仓和大内为属官的治粟内史被建立,同时掌治京师的内史也被建立。笔者在旧稿中认为其改组的时期在六国统一时期[62],但现在推测战国末期已经完成了内史的改组。因为从《语书》也可以看出,战国末期秦已经以统一帝国为目标,致力于强化一元统治。

注

〔1〕关于睡虎地秦简的文本、简号等,请参看本书凡例。

〔2〕指秦律十八种中可以推定为《厩苑律》的佚名秦律(083~087)、《仓律》(095、102~103)、《金布律》(153~155)、《均工律》(178~179)、《效律》(241~243)、《内史杂》(254)、《法律答问》(510)。

〔3〕《古今韵会》云:"辄,每事即然也。"

〔4〕西汉、东汉除征收田租外,还征收刍、稾。参看吉田虎雄《两漢租税の研究(两汉租税研究)》第一节第二项《税率及び徴収法(税率及征收法)》,大阪屋号书店,1942年。

〔5〕古贺登《漢長安城と阡陌、県郷亭里制度(汉长安城与阡陌、县乡亭里制度)》,雄山阁,1980年,381~382、479~481页。但堀敏一先生认为此"受田"指一般农民的土地(《中国の律令制と農民支配〔中国的律令制与农民控制〕》,收入《律令制と東アジア世界—私の中国史学〔二〕—〔律令制与东亚世界——我的中国史学(二)〕》,汲古书院,1994年)。重近启树先生的研究也继承了堀先生的看法(《秦漢の国家と農民〔秦汉的国家与农民〕》,收入《世界史における地域と民衆——一九七九年度歷史学研究会大会报告—〔世界史中的地域与民众——1979年度历史学

研究会大会报告〕》,青木书店,1979 年)。

〔6〕鎌田重雄《郡国の上計(郡国的上计)》,收入《秦漢政治制度の研究(秦汉政治制度研究)》,日本学术振兴会,1962 年。

〔7〕古贺登《雲夢睡虎地某喜墓の秦律等法律文書副葬事情をめぐって(关于云梦睡虎地某喜墓的秦律等法律文书随葬情况)》,收入古贺登《汉长安城与阡陌、县乡亭里制度》。Hulsewé, A. F. P. "The Ch'in Documents Discovered in Hupei in 1975," T'oung Pao, 64：4－5, 1978. p. 194.

〔8〕《战国策·秦策七》"楼䜌约秦魏"章(鲍本将此章列于《魏策四》)云："谓太后曰：国与环者也,败秦而利魏,魏必负之,负秦之日,太子为粪矣。"关于"粪"字,吴师道《战国策校注》正曰："粪,弃除也。"

〔9〕此条规定律名残缺。整理小组推测说,从内容看此条应属《工律》,但《秦律十八种》中仅存律名《均工【律】》的残简(181)也有可能缀于此条之末。

〔10〕相同律文见于《效律》(308)。据此条律文可知,公器的久刻归官啬夫负责(见古贺登《汉长安城与阡陌、县乡亭里制度》,209 页)。关于啬夫,本书第十章专门加以讨论。

〔11〕佐藤武敏《中国古代工业史の研究(中国古代工业史研究)》第一章第一节《秦漢時代の手工業(秦汉时代的手工业)》,吉川弘文馆,1962 年。

〔12〕《百官表》云："少府,秦官,掌山海池泽之税,以给共养。""将作少府,秦官,掌治宫室……景帝中六年更名将作大匠。""治粟内史,秦官,掌谷货……景帝后元年更名大农令,武帝太初元年更名大司农。""水衡都尉,武帝元鼎二年初置,掌上林苑。"

〔13〕见《汉书·宣帝纪》序、本始四年条等。

〔14〕大庭脩《雲夢出土竹書秦律の概観(云梦出土竹书秦律概观)》,收入《秦漢法制史の研究(秦汉法制史研究)》,创文社,1982 年,77 页。

〔15〕Hulsewé, A. F. P. "The Ch'in Documents Discovered in Hupei in 1975."

〔16〕关于十二郡,参看大庭脩《云梦出土竹书秦律概观》、黄盛璋《云梦秦简

辨正》(《考古学报》1979 年第 1 期，又收入《历史地理与考古论丛》，齐鲁书社，1982 年)。但这十二郡也有可能不是实数，而与秦的圣数"十二"有关。参看栗原朋信《史記の秦始皇本紀に関する二、三の研究(关于〈史记・秦始皇本纪〉的一些研究)》之第四章第九节《秦の聖数"十二"について(关于秦的圣数"十二")》，收入《秦漢史の研究(秦汉史研究)》，吉川弘文馆，1960 年。

〔17〕在《玉海》所引《三辅黄图》中，此"东南"下有"有百二十楹"五字。

〔18〕佐藤武敏《中国古代工业史研究》，52 页。据李好文《长安志图》所见汉故长城图，太仓在长安城东南的霸城门外。

〔19〕福井重雅《漢代官吏登用制度の概観(汉代官吏录用制度概观)》，收入《漢代官吏登用制度の研究(汉代官吏录用制度研究)》，创文社，1988 年。

〔20〕饭岛和俊先生通过解释睡虎地秦简及汉代记录中所见"无害"，指出战国时代秦到汉初(或武帝时期)，郡县官府任用属吏的标准是他是否作为官吏办事"无害"(《文無害考―〈睡虎地秦墓秦簡〉を手がかりとして見た秦、漢期の官吏登用法―〔文无害考——以〈睡虎地秦墓秦简〉为线索看秦汉时期官吏录用法〕)，中央大学《アジア史研究(亚洲史研究)》第 3 号，1979 年。

〔21〕古川(栗原)朋信先生论证汉代的俸禄是用谷物支付的。参见《両漢時代の百官秩禄制度に就いて(关于两汉时代的百官秩禄制度)》，《東洋史会紀要》第 2 册，1937 年。近年山田胜芳先生也赞同此说，推测秦以及汉初的俸禄用谷物来支付。参见《漢代財政制度変革の経済の要因について(汉代财政制度变革经济方面的主要原因)》，《集刊東洋学》第 31 号，1974 年。

〔22〕"以书(言)"见于《秦律十八种・田律》(068)、《仓律》(100)、《司空律》(198)、《内史杂》(255)、《封诊式・治狱》(581)、《□□》(616)、《告臣》(621)、《黥妾》(625)、《秦律十八种・金布律》(137)。"以次传"见于《语书》(061)，"以县次传"见于《封诊式・迁子》(629)，"以邮行"见于《语书》(061)。

〔23〕整理小组将"雠"解释为"校对"。《古今韵会》云:"雠,校也,谓两本相覆校如仇雠也。"《文选》卷 6 所收左都《魏都赋》李善注所引《风俗通》佚文云:"按刘向《别录》:雠校,一人读书,校其上下,得缪误为校,一人持本,一人读书,若怨家相对。"可见,都官也受到大仓的考核是不难想象的,但县和都官规定有明显的不同,这暗示对县和都官两者的考核有所不同。

〔24〕"财政统括机构"一词来自西村元佑《漢代の勧農政策(汉代的劝农政策)》,收入《中国经济史研究——均田制度篇》,东洋史研究会,1968 年。

〔25〕山田胜芳《漢代財政制度に関する一考察(汉代财政制度管窥)》,《北海道教育大学紀要——第一部 B》第 23 卷第 1 号,1972 年。

〔26〕秦简讲读会《〈湖北睡虎地秦墓竹簡〉訳注初稿》(《論究》第 10 卷第 1 号,1979 年)将其释为"将附属于铁器的青铜部分分离出来"。

〔27〕古贺登《汉长安城与阡陌、县乡亭里制度》,163 页。

〔28〕此时都官带来的剩余衣服可能在会计监察结束后在市场上卖掉。在前引的《金布律》中,大内收取都官来的废物公器,然后将其卖出去。这些处理方法如出一辙。

〔29〕劳榦《秦汉九卿考》,收入《劳榦学术论文集》甲编下,艺文印书馆,1976 年。

〔30〕西嶋定生《秦漢帝国》(中国歴史第 2 卷),讲谈社,1974 年,90 页。

〔31〕Hulsewé, A. F. P. "The Ch'in Documents Discovered in Hupei in 1975."

〔32〕高敏《从云梦秦简看秦的几项制度》,收入《云梦秦简初探》,河南人民出版社,1979 年。

〔33〕据《史记·蒙恬列传》,蒙恬在秦始皇二十六年拜为内史,到秦二世即位后不久,一直在这个职位上。

〔34〕关于平准,佐藤武敏先生赞同《秦会要订补》的说法,认为平准早在秦代作为少府的属官已存在。参见《中国古代工业史研究》,92～93 页。但山田胜芳先生从布帛染色的角度,仔细地论证了平准是由于桑弘羊的上奏而设置的。因此,关于均输、平准,笔者赞同以往的说法,认为它们

是武帝时代设置的。关于籍田的设置情况，《史记》、《汉书》均见于文帝二年正月诏。关于斡官，《百官表》云"初，斡官属少府，中属主爵，后属大司农"，据此可知该官原来是少府的属官。关于铁市，主铁官一职见《史记·太史公自序》，云"昌为秦主铁官，当始皇之时"（《汉书·司马迁传》作"秦王铁官"），铁市和主铁官是否同一个官，还不太清楚。

〔35〕参见山田胜芳《汉代财政制度管窥》。

〔36〕这是文帝即位初期的事。

〔37〕参见山田胜芳《汉代财政制度管窥》。

〔38〕参见山田胜芳《汉代财政制度管窥》。

〔39〕关于表二的督道仓吏，山田胜芳先生说："《汉书·货殖传》（《史记》也有几乎相同的文章）云：'宣曲任氏，其先为督道仓吏。（孟康曰：若今吏督租谷使上道输在所也。师古曰：于京师四方诸道督其租耳。道者，非谓上道也。）秦之败也，豪桀争取金玉，任氏独窖仓粟。'可见秦代督道仓吏掌管租谷的运输和谷仓。"但《史记·货殖列传》的《集解》引用韦昭的解释，云："督道，秦时边县名。"此外，清王先谦《汉书补注》关于督道仓吏，云："刘奉世曰：督道者，仓所在地名耳，犹后传注汉官阙疏所称细柳仓也。为仓吏，故能藏粟致富也。周寿昌曰：督道为地名，若秦时督亢之类。先谦曰：督道，刘、周说是，仓名无考者多矣。"就是说，王先谦赞同刘奉世、周寿昌的解释，认为督道是地名。因此督道当非官名，而是叫督道的县（或地名），督道仓吏是督道仓库的官吏。

〔40〕收入栗原朋信《秦汉史研究》。

〔41〕楠山春树《淮南子》（中国古典新书），明德出版社，1971年，161～162页。

〔42〕陈直《汉书新证》，天津人民出版社，1979年版，106、387页。

〔43〕加藤繁《漢代に於ける国家財政と帝室財政との区別並に帝室財政一斑（汉代的国家财政和帝室财政的区别及帝室财政之一斑）》，收入《支那经济史考证》上，东洋文库，1952年。

〔44〕白川静《作册考》，收入《甲骨金文学論叢》二集，朋友书店，1955年。

〔45〕关于西周时代的册命制度，可参看陈梦家《西周铜器断代（三）》（《考古学报》1956年第1期），张亚初、刘雨《西周金文官制研究》（中华书局，

1986 年),陈汉平《西周册命制度研究》(学林出版社,1986 年)等。

〔46〕林剑鸣先生指出,秦将没有随平王东迁的"周余民"接受过来,这些"周余民"的加入对秦国经济结构的变化发生重要的影响,参见《秦史稿》,上海人民出版社,1981 年,39 页。因此可以认为周的影响也发生在官制方面。

〔47〕吴师道校注本(收入四部丛刊)开头"其令"作"且今",《史记·范雎列传》作"今自有秩以上,至诸大吏,下及王左右,无非相国之人者",《资治通鉴》从《史记》。

〔48〕据《汉书·百官表上》,带有"尉"字的秦官有太尉(掌武事)、卫尉(掌宫门卫屯兵)、廷尉(掌刑辟)、中尉(掌徼循京师)、主爵都尉(掌列侯)等。据马非百先生研究,《百官表》"太尉,秦官"是国尉之误。参见马非百《秦集史》下,中华书局,1982 年,480 页。

〔49〕角谷定俊《秦における青銅工業の一考察—工官を中心に—(秦代青铜工业管窥——以工官为中心)》,《駿台史学》第 55 号,1982 年。

〔50〕四川省博物馆、青川县文化馆《青川县出土秦更修田律木牍——四川青川县战国墓发掘报告》,《文物》1982 年第 1 期。

〔51〕江村治树《雲夢睡虎地出土秦律の性格をめぐって(云梦睡虎地出土秦律的特征)》,《東洋史研究》第 40 卷第 1 号,1981 年。

〔52〕藤田胜久《中国古代の関中開発—郡県制形成過程の一考察—(中国古代的关中开发——郡县制形成过程管窥)》,收入《佐藤博士退官記念中国水利史論叢》,图书刊行会,1984 年,56～57 页。

〔53〕藤田胜久《戦国秦の領域形成と交通路(战国时代秦国的疆域形成与交通路线)》,收入《出土文物による中国古代社会の地域的研究(利用出土文物研究中国古代社会地域)》,平成二、三年度科学研究费补助金一般研究(B)研究成果报告书,1992 年。

〔54〕江村治树《云梦睡虎地出土秦律的特征》。

〔55〕山田胜芳《秦漢時代の大内と少内(秦汉时代的大内与少内)》,《集刊東洋学》第 57 号,1987 年。

〔56〕重近启树《秦の内史をめぐる諸問題(关于秦内史的各种问题)》,收入

《堀敏一先生古稀記念　中国古代の国家と民衆（中国古代的国家与民众）》，汲古书院，1995年。

〔57〕在秦简、帛书、金文史料等资料中，含有"国"的词汇作"邦"，如相国/相邦、属国/属邦。一般认为这是因避西汉高祖刘邦之讳所致。参见缪文远订补《七国考订补》上，上海古籍出版社，1987年，5页。

〔58〕郑玄注云："言掌国中，此主国中狱也。六乡之狱在国中。"

〔59〕本书第五章指出，"邦中"一词有几例也见于睡虎地秦简《日书》。据此推测，或许秦以外的国家，比如楚国等也称王畿为邦中。

〔60〕例如黄盛璋《云梦秦简辨正》。

〔61〕大栉敦弘先生对秦本土和郡的关系，有如下见解：在秦代，关中是与其他诸郡不同的特殊存在。关中和其他诸郡的这种关系一直延续到汉初，到了西汉武帝时期三辅制度形成后才结束。秦汉作为统一国家的统治体制，直到三辅制度形成才告完成。参见《漢代三輔制度の形成（汉代三辅制度的形成）》，池田温编《中国礼法と日本律令制（中国礼法与日本律令制）》，东方书店，1992年，107～111页。我们认为关中的这种特殊性可以追溯到秦第一次设郡的惠文王时代。

〔62〕拙文《秦の内史—主として睡虎地秦墓竹簡による—（秦内史——以睡虎地秦墓竹简为主要依据）》，《史学雑誌》第90编第3号，1981年。

第二章

秦的都官和封建制度

前　言

　　战国时代秦国随着领土的扩大而逐渐完善其财政机构，并强固其作为中心据点的故秦之地。上一章我们通过对内史的考察讨论这个问题。但关于秦统一六国的过程，更需要讨论秦是如何克服国内封建制度残余的。一般认为，秦与东方六国相比，封邑制度没有那么发达。但明董说《七国考》卷1《秦职官》列举了不少封君名，此外1948年在西安市西南发现的、由陈直先生介绍的[1]《秦右庶长歇封邑陶卷》[2]提供了关于秦封邑的重要原始史料。因此，秦统一六国过程中的封建制度问题需要从新的角度、利用新的史料去作研究。

　　我们在秦简中找寻这一问题的材料时，发现有一个叫都官的官府值得注目，它和县一起属于内史统辖。至今为止，关于秦简所见都官已有不少解释，但大都视其为汉代文献所见的都官，或根据颜师古对都官的注作出解释。不仅如此，因为各家对颜师古注内容的解释有分歧，所以其分歧反映到了秦简都官的解释上，这就是现在的研究情况。但通过对秦简都官的探讨可知，都官是与县几乎同一级的地方行政机构。不得不认为，这是由于睡虎地秦简的出土才被人了解的。因此本章根据秦简的记载试图复原都官这一机构，探讨都官设置的历史意义。

第一节　以往的研究及其问题

以往对秦简所见都官的解释主要有以下几种：① 整理小组注释认为，都官是直属朝廷的机构，古书又称中都官[3]。② 何四维先生认为，都官是皇帝即中央政府雇用的所有官员[4]。③ 高恒先生认为，都官是属于中央列卿的各官府[5]。④ 于豪亮先生认为，中央一级机关在京师的称为中都官，不在京师的只称为都官[6]。⑤ 江村治树先生认为，都官既指中央京师的各官府，也指其地方派出机构[7]。⑥ 高敏先生认为，都官是主管王室财政的官署[8]。这些说法是否能够合理地解释秦简中有关都官的记载？我们比照秦简的记载，验证各家之说。

我们先看①。这是对可推定为《厩苑律》的佚名秦律所见都官作的注。作为其根据，整理小组举出《汉书·宣帝纪》所见两条颜师古注[9]：

> 都官令丞，京师诸署之令丞。
> 中都官，凡京师诸官府也。

据此可见，颜师古将都官和中都官都解释为京师诸官府。就汉代的都官而言，其解释是对的。但高恒先生对此提出反对意见。因为《汉书·宣帝纪》本始四年正月条云：

> 丞相以下至都官令丞上书入谷，输长安仓，助贷贫民。

他根据此诏中划线部分认为都官中不包括丞相府，因此不像颜师古所说那样京师的所有官府称为都官。但据一般理解，"A 以下……"从语法看是 A 也包括在其中，因此"丞相以下"的意思应该是丞相也包括在其中，此句意为"上至丞相，下至京师诸署（官府）的令丞"。此外《汉书·元帝纪》永光二年条云：

> 又赐诸侯王、公主、列侯黄金，中二千石以下至中都官长吏各有差。

此条的中都官也一样。就是说，"中二千石以下……各有差"的意思是，上至中二千石（列卿），下至属于他们的京师诸署（官府）的长吏都按照身份给予赏赐。据此可知，汉代的都官、中都官是"都的官"、"中都的官"的意思，其"都"、"中都"都指"京师"。可以说，颜师古的理解是正确的。

虽然如此，但如果像整理小组那样根据颜师古注解释秦简都官，我们会马上遇到与此矛盾的记载。例如：

> 今课县、都官公服牛各一课，卒岁十牛以上而三分一死，不【盈】十牛以下，及受服牛者卒岁死牛三以上，吏主者、徒食牛者及令、丞皆有辠（罪）。（《秦律十八种·厩苑律》086～087）
>
> 县、都官坐效、计以负赏（偿）者，已论，啬夫即以其直（值）钱分负其官长及冗吏，而人与参辨券，以效少内，少内以收责之。（《金布律》147～148）
>
> 县、都官以七月粪公器不可缮者，有久识者靡〈磨〉蚩之。（《金布律》153）
>
> 县、都官用贞（桢）、栽为俑（棚）榆，及载县（悬）钟虞〈虡〉用辐（膈），皆不胜任而折。（《司空律》192）
>
> 令县及都官取柳及木楘（柔）可用书者，方之以书。毋方者乃用版。（《司空律》198）

可见都官有很多时候与县并列。这表示，在一些业务管理中，县和都官被视为是成对的官府。此外《置吏律》(224～225)云：

> 县、都官、十二郡免除吏及佐、群官属，以十二月朔日免除，尽三月而止之。其有死亡及故有夬（缺）者，为补之，毋须时。　置吏律

这是关于小吏任免的规定。根据划线部分，可知县、都官和十二郡是并列的。既然"县、都官、十二郡"可以解释为三种地方行政机构的并列，那么都官当是构成秦郡县制的地方行政机构之一。因此我们不能同意整理小组将颜师古注和秦简都官直接联系起来解释。

　　下面讨论一下②何四维先生"都官是中央政府任命的所有官员"的解释。按照这一观点，就无法解释上面引用的《置吏律》。因为从上下文来看，"县、都官、十二郡"指的是三种地方行政机构，难以将"中央政府雇用的所有官员"这种有不同层次的范畴只用到都官身上。

　　③高恒先生以上引《汉书·宣帝纪》所见诏书作为根据，提出以下看法：（甲）从划线部分可知，不是京师的所有官府都称为都官，例如汉代掌管舆马的太仆属下有"边郡六牧师、苑令"，它们被设置在边郡。（乙）这也表示都官是属于中央列卿的官府，如西汉治粟内史属官的太仓、均输、平准、都内。高恒先生这些观点中，（甲）的部分因为已经讨论过，所以不再赘言。至于（乙），上面已引用其中一部分的《秦律十八种·金布律》(153～155)云：

> 县、都官以七月粪公器不可缮者，有久识者靡〈磨〉蚩之。其金及铁器入以为铜。都官输大内，【大】内受买（卖）之，尽七月而觱（毕）。都官远大内者输县，县受买（卖）之。粪其有物不可以须时，求先买（卖），以书时谒其状内史。凡粪其不可买

（卖）而可以为薪及盖蕡〈蕢〉者，用之；毋（无）用，乃燔之。

金布

此外，有一条佚名秦律（《厩苑律》087）规定内史和大仓在每年年底对饲养、驾用公服牛的县、都官的管理情况进行考核，其中有如下规定：

内史课县，大（太）仓课都官及受服【牛】者。

《仓律》（104）云：

县上食者籍及它费大（太）仓，与计偕。都官以计时雠食者籍。　仓

还有《金布律》（160）有对囚犯衣服发放的规定：

在咸阳者致其衣大内，在它县者致衣从事之县。

这些都表明大内（相当于汉代的都内）是在秦都咸阳的官府。至于大仓，上一章已经说明它和大内一样是内史的属官。如果从高恒先生的解释，大内和大仓应该都是都官，那么"大仓课都官及受服【牛】者"这一规定就自相矛盾了。

关于④于豪亮先生"中央一级机关在京师的称为中都官，不在京师的只称为都官"这一说法，只要和上面检证①、②时指出的问题相对照就可以了。

⑤ 江村治树先生"都官指中央京师的官府，也指其地方派出机构"的解释受到日本研究者的广泛支持[10]。因为都官是由于睡虎地秦简的出土才被人知道的先秦官名，所以江村先生首先将汉代文献所见都官的概念（京师诸官府）运用在秦简的都官上作出解释，然后加上了秦简都官是地方行政机构这一事实，江村先生的解释似乎就是这样得出来的。但这不是对所有秦简作出合理解释后

得出来的。如果不根据文献史料，抛弃成见，只根据秦简的记述加以分析的话，就会得出另外一种结论。这一点在下一节详论。

⑥ 高敏先生"都官是主管王室财政的官署"的说法，是基于高先生设想的以下战国秦财政机构而得出的：秦时存在两套经济管理系统。一套是内史系统，内史直接管辖由县主管的封建国家的所有财物；另一套是属于大仓的都官系统，其管理的财物是王室的。因此都官是属于大仓的、管理王室财政的官署。高先生的这一解释根据秦简的记载对秦代的财政机构进行讨论，就凭这一点，他的解释比别人有一定的进步。但如前所述，县和都官作为成对的官署担负地方行政业务，在其业务执行中与上级机关大仓、大内或内史构成有机的联系，因此我们不能将都官解释为"直属大仓管辖、主管王室财政的官署"。

本节对各家说法进行了讨论。结果表明，秦代的都官不能和汉代的都官、中都官直接联系起来解释。如果将汉代都官、中都官的内容运用于秦简都官，那么就不能对秦简的记载作出合理的解释。我们也不能将都官解释为掌管王室财政的机构。在对①的分析中我们已经指出，秦简中所见都官是和县几乎同级的地方行政机构。但这种地方行政机构不见于文献史料。因此我们应该直接对秦简的记载进行分析，对都官的官制系统、它和县的关系，以及设置都官的历史背景等作出探讨。

第二节 秦简所见都官的结构

关于都官设置的地点，《秦律十八种·仓律》（096～097）有如下一文：

禾、刍、稾积索（索）出日，上赢不备县廷。出之未索（索）

> 而已备者,言县廷,廷令长吏杂封其<u>膚</u>,与出之,辄上数廷;其少,欲一县(悬)之,可殹(也)。<u>膚才(在)都邑,当□□□□□□□□者与杂出之。 仓</u>

这当是年度末调查县仓剩余禾、刍、稾的数量,即所谓盘点存货的规定。高敏先生重视"膚才(在)都邑"一句,认为仓都在都邑[11]。但这四字不能和上下文分开解释,这四字应该是修饰下句"当□□□□□□□□者"的,即"膚在都邑⋯⋯者"构成一个主语。这条律文是由县廷负责的管理县仓的业务规定。如果句中的都邑指县治所在的邑,那么为什么在《仓律》的结尾要特意说明县仓的所在呢? 这实在难以理解。包括"膚才(在)都邑"的一句虽然由于文字残缺难以通读,但就文章结构而言,我们可以理解为上半部分规定县仓的盘点存货,而后半部分规定设置在都邑之仓的盘点存货。关于都邑,整理小组引用《左传》庄公二十八年条作说明[12]:

> 凡邑,有宗庙先君之主曰都,无曰邑。

在先秦文献中确实往往能看到"万户都"、"万户邑"等词,因此仓被设置在这种"都"的中心之邑"都邑"是很容易想象的。若这一推测能成立,那么我们可以认为"都官"是战国时代秦为了控制这种意义上的"都",而设置的地方行政机构吧。

若果真如此,我们可以设想,秦汉时代的县是由县治所在的大乡和其周边的几个乡构成的,都也一样,是由都官所在的都邑和其周边的几个邑构成的。值得注目的是,《秦律十八种·金布律》(139～142)有"离官"这一官名:

> 都官有秩吏及离官嗇夫,养各一人,其佐、史与共养;十人,车牛一两(辆),见牛者一人。都官之佐、史冗者,十人,养一人;十五人,车牛一两(辆),见牛者一人;不盈十人者,各与

> 其官长共养、车牛，都官佐、史不盈十五人者，七人以上鼠（予）
> 车牛、仆，不盈七人者，三人以上鼠（予）养一人；小官毋（无）啬
> 夫者，以此鼠（予）仆、车牛。

这条律文规定都官官员在职务上可以使用的官有的养、车牛、见牛
者等数目。其官员中有"离官啬夫"，对此整理小组作注云"离官，
附属机构，与都官对称"[13]。但这只不过是望文生义的解释而已。
另外，高敏先生认为"离官啬夫"当作"离宫啬夫"，将其解释为离宫
别馆的官吏[14]。但离官这一官名还见于《效律》(319～321)：

> 官啬夫赀二甲，令、丞赀一甲；官啬夫赀一甲，令、丞赀一
> 盾。其吏主者坐以赀、谇如官啬夫。其它冗吏、令史掾计者，
> 及都仓、库、田、亭啬夫坐其<u>离官属于乡者</u>，如令、丞。

此《效律》篇头(269)云：

> 为都官及县效律。

这是一条说明文，意思是将以下列记的 30 条律文的适用范围限定
在县和都官内[15]，上引《金布律》(139～142)的离官啬夫和《效律》
(319～321)的离官(啬夫)指的应该是同一个官员。据《效律》
(319～321)"其离官属于乡者"(划线部分)可知离官(啬夫)是"属
于乡者"，因此此条律文中的都仓(啬夫)、库(啬夫)、田(啬夫)、亭
啬夫应该都是县廷或都官派出的官员，他们总称为离官啬夫[16]。
至于这些啬夫总称为离官啬夫的理由，可以根据《秦律十八种·仓
律》(088～089)的以下规定作出说明：

> 入禾仓，万石一积而比黎之为户。a<u>县啬夫若丞及仓、乡</u>
> <u>相杂以印之</u>，b<u>而遗仓啬夫及离邑仓佐主禀者</u>，各一户以气
> （气），自封印，皆辄出，余之索而更为发户。

这是将禾储藏在县仓时的规定。值得注目的是,划线 a"仓、乡"在划线 b 被换成为"仓啬夫及离邑仓佐主稟者"。可见前者是后者的简称,即"仓=仓啬夫"、"乡=离邑",整理小组注也认为"离,附属,离邑即属邑,指乡。"[17]因此我们不能像高敏先生一样将离官解释为离宫。

如果都官来自"离邑之官",离官也应该来自"离邑之官"。就是说,县是由县治所在的大乡和其周边的几个乡构成的,都也一样是由都官所在的都邑和几个邑(离邑)构成的,被派到这种离邑的官员被称为离官啬夫[18]。县治既然有县仓,那么应该可以想象都邑也有仓,证明此事的史料就是上引《仓律》"啬才(在)都邑"以下的记载。若图示都官的结构,则如图一。

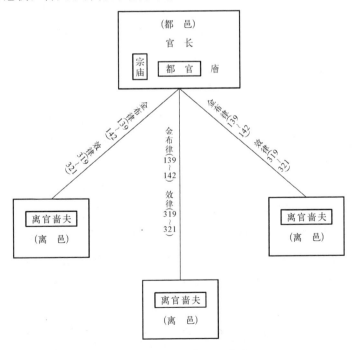

图一　都的结构(都邑和离邑)

都官和县是几乎同一级的地方行政机构之事,我们也能从《法律答问》(465)得到证实:

> "辞者辞廷。"●今郡守为廷不为?为殹(也)。|"辞者不先辞官长、啬夫。"|可(何)谓"官长"?可(何)谓"啬夫"?命都官曰"长",县曰"啬夫"。

这里讨论的是诉讼程序的问题,其中问及县和都官的主管者名。据此可知以下两点:第一,提起诉讼时,在都官要向官长诉讼,而在县要向县啬夫诉讼,不能跳过一审一开始就向郡守诉讼。如果对县、都官的判决不服,才可以向郡廷上诉。在此答问中,县的主管者称为县啬夫。县啬夫亦见《语书》开头(054):

> (秦王政)廿年四月丙戌朔丁亥,南郡守腾谓县、道啬夫:……

这里南郡守腾督促其治下的县、道之主管者要让人民熟知秦律。从这一内容来判断,县啬夫实际上地位与县令同等[19]。至于与县并列的道,《汉书·百官公卿表上》县条云:

> 有蛮夷曰道。

可见道是少数民族居住的县。根据《秦律十八种·属邦律》(268),秦为道的统治设置了道官[20]。就是说,作为统治县、都、道的地方行政机构,秦设置有县廷、都官、道官。此外,近年出土的张家山汉简《奏谳书》案例 14 中有相当于傅律的令,其中有"令到县、道官"一句[21];还有案例 15 以"七年八月己未,江陵丞言"开始,其中说到醴阳令某恢"盗县官米二百六十三石八斗",将其卖了一万五千五十钱,因此被问罪,据此可见秦县廷也称为县官。不管怎样,县、都、道的主管者分别称为县啬夫、官长、道啬夫。因为县、都包含在郡内,所以其领地内的居民提起的诉讼,首先要面向其直接主管者县啬夫或官长,只有对县、都官的判决不服,才可以向郡廷上诉。《法律答问》之所以没有关于道的规定或许有特殊原因,也许是因为道是少数民族居住区的缘故。

如上所述,都是由都官所在的都邑和其所统辖的几个离邑构成的。但除此之外,还存在只有一个都邑的情况。这种都的都邑也设有都官,这就是所谓"小都"。例如《秦律十八种·内史杂》(253)云:

> 县各告都官在其县者,写其官之用律。　内史杂

据此规定可知,当时存在编入县中的都邑。如果是设置在这种都邑的都官,必要时,该官府得去所属县廷抄写所需要的律文。若图示县和都官的这种关系,则如图二。因此,都官大致可以分为图一和图二两种。

《秦律十八种·仓律》(111)反映出这种都官之特征的某些方面:

> 宦者、都官吏、都官人有事上为将,令县貣(贷)之,辄移其
> 稟县,稟县以减其稟。已稟者,移居县责之。　仓

虽然后半部分费解,但总之这是"宦者、都官吏、都官人"在有事时前往(郡?)服军务、领取口粮的规定[22]。其中的宦者显然被列入都官,据此可知都官的机构中有宦者。不得不认为,这与县廷这种地方行政机构的性质存在不同。

上面我们对都官的官制结构与县进行了比较。下面进一步对其作为地方行政机构的管理权限展开探讨。上一节引用了关于官有器物废物处理的《金布律》,我们根据上一章探讨内史特征后得出的结论,概括一下其中与都官有关的部分:① 每年七月进行公器的废物处理,县和都官在执行此事时处于平等的立场。② 但都

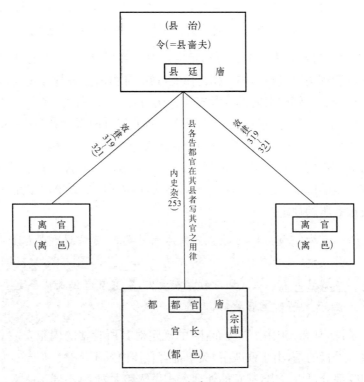

图二 县内都官的结构

官没有将当作废物处理的公器自己变卖的权限,因此咸阳周边的都官要将其运交咸阳的大内。③ 距大内很远的其他都官运交给县,由县将这些公器变卖。从以上情况可以看出,都官与县相比,在地方行政机构的管理上,其权限要小一点。

从秦律的其他条文也可以看出与县相比,都官处于较低的位置。我们好几次引用过的、可以推定为《厩苑律》的佚名秦律(086~087)中有:

今课县、都官公服牛各一课,卒岁十牛以上而三分一死,不

【盈】十牛以下,及受服牛者卒岁死牛三以上,吏主者、徒食牛者及令、丞皆有辠(罪)。内史课县,大(太)仓课都官及受服【牛】者。

这条律文规定,内史和大内在年度末对饲养、驾用公服牛的县、都官的管理情况进行考核。据此律文可知,县由内史进行考核,而都官由内史统辖的大内进行考核[23]。另外,上一节引用的《仓律》中有"县上食者籍及它费大仓,与计偕。都官以计时雠食者籍"一条,这条律文规定的是县和都官向中央的大仓上报领取口粮人员的名籍和其他费用的账簿,这种规定的方法也暗示县和都官在上计上有一定的区别。还有《秦律十八种·金布律》(159～160)有对囚犯发放衣服的规定:

　　受(授)衣者,夏衣以四月尽六月稟之,冬衣以九月尽十一月稟之,过时者勿稟。……<u>都官有用□□□□其官,隶臣妾、春城旦毋用</u>。在咸阳者致其衣大内,在它县者致衣从事之县。县、大内皆听其官致,以律稟衣。　金布

这是说,县和大内按照《金布律》的规定对其所管辖的囚犯发放衣服。可惜的是,由于残缺字,关于都官具体内容不清楚。但至少从划线部分可以看出,都官的处理方式显然和大内、县不同。

　　以上列举的律文表示,虽然同是地方行政机构,但县和都官在管理权限上有一定的区别,相比县,都官处于较低的地置。这种区别究竟因何而起呢?笔者认为,这是由设置都官的"都"本身的历史特征而来的。若果真如此,我们有必要重新讨论都在秦地方行政制度历史中占有怎样的位置。

第三节　都官设置的历史背景

　　关于春秋时代的都,松本光雄先生和木村正雄先生指出,诸侯

居住的邑称为"国"，而分封诸侯家族形成的邑称为"都"，其他的邑称为"鄙"[24]。关于其中的都，如《左传》庄公二十八年条云"有宗庙、先君之主曰都"，即都中有宗庙分置，设有祭祀先君的木主。关于战国时代都和宗庙的这种关系，靖郭君田婴和其子孟尝君的例子可以参考。《战国策·齐策一》"靖郭君善齐貌辨"章说，楚将昭阳要求将数倍之地和田婴的封邑交换，田婴回绝说：

> 受薛于先王，虽恶于后王，吾独谓先王何乎。且先王之庙在薛，吾岂可以先王之庙与楚乎。

就是说，齐威王之末子靖郭君田婴由威王封薛，但继位威王的宣王和他的关系不好。即便如此，也不能将分置先王之庙的薛与楚交换[25]。但《史记·孟尝君列传》云：

> 田婴相齐十一年，宣王卒，湣王即位。即位三年，而封田婴于薛。

可见，封田婴于薛的是湣王即位三年的事。《索隐》又云：

> 《纪年》以为梁惠王后元十三年四月，齐威王封田婴于薛。十月，齐城薛。十四年，薛子婴来朝。十五年，齐威王薨，婴初封彭城。皆与此文异也。

《索隐》引用《古本竹书纪年》，说齐威王时封田婴于薛，他死后又封彭城。齐威王至湣王期间的齐纪年有一定的混乱，此事藤田胜久先生和平势隆郎先生已分别用独到的方法指正[26]，在此只提出问题，不再赘言。

继承田婴的是其子孟尝君，《战国策·齐策三》"孟尝君在薛"章有他和薛宗庙的故事[27]。孟尝君在薛时，楚来攻打。为此齐王派淳于髡去楚，而淳于髡在归途上经过薛。孟尝君殷勤地接待他，并告诉他薛的紧急事态。淳于髡到齐都向齐王复命，其后他和齐王间有如下问答：

> 王曰："何见于荆？"对曰："荆甚固，而薛亦不量其力。"王曰："何谓也？"对曰："薛不量其力，而为先王立清庙。荆固而攻之，清庙必危。故曰薛不量力，而荆亦甚固。"齐王和（知）[28]其颜色曰："譆。先君之庙在焉。"疾兴兵救之。

淳于髡在孟尝君的授意下，为了催促齐王给薛派出援军，启发齐王想起田婴以来在薛奉祀的先君之庙。分置先君宗庙的宗室贵戚封邑到了战国时代还对君主保持不可忽视的影响。但齐国的"都"的地位大致相当于郡[29]，因此不清楚是否这种宗室贵戚的封邑也称为"都"。

如果再从秦那里找相似的例子，商鞅引人注目。《史记·商君列传》云：

> 商君相秦十年，宗室贵戚多怨望者。

战国中期商鞅变法实施，宗室贵戚对此非常怨恨。孝公死后，以太子（即后来即位的惠文王）之傅公子虔为首，立即开始反击，商鞅被车裂而死。此外，众所周知，商鞅第二次变法时兴建了31（一说是41）个大县，无论是在军事上还是在经济上，这些大县都成为秦耕战制度的基础。关于此事，《史记·商君列传》云：

> 而集小都、乡、邑、聚为县，置令、丞，凡三十一县。

可见被编入新县的旧聚落、旧邑中有"小都"。关于此时兴建的新县，古贺登先生推测说："有可能在旧的大都和旧贵族豪族等基层势力很强的地方没能实行，能实行的只有 31 县或 41 县，或许连这些地方也仅限于一定的地域内。"[30]如果我们在此展开古贺先生的观点，有可能国家权力在进入所谓"大都"、"中都"时，受到了以"大都"、"中都"为依靠的宗室贵族等暗中势力的阻碍，因此能编入新县的只是"小都"而已。《商君列传》的"集小都、乡、邑、聚为县"一句不正暗示了这一点吗？根据以上所述，笔者认为战国时代秦也将宗室贵族所依据的旧邑称为"都"。

　　另外，战国时代秦除了宗室贵族所依据的旧邑"都"以外，还有由于因为军功封爵的封君之邑，即封邑。商鞅变法使得依赖军功赏赐的赐爵封邑制度化。制定者商鞅本人也得到了军功爵位，《商君列传》对此有如下描述：

> 卫鞅既破魏还，秦封之于、商十五邑，号为商君。

但这一记事的后面，说到一个叫赵良的人劝位极人臣的商鞅退隐，赵良有如下忠告：

> 君之危若朝露，尚将欲延年益寿乎。则何不归十五都，灌园于鄙。

文中的"十五都"，如《史记正义》、《史记会注考证》所指出的那样，是商鞅被封的"于、商十五邑"。这说明，秦不仅宗室贵族的旧邑，连由于军功封爵的封邑也称为"都"。封邑称为"都"的例子也见于《史记·赵世家》。赵孝成王四年（前262），韩王再也不能维持上党，要将上党献给秦。遭到韩上党守冯亭抵抗，要带土地和人民归降赵。当时赵王派平原君向冯亭保证他们归降后能享受如下待遇：

> 敝国使者臣胜（＝平原君），敝国君使胜致命，以万户都三封太守，千户都三封县令，皆世世为侯，吏民皆益爵三级，吏民能相安，皆赐之六金。

文中有"太守"，对此《史记正义》云：

> 尔时未合言太守，至汉景帝始加太守，此言"太"，衍字也。

但《封诊式·覆（迁）子》（626～629）有"成都太守"，可见先秦时代已经有太守之称。不管怎样，赵县一级的封邑也称为都。若果真如此，对战国诸侯而言，将都作为褒赏，是驱使臣下效力沙场一个很重要的手段。与此同时，若不将这些都控制在中央集权体制下，它们就会助长封君的地方割据。所以，可视其为一种矛盾的存在。笔者推测，战国时代秦以这种形势为背景推行的政策，就是秦简所见的都官制。

　　如上所述，秦简《效律》是核验官有物品、物资账目的规定以及相关处罚，其开头明确说明其适用范围限定于县和都官。但这并不一定意味着都官一开始就有与县同等的权限。江村治树先生也认为，《效律》是在某一个时期专门独立编纂的有关"效"的法律[31]。而且从都的性质来说，都应该有其本身的成长过程，就是说都在初期阶段由中央派监督官员，后来成长为实际上与县几乎相同的机构。但根据秦简仔细追寻其具体过程已经很困难。因为秦简中所见都官已经发展到与县几乎同等的地位，其表示的是战国末期都的状态。但笔者认为，商鞅和吕不韦封邑性质的差异表示出其过程的某些方面。战国中期的商鞅在孝公死后受到了宗室贵戚的大肆反击，曾一度逃了出去，但没能逃出秦国，关于其后的情况，《商君列传》云：

　　　　商君既复入秦，走商邑，与其徒属发邑兵，北出击郑。

可见当时他还可以据守商邑，与其徒属征发邑兵作抵抗，然而到了战国末期的吕不韦，他的封邑已经是食邑。《史记·吕不韦列传》云：

　　　　庄襄王元年，以吕不韦为丞相，封为文信侯，食河南雒阳十万户。

即便在他被罢免"就国"时,也没有据守封邑抵抗的痕迹,只是酖毒自裁而已。陶希圣、沈任远两位先生认为,两者的这种差异表示从分土封国到分民封户的变化[32]。将秦与西汉相比,秦末叛乱中建国的汉王朝在高祖刘邦时就已经开始抑制诸侯王,之后贾谊、晁错推动的抑制诸侯王的政策引发了一场大的内乱,即吴楚七国之乱,这是众所周知的。而秦在统一六国后废止了封建制,形成了一元性质的郡县制,但不知为何,却没有引发宗室贵戚和封君的叛乱。笔者认为,这是因为统一六国前实际上已经完成了对故秦之地郡县化的缘故。

　　这样看来,虽然不清楚都官制是否在商鞅时已经实施,但即便已经设置了都官,可以推测它还处于初期的阶段。到了战国末期吕不韦时,都官已经成长为通过《效律》内容可以反映出来的、与县几乎同等的机构。但严格地说,我们在讨论内史特征时已经确认,都官作为地方行政机构的管理权限依然比县要低。但与其说权限较低,不如说这意味着都的自立性很强。上一章讨论了内史/大内、大仓/县、都官间地方行政上的相关性,结果表明,县始终处在内史的管辖下,而同样的业务内容,都官就与内史属官的大内、大仓有密切的关系。这表明,与县相比,中央政府对都的干预还不彻底。这也说明对宗室贵戚的旧邑和列侯的封邑进行完全的县化非常困难。图二所示都官的例子明确地表明了这一情况。上面指出,商鞅兴建新县时,被编入县中的"都"均为小都。而图二表示,都即便在被编入县中后,也还有一些继续存在,秦为此要设置都官。但不知为何,秦简中所见都官在其后的历史中再也见不到。这当是因为秦始皇统一六国,建立了一元性质的郡县制,大概以此为界线废止了都官制的缘故。不过汉代也有称王国的中央官府为都官的例子。《汉书·百官公卿表上》诸侯王条云:

　　诸侯王,……掌治其国有太傅辅王,内史治国民,中尉掌武职,丞相统众官,群卿、大夫、都官如汉朝。

此外,据《汉书·晁错传》,晁错在向文帝上奏的对策中,举了几个例子来称赞文帝盛世,其中一条是:"列侯就都。"颜师古注云:"各就其国也。"这些记载表明,西汉时期也称诸侯王、列侯的封国为都,并称中央官府为都官。虽然如此,这和战国时代秦的都官制度没有直接的关系。这只不过反映出上一代名称的残余而已。顾炎武指出,原来都的意思是封国的都,后来只限定用为天子的京师[33]。到了这一阶段,汉代的中央官府也称为都官。我们认为,大概是为了区别中央官府和王国的都官,将中央官府的都官改称为中都官了。

结　　语

　　秦简所见都官是先秦文献中没有记载的官制机构。因此以往研究都以汉代文献所见都官、中都官,及其师古注为线索作出解释。从某种意义来说,这是不得已的事。但正因为都官是文献中没有记载而由于睡虎地秦简的出土才被人知道的机构,我们才应该试图在秦简中作出系统的解释,放在战国秦汉史的整体中考虑其意义。通过这一方法分析出的都官性质可以概括如下:第一,都官是战国中期秦推动中央集权时,为拉拢宗室贵戚所据封邑而施行的制度。第二,都官是为管理因军功褒奖制产生的封邑而施行的制度。尤其军功褒奖制是为驱使秦人效力沙场而积极采取的政策,因此根据这个制度赏赐给臣下的封邑有可能成为地方割据的温床。在西汉中央集权化过程中,诸侯王、列侯由于种种原因被削除领土或除国,剩下的诸侯王、列侯也由中央政府派来的官员控制。从这个意义来说,战国时代秦的都官制可以看作是汉代中央集权化的过程中施行的抑制诸侯王、列侯政策的雏形。但秦和汉有本质上的差异。就是说,秦是在周东迁时由于襄公帅兵将平王护送到洛邑有功而被封爵的国家,因此,秦是春秋时代开始时建国,保持了 500 年以上的传统,同时推进了中央集权化的国家。对统一六国的成功,秦始皇好几次提到"赖宗庙之灵"[34],即靠的是宗庙神灵的冥助,指的就是此事。就这一点而言,虽然并称"秦汉",秦与布衣刘邦建国的西汉还是有本质上的差异。因此秦在战国中期以后中央集权化过程中,采用的方法并不是一味地压制和排除国内那些依赖旧邑的传统势力,而是拉拢他们,将其编入郡县制中。不止于此,秦对军功褒奖制产生的封邑也采用了同样的方法,将旧邑和封邑都归属于"都"的范畴,将其编入郡县制中加以管理。

注

〔1〕陈直《史记新证》,天津人民出版社,1978 年,14 页。

〔2〕郭子直《战国秦宗邑瓦书铭文新释》,《古文字研究》第 14 辑,1986 年。
籾山明《出土文字資料——木簡、骨簽、瓦書》,《古史春秋》第 6 号,1989 年。

〔3〕睡虎地秦墓竹简整理小组编《睡虎地秦墓竹简》,文物出版社,1990 年,释文注释 25 页。

〔4〕Hulsewé, A. F. P. "The Ch'in Documents Discovered in Hupei in 1975," *T'oung Pao*, 64: 4‒5, 1978. p. 201.

〔5〕高恒《"啬夫"辨正——读云梦秦简札记》,《法学研究》1980 年第 3 期。

〔6〕于豪亮《云梦秦简所见职官述略》,《文史》第 8 辑,1980 年;《于豪亮学术文存》,中华书局,1985 年。

〔7〕江村治树《雲夢睡虎地出土秦律の性格をめぐって(关于云梦睡虎地出土秦律的性质)》,《東洋史研究》第 40 卷第 1 号,1981 年。

〔8〕高敏《从云梦秦简看秦的几项制度》,收入《云梦秦简初探》,河南人民出版社,1979 年。

〔9〕睡虎地秦墓竹简整理小组编《睡虎地秦墓竹简》,25 页。

〔10〕山田胜芳《秦漢時代の大内と少内(秦汉时代的大内与少内)》,《集刊東洋学》第 57 号,1987 年。重近启树《秦の内史をめぐる諸問題(关于秦内史的各种问题)》,收入《堀敏一先生古稀記念　中国古代の国家と民衆(中国古代的国家与民众)》,汲古书院,1995 年等。

〔11〕高敏《从云梦秦简看秦的几项制度》。

〔12〕睡虎地秦墓竹简整理小组编《睡虎地秦墓竹简》,27 页。《说文》六下《邑部》"都"条也承此文云:"有先君之旧宗庙曰都,从邑者声,周礼距国五百里为都。"

〔13〕睡虎地秦墓竹简整理小组编《睡虎地秦墓竹简》,38 页。

〔14〕高敏《论〈秦律〉中的"啬夫"一官》,收入高敏《云梦秦简初探》。高敏先生将离官解释为离宫别馆可能是根据《说文》六下《𨛬部》"乡"字的段注。

〔15〕江村治树《关于云梦睡虎地出土秦律的性质》。另外,1993 年湖北省江陵县荆州镇郢北村出土的江陵王家台 15 号秦墓竹简也有《效律》,其中也有:"为都官及县效律。其有赢不备,物直之☐"(443)据报告者(刘德银)说明,"该墓的相对年代上限不早于公元前 278 年'白起拔郢',下限不晚于秦代"(荆州地区博物馆《江陵王家台 15 号秦墓》,《文物》1995 年第 1 期)。因此这两种《效律》的内容很有可能完全相同。

〔16〕古贺登先生认为离官是"出差的官员",参见《漢長安城と阡陌、県郷亭里制度(汉长安城与阡陌、县乡亭里制度)》,雄山阁,1980 年,104 页。

〔17〕睡虎地秦墓竹简整理小组编《睡虎地秦墓竹简》,26 页。

〔18〕1983～1984 年湖北省江陵县张家山 247 号墓出土的西汉初期张家山汉简《奏谳书》(《江陵张家山汉简〈奏谳书〉释文〔一〕》,《文物》1993 年第 8 期),案例 16 是新郪某信杀害狱史武的案件之爰书,某信的口供中有"……武主趣都中,信行离乡……"我们认为,此"都中"是新郪的都邑,"离乡"是新郪的乡。据《续汉书·郡国志二》汝南郡条,周代新郪称为

�丘。新郪这一地名见《战国策·魏策一》"苏子为赵合从说魏王"章。据《汉书·地理志上》的王先谦《汉书补注》，西汉成帝时封殷的后代于新郪，平帝改其名为宋公。这种邑可以追溯到周代，木村正雄先生命名其为旧县，将其和战国、秦代形成的新县作区别，指出旧县的自立性很强，参见《中国古代帝国の形成—特にその成立の基礎条件—（中国古代帝国的形成——尤其是其形成的基础条件）》，不昧堂书店，1965 年。所以说，此案例表示新郪是由都中（都邑）和离乡构成的，也表示先秦以来都的遗制在汉代还保存着。

〔19〕关于县啬夫的性质和其历史意义，本书第十章将予以专门讨论。

〔20〕关于属邦律和属邦、道，本书第三章将予以专门讨论。

〔21〕根据《江陵张家山汉简〈奏谳书〉释文（一）》，原文为："●令曰：诸无名数者，皆令自占书名数，令到县道官，盈卅日，不自占书名数，皆耐为隶臣妾〈妾〉，锢，勿令以爵、赏免，舍匿者与同罪。"

〔22〕整理小组将原文"有事上"译为"为朝廷办事"，将"将"译为"督送"，参见睡虎地秦墓竹简整理小组编《睡虎地秦墓竹简》31 页，但"有事"还是应该释为军事方面的意义。

〔23〕关于内史、大仓、县、都官四者的关系，江村治树先生认为，都官因为在中央，所以直接从大仓领取服牛的粮草，而县因为有县仓，其粮食发放与大仓没有关系，所以受其直接上级官府即内史之考核。参见《关于云梦睡虎地出土秦律的性质》。另外，江村先生认为，作为中央官府的地方派出机构，属于县内的官署也称为都官。若果真如此，这种县内的都官是否也从大仓领取服牛的粮草？编入县的都官有相当于县仓的廪（《仓律》096～097），都官的服牛饲料自然应该由廪发放。

〔24〕松本光雄《中国古代の邑と民·人との関係（中国古代的邑和民、人的关系）》，《山梨大学学芸学部研究紀要》第 3 号，1952 年。木村正雄《中国古代帝国的形成——尤其是其形成的基础条件》，64～82 页。

〔25〕与此几乎相同的文章可见《吕氏春秋·季秋纪·知士》。

〔26〕藤田胜久《〈史記〉戦国四君列伝の史料的性格（〈史记〉战国四君列传的史料特征）》，《古代文化》第 43 卷第 1 号，1991 年。平势隆郎《新編史記

東周年表—中国古代紀年の研究序説—(新编史记东周年表——中国古代纪年研究序说)》,东京大学出版会,1995 年。

〔27〕与此几乎相同的文章可见《吕氏春秋·慎大览·报更》。

〔28〕"和",《吕氏春秋·慎大览·报更》作"知"。王念孙《读书杂志》第一册《战国策第一》"和其颜色"条云:"念孙案:作知者是也。高注训知为发,谓发动也。知其颜色者,急先君之庙,而颜色为之动也。"

〔29〕《管子·度地篇》云:"……故百家为里,里十为术,术十为州,州十为都,都十为霸国。"《乘马篇》云"五家而伍,十家而连,五连而暴。五暴而长,命之曰某乡。四乡命之曰都,邑制也。"所传虽然不同,但杨宽先生指出,在战国时代,只有齐国始终没有设郡,而设有类似郡的都,共设有五都(《战国史》第 2 版,上海人民出版社,1980 年,212~213 页)。佐藤武敏《〈管子〉にみえる治水説(〈管子〉所见治水说)》(收入中国古代史研究会编《中国古代史研究》第 3,吉川弘文馆,1969 年)也指出了这一点。

〔30〕古贺登《汉长安城与阡陌、县乡亭里制度》,28 页。

〔31〕关于《效律》的形成年代,江村治树先生认为在惠文王(前 336)至秦王政即位(前 246)间,参见江村治树《关于云梦睡虎地出土秦律的性质》。

〔32〕陶希圣、沈任远《秦汉政治制度》(人人文库版),台湾商务印书馆,1976 年,241 页。中村充一先生认为分土封国是战国时代秦国的原则,参见《秦漢爵制における"侯"号の成立(秦汉爵制中的"侯"号的形成)》,《社会文化史学》第 5 号,1969 年,此说值得商榷。

〔33〕《日知录》卷 22 都条。

〔34〕《史记·秦始皇本纪》二十六年。

第三章
秦的领土扩大与国际秩序的形成

前　言

　　战国时代秦国通过都官这一特有的制度,将宗室贵族所依赖的旧邑和列侯的封邑编入郡县制中,并形成中央集权制。同时秦国通过积极的对外战争扩大领土。据杨宽先生研究,其过程大致如下:

　　　　秦国自从秦孝公任用卫鞅变法,国力逐渐富强,收复了部分过去失守的河西地。接着秦惠王用张仪为相、司马错等人为将,向东北取得了魏的河西、上郡,向东取得了陕,控制了黄河天险和崤函塞,向西南灭亡了巴、蜀,向西北夺取了义渠二十五城,向东南攻取了楚的汉中。随后秦武王又派甘茂攻取韩的大县宜阳,以通中原三川地区。后来秦昭王任用魏冉为相、白起为将,在兼并战争中取得了重大胜利,迫使魏国献出河东四百里地、韩国献出武遂二百里地。等到五国合纵,燕将乐毅攻破齐国,秦、齐两国对峙的局面便被打破,从此秦便成为唯一的强国。其后秦不但向东取得原来属于宋国的中原最

富庶城市陶邑及其附近地区,还向西南攻取了楚的黔中,向南
攻取了楚的国都郢,并迫使韩、魏献出南阳,同时又向西北全
部灭亡了义渠。秦国在秦惠王和秦昭王时,大大扩展了领地,
先后建立了巴、蜀、汉中、上郡、河东、陇西、南郡、黔中、南阳、
北地等郡。[1]

其后秦与魏、韩打了伊阙之战(前 293),与楚打了鄢之战(前 279),
与赵、魏打了华阳之战(前 273),与赵打了长平之战(前 260)等,连
战连胜,巩固了统一六国的霸权。另一方面,春秋早期秦缪公控制
了周边各民族,号称"霸西戎",而战国时代秦惠文王攻取了巴蜀。
因此可以推想,秦统一六国的过程中,在扩大领土的同时,还收容
了不少六国故民和少数民族。那么秦究竟用什么方法将这些人作
为"新秦人"编入国中?关于这个问题,以前由于文献史料的缺乏,
难以具体探讨其实际情况。但秦简中有一条与少数民族政策有关
的《属邦律》,还有《法律答问》也有相关的重要记述。这些记述所
讨论的正是这新秦人的问题。本章以这些秦简史料为线索,试图
阐明六国故民和少数民族的编入方法,同时试图复原探讨这个问
题时浮现出来的秦统治秩序的结构。

第一节　秦的属邦与道制

记述秦对少数民族之统治的《秦律十八种·属邦律》(268)有
以下条文:

> 道官相输隶臣妾、收人,必署其已禀年日月,受衣未受,有
> 妻毋(无)有。受者以律续食衣之。　　属邦

这种规定适用的属邦究竟是什么?另外,关于律文中所见道官之
"道",整理小组作注云:"少数民族集居的县。"它和属邦究竟是什

么关系？

　　我们先看属邦。其名称亦见于称为吕不韦戈、吕不韦诏事戈、吕不韦戟等战国秦兵器铭文中。清刘心源《奇觚室吉金文述》（一〇・二九）等书著有其器铭拓片[2]，其释文如下：

　　　　（正面）五年相邦吕不韦造

　　　　　　　　诏吏图丞蕺工寅

　　　　（背面）吏诏

　　　　（又刻）属邦

此戈（以下称五年相邦吕不韦戈）的出土情况不明，但1976年陕西省三原县附近出土了一件戈，其铭文与五年相邦吕不韦戈酷似[3]。据李仲藻先生研究，其释文如下：

　　　　（正面）八年相邦吕

　　　　　　　　不韦造诏事

　　　　　　　　图丞蕺工奭

　　　　（背面）事诏

　　　　（又刻）属邦

这一新出土的戈确定了五年相邦吕不韦戈的可靠性，同时还证实了战国末期秦国确实存在属邦。

　　那么，属邦究竟是什么？针对五年相邦吕不韦戈所见属邦，刘心源云：

　　　　汉初承秦制置相国，而此戈称相邦。汉有典属国，而此戈称属邦。盖避改高祖之讳，后遂用国不用邦。

他认为，西汉典属国之属国是承秦属邦的，因避建国者刘邦之讳，故称属国。《汉书・百官公卿表上》（以下简称《百官表》）典属国条云：

> 典属国,秦官,掌蛮夷降者。武帝元狩三年,昆邪王降,复
> 增属国,置都尉、丞、候、千人。属官,九译令。成帝河平元年
> 省并大鸿胪。

据此可知,秦让降伏臣属的少数民族住在属国,由典属国掌管。可以推测,秦代此官称为典属邦。

接下来我们看道的情况,《百官表》县条云:

> 列侯所食县曰国,皇太后[4]、皇后、公主所食曰邑,有蛮夷
> 曰道。

道指少数民族集居的县。上引的整理小组注也是据此而言的。但东汉卫宏《汉旧仪》卷下关于道有如下说法:

> 内郡为县,三边为道,皇后、太子、公主所食为邑。[5]

这里"三边为道"之"三边"指的是什么呢?《史记·律书》云:

> 高祖有天下,三边外畔。

对此《史记会注考证》引用沈家本说,根据此处省略的部分推测,三边是南方南越、北方匈奴、东方朝鲜。此外,《后汉书·灵帝纪》熹平六年条云:

> 鲜卑寇三边。

关于此三边,李贤注云:

> 谓东、西与北边。

《资治通鉴》熹平六年条胡三省注补李贤注,云:

> 鲜卑强盛,东、西、北三边皆被寇也。

就是说,李贤和胡三省释三边为东、西、北边。关于三边,沈家本认

为是南方南越、北方匈奴、东方朝鲜，而李贤和胡三省认为是汉帝国的东、西、北边。这两种说法虽然从上下文看都妥当，但不一定符合《汉旧仪》之三边。因为《汉旧仪》将内郡和县、三边和道对比记述，卫宏显然视三边为与内郡相对的边郡。这种三边的例子亦见《续汉书·百官志》(以下简称《百官志》)所引东汉应劭《汉官(仪)》[6]。将以上的讨论和《百官表》所见道相对照，可以说边郡之县称为道，是少数民族的特别行政区。

关于道制的产生，郦道元[7]、杜佑[8]、乐史[9]、胡三省[10] 等认为这是汉制，而司马彪[11]、今人严耕望[12]、久村因[13] 两位先生认为是秦制。尤其久村因先生从《汉书·地理志》(以下简称《地理志》)搜集了30例叫"道"的县名，将其与《续汉书·郡国志》(以下简称《郡国志》)相对照(表一)，并且从《地理志》以外的资料还搜集了5例[14]，指出这些道的分布大都限于现在的陕西、甘肃、四川三省，认为道是统治这些地区的战国时代秦国的制度。

表一　《地理志》所见道

道　名	《地理志》	《郡国志》
	所属郡国名	所属郡名
翟　道	左冯翊	
夷　道	南　郡	南　郡
营　道	灵陵郡	灵陵郡
泠　道	灵陵郡	灵陵郡
甸氐道	广汉郡	广汉属国
刚氐道	广汉郡	广汉属国
阴平道	广汉郡	广汉属国
严　道	蜀　郡	蜀郡属国
湔氐道	蜀　郡	蜀　郡

（续表）

道　　名	《地理志》	《郡国志》
	所属郡国名	所属郡名
僰　道	犍为郡	犍为郡
灵关道	越嶲郡	越嶲郡
故　道	武都郡	武都郡
平乐道	武都郡	
嘉陵道	武都郡	
循成道	武都郡	
下辨道	武都郡	武都郡
狄　道	陇西郡	陇西郡
氐　道	陇西郡	陇西郡
予　道	陇西郡	
羌　道	陇西郡	武都郡
戎邑道	天水郡	
绵诸道	天水郡	
略阳道	天水郡	汉阳郡
獂　道	天水郡	汉阳郡
月氏道	安定郡	
除　道	北地郡	
略畔道	北地郡	
义渠道	北地郡	
雕阴道	上　郡	上　郡
连　道	长沙国	长沙郡

按：此表为久村因先生所作，笔者有所修改。

此外，除了《属邦律》外，道还见于《语书》，其开头（054）云：

（秦王政）廿年四月丙戌朔丁亥，南郡守腾谓县、道啬夫。

从表一也可知，南郡有夷道（在江陵西）[15]，战国时代南郡应该还存在更多的道。据《属邦律》可知，在道中设置有相当于县廷的道官，而据《语书》可知其长官叫道啬夫。根据这些记载，创始道制当在战国时代秦国。秦简出土后，骈宇骞先生也发表了同样的看法[16]。

以上讨论表明，战国时代秦国为统治少数民族设置了属邦、道。那么，属邦和道的关系究竟如何？可惜的是，出土文献中只有《属邦律》一条，资料有限。因此，虽然看起来有点迂远，我们还是试图通过讨论传世史料较多的汉代之例，以期抓住研究秦代属邦、道的线索。

第二节　西汉的属国与道

从史料看，西汉属国初见于《汉书·贾谊传》所载的上疏文中：

> 陛下何不试以臣为属国之官以主匈奴？

这"属国之官"不是属国都尉。属国都尉是武帝元狩年间设置的[17]，贾谊侍奉文帝的时代还没有设置。因此这"属国之官"应该是典属国。虽然贾谊自荐，但史料上没有他成为典属国的记载，可见文帝没有采纳贾谊的意见。成为典属国的人名初见于《史记·文帝纪》后七年条所见文帝的遗诏：

> 令中尉亚夫为车骑将军，属国悍为将屯将军，郎中令武为复土将军。

《史记集解》为说明这"属国悍"的意思，引用了《百官表》所载典属国条，而《史记会注考证》则指出《史记·汉兴以来将相名臣年表》所见松兹侯徐厉之子名悍。此徐悍是第一例，我们再翻检《史记》、《汉书》，还可以找出徐悍之后成为典属国的人：景帝时的公孙昆邪[18]、昭帝至宣帝时的苏武[19]、宣帝时的杨谭[20]、宣帝至元帝时的常惠[21]、元帝时的冯奉世[22]等等。

他们作为典属国掌管的属国是些什么国家呢?《汉书·武帝纪》元狩二年条云:

> 秋,匈奴昆邪王杀休屠王,并将其众合四万余人来降,置五属国以处之。

可见前引《百官表》说的是让投降内属的匈奴昆邪王率领其部族分别住在五个属国。关于这五属国的地理位置,杜佑认为是安定、上郡、天水、张掖、五原[23],徐天麟认为是其治所在《地理志》中有记载的安定、上郡、天水、西河、五原属国[24],张守节和胡三省认为是陇西、北地、上郡、朔方、云中[25],周寿昌认为是安定、天水、上郡、西河、五原[26]。近年探讨五属国问题的手冢隆义先生论定五属国中的四个是朔方、五原、云中、上郡[27]。后来鎌田重雄先生对手冢说再作探讨,主张在这四属国外,再加上手冢先生否定的张掖,就成为五属国[28]。

虽然我们还不能确定五属国的地理位置,但可以讨论那些属国有怎样的特征。据手冢先生研究,五属国的形成过程和特征如下:武帝时,尤其是由于霍去病的活跃,河西地归属汉领有,再有昆邪王的投降,汉接受了很多匈奴人。因此为了让他们自给,同时让他们防卫匈奴的入侵这一箭双雕的目的,汉设置了五属国。这种属国高祖时已经有,由典属国来统括。但以五属国的设置为转机,设置了属国都尉,投降胡人在其统治下保持了原来的组织过集团生活。手冢先生的这些所论也得到了鎌田先生的赞同。

但另一方面,西汉在设置这种属国的同时,也往往在边境的少数民族居住地区直接设置郡。如《史记·西南夷列传》

称,武帝时在夜郎[29]设置了犍为郡,在且兰、头兰等地设置了牂柯郡,在邛都设置了越巂郡,在筰都设置了沈黎郡,在冉駹设置了汶山郡,在白马设置了武都郡,而在内属的滇王之地设置了益州郡。据《地理志》,这种所谓边郡的设置大都集中在武帝时代。联想到武帝时代大规模地举行对外战争,就很容易首肯此事,但为什么武帝时代要这样分别设置属国和郡? 关于这个问题,通过探讨西南夷居住地区边郡的设置过程,就能得到线索。

例如在筰都设置的沈黎郡,《后汉书·南蛮西南夷列传》云:

> 筰都夷者,武帝所开,以为筰都县。……元鼎六年,以为沈黎郡。至天汉四年,并蜀为西部,置两都尉,一居旄牛,主徼外夷。一居青衣,主汉人。

筰都夷是由于在筰(窄)地设置了筰都县而被这样称呼的种族名[30]。以筰都县为中心,武帝元鼎六年(前111)设置了沈黎郡,天汉四年被废止,将此地的统治权移交给两个蜀郡西部都尉。此外《三国志》魏书三〇《东夷传》"东沃沮"条云:

> 汉武帝元封二年,伐朝鲜,杀满孙右渠,分其地为四郡,以沃沮城为玄菟郡。……沃沮还属乐浪。汉以土地广远,在单单大领之东,分置东部都尉,治不耐城,别主领东七县。

汉元封二年灭亡了卫氏朝鲜,在其地设置了四郡,之后将朝鲜半岛沿日本海的七县从乐浪郡分出,移交给乐浪东部都尉[31]。这两个例子表明边郡的少数民族统治是后来移交给部都尉的。我们依据严耕望先生所作《两汉边郡诸都尉表》[32]列出西汉时期边郡和部都尉的关系,据此可知在西汉时期设置的25个边郡中,几乎一半的12个郡设置了部都尉[33](表二)。

表二　汉代的边郡和诸部都尉

	郡名	会稽	牂柯	益州	犍为	蜀郡	广汉	敦煌	酒泉	武威	金城	陇西	北地	上郡	西河	朔方	五原	云中	定襄	雁门	代郡	上谷	辽西	辽东	乐浪
西汉	中部都尉						○									○	○	○	○		○			○	
	东部都尉	○						○								○	○	○	○	○	○		○	○	○
	西部都尉	○			○			○			○				○	○	○	○	○	○	○		○		
	南部都尉		○									○			○										○
	北部都尉						○			○	○			○		○	○								
东汉	中部都尉																								
	东部都尉	○																							
	西部都尉	○		○	○						○												○		
	南部都尉				○						○														
	北部都尉				○																				

关于部都尉，鎌田重雄先生说这个机构是"在汉郡制下，设置于新编入的蛮夷居住地区"，"这个机构在有很多边郡蛮夷居住的地区统治几个县，掌管治民和军事两个方面，或对蛮夷实行怀柔政策，或防御其叛乱、侵犯"[34]。下面引用的《史记·西南夷列传》一文可以视为部都尉对少数民族统治之原型：

> 蜀人司马相如亦言："a 西夷邛、筰可置郡。"使相如以郎中将往喻。皆如南夷。b 为置一都尉、十余县，属蜀。[35]

武帝时，由于唐蒙的功劳设置了犍为郡，从此汉王朝在西南夷地区的发展变得非常活跃。以此为背景，司马相如也进言说西夷的邛、筰也可以置郡。于是武帝在元光二年(前133)左右派司马相如去巴蜀,根据他的遣使报告在这些地方设置了"一都尉、十余县",将其附属于蜀郡。但几年后,由于西南夷不断地叛乱,而且匈奴方面需要紧急对应等理由[36],采纳公孙弘的进言:

> 【许之。】罢西夷,独置南夷夜郎两县、一都尉,稍令犍为自葆就。[37]

久村因先生对这两条记事解释如下:在西夷设置的"一都尉、十余县"即都尉对少数民族居住的十余县加以统治的制度,是与西夷道工程的停止一起废止的。至于在南夷设置的"一都尉、数县",因为南夷道工程进行得比较早,所以虽然停止了其工程,但不是全部废止,都尉还能继续统治两县,并令犍为郡维护其成就[38]。都尉在西南夷地区进行的少数民族统治的实际情况,或许的确是像久村先生所说的那样。但如鎌田重雄先生指出的那样,久村先生所言"很像是部都尉初期的情况"[39],其统治方式后来为部都尉制度所继承是毋庸置疑的。在这个意义上,我们不能不说这是非常值得注意的政策。

我们从这个观点出发,重新探讨一下上引《史记·西南夷列传》的划线部分。在a的"西夷邛、筰"中,邛都在元鼎六年[40]设置了越巂郡,所以b当是关于筰都的记述,"为置一都尉、十余县,属蜀",说的是设置沈黎郡之前对筰都的统治方式。根据上引《南蛮西南夷列传》,沈黎郡后来被废止,蜀郡西部都尉代为统治筰都。据此可以看出,都尉的统治和部都尉制度间有明显的继承关系。

而所谓属国很有可能是从部都尉制度转变形成的。若看《郡国志》所载东汉时期的属国,可知广汉属国是原来的北部都尉,蜀郡属国是原来的西部都尉,犍为属国是原来的南部都尉。若将其与上面的表二对照,这是一目了然的。据此可以说,五属国以外的西汉属国大都从边郡的部都尉转变而来。若果真如此,我们可以设想"由都尉来统治少数民族居住县的制度→部都尉制→属国制"这一发展阶段。鎌田重雄先生认为部都尉制始于武帝时代[41],而笔者认为这样的发展阶段是在武帝时代对外扩张过程中逐渐形成的,属国制的形成表示是其一种完成状态。根据这一图式重新考虑五属国的意义,西汉时期对少数民族的统治方式可以解释如下:在昆邪王投降前,它还是部都尉制;以其投降为转机,汉设置了五属国,其统治方式变为属国制,同时少数民族统治中心也从原来的典属国转移到属国都尉[42]。因此即便文帝时代已经设置了典属国,这只不过是为办事设立的中央官府而已。将《百官表》的记事理解为西汉时期武帝设置五属国以前也有属国[43],还有手冢先生认为属国在高祖时已存在[44],这些见解决无根据。至于西汉时期的属国具体如何,我们最多只能知道属国都尉的治所[45],其详细情况并不清楚。因此,虽然时代更晚,但我们需要看看东汉时期的情况。

第三节　东汉的属国与道

见于《郡国志》的东汉时代的属国是广汉、蜀郡、犍为、张掖、张掖居延、辽东和龟兹属国。除此之外,严耕望先生还举出西河、酒泉、安定三个属国[46],藤田至善先生又指出金城属国的存在[47]。《百官志》的记载说明了这些属国是怎么形成的:

> 其属国都尉。属国,分郡离远县置之,如郡差小,置本郡名。……每属国置都尉一人,比二千石,丞一人。……又置属国都尉,主蛮夷降者。中兴建武六年,省诸郡都尉,并职太守,无都试之役。省关都尉,唯边郡往往置都尉及属国都尉,稍有

分县,治民比郡。

据此可知以下情况:① 少数民族归降时,东汉朝廷让他们居住在边郡诸县;② 之后将其县从本郡分离出来,重新组成为属国,派属国都尉统治;③ 属国的统治方式仿效郡;④ 属国从本郡分离出来后也保留本郡之名。若用图说明属国的这种情况,以蜀郡属国为例,如图一。

图一　属国的形成(蜀郡属国的例子)
(据谭其骧主编《中国历史地图集》第 2 册秦、西汉、东汉时期制作)

《后汉书·南蛮西南夷列传》具体记述蜀郡属国的形成过程:

和帝永元十二年,旄牛徼外白狼、楼薄蛮夷王唐缯等,遂率种人十七万口,归义内属。诏赐金印紫绶,小豪钱帛各有差。安帝永初元年,蜀郡三襄种夷与徼外污衍种并兵三千余人反叛,攻蚕陵城,杀长吏。二年,青衣道夷邑长令田,与徼外三种夷三十一万口,赍黄金、旄牛毦,举土内属。安帝增令田爵号为奉通邑君。延光二年春,旄牛夷叛,攻零关,杀长吏,益州刺史张乔与西部都尉击破之。于是分置蜀郡属国都尉,领四县如太守。桓帝永寿二年,蜀郡夷叛,杀略吏民。延熹二年,蜀郡三襄夷寇蚕陵,杀长吏。四年,犍为属国夷寇郡界,益州刺史山昱击破之,斩首千四百级,余皆解散。灵帝时,以蜀郡属国[48]为汉嘉郡。

根据这一记载,东汉第四代皇帝和帝时已经有西南夷内属,第六代皇帝安帝时蜀郡内有西夷的一连串举动,如三襄种和污衍种的叛乱等。仿佛与之联动,青衣道夷邑长令田与徼外三种夷三十一万口一起来内属。对此安帝增令田的爵号为奉通邑君。《百官志》藩附条云:

> 四夷国王、率众王、归义侯、邑君、邑长皆有丞,比郡县。

看这条资料,增爵的意思就非常清楚了。但根据《后汉书·鲜卑列传》,还有"率众侯"的爵号。加上这个爵号,东汉时代藩附的爵号和国内的郡县以及诸侯王、列侯的对应关系可如表三所示:

表三 藩附的爵号和郡县、诸侯王、列侯的对照表

郡		县		
诸 侯 王		列 侯		
四夷国王	率众王	率众侯 归义侯	邑君	邑长

邑君在邑长之上。据此可以推想,令田在这次内属以前已经率领部众来内属,在青衣道被封爵为邑长,后来由于促成徼外的三种夷内属之功,其爵号被加一等,成为(奉通)邑君。授予内属的少数民族君长一定的爵号也是西汉时代采用的政策。其意图不外是将少数民族编入汉朝的爵制秩序,我们从中可以看出汉代少数民族政策的另一特征。其后蜀郡发生了旄牛夷的叛乱,益州刺史张乔与蜀郡西部都尉镇压,重新设置了蜀郡属国都尉,让他统治从蜀郡属国分出的四个边县。这就是蜀郡属国的成立。关于这件事,《郡国志》蜀郡属国条下刘昭注云:

> 故属西部都尉,(安帝)延光元年以为属国都尉,别领
> 四城。

关于构成蜀郡属国的四县,《郡国志》认为是汉嘉、严道、徙、旄牛。其中汉嘉是东汉顺帝阳嘉二年(133)更名以后的县名[49],之前叫青衣道,也是战国时代青衣羌国的所在地[50]。徙也是西南夷的故地,是由司马相如设置的县[51]。旄牛亦作旄牛道[52],其地是筰夷故地。这样,四县中三县实际上是道,徙县也是在少数民族的居住区域上设置的县。这真实地反映出属国设置的原因。关于蜀郡属国其后的动向,史书上只说东汉后期的桓帝永寿二年(156)三月发生了蜀郡属国夷的叛乱[53],其他信息很少,到下一代的灵帝末年升格为汉嘉郡[54]。

这种从属国升格到边郡的事也见于其他属国。例如张掖居延属国在东汉末年成为西海郡[55],广汉属国在三国魏时成为阴平郡[56],犍为属国在三国蜀时成为朱提郡[57]。我们推测,东汉只要属国对少数民族统治得到一定程度的成功,就会将属国升格为郡。我们追溯到西汉时代,将这种从属国到边郡的变迁制作成表,如表四所示:

表四　属国的变迁

西　　　　汉		东　　　　汉	三　国
广汉郡┌─────北部都尉(阴平道)───		──广汉属国(阴平道)───	─阴平郡
蜀郡┌─────都尉十余县──沈黎郡┌西部都尉(旄牛)┐└西部都尉(青衣)┘		─蜀郡属国(汉嘉〔故青衣〕)───	─汉嘉郡
犍为郡─────		─南部都尉──犍为属国(朱提)──	─朱提郡
┌张掖郡└居延都尉 ·		──张掖居延属国(居延)──西海郡	

按：(　　)为治所。

　　本节以蜀郡属国为例，探讨了属国的情况。总之，如表四所示，我们可以追寻蜀郡对少数民族统治的展开过程为：西汉时代是一都尉十余县→沈黎郡→蜀郡西部都尉，而东汉时代是蜀郡属国→汉嘉郡。这可以看作是属国形成的一个典型。当然还有必要考虑属国被设置的地域特征，但可以推测其他属国也经过了大致相同的形成过程。

　　如上所述，西汉的典属国的设置继承秦制，秦代存在属邦和道。我们只有依据以上所讨论的关于汉代的研究成果，才能回到秦代的属邦、道和少数民族统治的问题。

第四节　秦简所见属邦与臣邦真戎君长

　　我们在第一节开头已经指出，秦简《属邦律》中有关于统治少数民族居住区属邦和道的具体规定。"属邦"是《属邦律》适用的对象，而其他地方也有类似"属邦"的词汇"臣邦"。因此我们应该先阐明"臣邦"这一概念，在和我们前面讨论过的"属邦"之关系上，"臣邦"占有什么位置。

　　臣邦见于《法律答问》：

　　　　A　可(何)谓"赎鬼薪鋈足"ʴ？可(何)谓"赎宫"？●臣邦

<u>真戎君长</u>,爵当上造以上,有辠(罪)当赎者。其为群盗,令赎鬼薪鋈足。其有府(腐)辠(罪),【赎】宫。其它辠(罪)比群盗者亦如此。(《法律答问》483~484)

　　B　"<u>臣邦人</u>不安其主长而欲去夏者,勿许。"●可(何)谓"夏"? 欲去秦属是谓"【去】夏"。(《法律答问》546)

　　C　"<u>真臣邦君公</u>有辠(罪),致耐辠(罪)以上,令赎。"可(何)谓"真"? <u>臣邦父母产子</u>及产它邦而是谓"真"。●可(何)谓"夏子"? ●<u>臣邦父</u>、秦母谓殹(也)。(《法律答问》547~548)

　　D　"使者(诸)侯、<u>外臣邦</u>,其邦徒及伪吏不来,弗坐。"●可(何)谓"邦徒"、"伪使"。●徒、吏与偕使而弗为私舍人,是谓"邦徒"、"伪使"? (《法律答问》550)

　　E　"擅杀、刑、髡其后子,潃之。"●可(何)谓"后子"? ●官其男为爵后,及<u>臣邦君长</u>所置为后大(太)子,皆为"后子"。(《法律答问》442)

若整理一下《法律答问》A～E中划线的臣邦的例子,可以分为三类:① 含有"真"字的臣邦(臣邦真戎君长、真臣邦君公),② 没有"真"字的臣邦(臣邦人、臣邦父、臣邦父母、臣邦君长),③ 附加"外"字的臣邦(外臣邦)。其中特别与少数民族有关的应该是 A 的"臣邦真戎君长"。这一称号究竟是什么意思?

　　阐明这一问题的线索在 C 即关于"真"的问答。"真"首先是"臣邦父母产子"(臣邦的父母生的孩子),其次是"产它邦"(在他邦出生的孩子)。在这一文中,"臣邦"和"它邦"是相对的词汇,而且"它邦"可以解释为"他国"[58],他国是与本国相对的说法,因此臣邦很有可能是表示与他国相对的本国(秦)一方领土的用语。虽然如此,臣邦不能直接解释为秦的同义词。因为"臣邦"的"臣"这一词汇可能在某种意义上指臣属于秦。因此,从字义来推测,我们暂且可以认为臣邦是"臣属（于秦）的邦（国）"即"秦统治下的国家"。那么"真"的第一定义就是"秦之臣属国的父母所生的孩子"。若用图表示，如图二 a。《法律答问》还说"真"是"产它邦"，因此可以说"真"的第二定义是与秦之间没有统治/被统治关系的他国之父母生的孩子。但《法律答问》C 的讨论当然以他由于某个原因或某件事情入秦并居住了一定时间为前提。因此更严格地说，第二定义的"真"是"虽然父母都是他国人，但（本人）后来入秦并定居的人"。用图表示的话，如图二 b。

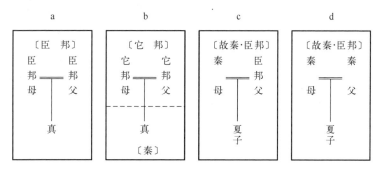

图二　秦的身份形成图

　　那么"真"这一概念究竟是什么意思？整理小组作注释说"指纯属少数民族血统"，于豪亮先生的解释也相同[59]。但如果这样解释的话，臣邦、它邦都成为少数民族的国家，不能说明为什么《法律答问》要将这两者区别记述了。不用说，臣属秦的不限于少数民族。

　　在可以认定是"真"的事例中，最容易用具体事例来探讨的是符合第二定义（图二 b）的人物。战国时代秦国符合这一身份者不胜枚举，如商鞅（卫）、李斯（楚）等。例如就李斯来说，值得注意的是，在反驳秦王政"逐客令"的上奏文中，他反复地称像他自己那样的他国出身的官员为"客"。"逐客令"这一名称本身明显地表明秦国对他们这些外国出身者的态度。这反映出符合图二 b 的人在战国时代秦国社会中处于怎样的身份。不管他们有没有对秦国作出贡献，在身份上同样是"客"，而其法律上的名称很有可能就是"真"[60]。与"真"相对的概念是"夏子"。就是说，依据《法律答问》C，"夏子"是"臣邦父、秦母谓"，秦母当是与臣邦父相对的名称，那么其本来的意思当是"故秦（秦固有领土）出身的母亲"。这种秦母和臣邦父之间的孩子是"夏子"。但在这种场合，其父母和孩子居住在臣邦还是故秦就成为问题。据《法律答问》B，臣邦人脱离秦属（秦属即归属秦国，换言之有秦国籍贯）称为"去夏"（从秦国亡命），这种行为当然是被禁止的。这种情况用图表示就是图三。"夏"本来是中原各国的美称，意为与夷狄相反的中华世界[61]。但根据《法律答问》可知，曾经"不与中国诸侯之会盟，夷翟遇之"

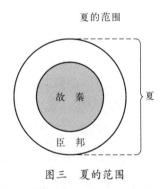

图三　夏的范围

（《史记·秦本纪》）的秦也以"夏"自居，而且在秦统治下的臣邦也属于"夏"的范畴，我们应该注意这一点。以上讨论表明，不管居住的是故秦还是臣邦，臣邦父和秦母间的孩子都被认为是"夏子"。

　　以上的讨论如果按逻辑作进一步推理，如父母都是故秦人，他们生的孩子理应被看作是夏子。《法律答问》没有论及这一点，是因为这不言而喻，没必要特别讨论的缘故吧。据此我们可以得出以下的结论：所谓夏子，是"身份上完整的秦国人"。居住在秦势力范围内的人物属于"真"还是"夏子"全凭其母亲的身份。从中国传统的家族制度来说，这似乎很特别。在此令人想起《春秋公羊传》隐公元年"春王正月"条的一文：

　　　　隐长又贤，何以不宜立？立適以长不以贤，立子以贵不以长。桓何以贵？母贵也。母贵则子何以贵？<u>子以母贵，母以子贵</u>。

鲁惠公薨时，適夫人没有孩子，于是左媵之子隐公比右媵之子桓公先即位。引文是关于此事的提问及其回答。其中桓公之所以比隐公高贵是因为其母仲子，其母之所以高贵又是因为桓公是鲁公。对于划线部分，以前也有很多种解释，在新帝生母不是正室时往往被引用[62]。虽然秦的"真"、"夏子"身份归于母亲身份，其原理之由来至今仍然不清楚，但根据冨谷至先生研究，《公羊传》的传义采用的刑法解释是重视犯罪动机的主观主义，这是秦律的影响[63]。

　　不管怎样，根据以上的分析结果，我们再次对"臣邦真戎君长"的意思作出分析。要解答这个问题，有必要与类似此用语"真臣邦君公"作出比较。如果将两者相比，前者可以分为以下四个要素：

　　a 臣邦／b 真／c 戎／d 君长

以此为标准，后者可以分为三个要素：

　　b 真／a 臣邦／d′君公

两者最大的不同点在于"c 戎"要素的有无。前者之臣邦君主叫"君长"，后者之臣邦君主叫"君公"。这区别当是由"c 戎"因素之有无而来的[64]。在战国秦汉的史料中，君长大都用于少数民族的君主。例如《史记·东越列传》云：

　　闽越王无诸及越东海王摇者，其先皆越王句践之后也。……秦已并天下，皆废为君长，以其地为闽中郡。

即秦贬被征服的少数民族首领之王号为"君长"。据此对两个称号的意思作出翻译，前者"臣邦真戎君长"是：

　　a"臣属（于秦）的（邦国）中"／b"由非秦母生出的"／c"少

数民族的"/ d"君长"

按这个顺序，后者"真臣邦君公"是：

a"臣属（于秦）的（邦国）中"/ b"由非秦母生出的"/ d′"（不是少数民族的）君公"

可见，前者臣邦正是属邦，而后者应是归降后也允许奉守宗庙社稷的"附庸"[65]。

那么，战国时代秦国是怎么利用真、夏子这一形成对照的身份之别，将臣邦（属邦）的少数民族编入秦国的呢？关于这个问题，值得关注的是《法律答问》D所见外臣邦的存在。整理小组对外臣邦作注说"臣服于秦的属国"，这样它和作为属邦的臣邦之区别就不清楚了。但不难推测，这个注释是考虑到散见于秦汉史料的"外臣"之词后作出的。

过去栗原朋信先生以内臣、外臣等概念作为关键词，复原了汉帝国的统治秩序。他认为，汉根据中华思想将整个帝国分为内、外两部分。内是施行封建制和郡县制的地区，那里别说是内臣的百官、诸侯王、列侯，就是一般人民也要遵守皇帝的德、礼、法。外是施行其民族固有的礼、法的地区，只有服从汉的君主需要遵守汉皇帝的德、礼、法，这种地区的君主叫外臣[66]。

那么，如果援用栗原先生的外臣概念，能否合理地说明秦简的外臣邦呢？古贺登先生解释《法律答问》D说，"其邦徒"指的是"诸侯、外臣邦的邦君之党与（族人）"，"伪使"是"伪吏"之误，"伪吏"是"诸侯、外臣邦的官员"，他们对秦来说是"伪吏"。他将《法律答问》D翻译如下：

作为使者去诸侯、外臣邦，就算其邦君的邦徒及伪吏不来，也不构成（奉使无状之）罪。●什么叫"邦徒"、"伪吏"？●

邦徒（其邦君的族人）、伪吏（对方国家的官员）都是正规的使者，而不是邦君个人的随行人员。这就叫"邦徒"、"伪吏"。[67]

在此首先要注意的是开头有"诸侯、外臣邦"一句。两者并列，可见外臣邦和诸侯是同一性质的范畴。但既然外臣邦有臣邦之名，那么它毕竟属于"臣邦"。因此这里的"诸侯"指的也不是人，我们不得不理解为"诸侯国"的意思。若果真如此，似乎这种外臣邦的性质与西汉初期的南越国极其相似。

在此概括一下南越和西汉初期的关系。南越趁着秦末的动乱在岭南之地建国，在高祖统一中国后，接受汉的统治。后来吕太后掌握汉朝的实权，她禁止向南越出口铁器，南越抗拒这一措施而脱离了汉。吕太后死后，吕氏一族被肃清，代王恒（文帝）应邀即位，他立即试图改善汉与南越的关系，南越又接受汉的统治。关于回归汉后的南越，《史记·南越列传》云：

> 遂至孝景时，称臣，使人朝请。然南越其居国窃如故号名。其使天子，称王朝命如诸侯。

据此可知，南越对汉天子称臣，每年派使者朝请，而汉对南越的待遇"如诸侯"。栗原先生将这一时期南越的地位解释为"外臣"[68]。根据以上讨论，笔者认为将秦简的外臣邦看作汉代外臣的国家也没有太大的问题。

与外臣邦相比，作为属邦的臣邦占有什么地位？如上所述，外臣的君长要遵守汉的礼、法。而作为属邦的臣邦如何？关于这个问题，可以参考《后汉书·南蛮西南夷列传》所见秦和巴的关系：

> 及秦惠王并巴中，以巴氏为蛮夷君长，世尚秦女，其民爵比不更，有罪得以爵除。其君长岁出赋二千一十六钱，三岁一出义赋千八百钱。其民户出嫁布八丈二尺，鸡羽三十镞。汉

兴,南郡太守靳强请一依秦时故事。

这是说,战国秦惠文王攻占巴中时,贬巴氏(巴王)[69]为"君长","其民爵比不更"。王先谦《后汉书集解》引刘攽说,巴民不会有爵,爵是对巴君而言的,"民"是衍字。而同书所引柳从辰说,秦爵第四级不更是以"不豫更卒之事"(《百官表》师古注)命名的,上文说的只不过是为了怀柔新附的巴氏,对君长"世尚秦女",对民"得不豫更卒而但出常赋"而已。但刘攽、柳从辰的解释都有问题。第一,从文章结构来说,如柳从辰所述,此文应当由针对君长和针对民众两个部分构成,不能采用刘攽的解释。至于柳从辰对不更的解释,则有问题。西嶋定生先生在研究二十等爵制时,对刘劭和颜师古将不更的原义和更卒联系起来解释加以批评,指出春秋时代已经存在不更这一秦爵[70]。就是说,刘攽和柳从辰怀疑给巴民赐爵的事实,以此为前提进行了讨论。但就算赐给巴民不是真正的秦二十等爵,既然说"其民爵'比'不更",那么毋庸置疑施行过比照赐爵的政策。后文"有罪得以爵除"证实这一点。因为这比什么都雄辩地证明,秦也赋予了巴地有爵者刑罚减免的特权。因此"其民爵比不更"是事先预料巴民会出现"有罪"的情况,反过来可以说秦法对巴民也有约束。但既然说"比不更",可见其政策的施行有一定的限制。

以上通过《南蛮西南夷列传》的讨论,我们了解到,① 战国秦征服了巴,贬巴王为君长;② 将君长和他率领的巴民编入秦爵制秩序;③ 不仅君长,连巴民也被置于一定的法制统治之下。将其和上面讨论的臣邦(属邦)的内容相比,我们了解到,就①而言,臣邦(属邦)的君主也叫君长;②《法律答问》A 云"臣邦真戎君长,爵当上造以上,有罪当赎者",可见至少君长可以按照其爵级赎罪,这一点也相同。而且臣邦(属邦)的大部分应该是在征服或内属的少数民族居住地设置的,因此很有可能在巴人的故地也设置了臣邦(属邦)。根据这些理由,我们可以认为《南蛮西南夷列传》讲的是战国时代秦国臣邦(属邦)一些真实情况。因此作为臣邦(属邦)的巴中的"真",具有这一身份的人无疑也在战国秦的法制统治之下,近年出土的张家山汉简《奏谳书》也能证实这一点。《奏谳书》的案例一中引用《变(蛮)夷律》,讨论对缴纳賨钱的"蛮夷"进行征兵的是非问题[71]。众所周知,賨钱是对四川地方(特别是其东半部的巴)西夷征收的赋税[72]。据此可以推想,外臣邦只有君长需要遵守礼、法,而臣邦(属邦)比外臣邦更受秦的法制统治。因此可以认为,臣邦(属邦)在战国秦的统治体制中正好处于内臣和外臣之间。

臣邦(属邦)和外臣邦的这种区别也可以从地理因素加以说明。就是说,如果秦征服了相邻的少数民族居住地,会在那儿设置郡,但它与内郡不同,其法制上地位属于臣邦(属邦)。如果周边的少数民族君主派使者来归顺,因为对其地难以直接进行统治,就将其君主册封为外臣,将其国家视为外臣国。

上面分出两种臣邦,一种是作为属邦的臣邦,另一种是作为附庸的臣邦,而附庸的君主在接受秦统治后也得以允许奉守其宗庙社稷,这种君主在法制上的名称是真臣邦君公。我们可以举东周君为例。《史记·秦本纪》庄襄王元年条云:

> 东周君与诸侯谋秦,秦使相国吕不韦诛之,尽入其国。秦不绝其祀,以阳人地赐周君,奉其祭祀。[73]

秦也在占领的六国之地设置了郡,但《法律答问》中没有如何统治这些郡的记载。这或许是因为睡虎地秦简是从南郡县吏墓葬中出土的文书。但秦征服、占领的领土中,除了属邦、附庸外,也有这种六国旧地。因此,可以推测,六国旧民当初也是以"真"身份被编入秦国,从"真"到"夏子"的展开,和图二所示逻辑相同。若用图表示,则如图四。

结　语

　　我们以汉代属国的形成过程为线索,对秦的臣邦概念作了分析,根据其分析结果,对秦如何将非秦人编入秦的逻辑作了探讨。其结论可以概括如下:

　　秦如果征服了相邻的少数民族居住地,会在那儿设置郡,其法制上的地位是作为属邦的臣邦,它由几个(县、)道构成。居住于这种臣邦(属邦)的少数民族,别说是君长,连其统治下的人民也被编入秦的爵制秩序中,接受一定的法制统治。这种臣邦(属邦)的人被编为秦人时,起重要作用的是以真、夏子区别为依据的身份制原则。就是说,秦首先将征服地的少数民族当作真(客身份),若他们想要成为夏子(身份上完整的秦人),逻辑上至少要生于秦母(夏子身份的母亲)。这在将臣邦(属邦)的少数民族编入秦时,起到了重要的作用。

　　除了这种属邦外,臣邦这一概念中还含有附庸之地以及在六国之地设置的郡县。秦利用身份制将这两种人编入秦国的逻辑基本上与属邦相同。从这一结论出发会引出如下问题。第一,前引《后汉书·南蛮西南夷列传》说,秦惠文王征服巴中后,作为优待,将公主许配给其君长。公主的下嫁成为一个契机,从此巴中君长阶层的中枢世世代代生出夏子,我们从此可以看出公主下嫁在法制上的意义。第二,像昭王和秦始皇的母亲那样拥有他国出身的母亲和夏子身份的父亲(暂称秦父),出生的孩子身份如何[74]? 例如楚母(宣太后)和秦父(武王)生的昭王、赵母和秦父(庄襄王)生的秦王政,无法从《法律答问》的逻辑中找出答案。而且《法律答问》中没有论及父母都是秦人(图二 d)的场合。这可能是因为没

有必要设想。《法律答问》没有将不言而喻的事情作为讨论的
对象。

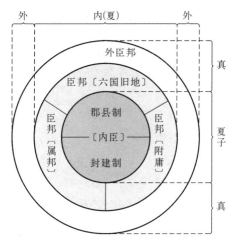

图四　内臣、臣邦、外臣邦的结构

　　如图四所示,秦的征服地、占领地的臣邦可以分为属邦、附庸
之地、旧六国之地(郡县),这说明这些地方的人民也有通过秦母
(夏子身份的母亲)从真变为夏子的可能性。这种观念与《春秋公
羊传》成公十五年条所见思想有相通之处:

　　　　《春秋》内其国而外诸夏,内诸夏而外夷狄。王者欲一乎
　　　　天下,曷为以外内之辞言之。言自近者始也。

据此,统治的第一阶段从本国开始,第二阶段对华夏各国不分彼
此。何休《公羊解诂》在他的三科九旨说中还加上了第三阶段:

　　　　夷狄进至于爵。

到了这一阶段,华夏、夷狄之别就消失了。当然有必要考虑《公羊
传》的成书年代和东汉何休间的时间距离,但可以认为《公羊传》中

本来就存在这样的夏夷思想[75]，就这一点而言，我们也不能忽视富谷至先生的看法，就是说《公羊传》受到过秦法制的影响[76]。不管怎样，秦依据真、夏子作出身份区别，其目的不在区别本身，而在于为占领下的六国旧民和少数民族作为"新秦人"编入秦国提供法律手续。

注

〔1〕杨宽《战国史》，上海人民出版社，1980 年，363～364 页。

〔2〕除此之外，还收入刘安《周金文存》（六·一）、陈介祺《簠斋吉金录》（四·一二）、刘体智《善斋吉金录》（古兵上三七）、刘体智《小校经阁文拓本》（一〇·五九·一）、罗振玉《三代吉金文存》（二〇·二八·二）、罗振玉《秦金石刻辞》（上）、郭沫若《金石续考》（二·四一）、郭沫若《金文丛考》（四一九）、容庚《秦金文录》（一一一）等。

〔3〕李仲操《八年吕不韦戈考》，《文物》1979 年第 12 期。

〔4〕据王先谦《汉书补注》所引王念孙说（《读书杂志·汉书第三》皇太后），"皇太后"三字是后人有意补上的。

〔5〕引文据孙星衍辑本《汉官六种》（平津馆丛书，四部备要所收）。

〔6〕原文是"三边始孝武皇帝所开，县户数百而或为令"。

〔7〕《水经注》卷 36 沫水条。

〔8〕《通典》卷 33《职官十五》县令条。

〔9〕《太平寰宇记》卷 74《剑南西道三》嘉州龙游县条。

〔10〕《资治通鉴》卷 6《秦纪一》秦始皇三年条注。

〔11〕《续汉书·百官志》县乡条。

〔12〕严耕望《秦汉地方行政制度》（《中国地方行政制度史》上编卷上），"中央研究院历史语言研究所专刊"之四十五，1961 年，7 页。

〔13〕久村因《秦の"道"について（关于秦的"道"）》，收入《中国古代史研究》，吉川弘文馆，1960 年。

〔14〕青衣道（《后汉书》之《安帝纪》、《南蛮西南夷列传》）、绵虒道（《郡国志》

五、《水经注》卷 36），旄牛道（《水经注》卷 36），汶江道（《郡国志》五、《水经注》卷 36），武都道（《汉书·高后纪》、《郡国志》五）。

〔15〕张家山汉简《奏谳书》案例一中有"夷道尗"的名称（江陵张家山汉简整理小组《江陵张家山汉简〈奏谳书〉释文〔一〕》，《文物》1993 年第 8 期）。

〔16〕骈宇骞《秦"道"考》，《文史》第 9 辑，中华书局，1980 年。

〔17〕如前引所示，《百官表》其事在元狩三年，但王先谦《汉书补注》所引周寿昌认为这是二年之误，荀悦《前汉纪》、《资治通鉴》也作二年。而施之勉先生主张三年说（《汉书补注辨证》，新亚研究所，1961 年，88 页）。

〔18〕见《汉书·李广传》。

〔19〕见《汉书》的《昭帝纪》、《宣帝纪》、《苏武传》、《霍光传》。

〔20〕见《汉书·外戚恩泽侯表》。但原文作阳氏是错误的（参看《汉书补注》所引《官本考证》以及中华书局标点本《汉书》三表〔二〕的校勘记，720 页）。

〔21〕见《汉书》的《常惠传》、《冯奉世传》。

〔22〕见《汉书·冯奉世传》。

〔23〕见《汉书补注》所引齐召南引用的《通典》。

〔24〕徐天麟《西汉会要》卷 31《职官》一典属国条。

〔25〕《资治通鉴》卷 19《汉纪一一》武帝元狩二年条胡注以及胡三省所引《史记正义》。

〔26〕周寿昌《汉书注校补》所引。

〔27〕手冢隆义《前漢の投降胡騎に就いて（关于西汉的投降胡骑）》，《蒙古》5 月号，1939 年。

〔28〕鎌田重雄《秦漢政治制度の研究（秦汉政治制度研究）》第七章《属国都尉》，日本学术振兴会，1962 年。

〔29〕《汉书·地理志上》犍为郡条师古注所引应劭注云"故夜郎国"，关于其所在有各种说法，久村因《史記西南夷列伝集解稿（一）》（名古屋大学教养部《紀要》第 14 辑，1970 年）有详细的介绍。之后的研究有贵州省哲学社会科学研究所编《夜郎考（一）（二）（三）》（贵州人民出版社，1979～1983 年）、贵州省社会科学研究院历史研究所编《夜郎史探》（贵州人民

出版社,1988 年)、朱俊明《夜郎史稿》(贵州人民出版社,1990 年)等。

〔30〕久村因《史记西南夷列传集解稿(一)》。

〔31〕池内宏《楽浪郡考》,收入《満鮮史研究》上世编,まさき会祖国社,1951 年。

〔32〕严耕望《秦汉地方行政制度》,167～171 页。

〔33〕据《地理志》,西汉时代设置的边郡有高祖时的定襄、广汉,武帝时的犍为、朔方、西河、安定、天水、越嶲、武都、牂柯、日南、九真、交趾、合浦、郁林、苍梧、南海、益州、乐浪、玄菟、张掖、酒泉、武威、敦煌,及昭帝时的金城,总计 25 郡。

〔34〕鎌田重雄《秦汉政治制度研究》,318～319 页。此外,参看市川任三《前汉边郡都尉考》,立正大学教养部《紀要》第 2 号,1968 年。

〔35〕此从久村因的读法,见《史记西南夷列伝集解稿(三)》,名古屋大学教养部《紀要》第 16 辑,1972 年。

〔36〕关于这期间的情况,这里引用的两条《西南夷列传》中间有:"当是时,巴、蜀四郡通西南夷道,戍转相饷。数岁,道不通,士罢饿离湿,死者甚众。西南夷又数反,发兵兴击,耗费无功。……是时方筑朔方,以据河逐胡。"

〔37〕此从久村因的读法,见《史记西南夷列伝集解稿(三)》。

〔38〕久村因《史记西南夷列伝集解稿(三)》。

〔39〕鎌田重雄《秦汉政治制度研究》,321 页。

〔40〕关于这个年代的判断,参看久村因《史记西南夷列伝集解稿(四)》,名古屋大学教养部《紀要》第 18 辑,1974 年。

〔41〕鎌田重雄《秦汉政治制度研究》,321 页。

〔42〕关于属国都尉的统属关系,鎌田重雄(《秦汉政治制度研究》,323 页)及 H. Bielenstein, *The Bureaucracy of Han Times* (Cambridge University Press, 1980, p. 40, 84, 109)推测,河平元年以前属国都尉从属于典属国,之后从属于合并典属国职掌的大鸿胪。而严耕望先生推测河平元年以后属国都尉从属于郡守(《秦汉地方行政制度》,158 页)。此外,市川任三先生认为属国都尉本来从属于那个郡的太守,但和典属国只有

名义上的关系,参见《前汉边郡都尉考》。

〔43〕《百官表》说"复增属国",可能是班固依据发展趋势作出的解释。市川任三先生也认为武帝以下的 21 字"似乎是勉强插入的",参见《前汉边郡都尉考》。

〔44〕手冢隆义《关于西汉的投降胡骑》。

〔45〕据《地理志》,安定属国治三水,天水属国治勇士〔满福〕,上郡属国治龟兹,西河属国治美稷,五原属国治蒲泽。

〔46〕严耕望《秦汉地方行政制度》,164～165 页。

〔47〕《後漢書語彙集成(中)》,京都大学人文科学研究所,1961 年。

〔48〕百衲本所收绍兴本(南宋刻本)将此四字作"属郡蜀国",据汲古阁本、武英殿本校改。

〔49〕《郡国志》五蜀郡属国条。

〔50〕《水经注》卷 36 青衣水条。

〔51〕久村因《史记西南夷列传集解稿(一)》。

〔52〕《水经注》卷 36。此外,三国时代的旄牛道也有这样的少数民族居住,如《三国志·蜀书·张嶷传》:"民夷恋慕,扶毂泣涕,过旄牛邑,邑君襁负来迎,及追寻至蜀郡界,其督相率随嶷朝贡者百余人。"

〔53〕《后汉书·孝桓帝纪》永寿二年云"蜀郡属国夷叛"。

〔54〕蜀郡属国最晚的例子见于《后汉书·方术列传下》,及《三国志·蜀书·刘二牧传》裴松之注所引陈寿《益部耆旧传》有关董扶的记事。据此,董扶辞蜀郡属国都尉后不久设置了汉嘉郡。据《晋书·地理志下》西海郡条《晋书斠注》,其属县是汉嘉、徙阳、严道、旄牛。

〔55〕《晋书·地理志下》西海郡条《晋书斠注》。

〔56〕《晋书·地理志下》阴平郡条《晋书斠注》。

〔57〕《晋书·地理志下》朱提郡条《晋书斠注》。

〔58〕它邦还见于《法律答问》574 号简:"可(何)谓'医面'?'医面'者,耤(藉)秦人使,它邦耐吏、行徼与偕者,命客吏曰'医',行徼曰'面'。"整理小组将其译为"他国"。

〔59〕于豪亮《秦王朝关于少数民族的法律及其历史作用》,收入中华书局编

辑部编《云梦秦简研究》，中华书局，1981 年。

〔60〕“真”这个法制概念的词源是个问题。《庄子·秋水篇》有“谨守而勿失，是谓反其真”一句，郭象注云“真在性分之内”，这值得注意。据此，我们可以设想“出生”→“天生”→“天性”的意思变化。因此“真”有可能来自“出生”之义。

〔61〕《春秋公羊传》成公十五年条云“内其国而外诸夏，内诸夏而外夷狄”。另可参看于豪亮《秦王朝关于少数民族的法律及其历史作用》。

〔62〕《汉书·哀帝纪》绥和二年条云：“五月丙戌，立皇后傅氏。诏曰：《春秋》‘母以子贵’，尊定陶太后曰恭皇太后，丁姬曰恭皇后。”同样的内容也见《后汉书》之《梁统列传附竦列传》及《郅恽列传》等。

〔63〕冨谷至《謀反—秦漢刑罰思想の展開—（谋反——秦汉刑罚思想的展开）》，《東洋史研究》第 42 卷第 1 号，1983 年。此外冨谷至先生也在《古代中国の刑罰—髑髏が語るもの—（古代中国的刑罚——髑髏告诉我们的事）》（中公新书，1995 年，154～155 页）中阐述了同样的意思。

〔64〕《伪古文尚书·商书·说命中》有“树后王君公”，《墨子·尚同中》有“乃作后王君公”，这君公是诸侯的意思。

〔65〕与后者近似的例子见于荆轲的故事中。荆轲答应燕太子丹的要求，去暗杀秦王政。他到了秦国后，请秦王的宠臣蒙嘉向王通报。当时蒙嘉代替荆轲通告秦王的燕王之言中有，“愿举国为内臣，比诸侯之列，给贡职如郡县，而得奉守先王之宗庙”一句（见《战国策·燕策三》“燕太子丹质于秦”章，《史记》的《刺客列传》、《燕太子》卷下）。我们应该注意其要求的内容与“真臣邦君公”概念极其相似。附带指出，关于战国后期各国对秦的服从形态，可参看大栉敦弘《統一前夜—戦国後期の“国際”秩序—（统一前夕——战国后期的“国际”秩序）》，《名古屋大学東洋史研究報告》第 19 号，1995 年。

〔66〕栗原朋信《秦漢史の研究（秦汉史研究）》，吉川弘文馆，1960 年。栗原朋信《漢帝国と周辺諸民族（汉帝国与周边各民族）》，收入《上代日本对外関係の研究（古代日本对外关系的研究）》，1995 年。

〔67〕古贺登《漢長安と阡陌、県郷亭里制度（汉长安与阡陌、县乡亭里制

度)》,雄山阁,1980 年,341 页。

〔68〕栗原朋信《秦汉史研究》,243～248 页。

〔69〕《华阳国志》卷 1 巴郡条云"及七国称王巴亦称王"。

〔70〕西嶋定生《中国古代帝国の形成と構造—二十等爵制の研究—(中国古代帝国的形成与结构——二十等爵制研究)》,东京大学出版会,1961年,74 页。

〔71〕江陵张家山汉简整理小组《江陵张家山汉简〈奏谳书〉释文(一)》,《文物》1993 年第 8 期。

〔72〕池田雄一《漢代の讞制について—江陵張家山〈奏讞書〉の出土によせて—(汉代的谳制——写在江陵张家山〈奏谳书〉出土之际)》,中央大学文学部《紀要—史学科》第 40 号,1995 年。

〔73〕在古代,给上一个王朝或更上一个王朝的后裔封土,让他继承祖先祭祀。这种附庸叫"二王之后"。参看冈安勇《中国古代における"二王之後"の礼遇について(关于中国古代对"二王之後"的优待)》,《早稻田大学大学院文学研究科紀要》别册第 7 集,1980 年。

〔74〕昭王的母亲是楚人,姓芈(《史记·秦本纪》)。秦始皇的母亲出身赵的豪族(《史记·吕不韦列传》)。

〔75〕日原利国《特異な夷狄論(特殊的夷狄论)》,收入《春秋公羊伝の研究(春秋公羊传研究)》,创文社,1976 年。

〔76〕冨谷至《谋反——秦汉刑罚思想的展开》。

第四章
睡虎地秦简《日书》的基础性研究

前　　言

　　从南郡所辖县的官吏某喜之墓中出土的秦简不仅仅是法制资料。从字数来看，其近一半是用墨书写的、题名为"日书"的占书。我们应该如何理解这种法制资料和占书的组合呢？若着眼于《日书》在睡虎地秦简中的比重，那就有必要关注秦简出土地南郡的地域特征了。《汉书·地理志下》对楚地的特征描述如下：

> 今之南郡、江夏、零陵、桂阳、武陵、长沙及汉中、汝南郡，尽楚分也。……信巫鬼，重淫祀。而汉中淫失枝柱，与巴蜀同俗。

此文说楚地习俗以"信巫鬼"、"淫失枝柱"为特征。所谓巫鬼是巫者祭祷鬼神祈福的方术；淫失即淫泆，意为过度放纵逸乐，或男女之间的淫乱关系；枝柱谓不顺从。通过此文，我们可以想象出，楚地是淫祠邪教盛行之地，楚人顽固地保守着这种传统习俗。这或许是儒者班固眼里的一种偏见。但用"淫泆"来描述楚地习俗，亦见于睡虎地秦简《语书》，南郡守腾针对他所管辖的县、道啬夫，责难郡内的楚人是不服秦律的"乡俗、淫失（泆）之民"。这些描述也表明南郡在秦占领后依然保持着浓厚的传统习俗。

然而，对占卜和鬼神等的关心未必只限于楚人。很容易想像，时代越早，占卜在人的精神生活中的位置会越大。近年来各地出土的战国秦汉时代简牍资料中有各种各样的占书，这也反映出当时的情况。这样，我们通过《日书》这种新资料可以知道先秦社会人们日常生活的行动准则：他们视何为吉而高兴，视何为凶而忌讳，据此选择怎样的行动。

如果想要通过《日书》、从日常生活的角度看战国时代秦统治下的基层社会情况，我们首先要从《日书》资料性质的基础性研究开始。

第一节　《日书》的形制和内容

1. 作为册书的《日书》

在序章中我们已经论述过，睡虎地秦简按照出土位置被分为从甲到辛八个组，《日书》被归于乙组（2）和己、庚组。前者放在墓主的头部右侧，后者放在脚部，据此前者称为甲种，后者称为乙种。根据考古报告的说明，为了固定编绳，原简的上中下三段被刻上了三角形的契口。据此可知《日书》甲乙两种都是有上中下三道编绳的册书。

根据复原的竹简排列方式，我们来观察《日书》甲乙两种的形制。我们先看甲种。其书写从 730 简开始，写到 895 简，然后转到篾青（背面），再倒着写到 736 简（图一）。一枚简的字数最多是 74字（甲 862），最少 3 字（甲 761 反）。几乎所有竹简的正反两面都有字。这可能是因为甲种有其祖本,抄写者在抄写时,为了减少空白,事先算好与内容相当的竹简数量,编缀之后再予抄写的缘故。乙种与甲种不同,乙种抄写于 896 简到 1155 简的箴黄(正面)上,最后一枚没有字。一枚简的字数最多是 47 字(乙 1048),最少 2 字(乙 946、1154 反)。倒数第二枚的 1154 简背面上段有墨书的"日书"二字。从标题的位置来看,至少乙种是这样卷的,即将有字一面放在里面,以右边为卷轴,从右向左收卷,卷到最后,1154 简背面的标题就正好处于外侧正面的位置[1]。但不一定所有秦简的收卷法都和《日书》乙种一样。原简上有标题者,如《语书》和《封诊式》之篇名墨书于倒数第三简的背面上段(067 反、678 反),《效律》之篇名墨书于第一简的背面上段(269 反),此收卷法与武威汉简《仪礼》一致[2]。战国时代的册书因为出土例还不太多,要从已知的出土文献中,演绎出一般化的规律,还比较困难。

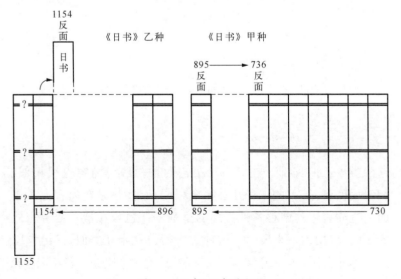

图一　《日书》册书的形状

然而，如图一所示，《日书》乙种只有 1155 简要比其他简稍稍长出一些，这是为什么呢？如果《日书》乙种是以右边为卷轴，从右向左收卷的话，1155 简的位置应该处在乙种开始的 896 简的前面才对。因此，我们可以将其 1154 简的位置视做后世书画卷轴的原初形态。或者可以这么设想，原来《日书》乙种的开头也有像 1155 简一样的长简，编缀于左右两端的长简既可以保护里面的文本，也利于册书的收放，这种解释也是合理的。类似乙种的册书形态尚无他例，这里的解释成立与否还有待于今后之发现的印证。

2.《日书》甲乙种之间的异同

从占辞的格式看，甲乙种的占辞可以分为两类。一类是有占题的，如：

祠父母良日：乙丑、乙亥、丁丑亥、辛丑、癸亥，不出三月有大得，三乃五。（甲 807/2）

另一类是没有占题，只有占辞的：

弦望及五辰不可以兴乐□，五丑不可以巫，畜（帝）以杀巫减（咸）。（甲 756/2）

这两类甲乙两种都存在。而且甲乙两种《日书》内容也很相似，相似程度各异，有些占辞几乎完全相同，有些只是在内容上属于同一范畴。甲乙两种各种占辞的排列顺序也很相似。两者相似的倾向，可用表一来展示。这种文本构造上相互类似，又出自同一墓葬的情况，究竟意味着什么呢？这是我们考虑《日书》的资料性质时不可忽视的问题。

表一 占题、占辞所见《日书》甲乙种之比较

甲 种	简 号	乙 种	简 号
除	730/1～742/2	无占题	896～920/1
秦除	743/1～754/2	除	921/1～941/1
禾良日	746/3	五谷良日	959
禾忌日	747/3～752/3	五谷龙日	960
		五种忌日	941/3～944/2
稷辰	755/1～775	秦	942/1～958
葬日	759/2. 760/2	⌈人日	1003
		｜男子日	1004
⌈衣	755/2	｜	
｜ 衣良日	783 反面. 782 反面	⌊裂	1024
⌋ 衣忌	781 反面～778 反面		
｜ 衣 衣良日	777 反面. 776 反面		
⌊ 衣忌日	776 反面～774 反面		
	775 反面. 774 反面		
岁(第一段)	793/1～796/1	家(嫁)子□	1092～1095
⌈岁(第二段)	793/2～796/4	无占题	913/2～924/2
⌊无占题	836 反面/3～		
	834 反面/4		
星	797/1～824/1	官	975/1～1002/1
病	797/2～806/2	⌈有疾	1078～1082
		⌊病	1083/1
祀行良日	808/2	祀行日	932/2. 933/2
马良日(其忌)	811/2. 812/2	马日 马良日(其忌)	963. 964
牛良日(其忌)	813/2. 814/2	牛日 牛良日(其忌)	965. 966
羊良日(其忌)	815/2. 816/2	羊日 羊良日(忌日)	967
猪良日(其忌)	817/2. 818/2	猪日 猪良日(其忌)	968
犬良日(其忌)	819/2. 820/2	犬日 犬良日(忌)	969/1. 970/1
鸡良日(忌日)	821/2	鸡日 鸡良日(忌)	971/1
⌈无占题	829～831/1	⌈室忌	1005
⌊室忌	831/1. 832/1	｜盖屋	1006. 1007
		⌋盖忌	1008
		｜垣墙日	1009
		⌊除室	1010. 1011

甲　种	简　号	乙　种	简　号
无占题	830/2	无占题	1021
无占题	831/2	穿户忌	1091/1
无占题	853/3	无占题	1022.　1023
⎰行	856～859	⎰无占题	997/3～1003/2
｜归行	860	｜无占题	1028～1032
｜	861	｜行日	1033
｜	862	｜行者	1035
⎱到室	863	｜行忌	1037
		⎰无占题	1038
		｜行祠	1039
		｜行行祠	1040.　1041
		｜□祠	1042
		｜亡日	1044.　1045
		⎱亡者	1046.　1047
无占题	865/1～868/3	无占题	1052～1075
生子	869/1～878/6	生	1133～1141
入官良日	886/6～895/6	入官	1119/2～1130/2
梦	883 反面.　882 反面	梦	1084/1～1088/1
			1089.　1090/1
盗	827 反面～816 反面	盗	1148～1154
	815 反面.　814 反面		
无占题	813 反面/2～805 反面/2	无占题	1101/2～1113/2
无占题	813 反面/3～804 反面/2	无占题	974/2～982/2
无占题	813 反面/4～802 反面/2	无占题	990/2～1001/2
⎰无占题	801 反面/2	⎰无占题	938/2
｜	800 反面/2，769 反面	｜	938/3
｜	799 反面/2，768 反面	｜	939/2
｜	798 反面/2，768 反面	｜	939/3
⎱	797 反面/2，768 反面	⎱	939/4
无占题	789 反面.　788 反面	⎰亡日	1044.　1045
		⎱亡者	1046.　1047
无占题	771 反面	无占题	947/2
无占题	769 反面		

另外，即便是内容相同的占辞，但若严密比较原文，不可否认的一点是，乙种的字句比甲种混乱，与甲种相比显得粗糙。举一个例子，我们来看看与甲种《星》相对应的乙种《官》之占辞的一部分。如下文所述，《星》和《官》是二十八宿占的占辞，就是说使用二十八宿占测吉凶。两者内容几乎相同，但分别以不同的占题收入甲、乙两种。例如奎宿的占辞如下所示：

奎：祠及行，吉。以取妻，女子爱而口臭。生子，为吏。（甲 811/1）

奎：祠及行，吉。以取妻，女子爱□□□。生□，为吏。（乙 977/1）[3]

这里，甲种文章很完整，而乙种有四个脱字，可以根据甲种补订。但也有乙种正确的时候。同样是二十八宿占，角宿占辞如下所示（粗黑体字是两者不同之处）：

角：利祠及行，吉。不可盖**屋**。取妻，妻妬。生子，□为□。（甲 797/1）

八月　角：利祠及□，吉。不可盖**室**。取妻，妻妬。生子，子为吏。（乙 991/1）

可见，甲种"□为□"原来应该与乙种一样作"子为吏"，但在传抄的过程中"为"前后的字脱落了。

再来看甲种《稷辰》和乙种《秦》，其实只有占题不同，占法是相同的[4]。如比较其占辞，甲种《稷辰》中有关正阳的占辞（763～764）如下所示：

正阳：是胃（谓）滋昌，小事果成，大事又（有）庆，它毋（无）小大尽吉。利为啬夫，是胃（谓）三昌。偞时以战，命胃（谓）三胜。以祠，吉。有为也，美恶自成。生子，吉。可葬狸

（埋）。雨，齐（霁）。亡者，不得。正月以朔，岁善，毋（无）兵。

乙种《秦》（949～950）如下所示：

正阳：可□□□□□□□□□，可以祠，□□□□□□□□
□毋小大，吉。可以葬。正月以朔，岁美（善），□兵。

显而易见，乙种《秦》的占辞比甲种《稷辰》简略，脱字也很多。由乙
种反映出来的文本的不完整性，为我们考察甲乙两种《日书》分别
是由谁、在何处、在怎样的社会背景下编纂而成等问题，提供了一
些启示。

第二节　《日书》的占法原理及其问题

上文对《日书》作为出土文字资料的特征作了论述。基于上面
的讨论，我们进一步考察占辞的内容。我们发现，《日书》以吉/凶、
吉祥/不祥、祸/福等二元论的价值体系为基础，在吸收了阴阳五行
学说、天文历法、神话传说、鬼神信仰等因素之后形成。因此，该如
何为如此广泛的内容分类，就成为重要的课题。曾宪通、饶宗颐两
位先生在《秦简日书分类索引》[5]中将《日书》的整体内容分为"建
除、天文、历法、诹日、杂占、其它"六类，分出与每个项目相应的各
种术语，做出了词汇索引，但这种分类还不够完善。不过，这样的
分类不仅在制作索引时必须，在通过《日书》观察先秦社会时也是
不可或缺的工作[6]。

1. 五行说和三合

《日书》中用得最多的占法是五行说。一般认为五行说起源于
《今文尚书·洪范》中后代所谓民用五材的"水火木金土"，后来这

一原理逐渐抽象化,利用这五种因素说明万物生成、发展、消灭的循环。其循环原理中最一般的是相胜(克)说(以下称相胜说)和相生说。甲种(813 反/3～804 反/3)中,对五行循环的原理作了如下记述:

> 金胜木,火胜金,水胜火,土胜水,木胜土。东方木,南方火,西方金,北方水,中央土。

这是五行相胜说及其五行配列。另外,乙种(974/2～982/2)还有与相胜说有关的五行循环原理的记载:

> 丙丁火,火胜金。
>
> 戊己土,土胜水。
>
> 庚辛金,金胜木[7]。
>
> 壬癸水,水胜火。
>
> 丑巳金,金胜木。
>
> □
>
> 未亥□□□胜土。
>
> □
>
> 辰申子水,水胜火。

前面的四行是十干和相胜说的配列,从第五行开始是十二支和相胜说的配列。但最前面应脱"甲乙木,木胜土"6 字,后面十二支部分也有脱字。在复原时,可以参考的是清乾隆帝勒撰《协纪辨方书》卷一《本原一》"三合"条:

> 《考原》曰:三合者取生、旺、墓三者,以合局也。水生于申,旺于子,墓于辰,故申、子、辰合水局也。木生于亥,旺于卯,墓于未,故亥、卯、未合木局也。火生于寅,旺于午,墓于戌,故寅、午、戌合火局也。金生于巳,旺于酉,墓于丑,故巳、

酉、丑合金局也。

从中可见，所谓"三合"指的是这样一种术数理论：将十二支的三辰分别与五行的水、木、火、金四局相配；水局以"申、子、辰"为生、旺、墓，木局以"亥、卯、未"为生、旺、墓，火局以"寅、午、戌"为生、旺、墓，金局以"巳、酉、丑"为生、旺、墓；将其作为选择吉日良辰的根据。有关三合的文献记载，最早见于《淮南子·天文》：

> 木生于亥，壮于卯，死于未，三辰皆木也。火生于寅，壮于午，死于戌，三辰皆火也。土生于午，壮于戌，死于寅，三辰皆土也。金生于巳，壮于酉，死于丑，三辰皆金也。水生于申，壮于子，死于辰，三辰皆水也。故五胜生一，壮五，终九。

这里也可以看到土的"三合"，但土的"三合"之三辰"午、戌、寅"和火的三辰"寅、午、戌"顺序不同但完全重复。或许是因为这个原因，土的"三合"没能流传到后代。《协纪辨方书》的按语也只说"今附载于此以备一义"，未作论定。

　　根据以上的讨论，如尝试复原上面引用的乙种(974/2～982/2)第五项以下十二辰的脱字，可作如下分析，即："丑巳金，金胜木"相当于金局三合"金生于巳，旺于酉，墓于丑"，据此可知此句脱"酉"字，本来应该作"丑【酉】巳金，金胜木"。至于"未亥☐胜土"，因为胜土的是木，所以可以复原为"未亥☐【木】胜土"；因为木局三合是"木生于亥，旺于卯，墓于未"，所以"未亥"可以复原为"未【卯】亥"；总合起来，此句可以复原为"未【卯】亥【木，木】胜土"。因此第五项以下可以复原如下：

① 丑【酉】巳金，金胜木。

② ☐

③ 未【卯】亥【木，木】胜土。

④ ☒

⑤ 辰申子水，水胜火。

按照相胜说的顺序，既然从①"金胜木"开始，那么其后应该是"木胜土"→"土胜水"→"水胜火"→"火胜金"，因此可以暂时推定这些简文的顺序是①→③→④→⑤。而且因为①、③三辰的顺序按所谓"墓、旺、生"排列，所以④可以复原为"寅戌午土，土胜水"。据此⑤三辰的顺序应该不是"辰申子"，而是"辰子申"。至于剩下的②，若按照相胜说的顺序，应置于最后，但不知为何，夹在了①"金胜木"和③"木胜土"之间。我们推测是抄写之际的失误，或这部《日书》被传抄以前已经出现了错简。不管怎样，根据以上的推论，②可以复原为"戌午寅火，火胜金"。综上所论，第五项以下的全文可以复原如下：

丑【酉】巳金，金胜木。

【戌午寅火，火胜金。】

未【卯】亥【木，木】胜土。

【寅戌午土，土胜水。】

辰申子水，水胜火。

因此《日书》的"三合"包含着土之"三合"，后来为《淮南子·天文》所继承。无法确定土之"三合"是何时消失的。《汉书·翼奉传》颜师古注所引三国魏孟康《汉书注》有如下一段：

北方水，水生于申，盛于子。……

东方木，木生于亥，盛于卯。……

南方火，火生于寅，盛于午。……

西方金，金生于巳，盛于酉。……

因为"生、盛"后面欠缺了"死"或"墓"的部分，所以不清楚孟康注中正确地保留原文的地方有多少,但至少其中看不到土之"三合"。

2.《日书》和《易》的关系

既然《日书》的占法以包含三合的五行说为主,那么《日书》和占卜的另一主流《易》是何种关系呢？甲种中有与《易》有关的占辞(830/2):

> ▌毋以子卜筮,害于上皇。

可见禁忌子日"卜筮"。乙种也有类似的记述(1021):

> 毋以子卜筮,视□□□□□,命曰毋(无)上刚。

这两个可能是属于同一系统的占辞。与之不同的是,乙种(1086/2)云:

> ▌辰[8]不可以哭,穿肂(殡),且有二丧,不可卜筭(筮),
> 为屋。

可见禁忌辰日哭、挖肂(埋棺之坎),还禁忌卜筮、盖房屋。如图二所示,甲种(776/2～786/2)还附有图案,在以下占辞中对其占法作了说明:

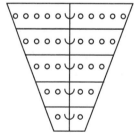

> 此所胃(谓)艮山,禹之离日也。从上右方数,朔之初日及枳(支)各一日,数之而复从上数。□与[9]枳(支)刺艮山,之胃(谓)离日。离日不可以家(嫁)女,取妇及入人民畜生,唯利以分异。离日不可以行,行不反(返)。

图二 《日书》甲种的艮山图

这只是暂定的释文,其正确的读法目前尚不清楚。但因为图中的○符号一共有 30 个,这无疑是一个月的时间表。关于计算日子的方法,说是"从上右方数,朔之初日及支各一日,数之而复从上数"。其"支"指的似是十二辰。"□与支刺艮山,之谓离日"的意思是,日和十二辰各自从每月的朔日出发,因为日和十二辰有一定的组合方式,两者又在某种意义上产生重复,称其日为"刺艮山",从而构成名为"离日"的占法。下面说明遇到离日那天的禁忌。

"离日"的内容如果可以作如此推测,那么值得注意的是,将其占法所使用一个月的时刻表用相反的形状来图示,就可以象征为艮山。不用说,艮是《易》八卦之一,与之相配的自然形象是山。将图形反转过来的时刻表称为"艮山",这暗示"离日"这种占法与《易》有一定的关系。但《日书》中与《易》有关的占辞也只有这些。尽管将来有可能再找出一些来,然而,就《日书》整体而言,与《易》相关的内容还是太少了。

3. 建除(十二直)

甲乙两种《日书》开头的占辞,依据的并非五行说,而是建除。建除亦称十二直,在日本作为中段❶的历注而闻名。其早期的记载见于《淮南子·天文》:

> 寅为建,卯为除,辰为满,巳为平,主生;午为定,未为执,主陷;申为破,主衡;酉为危,主枸;戌为成,主少德;亥为收,主大德;子为开,主太岁;丑为闭,主太阴。

我们用建除表(表二)来说明其占法。将太阳历的一年长度划分为

---

❶ 译者按:古代日本的历注分上、中、下三段,建除写在中段,因此,建除在日本有"中段的历注"之称。

二十四(节)气,再将其轮流分出中气和节气,从进入正月节的那一天开始到进入二月节前的那一天为止之一个月称为节月(参表三)。

表二 以《淮南子·天文》为依据的建除表

建除	建	除	满	平	定	执	破	危	成	收	开	闭
正 月	寅	卯	辰	巳	午	未	申	酉	戌	亥	子	丑
二 月	卯	辰	巳	午	未	申	酉	戌	亥	子	丑	寅
三 月	辰	巳	午	未	申	酉	戌	亥	子	丑	寅	卯
四 月	巳	午	未	申	酉	戌	亥	子	丑	寅	卯	辰
五 月	午	未	申	酉	戌	亥	子	丑	寅	卯	辰	巳
六 月	未	申	酉	戌	亥	子	丑	寅	卯	辰	巳	午
七 月	申	酉	戌	亥	子	丑	寅	卯	辰	巳	午	未
八 月	酉	戌	亥	子	丑	寅	卯	辰	巳	午	未	申
九 月	戌	亥	子	丑	寅	卯	辰	巳	午	未	申	酉
十 月	亥	子	丑	寅	卯	辰	巳	午	未	申	酉	戌
十一月	子	丑	寅	卯	辰	巳	午	未	申	酉	戌	亥
十二月	丑	寅	卯	辰	巳	午	未	申	酉	戌	亥	子

表三 二十四(节)气

大寒	小寒	冬至	大雪	小雪	立冬	霜降	寒露	秋分	白露	处暑	立秋	大暑	小暑	夏至	芒种	小满	立夏	谷雨	清明	春分	惊蛰	雨水	立春
十二月	十二月	十一月	十一月	十月	十月	九月	九月	八月	八月	七月	七月	六月	六月	五月	五月	四月	四月	三月	三月	二月	二月	正月	正月
中	节	中	节	中	节	中	节	中	节	中	节	中	节	中	节	中	节	中	节	中	节	中	节

以这种节为基准,将十二支和建除相配。例如今天的干支是子的话,那就与建相配,从属于自十一月节大雪到十二节小雪前一天为止的那个月。这种按照节月确定日辰的方法叫"节切"。因为建除是照这种节切使十二支的配属一辰辰地往下走(如正月为寅、

二月为卯、三月为辰……），所以在节日（入节）时要重复前一天的建除，这种现象称为"跳"[10]。例如汉简的历谱上往往记有"建建除满……"，这说明第二个"建"是入节的日子。就这样，通过确认那一天的建除，来判断那天的吉凶。例如今天是建日，那么依据建日的占辞可知当日的吉凶[11]。甲种《日书》中有标题为"秦除"的建除表及其占辞，我们来看一下建日（743/2）的吉凶：

> 建日，良日也。可以为啬夫，可以祠。利枣（早）不利莫〈暮〉。可以入人，始寇〈冠〉，乘车。有为也，吉。

从中可知，建日虽然整体上是良日，但也是"不利暮"的日子。关于建除十二神，清周寿昌作过分类，说"除定执危成开"是吉，"建满平收"是次吉，"破闭"是凶[12]。但《日书》中未必有这种区别，反而如"利早不利暮"所示，同一个占辞中包含着吉凶两种因素。

《日书》甲乙的开头各有两套建除表和相应的占辞。其内容可参见表四 a～d。据此可见，甲种《秦除》与《淮南子·天文》几乎相同。但也有一些不同，例如《淮南子·天文》的"满"，《秦除》作"盈"。饶宗颐先生认为"满"是避西汉惠帝讳[13]。还有《淮南子·天文》的"破"，《秦除》作"彼"，在简牍史料中这种通假是常见的。

表四 a 《日书》甲种《除》

除	星宿	濡	赢	建	陷	彼	平	宁	空	坐	盖	成	甬
十一月	斗	子	丑	寅	卯	辰	巳	午	未	申	酉	戌	亥
十二月	须	丑	寅	卯	辰	巳	午	未	申	酉	戌	亥	子
正 月	营	寅	卯	辰	巳	午	未	申	酉	戌	亥	子	丑
二 月	奎	卯	辰	巳	午	未	申	酉	戌	亥	子	丑	寅
三 月	胃	辰	巳	午	未	申	酉	戌	亥	子	丑	寅	卯
四 月	毕	巳	午	未	申	酉	戌	亥	子	丑	寅	卯	辰

（续表）

除	星宿	濡	嬴	建	陷	彼	平	宁	空	坐	盖	成	甬
五　月	东柳	午	未	申	酉	戌	亥	子	丑	寅	卯	辰	巳
六　月	柳	未	申	酉	戌	亥	子	丑	寅	卯	辰	巳	午
七　月	张	申	酉	戌	亥	子	丑	寅	卯	辰	巳	午	未
八　月	角	酉	戌	亥	子	丑	寅	卯	辰	巳	午	未	申
九　月	氐	戌	亥	子	丑	寅	卯	辰	巳	午	未	申	酉
十　月	心	亥	子	丑	寅	卯	辰	巳	午	未	申	酉	戌

表四 b　《日书》甲种《秦除》

秦除	建	除	盈	平	定	执	被	危	成	收	开	闭
正　月	寅	卯	辰	巳	午	未	申	酉	戌	亥	子	丑
二　月	卯	辰	巳	午	未	申	酉	戌	亥	子	丑	寅
三　月	辰	巳	午	未	申	酉	戌	亥	子	丑	寅	卯
四　月	巳	午	未	申	酉	戌	亥	子	丑	寅	卯	辰
五　月	午	未	申	酉	戌	亥	子	丑	寅	卯	辰	巳
六　月	未	申	酉	戌	亥	子	丑	寅	卯	辰	巳	午
七　月	申	酉	戌	亥	子	丑	寅	卯	辰	巳	午	未
八　月	酉	戌	亥	子	丑	寅	卯	辰	巳	午	未	申
九　月	戌	亥	子	丑	寅	卯	辰	巳	午	未	申	酉
十　月	亥	子	丑	寅	卯	辰	巳	午	未	申	酉	戌
十一月	子	丑	寅	卯	辰	巳	午	未	申	酉	戌	亥
十二月	丑	寅	卯	辰	巳	午	未	申	酉	戌	亥	子

表四 c　《日书》乙种（佚名建除）

佚名建除	窋结	嬴阳	建交	窅罗	作阴	平达	成外	空外	壐外	盍绝	成决	复秀
十一月	子	丑	寅	卯	辰	巳	午	未	申	酉	戌	亥
十二月	丑	寅	卯	辰	巳	午	未	申	酉	戌	亥	子
正　月	寅	卯	辰	巳	午	未	申	酉	戌	亥	子	丑

（续表）

佚名 建除	窓结	赢阳	建交	窨罗	作阴	平达	成外	空外	壄外	盍绝	成决	复秀
二　月	卯	辰	巳	午	未	申	酉	戌	亥	子	丑	寅
三　月	辰	巳	午	未	申	酉	戌	亥	子	丑	寅	卯
四　月	巳	午	未	申	酉	戌	亥	子	丑	寅	卯	辰
五　月	午	未	申	酉	戌	亥	子	丑	寅	卯	辰	巳
六　月	未	申	酉	戌	亥	子	丑	寅	卯	辰	巳	午
七　月	申	酉	戌	亥	子	丑	寅	卯	辰	巳	午	未
八　月	酉	戌	亥	子	丑	寅	卯	辰	巳	午	未	申
九　月	戌	亥	子	丑	寅	卯	辰	巳	午	未	申	酉
十　月	亥	子	丑	寅	卯	辰	巳	午	未	申	酉	戌

表四 d　《日书》乙种《徐》

徐	建	徐	吉	实	窨	徼	冲	剽	虚	吉	实	门
正　月	寅	卯	辰	巳	午	未	申	酉	戌	亥	子	丑
二　月	卯	辰	巳	午	未	申	酉	戌	亥	子	丑	寅
三　月	辰	巳	午	未	申	酉	戌	亥	子	丑	寅	卯
四　月	巳	午	未	申	酉	戌	亥	子	丑	寅	卯	辰
五　月	午	未	申	酉	戌	亥	子	丑	寅	卯	辰	巳
六　月	未	申	酉	戌	亥	子	丑	寅	卯	辰	巳	午
七　月	申	酉	戌	亥	子	丑	寅	卯	辰	巳	午	未
八　月	酉	戌	亥	子	丑	寅	卯	辰	巳	午	未	申
九　月	戌	亥	子	丑	寅	卯	辰	巳	午	未	申	酉
十　月	亥	子	丑	寅	卯	辰	巳	午	未	申	酉	戌
十一月	子	丑	寅	卯	辰	巳	午	未	申	酉	戌	亥
十二月	丑	寅	卯	辰	巳	午	未	申	酉	戌	亥	子

4. 二十八宿占

　　上面已经说明，《日书》甲、乙中的《星》、《官》是二十八宿占的占辞。《日书》中有二十八宿全部名称，这是在中国天文史上极为珍贵的资料。众所周知，传世文献中二十八宿全部名称最早出现于《吕氏春秋·有始览》。但睡虎地秦简发现后不久，1977 年湖北省随县擂鼓墩发现的战国初期曾侯乙墓中出土了一件漆木衣箱，盖的中间用古文字大书"斗"字，其周边写着二十八宿名称，东西两端分别画着苍龙和白虎（图三）。亢宿下面有"甲寅三日"四字，据推算，这是公元前 433 年五月初三。由于这一新资料的发现，二十八宿的观念至少可以追溯到春秋末年[14]。

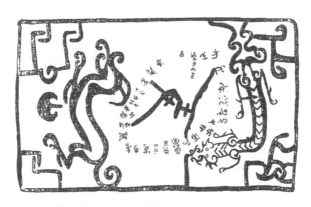

图三　湖北省随县擂鼓墩出土的曾侯乙墓漆木衣箱上的二十八宿图（摹本）

　　传世文献中的二十八宿系统有《吕氏春秋·有始览》、《淮南子·天文》等系统和《史记·律书》等系统，一般认为后者沿用前者，曾侯乙墓出土的漆木衣箱也属于前一系统[15]，但名称和用字有若干不同。其和《日书》的比较，参见表五[16]。可见其不同点大都是由于异体字、通假字或合文引起的[17]。

表五 二十八宿名称对照表

	曾侯乙墓	日书甲种	日书乙种	吕氏春秋
1	角	角	角	角
2	陞	亢	亢	亢
3	氐	牴	氐	氐
4	方	房	方	房
5	心	心	心	心
6	尾	尾	尾	尾
7	箕	箕	箕	箕
8	斗	斗	斗	斗
9	牵牛	牵牛	牵牛	牵牛
10	婺？女	须女	婺女	婺女
11	虚	虚	虚	虚
12	危？	危	□	危
13	西薝	营室	营室	营室
14	东薝	东辟	东臂	东壁
15	圭	奎	奎	奎
16	娄＝(1)	娄	娄	娄
17	胃	胃	胃	胃
18	矛	卯	卯	昴
19	毕	毕	毕	毕
20	此佳	此寯＝(2)	此禚	觜寯
21	参	参	参	参
22	东井	东井	东井	东井
23	舆鬼	舆鬼	舆鬼	舆鬼
24	酉	□(3)	酉	柳
25	七星	七星	七星	七星
26	张？	张	张	张
27	翼	翼	翼	翼
28	车	□	轸	轸

按：(1)"＝"是合文符号，以下同。
(2)"旧释"为"皆＝"。
(3)"□"是残缺字，以下同。

那么,利用二十八宿的日书《星》和《官》,是一种怎样的占法呢? 甲种(813 反/4～802 反/2)有如下记录:

> ▎入正月二日一日心。
> ▎入二月九日直心。
> ▎入三月七日直心。
> ▎入四月旬五日心。
> ▎入五月旬二日心。
> ▎入六月旬心。
> ▎入七月八日心。
> ▎入八月五日心。
> ▎入九月三日心。
> ▎入十月朔日心。
> ▎入十一月二旬五日心。
> ▎入十二月二日三日心。

与此相同的记录亦见乙种(990～1001)。在此首先要注意的是"心"字,这指的是二十八宿的第五宿心宿(其距星是天蝎座 σ)。此段话整体内容说的是各月心宿出现的日子,因此这与后世的《宿曜经》一样,其背景应该是用二十八宿纪日的占法。若果真如此,二月条、三月条的"直心"可理解为"直心(宿)"(直即值),其他月则省略了"直"字。我们来看看十二个月中,每日与二十八宿是怎么配列起来的。"入正月二日一日心"表示正月的几号值心宿,因此若从四月～六月以及十一月的例子来推测,"正月二日一日"当是"正月二日〈旬〉一日"即"正月二十一日"之误。问题是,若正月二十一日值心宿,其起点会在哪里? 众所周知,二十八宿的起首是角宿(参看表五),这是因为角宿正好处在北斗柄所朝方向。这是按照斗柄所朝的方向确定一年季节的方法之产物[18]。这一点曾侯乙墓出土漆木衣箱的二十八宿也相同，"角"和"轸"之间有比较大的空白，发掘报告指出："看来，其书写似乎从'角'字开始，到'车'字结束。"[19]但如果像《日书》那样正月二十一日正值心宿，从心宿倒过来计算，则如房宿（20 日）—氐宿（19 日）—亢宿（18 日）……所示，其起点当是"营室"宿。因此如果重新以营室宿为起点，二十八宿轮流值日，心宿所值之日期当如表六 b 所示。据此，原简的"二月九日"可以改为"二月【旬】九日"，"三月七日"为"三月【旬】七日"，"十月朔日"为"十月朔日【、二旬九日】"；再经过同样推算，"十一月二旬五日"当是"十一月二旬六日"之误写，"十二月二日三日"也当是"十二月二旬四日"之误写。

表六 a　以心宿为中心的一年二十八宿循环		
1 年	心　宿	一个月
正月	21 日	30 日
二月	9 日	30 日
三月	7 日	30 日
四月	15 日	31 日
五月	12 日	30 日
六月	10 日	30 日
七月	8 日	31 日
八月	5 日	30 日
九月	3 日	30 日
十月	1 日	？日
十一月	25 日	30 日
十二月	23 日	30 日

表六 b　对表六 a 的订正		
1 年	心　宿	一个月
正月	21 日	30 日
二月	19 日	30 日
三月	17 日	30 日
四月	15 日	31 日
五月	12 日	30 日
六月	10 日	30 日
七月	8 日	31 日
八月	5 日	30 日
九月	3 日	30 日
十月	1/29 日	31 日
十一月	26 日	30 日
十二月	24 日	31 日

这种对二十八宿循环的复原，通过下面引用的乙种（983/3～995/3）也能证实：

| 天阁。

| 正月,虚⊠。

| 二月,东辟(壁)廿七日。

| 三月[20],角十三日。

| 四月,房十四日。

| 五月,旗(箕)十四日。

| 六月,东井廿七日。

| 七月,七星廿八日。

| 八月,轸廿八日。

| 九月,奎十三日。

| 十月,⊠十四日。

| 十一月,参十四日。

| 十二月,斗廿一日。

正月所缺的日和十月所缺的星宿名可以复原如下。我们先利用表五推算正月的日期。从营室宿算起,虚宿是第二十七宿。因此"正月,虚"当是"正月,虚【廿七日】"。至于十月,据表六 b 可知朔日值心宿,从此算起十四日值"昴",因此可以复原为"十月,【昴】十四日"。经过这样的复原,可以确认乙种的这一记录也以营室宿为起点。

　　我们不知道表示每月心宿出现之日的甲种记录及乙种记录是占测什么用的,但根据以上的讨论,我们可以得出如下结论:《日书》的二十八宿占的占法是一个时间表;正月朔日值营室宿,以此为起点,二十八宿轮流值日,第13周期的最后危宿正好值12月31日。各月日数的总数364日之所以和二十八宿的十三周期相等,就是这个原因。

　　当然这只不过是一个为占卜而用的时间表,而不是历本身。

我们推测,利用这一时间表确认与每日相配的二十八宿,占测该日各种事情的吉凶时,可能是这样操作的。就是说,虽然《日书》中没有,但可能存在一个像表七那样的时间表。比如该年的正月是29天的小月,从朔日的营室宿算起第29天应是第二周期的营室宿,那么下个月朔日应该是营室宿的下一宿东壁宿。但实际上不会这么算。在这种场合,不管正月是小月的29天还是大月的30天,按照表七的设定,二月朔日值奎宿,其他月也相同。如果想要确认该日所值星宿,确认该日的吉凶,查《星》、《官》的占辞就知道了。

表七 二十八宿占的时间表

1年	朔日	晦日	一个月
正月	营室	东壁	30日
二月	奎	娄	30日
三月	胃	昴	30日
四月	毕	参	31日
五月	东井	舆鬼	30日
六月	柳	七星	30日
七月	张	轸	31日
八月	角	亢	30日
九月	氐	房	30日
十月	心	箕	31日
十一月	斗	牵牛	30日
十二月	须女/婺女	危	31日

根据《星》(797/1～824/1),其占辞如下所示(【 】内的字是根据乙种《官》补充的):

角　　利祠及行,吉。不可盖屋。取妻,妻妬。生子,为【吏】。

亢　　祠,为门,行吉。可入货。生子,必有爵。

抵(氐)　祠及行,出入货,吉。取妻,妻贫。生子,巧。

房　　取妇,家(嫁)女,出入货及祠,吉。可为室屋。生子,富。

心　　不可祠及行,凶。可以行水。取妻,妻悍。生子,人爱之。

尾　　百事凶。以祠,必有敚(憗)。不可取妻。生子,贫。

箕　　不可祠。百事凶。取妻,妻多舌。生子,贫富半。

斗　　利祠及行贾,贾市,吉。取妻,妻为巫。生子,不盈三岁死。可以攻伐。

牵牛　可祠及行,吉。不可杀牛。以结者,不择(释)。以入【牛】,老一,生子,为大夫。

须女　祠,贾市,取妻,吉。生子,三月死,不死毋晨。

虚　　百事凶。以结者,易择(释)。亡者,不得。取妻,妻不到。以生子,毋(无)它同生。

危　　百事凶。生子,老为人治(笞)也,有(又)数诣风雨。

营室　利祠。不可为室及入之。以取妻,妻不宁。生子,为大吏。

东辟(壁)　不可行。百事凶。以生子,不完。不可为它事。

奎　　祠及行,吉。以取妻,女子爱而口臭。生子,为吏。

娄　　利祠及行。百事吉。以取妻,男子爱。生子亡者,人意之。

胃　　利入禾粟及为囷仓,吉。以取妻,妻爱。生子,必使。

卯(昴)　邋(猎),贾市,吉。不可食六畜。以生子,喜斲(斗)。

毕　　以邋(猎)置罔(网)及为门,吉。以死,必二人。取妻,
　　　必二妻。不可食六畜。生子,痒。亡者,得。

此(觜)嶲　百事凶。可以敫(徼)人攻雠。生子,为正。

参　　百事吉。取妻吉。唯生子不吉。

东井　百事凶。以死,必五人死;以杀生(牲),必五生(牲)死。
　　　取妻,多子。生子,旬而死。可以为土事。

舆鬼　祠及行,吉。以生子,瘴(癃)。可以送鬼。

【柳】百事吉。取妻,吉。以生子,肥。可以寇〈冠〉,可请谒,
　　　可田邋(猎)。

七星　百事凶。利以垣。生子,乐。不可出女。

张　　百事吉。取妻,吉。以生子,为邑桀(杰)。

翼　　利行。不可臧(藏)。以祠,必有火起。取妻,必弃。生
　　　子,男为见(觋),【女】为巫。

【轸】□乘车马、衣常(裳)。取妻,吉。以生子,必驾。
　　　可入货。

第三节　日者和《日书》的关系

接下来要讨论的问题是《日书》这一名称。这也关系到《日书》
这一资料的性质。《左传》桓公十七年冬十月条云:

　　天子有日官,诸侯有日御。日官居卿以厎日,礼也。日御
不失日,以授百官于朝。

杜预《春秋左氏传经传集解》云:

　　日官、日御典历数者。

　　日官,天子掌历者,不在六卿之数,而位从卿,故言居卿

也。厎，平也，谓平历数。

> 日官平历以班诸侯，诸侯奉之，不失天时，以授百官。

如果根据这些注文来解释《左传》本文，就是说：天子、诸侯分别有日官和日御[21]，天子的日官准六卿之位，掌管调整历数的迟速；诸侯的日御通过日官奉行天子颁布的历数，以不失天时，将其传授给朝廷百官。孔颖达《正义》说，天子的日官相当于《周礼》大史，大史的身份是下大夫而不是卿，但受到像卿一样的尊敬，所以注文说"居卿"。不论现实中是否真的存在通过历数的颁布形成的天子和诸侯的这种关系，在《左传》中笼统地称为"天子日官"的官，很有可能实际上是像《周礼》所见大史那样的官，也可以推测诸侯的日御是另有其具体名称的官职。就是说，日官、日御有可能是大史等职掌的别称。在《汉书·律历志上》中，刘歆讨论春秋历年时，其文中几乎完全引用《左传》的记事。这说明，西汉末还是以"日"字称呼大史等掌管历数的官员。

杜预《集解》云："诸侯奉之，不失天时，以授百官。"而《周礼·春官·大史》云：

> 大师抱天时，与大师同车。

对此，郑众注云：

> 郑司农云：大出师，则大史主抱式，以知天时，处吉凶。

据此可知，天时不仅有天道的意思，还有"占问天时之图书"的意思，由此引申为时日吉凶的意思。因此一旦有大规模的军事行动，大史携带占问天时的图书，与大师同车。这表明历数和时日吉凶在本质上属于同一事物的内外两面。汉代木简上的历法采用具注历的形式也是因为这个原因。

到了战国时代，出现以占测时日吉凶为业的职业占卜者。《墨子·贵义》云：

　　　　子墨子北之齐,遇日者。日者曰:"帝以今日杀黑龙于北
　　　方,而先生之色黑,不可以北。"子墨子不听,遂北,至淄水,不
　　　遂而反焉。日者曰:"我谓先生不可以北。"子墨子曰:"南之人
　　　不得北,北之人不得南,其色有黑者有白者,何故皆不遂也。
　　　且帝以甲乙杀青龙于东方,以丙丁杀赤龙于南方,以庚辛杀白
　　　龙于西方,以壬癸杀黑龙于北方,若用子之言,则是禁天下之
　　　行者也。是围心而虚天下也,子之言不可用也。"[22]

这个故事说,日者根据五行原理来说明出行日和方位的关系,阻拦
墨子的北行,而墨子批评其说不合理。《贵义》篇是《墨子》中收集
墨家之祖墨翟传说的篇章之一[23],因此其形成年代比墨子生活
的时代略晚,不能直接视其为历史事实。但我们可以这么理
解,这一故事说明战国时代随着五行说的普及,已出现了专门
利用五行说为生的日者("日者"是当时民间占卜者的统称)。

表八　《墨子·贵义》篇的五行说

十　干	方　位	色
甲乙	东方	青
丙丁	南方	赤
庚辛	西方	白
壬癸	北方	黑

　　通过墨子的反驳可以整理出日者的五行说,其五行配列参见
表八。与这一占法极为相似的内容亦可从《日书》甲种《啻》
(825/1～828/1)中找出:

　　　春三月,啻(帝)为室申,剶卯,杀辰,四㴲(废)庚辛。

　　　夏三月,啻(帝)为室寅,剶午,杀未,四㴲(废)壬癸。

　　　秋三月,啻(帝)为室巳,剶酉,杀戌,四㴲(废)甲乙。

冬三月，啻（帝）为室辰，剽子，杀丑，四灋（废）丙丁。

表九　《啻》的结构

四　时	为室	剽	杀	四废
春三月	申	卯	辰	庚辛
夏三月	寅	午	未	壬癸
秋三月	巳	酉	戌	甲乙
冬三月	辰	子	丑	丙丁

“啻”亦见甲种《行》(857)的“赤啻（帝）”，是“帝”的通假字。

凡是日赤啻（帝）恒以开临下民而降其英（殃），不可具为百事，皆毋（无）所利。

此外买簋铭文和马王堆汉墓帛书《五十二病方》也有“啻”、“帝”的通假例[24]。占题的“啻”可以理解为与四时相配的“帝”的占辞。此占辞将“为室、剽、杀、四废”当作帝的行为，按照四季用十干、十二辰来表示与帝降灾祸密切相关的凶日。这些为室日、剽日、杀日、四废日，亦见于甲种(829/1～830/1)的占辞中：

凡为室日，不可以筑室。筑大内，大人死。筑右圯，长子妇死。筑左圯，中子妇死。筑外垣，孙子死。筑北垣，牛羊死。●杀日，勿以杀六畜，不可以取妇，家（嫁）女，祷祠，出货。●四灋（废）日，不可以为室，覆屋。

此外乙种《徐》的占辞(939/1)云：

剽日，不可以使人及畜六畜，它毋有为也。

可见室日、剽日、杀日、四废日都是凶日。表九就是根据以上分析整理出来的《啻》的结构。

不过，上引的《贵义》篇是根据帝和龙的五行关系，来说明出行的凶日、方位等禁忌。关于其理由，孙诒让《墨子间诂》卷一二先引用《淮南子·要略》：

> 操舍开塞，各有龙忌。

这句话的意思是，人因为按照"时则"来行动，所以知道时日的吉凶，在取舍选择时各有"龙忌"。然后孙诒让引用了东汉许慎的注：

> 中国以鬼神之事日忌[25]，北胡南越皆谓之请龙。

最后有他的案语：

> 案：此日者以五色之龙定吉凶，疑即所谓龙忌。许君请龙之说，未详所出，恐非古术也。

许慎说，北胡、南越称鬼神的忌日为请龙。孙诒让怀疑许慎注的出处，并推测这是"龙忌"。关于龙忌，《后汉书·周举列传》有一个故事。周举迁任并州刺史时，发现太原郡有如下习俗：

> 太原一郡，旧俗以介子推焚骸有龙忌之禁。至其亡月，咸言神灵不乐举火，由是士民每冬中辄一月寒食，莫敢烟爨，老小不堪，岁多死者。

此故事以春秋时代介子推的传说为背景。介子推曾跟随晋公子重耳亡命国外，共赴艰难。但重耳返国即位后论功行赏时，却漏了介子推。介子推为此不满，归隐山中。文公后悔此事，欲召回介子推，但他却不肯应召。文公以为，如果焚山，他就不得不出山，于是放了火，结果发现介子推抱着一棵树被烧死了。从此文公为他禁火寒食。《周举列传》称这种在一定期间禁生火、断温食的"寒食"

习俗为"龙忌之禁",并将其与介子推传说联系在一起。南宋王应麟也在《困学纪闻》卷十三《考史》中引用许慎注,认为龙忌是思念介子推这位神灵而禁火。然而,龙忌和寒食联系在一起,应是较晚之事。中村乔先生也指出,介子推传说中焚死的部分是汉代以后附加的,而文公禁火的传说,最早只能推溯到东汉蔡邕《琴操》卷下所收《龙蛇歌》[26]。

我们回头再看《日书》,甲种(844)的占辞值得注意:

> 取妻:取妻龙日,丁巳、癸丑、辛酉、辛亥、乙酉,及春之未戌,秋丑辰、冬戌亥。丁丑、己丑取妻,不吉。戊申、己酉,牵牛以取织女,不果,三弃。

此占辞讲的是取(娶)妻的凶日。值得注意的是,虽然占辞中没有夏天的部分,其规则性稍有问题,但据此占辞可知龙日是凶日。在《日书》中,龙日往往与所谓良日形成对照。如乙种有:

> ┃祠室中日:辛丑,癸亥,乙酉,(926/2)┃己酉,吉。龙,壬辰、申。(927/2)

> ┃祠户日:壬申,丁酉,癸丑,(928/2)┃亥,吉。龙,丙寅,庚寅。(929/2)

> ┃祠门日:甲申、辰,乙亥,(930/2)┃丑、酉,吉。龙,戊寅辛巳。(931/2)

> ┃祠行日:甲申,丙申,戊(932/2)┃申,壬申,乙亥,吉。龙,戊、己。(933/2)

> ┃祠 □ 日:己亥,辛丑,乙亥,丁丑,吉。龙,辛□。(934/2)

我们不清楚良日和龙日的干支是按照怎样的理论选择的、有着怎样的规律。但上面引用的《詟》以及这些龙日的占辞,和《墨子·贵义》篇所见帝及与五行相配的龙，两者间显然有关系，汉代文献所见龙忌的禁忌也应是起源于先秦社会已经存在的占法。《日书》反映出《贵义》篇所见日者的占法原理，据此可以推测《日书》原来是以这种占卜为职业的日者所使用的书籍，可以说这是《日书》这一名称由来的第一要因。

后来日者在民间占卜的盛行，我们从《史记·日者列传》也可窥见。司马迁在《太史公自序》中说明其为日者立传的用意：

> 齐、楚、秦、赵为日者，各有俗所用。欲循观其大旨，作《日者列传》第六十七。

据此可知，日者在西汉前半期已经是占卜本身的别称了，而且其占卜方法由于齐、楚、秦、赵等地域习俗的不同而有差异。司马迁只举出齐、楚、秦、赵表示占卜的地域性，这是因为齐、楚、秦、赵分别代表了中国的东、南、西、北吧。

时代再往后，从事占卜的日者发生了分化，《日者列传》末尾所附褚少孙补文介绍了一个故事：

> 臣为郎时，与太卜待诏为郎者同署，言曰："孝武帝时，聚会占家问之，某日可取妇乎。五行家曰可，堪舆家曰不可，建除家曰不吉，丛辰家曰大凶，历家曰小凶，天人家曰小吉，太一家曰大吉。辩讼不决，以状闻。制曰：'避诸死忌，以五行为主。'"人取于五行者也。

褚少孙是西汉后期元帝、成帝时的人，当时有五行家、堪舆家、建除家、丛辰家、历家、天人家、太一家等流派。此外，《后汉书·方术列传上》序云：

> 其流又有风角、遁甲、七政、元气、六日七分、逢占、日者、挺专、须臾、孤虚之术，及望云省气，推处祥妖，时亦有以效于事也。

这里,日者成了风角以下方术之一派。

　　那么,从事汉代的占卜或方术的日者是一些怎样的人呢?这应该根据《日者列传》本文作出探讨。但众所周知,此篇的内容实际上是在长安东市的卜肆开店从事占卜的楚人司马季主之传,与《太史公自序》的内容不一致。因此有人认为《日者列传》是司马迁死后不久散佚的十篇之一,也有人怀疑是褚少孙补作。关于《方术列传上》序中所见日者,李贤注云:

　　　　日者,卜筮掌日之术也,《史记》司马季主为日者。

此解释表面上根据的是《日者列传》,实际上是司马季主列传,故其类推不可从。因此我们再来考察各家对日者的注释。南朝宋裴骃《史记集解》指出日者之名早已见于《墨子》,然后云:

　　　　然则古人占候、卜筮,通谓之日者。《墨子》亦云,非但《史记》也。

他认为日者是古人从事占候、卜筮的通称。唐司马贞《史记索隐》可能也沿袭了这个解释,其注云:

　　　　案名卜筮曰日者以墨所以卜筮占候时日通名日者故也。

原文似乎有误脱,甚为费解。若勉强断句,可如下所示:

　　　　案:名卜筮曰日者以墨,所以卜筮、占候时日通名日者故也。

但裴骃、司马贞两位都认为,日者的概念不仅包括占候时日,还包括卜筮,这是为什么?司马季主认为他们这些人是卜者或卜筮者,并将其工作内容概括如下:

　　　　今夫卜者,必法天地,象四时,顺于仁义,a <u>分策定卦</u>,b <u>旋式正棋</u>,然后言天地之利害,事之成败。

划有下线的 a 的部分指的是使用卜筮的占测,划有下线的 b 的部分指的是使用式盘的占测。司马季主在其他地方也反复谈及卜筮,据此可见他的占法以卜筮为中心,也同时使用类似式盘那样的占具。可见裴骃、司马贞两位的注文是根据《日者列传》的文章作的解释,而不是从"日者是什么"这种原理的角度出发的。因此泷川龟太郎《史记会注考证》在引用《太史公自序》中司马迁关于《日者列传》的立传意图后,指出:

> 《史(记)》别有《龟策传》,则日者斥占候时日者而言。《(日者)传》谬叙卜者事,索隐亦混同。

他认为,《史记》的《龟策列传》对龟卜和卜筮作出论述,所以《索隐》所谓"卜筮、占候时日通名日者"是混同了日者和龟策,其实日者指的就是"占候时日"的占卜行为。但《龟策列传》也被视为《史记》中佚亡的十篇之一,因此他这样论断也是有问题的。归根到底,要阐明这个问题,只能依靠先秦社会中被称为日者之人的活动资料[27]。

从这个意义来说,1986~1987 年湖北省荆门市包山 2 号墓出土的包山楚简中所见贞人的存在值得注目。此墓墓主是战国时代楚国左尹,姓名为邵尩,其身份可以推定为大夫一级。这批竹简是公元前 316 年墓主病故以前,几位贞人为墓主求问病状、贞问吉凶祸福,请求鬼神与祖先赐福、保佑的记录。关于贞人,彭浩先生说:"他们可能是'职业化了的贞人',不仅为贵人贞卜,还为社会地位低的人们占卜,他们就是《墨子·贵义篇》所见的'日者'。"[28]这批楚简还详细地记录了贞人们使用的占具名称、《易》的卦辞、占卜后举行的祭祀名称等,对先秦宗教史研究而言是极为重要的史料。关于包山楚简,笔者拟另撰专文进行研究[29]。不管怎样,由于这批楚简的出土,日者和《日书》关系问题的研究进入了新的阶段,这是可以肯定的。

第四节　其他的《日书》

通过以上分析可知,《日书》原来是以占卜为职业的日者所用书籍。这种《日书》,除湖北省云梦县睡虎地外,还出土了好几批。对睡虎地秦简《日书》而言,这些都是极重要的相关资料。

1. 定县汉简《日书》

1973 年初,河北省定县八角廊村发现的 40 号汉墓,被认为是西汉末中山怀王刘修之墓,从中出土了《论语》、《儒家者言》、《哀公问王义》、《保傅传》、《太公》、《文士》、《六安王朝五凤二年正月起居注记》、《日书·占卜》,多为断简,一共为八种竹简古籍[30]。关于其中的"《日书·占卜》等断简",整理小组只说"这类断简,多数不能通读",其详细情况不明。但此发掘报告发表于睡虎地秦简出土后的 1981 年,因此可知"《日书·占卜》等断简"之称呼是根据睡虎地秦简《日书》起的。

2. 阜阳汉简《日书》

1977 年春,安徽省阜阳县双古堆发现的 1 号汉墓,被推定为是西汉初期汝阴侯夏侯灶之墓,从中出土了《苍颉篇》、《诗经》、《周易》、《年表》、《大事记》、《杂方》、《作务员程》、《行气》、《相狗经》、辞赋、《刑德》、《日书》,以及三块作书籍篇题用的木牍[31]。关于其中的"《刑德》、《日书》",整理小组作如下介绍:

《淮南子·天文训》云:"日为德,月为刑,月归万物死,日至万物生。"汉人十分迷信,言行举止,皆要避凶取吉。此类书即为当时必备的工具书,睡虎地秦墓,马王堆汉墓中均有出土。阜阳简中约有数百余片。内容多为星象、天文与人间活动吉凶的关系,如"日辰星皆大凶,不可祭祀、作土事、起重、益地"(《日书》);"战不出三年将死;东北胜,得地;东胜▨"(《刑德》)。

阜阳简中还有《干支表》残片。《干支表》以朱线划栏,朱色绚丽,虽历二千余年,犹十分耀眼。《干支表》可能是《日书》或《刑德》的附属。[32]

可见,较之定县汉简《日书》,阜阳汉简《日书》了解的情况多一些,文中所引《日书》的有些记载与《礼记·月令》、睡虎地秦简《日书》有关联。无论是睡虎地秦简还是阜阳汉简,《日书》都与时令有关。这一点,在研究《日书》的性质时尤其值得注意。

3. 江陵九店东周墓竹简《日书》

1978 年,湖北省江陵县九店公社砖瓦厂在雨台大队施家洼为建造工厂取土时,发现了不少楚墓。1981~1989 年进行了发掘调查,发掘了西周晚期墓 1 座和东周墓 596 座。据发掘报告[33],其中东周墓的 56 号墓、411 号墓、621 号墓出土了竹简,而 56 号墓出土了《日书》。56 号墓是属于楚文化系统的单棺墓,年代为"战国晚期早段",墓主身份是"庶人"。《日书》总计有 205 枚。其中完整的、或几乎完整的简有 35 枚,其他都是残简。原简有三道编绳痕迹。字数约 2 700 个(不清晰的残缺字也包括在内),可以释出的字有 2 332 个,一简字数最多的是 57 字。书写时竹简上端不留空白。简长 46.6～48.2 厘米,宽 0.6～0.8 厘米,厚 0.1～0.12厘米。其中第 13 简～第 124 简据称"记录术数方面的内容,与云梦秦简《日书》性质相同"。发掘报告书附录二有李家浩先生所作《江陵九店五十六号墓竹简释文》,图版 102～122 有原简照片。

4. 江陵张家山汉简《日书》

1983 年末～1984 年初,湖北省江陵县张家山发现的 247、249、258 号汉墓,因出土西汉初期的大量竹简受到学界注目,其中有汉律、《奏谳书》、《盖庐》、《脉书》、《引书》、《算数书》、《日书》、历谱、遣策[34]。《日书》出自 249 号墓。据张家山汉墓竹简整理小组介绍,原无书题,因其内容与睡虎地秦简《日书》大体相仿,暂作如此命名[35]。

1992 年 12 月 13 日～14 日,日本大阪关西大学举办了"汉简研究国际研讨会'92",会上,关于《日书》湖北省荆州博物馆的彭浩先生报告如下:

> 共 2 份。其一出自张家山 249 号墓,另一份出自 327 号墓。两份日书均无篇题,因其内容与睡虎地秦简《日书》相似而加此篇题。日书以建、除为主要内容,其中又分有若干小标题,其下是具体的阐说,包括择日、吉凶、禁忌等方面的事例。它们比睡虎地的《日书》要更简省。[36]

根据这个报告,这些《日书》的形式类似睡虎地秦简《日书》甲种开头的《除》(730～742),上段写建除表,下段写占辞。但详细情况尚不明了。当时关西大学坂出祥伸教授就其具体形状提问,但回答不得要领[37]。另外,中国考古学会编《中国考古学年鉴 1985》(文物出版社,1985 年)说"249 号墓出土的竹简有 400 余枚,其主要内容是《日书》"(193 页),《中国考古学年鉴 1987》对 1985 年发掘的 327 号墓《日书》作了如下说明:

> 此墓葬的年代属于西汉前期。……经初步清理统计,共有竹简 300 枚,其中残简约 130 枚。原已散乱,失去编次。竹简形制分两类。一类为窄长形,长 35—36.5、宽 0.6—0.7、厚约 0.1—0.2 厘米。另一类为宽短形,长 17.4—17.6、宽 0.7—1.1、厚 0.2—0.25 厘米,这类简约 20 余枚。长简有三道编连线痕,短简仅二道编连线痕。第一道编线之上,除书写标题外,一般都不写字,第三道编连线之下,也不写字。文字一般书于竹黄一面,多数字迹仍较为清楚。短简的背面(竹青面)多有字迹,墨迹脱落较甚,多数已难辨认。字体均为隶书。竹简文字已初步释读,与睡虎地秦墓所出《日书》十分相似,都以建、除为主要内容。其中又分有若干小标题,标题之下为具体的说明、阐述,包括择日、吉凶、禁忌等方面的事例,与睡虎地《日书》相比较,这部分简的内容要简省得多。[38]

5. 放马滩秦简《日书》

1986 年 3 月,从甘肃省天水市北道区党川乡放马滩一号秦墓出土了 460 枚竹简[39]。何双全先生对此作过介绍[40]:竹简内容是两种占书和纪年文书《墓主记》。简出土时卷为一捆,卷在最中间的占书被命名为甲种,外层的为乙种,《墓主记》卷在最外层。其中两种占书的内容与睡虎地秦简《日书》相似,因此被定名为《日书》。甲种共 73 枚,简长 27.5 厘米,宽 0.7 厘米,厚 0.2 厘米。先编后书。甲种的字体以篆书为主,残留战国古文的遗风。乙种的字体与睡虎地秦简《日书》相似,多有秦隶之痕迹,书法拙劣,看来

抄写者文化水平不高。甲种占辞原无标题,按内容可分为八类:
《月建》《建除》《亡盗》《吉凶》《择行日》《男女日》《生子》《禁
忌》[41]。乙种 379 枚,简长 23 厘米,宽 0.6 厘米,厚 0.2 厘米。内
容有二十余类,其中的七类与甲种的内容完全相同,但有关《禁忌》
的条目多于甲种,并有专门名称,如《门忌》《日忌》《月忌》《五种
忌》《入官忌》《天官书》《五行书》《律书》《巫医》《占卦》《牝
牡月》《昼夜长短表》《四时啻》等[42]。甲乙两种中,乙种系墓主
人抄于甲种,而甲种是墓主人收藏或从他人那里借来的书籍。放
马滩秦简《日书》当为战国末秦初流行于民间的一种卜筮典籍。推
测其下葬年代的下限是从秦始皇八年九月至秦始皇九年初之间。

甲种文本的全部释文(但是简体字)已经公开[43],而乙种我们
只能在何双全先生论文介绍的范围内了解情况[44]。放马滩秦简
《日书》与睡虎地秦简《日书》在年代上几乎相同。从这一点看,这
是一批划时代的资料。何先生认为前者纯粹是秦的《日书》,后者
纯粹是楚的《日书》。

6. 江陵王家台 15 号墓秦简《日书》

1993 年,湖北省江陵县荆州镇郢北村王家台挖鱼池,发现 16
座秦汉墓葬,其中 15 号墓出土了竹简[45]。竹简保存情况较差,大
部分竹简上残存有编绳的痕迹,分上、中、下三道将竹简编缀成册。
竹简数量达 800 余支,竹简宽约 0.7~1.1 厘米。整简的长度分为
两种规格,一种长 45 厘米,另一种长 23 厘米。简文为墨书秦隶,
均书写于篾黄一面(该报告附有 7 枚简的照片),其内容为效律、日
书、易占三种。其中日书包括"建除"、"梦占"、"病"、"日忌"、"门"
等内容。已有介绍的一部分占辞中有与睡虎地秦简《日书》有关的
内容,引用如下:

① ●正月：建寅，余卯，盈辰，平巳，定午，失未，柀申，危酉，成戌，收亥，开子，闭丑▼壬旨。——秦除(653)

② 正月、二月：子秀，丑戌正阳，寅酉危阳，卯敫，辰申𧷤，巳未阴，午𧰡，亥洁。——稷辰(649)

③ 丙丁有疾，赤色当日出死，不赤色壬有瘳，癸汗。(401)

④ 马之良日：己丑、酉、辛未、庚辰、申、壬辰、辰、乙丑、戊辰。可□出入马。其忌日：戊午、庚午⧄——日忌(363)

⑤ 五未旦丙夕启，西南吉，东得北凶。(347)

关于①，睡虎地秦简《日书》甲种《秦除》(743/1)的内容与之几乎相同，“失”是“执”的通假字：

正月：建寅，除卯，盈辰，平巳，定午，挚(执)未，柀(破)申，危酉，成戌，收亥，开子，闭丑。

关于②，睡虎地秦简《日书》甲种《稷辰》(755/1)与之几乎相同：

正月、二月：子秀，丑戌正阳，寅酉危阳，卯敫，辰申𧷤，巳未阴，午𧰡(彻)，亥结。

简体字释文中的“洁”有可能就是“潔”字。但甲种《稷辰》作“结”，据此可以判断原文也作“洁”吧。

关于③，睡虎地秦简《日书》甲种《病》(799/2～800/2)云：

丙丁有疾，王父为祟，得之赤肉、雄鸡、酉(酒)。庚辛病，壬有间，癸酢。若不酢，烦居南方。岁在南方，赤色死。

睡虎地秦简《日书》乙种《有疾》(1078)作：

丙丁有疾，王父为姓(眚)，得【于】赤肉、雄鸡[46]、酒。庚辛病，壬【有】间，癸酢(作)。烦及岁皆在南方，其人赤色，死火日。

这些占辞不仅内容相似，结构也很相似。

关于④,睡虎地秦简《日书》甲种(811/2～812/2)云:

马良日:乙丑、乙酉、乙巳、乙亥、己丑、己酉、己亥、己巳、辛丑酉、辛巳、辛亥、癸丑、癸酉、癸巳、庚辰。●其忌,丙子、丙午、丙寅、丁巳、丁未、戊寅、戊戌、戊子、庚寅、辛卯。

睡虎地秦简《日书》乙种(963～964)云:

马日:马良日:甲申、乙丑、亥、己丑、酉、亥、未、庚辰、申、壬辰、戊辰、未□□□乘之。●其忌,甲寅、午、丙辰、丁巳[47]、未、戊□

虽然干支不同,但将良日和忌日加以对比的结构却很相似。

关于⑤,乙种(1052～1053,似是《有疾》的一部分)讲十二支和方位、疾病的关系,其一部分与⑤相似。例如子日条云:

子:以东吉,北得,西闻言,【南】凶。朝启夕闭,朝兆不得,昼夕得∟。以入见疾。以有疾,派(辰)[48]少瘳(瘳),午大瘳(瘳)。死生在申。黑肉从北方来。把者黑色。外鬼父枼(世)为姓(眚),高王父谴适(谪),豕□

关于15号墓的下葬年代,报告者根据竹简的内容,认为是秦国设置南郡以后至秦统一六国以前。其时代与睡虎地秦简《日书》几乎完全相同,这一点值得注意。

7. 其他

胡文辉先生在《居延新简中的〈日书〉残文》(《文物》1995年第4期)一文中指出,1972～1974年甘肃省居延(甲渠候官)发现的居延新简中有一枚《日书》残简,内容如下所示:

　　☑五月不肥命　天候在中　五月移徙吉凶　西北殷光
　　☑□功□□□　……　　　　吏卒失亡　　　正北吉昌

（EPT5.57A）[49]

据胡先生研究,简文分四栏,各栏从上往下读、再向左转行,如:

　　……五月移徙吉凶,吏卒失亡……

　　西北殷光,正北吉昌……

这与睡虎地秦简《日书·嫁子□》(乙1092)的占辞基本一致:

　　正月、五月【、九月】,正东尽,东南央丽,西南执辱,正西郄
　　逐,西北续光,正北吉富,东北【反乡】。

两者不同处,只不过是"续光"作"殷光"、"吉富"作"吉昌"而已。
《嫁子□》是迁徙、出行的占辞,这一点也与居延新简"五月移徙吉
凶"一致。此简背面有新莽年号,其年代属于西汉末期至新莽时
期。据此可知,《日书》至少从战国晚期流行,到西汉末期一直被人
继承和利用。

　　虽如胡先生所指出的那样,断简占辞确实像《嫁子□》,但两者
不是同一占辞。如果将这类断简上所见占辞(也包括上面提到的
定县汉简《日书》和阜阳汉简《日书》)都归于《日书》的范畴去作出
解释的话,那所有占辞简都是日书了。这样恐怕我们就无法看出
日书特有的社会史上的意义。正因为如此,我们应该以唯一自称
"日书"的睡虎地秦简《日书》为基本资料,以此为出发点,来阐明
"《日书》究竟是什么"的问题。

结　语

　　本章对《日书》的资料性质展开了基础性的探讨。最后,作为

结语,想谈谈在对秦的统一过程及各种社会面貌作出分析时,这种占书在什么意义上能够成为重要的史料。

　　睡虎地秦简是南郡所辖县官吏某喜墓的随葬品。因此秦律等法制类竹简无疑与墓主生前的职务有关。那么作为占书的《日书》和墓主的职务就没有关系了吗?的确,《日书》可能是在日常生活中官民都会使用的非政治性的书籍,但它与秦律等法制史料一起出土。若注意到这一点,不管当初动机如何,就结果而言,我们可以设想,《日书》对南郡的占领地统治起到过一定的政治作用。例如《商君书·算地》云:

> ……故圣人之为国也,观俗立法则治,察国事本则宜。不观时俗,不察国本,则其法立而民乱,事剧而功寡,此臣之所谓过也。[50]

此文假托古代的圣人阐述法律和社会的关系。此文认为,在使用法律时,要正确观察基层社会的习俗。若无视社会习俗,一味地强调法律的强制性,那只会导致社会混乱,行政事务也会变得繁杂。秦的法治主义虽以残酷闻名,但战国时代秦国却一直坚持了商鞅变法以来的法治主义,之所以能够做到这一点,可能正是因为推行了类似《算地》篇所见的现实政策。若由于某种原因使秦国的政策发生变化,而采取僵化的一元的法治主义,那么,法律与现实社会的关系就会丧失,国家就会崩溃。从这个意义来说,我们认为,某喜的墓葬中记录秦律等的竹简和记录《日书》的竹简一起随葬,这为我们探讨秦法治主义的面貌提供了一条新的线索。就是说,某喜在南郡管辖下的各县施行法律时,是不是也像《算地》篇所谓“观时俗”那样,通过《日书》观察基层社会的习俗?若果真如此,那我们就得到了研究秦统一过程的一种基本思路,那就是“法与习俗”的基本思路。

注

〔1〕1959 年甘肃省武威县磨咀子第六号东汉墓出土有《仪礼》,将《日书》乙
种的收卷法与之相比是很有意思的事。其中《士相见之礼》的篇名,如
下所示,写在第 1 简、第 2 简背面中段:

　　●士相见之礼　　　2 背

　　●第三　　　　　　1 背

可见,武威汉简《仪礼》的收卷法与《日书》乙种正好相反,将有字的一面
当作里侧,以左边为卷轴,从左向右收卷。卷到最后,写在第 2 简背面、
第 1 简背面中段的标题就正好处于外侧正面的位置,篇名当连读为"士
相见之礼第三"。

〔2〕参看注〔1〕的说明。

〔3〕乙种原简"爱"和"生"间有一条可以释为"一"的线。"旧释"释为"一",
但"新释"将其删掉,也没有注释。此笔画不像是简单的墨渍,但释其为
"一",意思又不通。或许是衍文。

〔4〕关于《稷辰》和《秦》的占法原理,请参看本书第九章第二节。

〔5〕饶宗颐、曾宪通《云梦秦简日书研究》,香港中文大学出版社,1982 年。

〔6〕本书第五章从国家和官僚制度的角度尝试对其某些侧面作出探讨。

〔7〕"新释"释为"水",当是"木"之误。

〔8〕"旧释"释"辰"为"庚",当是错字。

〔9〕"旧释"将"□"与"}"视为两个残缺字。

〔10〕冈田芳朗《暦ものがたり(历的故事)》,角川书店,1982 年,46 页。

〔11〕拙文《暦注占い(历注占)》,《月刊しにか》6 月号,大修馆书店,1996 年。

〔12〕这是《汉书》卷 99《王莽传上》居摄三年十一月条,王先谦《汉书补注》所
引周寿昌《前汉书注校补》的说法。

〔13〕饶宗颐、曾宪通《云梦秦简日书研究》,5 页。

〔14〕近年来,与二十八宿相关的重要考古资料相继出土。第一,1973 年,湖
南省长沙市马王堆 3 号西汉墓出土的帛书《五星占》、《五星行度表》。
第二,1977 年,安徽省阜阳县双古堆发现的西汉汝阴侯夏侯灶(死于文

帝十五年〔前 165〕)之墓出土的两件天文仪器(六壬式盘、二十八宿圆盘)。第三,1977 年湖北省随县擂鼓墩发现的战国早期曾侯乙墓出土的漆木衣箱(图三引自王健民、梁柱、王胜利《曾侯乙墓出土的二十八宿青龙白虎图像》,《文物》1979 年第 7 期)。

〔15〕裘锡圭《谈谈随县曾侯乙墓的文字资料》,收入《古文字论集》,中华书局,1992 年。原载于《文物》1979 年第 7 期。

〔16〕在此使用的曾侯乙墓漆木衣箱的二十八宿名称释文,根据的是湖北省博物馆编《曾侯乙墓》(上),文物出版社,1989 年,354 页。

〔17〕关于这些星宿名称的异同,裘锡圭先生在《谈谈随县曾侯乙墓的文字资料》中已有考证。

〔18〕新城新藏《二十八宿の伝来(二十八宿的传来)》,收入《東洋天文学史研究》,弘文堂书房,1928 年,208～209 页。

〔19〕湖北省博物馆编《曾侯乙墓》(上),354 页。

〔20〕"新释"作"二月",当为"三月"之误。

〔21〕"日御",阮刻十三经注疏本作"月御"。不知为何,校勘记中对此没有说明。

〔22〕文本据吴毓江《墨子校注》,收入《新编诸子集成》第一辑,中华书局,1993 年。原著是吴毓江遗著《墨子校注》,西南师范大学出版社,1992 年。

〔23〕渡边卓《古代中国思想の研究——〈孔子伝の形成〉と儒墨集団の思想と行動(古代中国思想研究——"孔子传的形成"与儒墨集团的思想和行为)》,创文社,1973 年,538～554 页。

〔24〕王辉《古文字通假释例》,艺文印书馆,1993 年,286 页。

〔25〕《淮南子·要略篇》作"中国以鬼神之事日忌"。这样,此句可以释为"中国因为鬼神之事而有日忌",也就是说,较之"曰忌","日忌"更符合文意。附带指出,许慎注指的是《旧唐书·经籍志》所载之《淮南间诂》。

〔26〕中村乔《中国歳时史の研究(中国岁时史研究)》,朋友书店,1993 年,256 页。

〔27〕敦煌汉简有一支名为"是日书"的断简(659 简),引人注目。参见林梅

村、李均明《疏勒河流域出土汉简》,秦汉魏晋出土文献,中华书局,1984年,74 页。但这支简只写这三字,与所谓"日书"的关系不明。

〔28〕彭浩《包山二号楚墓卜筮和祭祷竹简的初步研究》,收入《包山楚墓》上册,文物出版社,1991 年。

〔29〕作为其中一部分,1995 年 5 月 27 日,笔者在第 40 届国际东方学者会议上,以《包山楚簡の資料的性格について—とくに卜筮祭禱簡をめぐって—(包山楚简的资料性质——尤其以卜筮祭祷简为中心)》为题作过报告。其提要发表在"On the Character of Ch'u Bamboo Strips from Pao-shan as Historical Material: With a Focus on the Strips Concerning Prayer and Divination," *Transactions of the International Conference of Eastern Studies*, No. XL, 1995, pp. 227 - 228。其研究成果将以《中国古代の社会史—包山楚簡卜筮祭禱簡を中心として—(中国古代社会史——以包山楚简卜筮祭祷简为中心)》为题发表于日本秦汉史研究会编《殷周秦漢時代史の基本問題(殷周秦汉时代史的基本问题)》,汲古书院。

〔30〕河北省文物研究所《河北定县 40 号汉墓发掘简报》,《文物》1981 年第 8 期;定县汉墓竹简整理组等《定县 40 号汉墓出土竹简简介》,《文物》1981 年第 8 期。

〔31〕安徽省文物工作队、阜阳地区博物馆、阜阳县文物局《阜阳双古堆西汉汝阴侯墓发掘简报》,《文物》1978 年第 8 期;文物局古文献研究室、安徽省阜阳地区博物馆、阜阳汉简整理组《阜阳汉简简介》,《文物》1983 年第 2 期。

〔32〕文物局古文献研究室、安徽省阜阳地区博物馆、阜阳汉简整理组《阜阳汉简简介》。

〔33〕湖北省文物考古研究所编《江陵九店东周墓》,科学出版社,1995 年,339～340 页。

〔34〕荆州地区博物馆《江陵张家山三座汉墓出土大批竹简》,《文物》1985 年第 1 期。

〔35〕张家山汉墓竹简整理小组《江陵张家山汉简概述》,《文物》1985 年第

1 期。

〔36〕彭浩《湖北江陵出土前汉简牍概述》，收入关西大学东西学术研究所、大庭脩编《漢簡研究国際シンポジウム'92 報告書　漢簡研究の現状と展望(汉简研究国际研讨会'92 报告书　汉简研究的现状与展望)》，关西大学出版部，1993 年，108 页。

〔37〕彭浩《湖北江陵出土前汉简牍概述》，125～126 页。

〔38〕以上是陈跃钧先生的说明(203 页)。之后发表的荆州地区博物馆《江陵张家山两座汉墓出土大批竹简》(《文物》1992 年第 9 期)也对 327 号墓(该论文说是 M127)出土的《日书》作了介绍，但没有多少新的信息，但图版壹登载了两张照片。

〔39〕甘肃省文物考古研究所、天水市北道区文化馆《甘肃天水放马滩战国秦汉墓群的发掘》，《文物》1989 年第 2 期。

〔40〕何双全《天水放马滩秦简综述》，《文物》1989 年第 2 期；《天水放马滩秦简甲种〈日书〉考述》，收入甘肃省文物考古研究所编《秦汉简牍论文集》，甘肃人民出版社，1989 年。

〔41〕何双全《天水放马滩秦简综述》将甲种内容分为《月建》、《建除》、《亡盗》、《人月吉凶》、《男女日》、《生子》、《禹须臾行》、《忌》八类。

〔42〕何双全《天水放马滩秦简综述》。

〔43〕秦简整理小组《天水放马滩秦简甲种〈日书〉释文》，收入甘肃省文物考古研究所编《秦汉简牍论文集》。

〔44〕何双全《天水放马滩秦简综述》。

〔45〕以下说明根据的是荆州地区博物馆《江陵王家台 15 号秦墓》，《文物》1995 年第 1 期。

〔46〕"鸡"，繁体字释文当作"雞"，"新释"作"鶏"。这当是错字或误释。

〔47〕"甲寅、午、丙辰、丁巳"，"新释"作"甲寅、午、丙辰、丁壬辰丁巳"，但下线部分的三字不见于原简，或是排印错误。

〔48〕"派"，"旧释"释为"辰"。

〔49〕甘肃省文物考古研究所编《居延新简》(上、下)，中华书局，1994 年，释文 9 页上段、图版 18 页。

〔50〕本文根据的是四部丛刊本《商子》。据朱师辙《商君书解诂定本》(1916
　　年初印),"则其"各本作"故其"。但从文章结构来看,作"则其"义胜。
　　另外,《商君书·算地》的原文和校订参考了好並隆司《商君書研究》,溪
　　水社,1992年,365页。

第五章

《日书》所见国家与社会

前　　言

上一章，我们以睡虎地 11 号秦墓中秦律和《日书》一起随葬的现象为线索，设想南郡所辖县官吏某喜是通过《日书》来观察基层社会习俗的。既然如此，那么，或许我们也能通过《日书》去观察当时的国家和社会。但是，有什么方法可以再现出某喜眼中那个真实的国家面貌和社会面貌呢？

本章尝试使用两种方法展开分析：第一，为更严密地阐明睡虎地秦简的资料特征，我们选出睡虎地秦简中有特色的几个字，对其用例进行数字分析（使用的软件是管理工学研究所开发的《桐》ver. 4），分析出各篇的用字倾向。第二，在把握睡虎地秦简各篇用字倾向的基础上，对《日书》所见与国家、官制相关的词汇作出系统的分析，并试图复原通过这些词汇反映出来的吏民日常生活中的国家、社会形象，以及与国家和社会各层面相关的官吏们的心理现象。这一工作，有点像把一片丰满的叶子泡在纯碱液体中，溶解掉多余的部分，只将叶脉浮现出来。我们希望，通过这种方法，不仅了解国家看社会的目光,也了解官吏,甚至被官吏统治的民众看国家、社会的目光,从而析出这位县官眼中先秦时代国家、社会的某些面貌。

第一节 通过词汇分析看甲种和
乙种的用字倾向

甲乙两种《日书》内容大体相似,不少占辞完全相同。因此,两种占书为什么要随葬在一起,这是一个问题。上一章在参照放马滩秦简《日书》的基础上,提出一篇抄于另一篇的设想,但没有找到确凿的证据。因此,为探讨这两篇的关系,本节反而要明确两篇的不同点,对两篇用字用语的特征作出分析。作为其方法,我们尝试将《日书》文本数据化。输入文字时,对于重文符号(如"……行﹦之"),我们采取重复输入"行"字("……行,行之")的方式,将其当两个"行"字计算。对于合文符号(如"夫﹦"),我们读为"大夫",作二字计算。至于1986年3月天水市放马滩1号秦墓出土的放马滩秦简《日书》,由于至今为止只有甲种释文发表[1],在此只作参考。

1. "也"字和"殹"字

睡虎地秦简用字倾向的第一个特征是"也"字多作"殹"字(表一 a)。"也"作为助字,写作"殹"的例子亦见于石鼓文《灵雨》篇、《汧殹》篇、《诅楚》篇,或新郪虎符等,这些都是秦的金石资料。在这些资料中,有人将"也"作为"殹"的假借字看待[2]。在睡虎地秦简中,"殹"和"也"的使用总数是 140 例/98 例,其比率为 58.8/41.2。但若再详细分析,可以发现秦律等法制资料(A 群)和《日书》甲乙种(B 群)形成鲜明的对照。就是说,A 群"殹"和"也"的使用例分别是 131 例/9 例,其比率是 93.6/6.4;而 B 群是 9 例/88 例,其比率是 9.3/90.7。换言之,A 群使用"殹"字的比率在百分之九十以上,相反 B 群使用"也"字的比率在百分之九十以上。再来看《日书》中的比率,甲种是 9.9/90.1,乙种是 7.7/92.3。虽然两种《日书》都很少使用"殹"的例子,但若要对两者进行比较,甲种使用"殹"的比率稍微高一些。

表一 a　殹字和也字的使用频率

群	篇　　名	殹	也
	语书	10	0
	秦律十八种	19	2
	效律	8	0
A	秦律杂抄	1	0
	法律答问	69	2
	封诊式	20	0
	为吏之道	4	5
B	日书甲种	7	64
	日书乙种	2	24
C	残简	0	1
总　　计		140	98

附带指出,放马滩秦简《日书》均用"也"字(3 例)。但《文物》1989 年第 2 期载有甲种(1～32)的照片,虽然由于照片不够清晰我们无法断定,但整理者释为"也"的字大都应该释为"殹"。还有整理者释为"矣"的字,除了甲种(21)"已死矣女子矣得"的"矣"(圈点的字)以外,都可以释为"殹"[3]。

2. "罪"字和"皋"字

用字倾向的第二个特征是"罪"字多作"皋"字(表一 b)。关于皋,《说文》十四下《辛部》云:

> 犯灋也。从辛、自。言皋人戚鼻苦辛之憂。秦呂皋佀皇字,改为罪。

表一 b 皋字和罪字的使用频率

群	篇　名	皋	罪
A	语书	2	0
	秦律十八种	20	0
	效律	4	0
	秦律杂抄	0	0
	法律答问	61	0
	封诊式	7	0
	为吏之道	2	0
B	日书甲种	1	1
	日书乙种	1	0
C	残简	0	0
总　计		98	1

可见,皋是"自(鼻)"和"辛"的会意字。但徐灏《说文解字注笺》云"辛即辛也",朱骏声《说文通训定声》云"此字从辛(辛)自声",他们认为皋是形声字,而且罗振玉、王国维援用甲骨、金文的例子证实了此说。加藤常贤先生在参考这些研究的基础上,认为皋的意思是"犯罪",用本来意为"捕鱼竹网"的"罪"(《说文》七下《网部》)代替"皋",是因为两者同音可以假借[4]。就是说,根据加藤先生的解

释，意为罪的"罪"字是比"辠"后起的假借字。

　　睡虎地秦简"辠"字的使用总数是 98 例，A 群的使用例占其中的 96 例，《日书》以外均作"辠"。而在《日书》中，甲种中"辠"、"罪"各有 1 例，乙种只有 1 例"辠"。A 群中频繁出现的"罪（辠）"字，B 群中却几乎没有看到。这可能是因为法制资料和占书两种资料的性质不同造成的吧。

　　上引《说文》云"秦昌辠侣皇字，改为罪"，而《太平御览》卷六四一《刑法部》七所引东汉末至三国时代的应劭《风俗通》佚文中有如下内容：

　　　　辠字为自辛，令为辛苦忧之也。秦皇以为字似皇，故改为罪。[5]

此文显然是沿袭了《说文》之意。因为《说文》的"秦"指的是秦始皇，因此许慎对"辠"另外一个的解释是，秦始皇因为"辠"的字形像皇帝的"皇"，故改用"罪"字。然而，究竟是否真的可以如此理解呢？还有待今后新资料的发现[6]。在秦简的用字倾向中，"辠"、"罪"具有特别重要的指标意义。但在《日书》中，没有可以满足分析的足够用例，在放马滩秦简中，"罪"字也只见一例。

3．"凶"字和"兇"字

　　《日书》中有各种各样的与吉凶有关的词汇，其中特别引人注目的是"凶"字和"兇"字的使用倾向。《说文通训定声·丰部第一》说"兇"字"凶亦声"。《日书》中，"凶"字往往作"兇"。甲种中"凶"和"兇"的使用总数是 50 例/6 例，而乙种是 2 例/29 例，其比率甲种是 89.3/10.7，而乙种是 6.5/93.5。就是说，甲种使用"凶"的比率几乎占百分之九十，而乙种使用"兇"的比率占百分之九十以上。

因此,在"凶"和"兇"的使用倾向上,甲乙两种有极其鲜明的差异。附带指出,放马滩秦简均使用"凶"字(29例)。

4. "喜"字和"憙"字

与吉凶有关的词汇中还有"喜"字。但其中也有一般动词(如"喜……")的例子,去除一般动词的例子,先来看甲种《禹须臾》(864)以下用例:

> 戊己丙丁庚辛,旦行,有二喜。
>
> 甲乙壬癸丙丁,日中行,有五喜。
>
> 庚辛戊己壬癸,餔时行,有七喜。
>
> 壬癸庚辛甲乙,夕行,有九喜。

这种"喜"当与后世的"喜神"有关[7]。乙种《梦》(1084/1～1088/1)中还有:

> 甲乙梦被黑裘衣寇〈冠〉,喜。人〈入〉[8]水中及谷,得也。
>
> 丙丁梦□,喜也。木金,得也。
>
> 戊己梦黑,吉,得,喜也。
>
> 庚辛梦青黑,喜也。木水,得也。
>
> 壬癸梦日,喜也。金,得也。

这里的"喜"属于吉的范畴。我们再看"吉"、"得"、"喜"这三个词汇的关系。乙种(1097～1101)有如下占辞:

> 春三月,甲乙死者,其后有憙,正东有得。
>
> 丙丁死者,其东有憙,正西恶之,死者主也。
>
> 戊己死【者】,去室西,不去有死。
>
> 庚辛死者,去室北,不去有咎。

　　　　壬癸死者,明鬼祟之,其东受咎。

从划线部分看,"憙"和"得"在上下文中地位相同,可见"憙"、"得"意思是一样的。而且这种"憙"的用例(9 例)只见乙种,因此可以说"喜"作"憙"是乙种的特征。附带指出,在放马滩秦简中,用作动词的"喜"有 1 例,作为占辞词汇的"憙、得"组合有 1 例。

5.《日书》的用字倾向及其意义

　　以上分析的结果,可大致概括如下：首先,如果比较法制资料(A 群)和《日书》(B 群),就"殹"、"也"而言,A 群对"殹"的使用占压倒性多数,B 群对"也"的使用占压倒性多数[9]。就"辠"、"罪"而言,A 群均使用"辠",B 群因为使用例太少无法分析。接下来比较B 群《日书》中的甲种和乙种,就"凶"、"兇"而言,甲种"凶"字的使用占到约百分之九十,乙种"兇"字的使用占到百分之九十以上。就"喜"、"憙"而言,甲种、乙种都使用作为占卜词汇的"喜",但使用"憙"的只有乙种。

　　以上的讨论进一步说明了以下的问题：第一,睡虎地秦简法制资料(A 群)和《日书》(B 群)间在"殹"、"也"的使用上有显著的差异。第二,即便在 B 群的《日书》中,甲乙两种间在"凶"、"兇"及"喜"、"憙"的使用上也有显著的差异。总之,睡虎地秦简中,不仅在法制资料(A 群)和《日书》(B 群)间有基本用字倾向方面的差异,两种《日书》之间也有基本用字倾向方面的差异,就说明显然存在着双重的差异。这种差异是因何而起的呢?

　　如前所述,何双全先生对放马滩秦简中存在两种《日书》的理由作过推测,认为乙种系墓主抄自甲种,而甲种是墓主的收藏品,或借自他人的书籍[10]。这种关系在睡虎地秦简《日书》是否也成立？如果能成立，这关系到如何判断抄写过两种《日书》中某一种的墓主之文化归属，即墓主喜究竟出身于秦还是楚。

第二节 《日书》占辞所见地域性问题

睡虎地秦简用字倾向的分析结果，影响到另外一个问题，那就是：《日书》的内容究竟反映出秦、楚哪一方的地域性？在这一问题的探讨上，或许放马滩秦简《日书》会占很重要的位置。因为其出土地放马滩属于秦故地。关于放马滩秦简的出土地点，发掘简报作如下说明：

> 放马滩又名牧马滩，属天水市北道区党川乡。东去40余公里与陕西宝鸡、凤县交界，西距麦积山石窟20、北道区40公里。党（川）利（桥）公路从此穿过，交通较为便利。放马滩地处秦岭山脉中部，海拔1400～2200米，是渭水和党川河的分水岭。岭北有麦积河、永川河、东柯河汇入渭水；岭南由诸溪汇成党川河，流经花庙、永宁河入嘉陵江，属长江流域嘉陵江上游地区（参见图一）。[11]

此外，与《日书》同出于放马滩1号秦墓的还有《墓主记》。何双全先生的释文如下所示：

> 八年八月己巳，邦丞赤敢谒御史：九嶕人王里、樊野曰丹〔于〕邦守：七年，丹矢伤人垣离里，中面，自刺矣。弃之于市，三日，葬之垣离南门外。三年，丹而复生。丹所以得复生者，吾屋圭舍，卜，屋吉。论其舍，卜，尚命者，以丹未当死。……与司命史公孙强北出赵氏之北。邦相立之上盈四年，乃闻犬吠鸡鸣，而卜会其状。头益少麋墨，四支不用。丹言曰：死者不欲多衣。……（墓1—4）[12]

图一　放马滩墓地的位置
（根据《文物》1989 年第 2 期所载发掘简报）

这里出现了"邽"这一地名。根据《文物》所载原简照片,全文总计
由八简构成,引文是何双全先生对前四简所作释文。何先生对竹
简的内容作了如下解释:《墓主记》系秦始皇八年(前 239)邽县丞
向御史呈奏的"谒书",其中叙述了墓主丹的简历和他的故事。墓
主生前作为军人参加过战争,后来因杀人受到处罚,被流放到放马
滩。随葬品中有绘制在四块木板上的七幅地图,据此可知墓主是
邽县基层官吏,可视为非常熟悉邽县的人物。《墓主记》的抄写年
代是文章开头所见的秦始皇八年,本竹简随葬于墓中是九年以后
的事,"根据墓中一同出土的毛笔和甲、乙种《日书》的字体看,墓主
还未抄写完乙种《日书》就死去了,所以下葬的绝对年代当在八年
九月至九年初。"[13]

　　针对何双全先生的观点,李学勤先生作出了新的解释,他认为《墓主记》是后世的《搜神记》一类"志怪故事"的滥觞,并根据《文物》所载原简照片,作出了与何双全释文不同的释文[14]。在此介绍其重要的不同点:开头"八年"应是"卅八年",此三十八年相当于秦昭王三十八年(前269),"八月己巳"应是颛顼历八月十三日;"邽"应释为"邸",指的是陇西郡的"氐道"。根据以上的修改,李先生对其内容作出如下的解释:

　　氐道丞赤向御史报告:文中的丹是魏国大梁人,魏将犀武的舍人。秦昭王七年(前300),丹在韩垣雍将人刺伤,随即自刺,被弃市后埋葬于南门外。但他主人犀武认为丹罪不致死,便为丹向主管寿命的司命史公孙强祷告,结果三年后丹得以复活。从地下复活的丹跟随司命史公孙强北上,经过赵国,来到北地郡的柏丘上面。满四年以后,才能听见狗叫鸡鸣,吃活人饭食。此后由"丹言"开始的咒文被重复三次。简文所见丹的主人犀武实有其人[15]。丹逃亡至秦的故事是捏造的,可能有人藉以从事巫者一类的营生。邸丞赤将其作为"异事"报告给了御史。

　　若按照李先生的改释,《墓主记》就成了截然不同的故事。但即便遵从李先生的意见,改"邽丞赤"为"邸(氐)道丞赤",包括放马滩秦简出土地在内的一带地域,在秦疆域形成过程中占据着极其重要的位置,这个事实不会改变。藤田胜久先生将秦疆域形成的过程分为三期,他注意到第一期(秦封建至春秋末),秦国第一次在今天水附近的邽县、冀戎县,及西安、华县附近的杜县、郑县设置了县,指出秦为确保东西交通上的要地,除了在交通线两端设置县外,还从西垂(汉代的陇西郡西县附近)迁都到东面的雍城[16]。了解到包括放马滩在内的一带地域是春秋初年秦之西端要地这一事实,放马滩秦简的内容反映出秦的地域性之可能性是可以承认的。

那么,如果将放马滩秦简《日书》和睡虎地秦简《日书》相比较,睡虎地秦简《日书》的地域性也能浮现出来吗? 为作出验证,我们将放马滩秦简《日书》甲种开头的《建除》和睡虎地秦简《日书》的《建除》加以比较。

放马滩秦简《日书》(1～12)的建除表,除"柀(破)"作"彼"外,与睡虎地秦简《日书》甲种《秦除》(参见第四章表四 b)几乎完全相同。在建除表后,接着还有建除十二神的占辞(13～21)。在此将两者《秦除》的占辞并列,作出比较(前者简称为"放简",后者简称为"睡简",▽表示"放简"):

▽建日　良日矣〈殹〉可以啬夫可以祝祠可以畜六生不可入黔首

　建日　良日也可以为啬夫可以祠利枣不利莫不利入人始寇乘车有为也吉

▽除日　逃亡不得窘疾死可以治啬夫可以瘢言君子除罪

　除日　臣妾亡不得有瘇病不死利市责籾□□□除地歊乐攻盗不可以执

▽盈日　可筑间牢可入生利筑官室为小啬夫有疾难疗

　盈日　可以筑间牢可以产可以筑宫室为啬夫有疾难起

▽平日　可取妻祝祠赐客可以入黔首作事吉

　平日　可以取妻入人起事

▽定日　可以臧为府可以祝祠

　定日　可以臧为官府室祠

▽执日　不可行行远必执而于公

　挚日　不可行以亡必挚而入公而止

▽彼日　毋可以有为矣〈殹〉虽利彼水

　柀日　毋可以有为也

▽危日 可以责人及执人系人外政

危日 可以责挚攻戮

▽成日 可以谋事可起众及作有为矣〈殹〉皆吉

成日 可以谋事起□兴大事

▽收日 可以民马牛畜生尽可及人禾稼可以居处

收日 可以入人民马牛禾粟入室取妻及它物

▽开日 逃亡不得可以言盗盗必得

开日 亡者不得请谒得言盗得

▽闭日 可以决池入人奴妾

闭日 可以劈决池入臣徒马牛它生

"放简"的建日、平日两条中有表示"人民"的秦语"黔首",此两条占辞非常明显地表现出"放简"的秦地特征。但与此同时,"放简"和"睡简"的占辞极为相似也是事实。我们推测,这些建除有着共同的祖本,在反复传抄过程中,各自发生了错写、脱文、附加等现象。经过和"放简"《日书》的比较,我们可以设想睡简《秦除》和"放简"建除同出一源的可能性。另外,由于"放简"建除中出现"黔首"一词,故可以证明《秦除》的地域性。但这也同时说明,仅仅通过考察《秦除》占辞就想确认其地域性是困难的。因为,没有出现"黔首"的《秦除》,如果没有《秦除》这一占题,其占辞的内容其实可以适用于任何地方。

附带指出,在"睡简"中,除《秦除》外,"秦"字也被使用于甲种的无占题占辞(814 反)中,其内容是用来占测十干及该日闯入的小偷名字的:

　　●辛【盗】名曰秦、桃、乙、忌、慧。

这里的"秦"是占测出来的小偷名字,不是秦国的意思。此外,乙种《秦》(942/1～947/1)如下所示:

■　正月、二月：子采（穗），丑戌【正】阳，寅酉危阳，卯敫，
　　【辰】申夒，巳未阴，午彻，丑〈亥〉结。

秦　三月、四月：寅采（穗），卯【子】正阳，辰【亥】危阳，巳敫，
　　午戌夒，未酉阴，申彻，丑结。

　　五月、六月，辰采（穗），巳寅正阳，午丑危阳，未敫，申
　　子夒，酉亥阴，戌彻，卯结。

　　七月、八月，午采（穗），未辰正阳，【申】未〈卯〉危阳，酉敫，
　　戌寅夒，亥丑阴，子彻，巳结。

　　九月、十月，申采（穗），【酉午正阳，戌巳危】阳，亥敫，巳
　　〈子〉辰夒，丑卯阴，寅彻，未结。

　　【十一月、十二月，戌采（穗），亥申正】阳，戌〈子〉【未危阳，
　　丑】敫，寅午夒，巳卯〈卯巳〉阴，辰彻，酉结。

这份占辞的结构参见表二。其后有各日吉凶的占辞。这确实可以
看作秦的占卜[17]。但在整个《日书》中，存在"秦"字，而且可以视
为秦之占辞的只有《秦除》和《秦》而已。

表二　《秦》的结构

月　　名	采	正阳	危阳	敫	夒	阴	彻	结
正、二	子	丑戌	寅酉	卯	辰申	巳未	午	亥
三、四	寅	卯子	辰亥	巳	午戌	未酉	申	丑
五、六	辰	巳寅	午丑	未	申子	酉亥	戌	卯
七、八	午	未辰	申卯	酉	戌寅	亥丑	子	巳
九、十	申	酉午	戌巳	亥	子辰	丑卯	寅	未
十一、十二	戌	亥申	子未	丑	寅午	卯巳	辰	酉

与楚有关的占辞是甲种(755/2)：

●毋以楚九月己未台(始)被新衣,衣手□必死。

还有甲种《岁》下段(793/2～796/4)有秦楚月名对照表：

十月楚冬夕。

十一月楚屈夕。

十二月楚援夕。

正月楚刑夷。

二月楚夏㞚。

三月楚纺月。

四月楚七月。

五月楚八月。

六月楚九月。

七月楚十月。

八月楚爨月。

九月楚腐(献)马。

此外,根据生日的干支占测孩子吉凶的乙种《生》(1138)云：

戊戌生,姓(眚)楚。

出现"秦"字或"楚"字,而且可以用来表明秦、楚两国或其地域特征的占辞,居然只有以上数例。要想从其他的占辞看出特定的地域性是几乎不可能的。这说明,只根据占辞的出土地或占辞的内容,要想辨别出是秦的占卜还是楚的占卜,在方法上有其界限性。

然而,如果占辞的内容并没有我们想象的那样一定具有鲜明的地域特征,这反而给我们开拓了新的视野：秦简《日书》占辞不一定只是在秦或楚某一个地方使用,其内容反映出先秦社会普遍的面貌,没有狭隘的地域性。通过《日书》探讨秦的南郡统治时,

《日书》的这一特征未必不利。法制资料和《日书》一起随葬在某喜的棺内,我们从这一事实中,已经可以看出,秦在南郡的统治也并没有什么特殊之处或不合理之处。

第三节　通过《日书》的词汇分析
看国家的各种面貌

依据上节所使用的方法论,本节试图对《日书》所见国家和社会的各种面貌作出具体的分析。

1. 地方行政制度的面貌

城邑或聚落是人的生活基础,我们首先来看与城邑或聚落有关的词汇。这类词汇中,"邦"(11 例)、"邦中"(3 例)、"邦郡"(1 例)、"邑"(3 例)、"里"(1 例)引人注目。

"邦"除了往往单独出现外,还有"出于邦"(甲 736/2)、"去其邦"(甲 873/2～874/1、乙 1135～1137)、"入邦"(乙 914)、"问邦"(乙 1134)等例子。《说文》六下《邑部》云:"邦,国也。"邦和国在《日书》中也是同义词。但"邦中"在先秦文献中却不多见。《周礼·天官》"大宰"和"大府"条有"邦中之赋"一词,东汉郑玄对"大宰"条的"邦中之赋"作注云:

> 邦中在城郭者。

唐贾公彦疏云:

> 谓国中之民出泉也。

贾疏"国中"不是全国的意思。贾疏是根据《周礼·秋官·乡士》

"掌国中"的二郑注写的：

> 郑司农云：谓国中至百里郊也。玄谓：其地则距王城百
> 里内也。

据此"国中"可以释为王城的城郭内或距王城百里内的地方，即王城或王畿。"邦中"一词虽散见于经书及其注解中，但在秦简中，"邦中"却见于《秦律十八种·工律》(168)有关徭役的规定：

> 邦中之繇(徭)及公事官(馆)舍，其叚(假)公，叚(假)而有
> 死亡者，亦令其徒、舍人任其叚(假)，如从兴戍然。 工律

整理小组云："邦中，即国中，指都邑。"这当是依据二郑注作的。照此解释，在战国时代秦国，邦中是与徭役、工律相关的实用词汇，即所谓"京师之地"。包含"邦"字的其他词汇还有"邦君"(乙 1143)、"邦君门"(甲 848)、"邦门"(甲 855、785 反、乙 997)等，邦君是国君，邦君门、邦门是国都的正门。

有关郡的词汇在睡虎地秦简中没有多少例子。其中甲种(732/2)云：

> 阳日：百事顺成，邦郡得年。

"邦郡"当是"邦和郡"的意思。

既然讨论了郡的例子，那么下面应该讨论"县"、"乡"的例子。但不知为何，这种词汇不见于《日书》。

《日书》占辞中有不少词汇可以追溯到战国时代以前。因此，要知道这些词汇在多大程度上反映了战国时代的实际情况，需要和其他秦简及文献史料中所见同一词汇互相验证。首先要注意的是甲种(769)的占辞：

> 利……攻军，韦(围)城，始杀。

这反映的当是战国时代各国频繁进行的攻城。但要确定此"城"指的是郡、县、乡中的哪一个,这不是一件容易的事情。但从"韦(围)城"之词看出烙刻在《日书》上的战国时代特征,还是可以的。如此说来,虽然我们在上面将"邦"只作为"国"的同义词处理,但"邦"字上也有时代烙印的可能性,那么上面的讨论应该还有探讨的余地。"邦"在法制简的各篇中,除了单独出现外,还有"臣邦"(442、483、546、547)、"属邦"(268)等复合词的例子。我们在第三章已经讨论,这些词指的是在战国时代秦领土扩大过程中归秦统治的旧六国地、附庸,以及少数民族居住地,是秦律固有的法制用语。这些词汇都可以作为"国"的概念来理解。但我们应该注意《法律答问》(530)一文:

> 旞火延燔里门,当赀一盾。其邑邦门,赀一甲。

这分别规定旞火(路上的篝火)[18]延烧到里门以及焚毁邑邦门时的赀罪。此条律文将里门和邑邦门并列,这当是里门和县城大门的对照。这表明,邦的意思不一定只限于国,邦门的意思也不一定只限于国都正门。在《日书》中,有占辞记述先秦时代的民众在城门外举行的祖道(出行时举行的送别宴和祭祀):

> 行到邦门,困,禹步三(甲 785 反)
>
> 【出】邦门,可☐(乙 997/3)

这些邦门也包括县、乡一级的门[19]。根据这些讨论,《日书》中的邦应该是包括县城和乡城的概念。若果真如此,上面提到的"出于邦"、"去其邦"等说法,虽然本来是离开本国到他国去的意思,但看来也有离开县、乡,即"离开故乡"的意思,是一个多义词。据此可知,"邑邦门"的"邑"作为一个概念也包括县和乡。

关于里,甲种(876 反)云:

入里门之右,不吉。

《日书》中里的例子只有这一例。但在法制简各篇中,可以看到"里"和"邑"相联的例子,如"名事邑里"(《秦律十八种·仓律》92)、"不仁邑里者"(《法律答问》433)等。《封诊式·告臣》(617~621)后半部分云:

> ●丞某告某乡主:男子丙有鞠,辞曰:"某里士五(伍)甲臣。"其定名事里,所坐论云可(何),可(何)辠(罪)赦,或覆问毋(无)有,甲赏(尝)身免丙复臣之不殹。以律封守之,到以书言。

在此"(县)丞某"命"某乡主"调查居住在"某里"的被告人男子丙的姓名、身份、籍贯,有无前科。我们据此可以确认县—乡—里的统属关系。但"邑里"是"邑、里"还是"邑的里",此"邑"指的是县还是乡,难以判断。

在《日书》中,包括里在内的邑是所谓正式的居住空间,其周边称为"壄(野)"或"壄(野)外"。但周边也有人住。例如:

> 戊戌生子,好田壄(野)邑屋。(甲873/3)

如下所示,"壄(野)外"是充满危险的地方:

> 之四方壄(野)外,必耦(遇)寇盗,见兵。(甲738/2)
> 利壄(野)战,必得侯王。(甲761)

那儿也是打猎的地方:

> 利以……邋(猎)四方壄(野)外。(甲741/2)

此外,《为吏之道》所收魏安厘王二十五年(前252)发布的《魏户律》(695/5~696/5)中有如下一句:

> 民或弃邑居壄(野),入人孤寡,徼人妇女,非邦之故也。

这里指责民"弃邑居野",说这是"非邦(魏国)之故"的行为。可见,在战国时代魏国(不如说在当时一般社会),邑居才是正常的社会生活,但也广泛存在《日书》所谓"好田野邑屋"(甲873/3)的人[20],他们的行为超越了国家秩序,因而受到指责。

以上分析表明,《日书》占辞确实存在比较古的表达方式和词汇,若将这些词汇与睡虎地秦简的法制资料相比较,战国时代的具体而真实的面貌就会浮现出来。就是说,即便是可以追溯到战国时代以前的词汇,若该词在战国时代社会上被实际使用,其概念会不断地根据现实的需要有新的引申。从这个意义上讲,占辞和律文竟然很接近。

2. 君主的各种面貌

在当时的观念中,究竟是一个怎样的君主,通过邦、郡、邑、里进行着国家的统治?

我们先看上皇。《日书》有子日卜筮会触犯上皇的禁忌:

> 毋以子卜筮,害于上皇。(甲830/2)

《庄子·天运》云:

> 巫咸袑曰:"来,吾语女。天有六极五常,帝王顺之则治,逆之则凶。九洛之事,治成德备,监照下土,天下戴之,此谓上皇。"

据说,巫咸是黄帝时代或商代之人。这里,通过他的口讲述了理想的帝王形象,说"天有六种罚和五种福。若帝王的政治顺应它,天下就得到治理;若遵守九洛,就会政治顺利、道德完备;以其道德的辉煌君临天下,受到天下万民的拥戴。这种统治者称为上皇,即最高的帝王。"[21]据此上皇是最高帝王的意思,但这讲的不是遥远上古的天帝,而是统治者理想的形象。文中作为帝王规范要遵循的九洛,是《九畴洛书》即天帝赐予禹的《洪范九畴》。因此我们认为,《日书》子日卜筮的禁忌和上皇的关系,当是以《天运》篇所谓上皇和《九畴洛书》的关系为依据的。

其次看王公。《日书》有记载说,己丑日见王公,一定会得到官职:

> 己丑,以见王公,必有捧(拜)也。(甲 895/6)

王公是王(天子)和诸侯的意思。《周礼·冬官·考工记》总目云:

> 坐而论道,谓之王公。

郑玄注云"天子、诸侯"。此王(公)征发的劳役被人厌恶。祭祀行神的祝词中有如下的话:

> 其祝曰:"毋王事,唯福是司,勉歓(饮)食,多投福。"(乙 1040~1041)

此祝词说,如果(行神)消除王事(劳役的征发),只掌管幸福的话,我会给您供应很多的饮食,献上很多的脀肉。这一祈祷正好表达民众的心思。此外,王公的近义词还有侯王(甲 761)、君上(甲 735/2)、邦君(甲 848、乙 1143)。

侯王在《日书》中作为战争中敌军将领出现:

> 利坴(野)战,必得侯王。(甲 761)

但《老子》第 39 章云:

> 是以侯王自谓孤、寡、不穀,此非以贱为本耶?非乎?

孤、寡(人)、不穀是诸侯的自称,因此侯王是诸侯的意思。侯王多见于《老子》，却不多见于其他先秦文献[22]。若是汉代以后的文献，则多见于纬书。如《洛书》云：

> 太微西蕃将执威，诛不顺；东蕃相执美，拒侯王[23]。

君上见于以下占辞：

> 阴日：……以见君上，数达，毋咎。（甲735/2）

该词也多见于先秦诸子文献中。例如《荀子·荣辱》云：

> （斗者）君上之所恶也，刑法之所大禁也，然且为之，是忘其君也。

此句的意思是，扰乱社会秩序的私斗为君上所恶，君上制定刑罚加以禁止。可见君上是国君的意思。

邦君见于《论语·季氏》：

> 邦君之妻，君称之曰夫人。

《礼记·曲礼下》也有类似的句子：

> 天子之妃曰后，诸侯曰夫人。

据此可知邦君是诸侯的意思。但《战国策》有齐王夫人（《齐策》三）、楚王夫人（《楚策》四），以及齐孟尝君夫人（《齐策》三）的例子。这是由于战国时代诸侯纷纷称王，各种概念发生变化的结果。邦君还见《日书》：

> 东门：是胃（谓）邦君门，贱人弗敢居，居之凶。（甲848）

这是《直室门》的一部分，其内容是占卜城墙各门附近的房屋有着怎样的福祸。据此可知，东门也叫邦君门，禁止贱人居住，良民也忌讳住在那儿。这里面隐藏着与圣、俗有关的宗教上的问题。

《日书》也有上卿的例子：

> 凡生子北首西乡（向），必为上卿，女子为邦君妻。（乙
> 1143）

此占辞说，孩子出生的时候，若让孩子北首西向，男孩子将来会成为上卿，女孩子将来会成为邦君的妻子。上卿亦见《春秋公羊传》襄公十一年：

> 古者上卿、下卿、上士、下士。

据此可知，春秋时代卿已有上下之分[24]。战国时代，上卿亦见秦、田齐、楚、赵、燕各国[25]，在秦、田齐上卿相当于宰相的地位。这从甘茂的故事也可以知道[26]。在上引乙种（1143）的占辞中，寄托于男孩子的理想是上卿，寄托于女孩子的理想是邦君之妻。这是因为这是当时普通吏民所能期望的最高职位吧。

　　战国时代的特征之一是，由于春秋末以来的兵制改革，庶人也可以作为战士参加战争，因军功而赐爵，庶人也被编入国家爵制秩序中。《日书》反映出了这一情况，有三条与受爵有关的记载，如：

> 亢：祠、为门、行，吉。可入货。生子，必有爵。（甲798/
> 1、乙992/1）

据此可知，二十八宿中亢宿所值日子出生的孩子，将来会成为有爵者。另外《直室门》有一条占辞讲城墙西北云门附近房屋的祸福：

> 云门：其主必富三渫（世）、八岁更、利毋（无）爵者。（甲
> 851）

此占辞说："这一家的主人一定会三代富贵。要八年改建一次房屋。对无爵者有利。"这里，反而对无爵者有利。

　　不管怎样，以上论述的是以国君为首的统治阶层形象。下面来看作为国君统治手段之官制。

第四节　通过《日书》的词汇分析
看官制的各种面貌

1. 官和吏

　　《史记·龟策列传》褚少孙补文收录了宋元王(公?)和衡平的答问,此故事的原型见《庄子·外物》。答问中叙述了上古圣人为统治人民而做出的事迹,其中有"立官置吏"一事。这正好表示先秦时代官和吏的关系。这里的"官",可见《礼记·曲礼下》:

　　　　君命,大夫与士肄。在官言官,在府言府,在库言库,在朝言朝。

郑玄注云:

　　　　官谓板图文书之处。府谓宝藏货贿之处也。库谓车马兵甲之处也。朝谓君臣谋政事之处也。

"板图文书之处"即衙门之谓。先秦时代官吏之"官"接近这一概念。"官"亦与"府"复合称为官府,在官府工作的人是"吏"。但在先秦文献中,将"官"用为官职之意的例子也并非没有。如《战国策·韩策二》史疾为韩使楚章,韩使者史疾对楚王陈述楚官制,云:

　　　　今王之国有柱国、令尹、司马、典令,其任官置吏,必曰廉洁胜任。

此外《日书》中有与"官"相似的词"宦",如:

　　　　久宦者毋以甲寅到室。(乙1036)

"宦"见《说文》七下《宀部》:

> 宦,仕也。从宀臣。

因此,上引占辞的意思是"在官府工作很长时间的人不能在甲寅日回家"。与此相同的"宦"的例子亦见《法律答问》(561):

> 可(何)谓"宦者显大夫"? ●宦及智(知)于王,及六百石吏以上,皆为显大夫。

此"宦"也意为"仕"。但《日书》的"官"和"吏"应该分别理解为"官府"和"在官府工作的吏"。在《日书》中,"官"有"官府"(1 例)外,还有"入官"(24 例)、"临官"(3 例)、"徙官"(3 例)等复合词的例子。"官府"的例子如下:

> 定日:可以臧(藏),为官府,室祠。(甲 747)

据此可知,建除定日是建官府的良日。

2. 入官、临官的吉凶

成为官府官员叫做入官[27]。例如《天李》(甲 751 反～750反)云:

> 正月居子∟,二月居子∟,三月居午∟,四月居酉∟,五月居子∟,六月居卯∟,七月居午∟,八月居酉∟,九月居子∟,十月居卯∟,十一月居午∟,十二月居辰∟。凡此日不可入官及入室,入室必灭,入官必有辠(罪)。

"天李"亦见敦煌汉简历谱(437)。根据林梅村、李均明两位先生的释文,其全文如下:

十二月大	十六日戊辰平□	七月廿七日壬午开天李
□日癸丑建大□	十七日己巳平□八魁	廿八日癸未闭反支

□日甲寅徐八魁　十八日庚午定反支□　廿九日甲申建□
☑□　　　　　　十九日辛未执　　　　卅日乙酉除　　（正面）
十日癸巳执□□
十一日甲午破血忌天李　廿二日乙巳
□二日乙未危白□□□　廿三日丙　　　　　　　　（背面）[28]

按劳榦先生[29]、大庭脩先生[30]的释文,正面第一行第三栏"天李"作"大□",背面第二行第一栏的"天李"作"反支"。这些释文的分歧,只要说明反支的原理就可以解决。饶宗颐先生已经指出,《后汉书·王符列传》所载《潜夫论·爱日》介绍了以下这个故事:

> 明帝时,公车以反支日不受章奏,帝闻而怪曰:"民废农桑,远来诣阙,而复拘以禁忌,岂为政之意乎。"

东汉初期,公车司马在反支日不接受上书,明帝废止了这种拘泥禁忌的恶习。据此可见反支日是凶日。《王符列传》的李贤注对其占法作了以下说明:

> 凡反支日,用月朔为正。戌亥朔一日反支,申酉朔二日反支,午未朔三日反支,辰巳朔四日反支,寅卯朔五日反支,子丑朔六日反支。见《阴阳书》也。

与此说明几乎相同的占辞竟然见于《日书·反枳》（甲 743 反～742 反）:

> 子丑朔,六日反枳ㄥ;寅卯朔,五日反枳ㄥ;辰巳朔,四日反枳ㄥ;午未朔,三日反【枳】ㄥ;申酉朔,二日反枳ㄥ;戌亥朔,一日反枳ㄥ。复卒其日子,有（又）复反枳。一月当有三反枳。

反枳（支）是占测凶日用的。我们再详细说明其占法:比如这个月的朔日是子或丑,反支日是从子或丑算起的第六天（6 日）、再 12

天后(18 日)、再 12 天后(30 日)。其他也同样类推,如表三所示:

子丑朔　6 日、6＋12 日＝18 日、18＋12 日＝30 日

寅卯朔　5 日、5＋12 日＝17 日、17＋12 日＝29 日

辰巳朔　4 日、4＋12 日＝16 日、16＋12 日＝28 日

午未朔　3 日、3＋12 日＝15 日、15＋12 日＝27 日

申酉朔　2 日、2＋12 日＝14 日、14＋12 日＝26 日

戌亥朔　1 日、1＋12 日＝13 日、13＋12 日＝25 日

因此一个月有三次反支,这个反支循环结束后,下个月根据新的朔日反复反支。"复卒其日子,又复反枳"就是这个意思[31]。

表三　反支日表

朔日	反支日
子丑 寅卯 辰巳 午未 申酉 戌亥	6、18、30 5、17、29 4、16、28 3、15、27 2、14、26 1、13、25

在了解反支占法原理的基础上,我们重新来看敦煌汉简的历谱。沙畹以来的学者都认为这是东汉和帝永元六年(94)的具注历[32]。根据陈垣《二十史朔闰表》,正面第二栏是十二月,第三栏是七月,背面是闰十一月。永元六年十二月的朔日是癸丑,因此正面第二栏的十二月庚午确实是十二月十八日。朔日是癸丑的该年十二月,反支日是 6 日(戊午)、18 日(庚午)、30 日(壬午)(表三),所以十二月庚午正好是反支日。同样,七月的朔日是丙辰,七月癸未确实是二十八日。朔日是丙辰的该年七月,反支日是 4 日(己未)、16 日(辛未)、28 日(癸未)(表三),所以七月癸未正好是反支日。但背面的闰十一月十一日甲午不是反支日。因为该月的朔日是甲寅,反支日是戊午(5 日)、庚午(17 日)、壬午(29 日)。

我们再看《日书·天李》。其占辞说"七月居午"、"十一月居午"。林梅村、李均明两位先生释读出来的正面第三栏"七月廿七日壬午开天李"、背面"(十一月)十一日甲午破血忌天李"都符合天

李七月、十一月的午日。因此,从占法原理来看,林梅村、李均明两位先生释为"天李"是对的。

　　上面的说明稍稍有点远了。总之,根据《天李》的占辞,若选这些日期入住,就会陷入家室断绝、做官获罪的局面。因此古代人入官要慎重选择日期。《入官良日》(甲 886/6~894/6)、《入官》(乙1119/2~1132/2)是为此而制作的时间表。前者的内容如下:

　　　　丁〈子〉丑入官,吉,必七徙。寅入官,吉。戌入官,吉。亥入官,吉。申入官,不计去。酉入官,有罪。卯入官,兇。未午辰入官,必辱去。

据此可知,"子丑寅"和"戌亥"是吉日,中间的"卯辰午未申酉"是凶日。后者的内容可分为三类:

　　　　① 春三月,丙寅、丙子,利入官。夏三月,甲申、甲辰、乙巳、乙未,利入官。秋三月,壬子、壬辰、壬申、庚子、壬寅、癸丑,利入官。冬三月,庚申、庚子、庚寅、辛丑,利入官。

　　　　② 子丑入官,久,七^[33] 徙。戌入官,行。亥入官,傷〈傷〉去。申入官,不计而徙。酉入官,有辠(罪)。卯入官,兇。实〈寅〉巳入官,吉。未辰午入官,辱而去。

　　　　③ 甲寅、乙丑、乙巳,皆可见人。●甲子到乙亥是右也,利以临官立政,是胃(谓)贵胜贱。

①是四季各月干支的"入官良日",其干支的选择方法不明。②很多地方和前者《入官良日》十二支的顺序与内容重复,或许两者原来是同一个占辞。③上半部分似是其他占辞的混入。下半部分的甲子至乙亥,比如甲子是1,以下类推,乙亥是12。将这些干支日作为"右",说这是临官立政的良日,称为"贵胜贱"。

　　那么"临官立政"是什么意思?"临官"见甲种《稷辰》:

　　　　敫……不可临官、歙（饮）食、乐、祠祀。（甲 767）

《左传》襄公二十六年中，蔡声子讲古代统治者的政治态度，其中有如下一条：

　　　　夙兴夜寐，朝夕临政。

此"临政"是"亲临（亲理）政务"的意思。"临官"也与此相同。因为在《日书》中，"临官"与"立正"、"立政"一起出现，如"临官立正"（甲 761）、"临官立政"（乙 1132）。此外《战国策·秦策三》范子因王稽章中，范雎说：

　　　　臣闻明主莅正，有功者不得不赏。

此"莅正"，《史记·范雎列传》作"立政"。这证实"立正"、"立政"、"莅正"都是"亲临（亲理）政务"的意思。因此，"临官立政（正）"就是官吏执行政务，而《稷辰》敫日是临官（立政）的凶日。虽同属于《稷辰》，秀日则是临官（立政）的良日：

　　　　秀……利祠、歙（饮）食、歌乐，临官立正相宜也。（甲 761）

3. 对啬夫的关注

　　我们注意到《日书》中在官府工作者的官职或地位，最高是前引的"上卿"（1 例），而其他都是"啬夫"（9 例）。此外只笼统地说"吏"（7 例）、"大吏"（1 例）。

　　"啬夫"见《秦除》建日条：

　　　　① 可以为啬夫。（甲 743）

《稷辰》正阳日条：

　　　　② 利为啬夫。（甲 763）

《稷辰》危阳日条：

　　　③ 以为啬夫，必三徙官。徙官自如，其后乃昌。免复事。
（甲765）

《稷辰》阴日条：

　　　④ 为啬夫，久。以毄（系），不免。（甲771）

①、②是就任啬夫的良日。④的意思是说，若此日就任，会做很长
时间啬夫，而且不免牢狱之灾。因此阴日是凶日。至于③，类似的
句子见《稷辰》秀日条：

　　　利徙官，免复事。（甲762）

此日是徙官的良日，而且是被免除复事的大好日子。"徙"在秦律
中是调整职位的意思，"徙官"也当是这个意思。"免复事"也可以
断句为"免，复事"。山田胜芳先生解释这一记载说，"事"虽也有工
作、职务、身份的意思，但用于徭役、劳役的例子很多；"复"的本义
是"让人回去"；因此"复事"是免除需要离家从事的徭役（兵
役）[34]。若按照山田先生的解释，③的意思就是：此日做官，虽然
调整三次职位，但每次只要泰然自若，后来情况会好转，也会被免
除徭役。

　　啬夫还有3例见于放马滩秦简《日书》建除：建日"可以啬夫"
（甲13），除日"可以治啬夫"（甲14），"可……小啬夫"（甲15）。只
凭这些例子，还难以探讨啬夫的实际情况。但《日书》对官制的关
心集中在啬夫上，这反映出基层社会权势阶层和国家的关系。

4. 生子和吏

　　除了啬夫外，《日书》对官制的关心，更多集中在"吏"这个词

上。前面已经指出,"吏"是在官署工作的官员。《汉书·百官公卿表》末尾说到官吏的总数:

> 吏员自佐史至丞相,十二万二百八十五人。

在汉代,上至丞相,下至佐史,官员都称为"吏(员)",而九卿至郡县的长吏称为吏二千石、吏六百石等,这些都是众所周知的事[35]。《日书》所见吏也如此,是官吏的一般名称,其中未必包含有高下贵贱的概念。

《日书》对做官之事非常关心。父母对孩子将来的期望,一定会敏感地反映出那个时代社会关心的方向。前引的《星》、《官》中,分别有三条占测孩子做官的占辞。《星》的占辞如下:

> 角:……生子,为【吏】。(甲 797/1)
> 营室:……生子,为大吏。(甲 809/1)
> 奎:……生子,为吏。(甲 811/1)

《官》的占辞也几乎相同。还有甲种《生子》也有类似的句子:

> 甲寅生子,必为吏。(甲 869/5)
> 癸丑生子,……必为吏。(甲 878/4)

5. 从吏的角度看为官之道

《吏》(甲 886/1～895/5)是按十二支每天的朝、晏、昼、日虒、夕等时刻,占测为官者谒见上司(或君主)时会发生的情况。《日书》中有用十二支表示一天时间的十二时名,还有其他一些零碎的时间名称。但朝、晏、昼、日虒、夕中,与《日书》所见纪时法相同者只有"夕",目前还不清楚朝、晏、昼、日虒与《日书》所见其他纪时是怎么对应的[36]。我们先来看《吏》原文:

　　子：朝见，有告、听。┃晏见，有告，不听。┃昼见，有美言。┃日虒见，令复见之。┃夕见，有美言。

　　丑：朝见，有奴（怒）。┃晏见，有美言。┃昼见，禺（遇）奴（怒）。┃日虒见，有告、听。┃夕见，有恶言。

　　寅：朝见，有奴（怒）。┃晏见，说（悦）。┃昼见，不得，复。┃日虒见，不言，得。┃夕见，有告、听。

　　卯：朝见，喜；请命，许。┃晏见，说（悦）。┃昼见，有告、听。┃日虒见，请命，许。┃夕见，有奴（怒）。

　　辰：朝见，有告、听。┃晏见，请命，许。┃昼见，请命，许。┃日虒见，有告，不听。┃夕见，请命，许。

　　巳：朝见，不说（悦）。┃晏见，有告、听。┃昼见，有告、不听。┃日虒见，有告，禺（遇）奴（怒）。┃夕见，有后言。

　　午：朝见，不诒。┃晏见，百事不成。┃昼见，有告、听。┃日虒见，造，许。┃夕见，说（悦）。

　　申：朝见，禺（遇）奴（怒）。┃晏见，得语。┃昼见，不说（悦）。┃日虒见，有后言。┃夕见，请命，许。

　　戌：朝见，有告、听。┃晏见，造，许。┃昼见，得语。┃日虒见，请命，许。┃夕见，有恶言。

　　亥：朝见，有后言。┃晏见，不诒。┃昼见，令复见之。┃日虒见，有恶言。┃夕见，令复见之。

　　这些词句都非常简洁，对此作出严密的解释相当困难。不用引《周易》为例为证，占辞可能本来就具有这样的特征吧。

　　虽然同为睡虎地秦简，《为吏之道》是从公的角度提出的"国家所期待的官吏形象"，而《吏》这一篇则反映出官吏一方真实的心态。从这个意义来说，《吏》具体描述了那些负责推进法治主义的官吏们的实际心态，实在是珍贵的资料。

结　　语

　　关于睡虎地秦简中有特色的用字倾向，如"殹"、"皋"等，以往学者也往往有所指出。但似乎还没有人将睡虎地秦简全文数据化，对睡虎地秦简各篇的用字倾向作出分析。本章尝试的数据化结果表明，法制资料的 A 群和《日书》的 B 群在用字上有明显不同的倾向。不仅如此，在 B 群的《日书》中，甲种和乙种间也有明显不同的倾向。就是说，睡虎地秦简中明显存在着双重用字倾向的差异。睡虎地秦简的字体的确都是秦隶，但这种明显的差异很有可能反映出抄写者的文化背景，从中也能看出秦占领地统治对南郡的影响。然而，我们虽然采用这一方法对秦简的文本进行分析，仍未能确定睡虎地秦简各篇抄写者的文化背景。墓主某喜是秦人还是楚人这一问题也还有待今后的研究。但还有一批《日书》出土于天水市放马滩，此地是在秦疆域形成的初期阶段被纳入秦国统治的地方。在研究睡虎地秦简《日书》的地域性时，放马滩这种地方出土的《日书》为我们提供了很好的比较资料。假如以建除为例作出比较，令人意外的是，除放马滩秦简有"黔首"这一秦语外，两种《日书》的占辞都很相似。这说明我们不能仅仅将睡虎地秦简《日书》占辞的内容与特定的地域（秦或楚中某一方）结合起来作出解释；反而暗示出，或许我们可以将睡虎地秦简《日书》理解为先秦社会的一般思想。

　　我们从这个角度去分析《日书》的词汇，试图复原吏民日常生活中的国家和社会的形象。可以说，第一章至第三章是利用秦律等法制史料探讨战国时代秦的统治体制，而本章的研究角度正好与此相反。《日书》所见国家和社会或许不一定直接反映现实。但在先秦社会人们的眼里，国家和社会是怎样的？我们这样设定问题时,《日书》为我们用先秦人的目光去看国家和社会提供了极其有效的手段。我们认为,只有经过这种方法论上的处理,我们才能开始着手研究下一个非常具体的问题:墓主喜一类地方官所接触的人们究竟是怎样在社会中生活的?

注

〔1〕秦简整理小组《天水放马滩秦简甲种〈日书〉释文》,收入甘肃省文物考古研究所编《秦汉简牍论文集》,甘肃人民出版社,1989 年。

〔2〕吴白匋《从出土秦简帛书看秦汉早期隶书》,《文物》1978 年第 2 期。

〔3〕关于秦简整理小组释文上的问题,承蒙东京大学副教授大西克也先生的指教。

〔4〕加藤常贤《漢字の起源(汉字的起源)》,二松学舍大学东洋学研究所别刊第一,角川书店,1970 年,424～425 页。

〔5〕吴树平《风俗通校释》,天津人民出版社,1980 年,419 页;王利器《风俗通义校注》下册,中华书局,1981 年,585 页。

〔6〕1989 年 10 月～12 月,湖北省云梦县城东郊的龙岗发现了 9 座墓葬,6 号墓的棺中出土了秦统一六国后的法制简(湖北省文物考古研究所等《云梦龙岗秦汉墓地第一次发掘简报》、刘信芳、梁柱《云梦龙岗秦简综述》,均见《江汉考古》1990 年第 3 期)。刘、梁两位先生认为,该批秦简有 17 例"罪"字,这证实了《说文》"秦以辠似皇字,改为罪"的说法。

〔7〕关于喜神,请参看本书第六章第三节第 3 部分的论述。

〔8〕从林剑鸣《秦简〈日书〉校补》(《简牍学报》第 13 期,1990 年)说,改"人"为"入"。

〔9〕睡虎地 4 号墓出土的两枚私信木牍有秦隶体书写的 527 字。从其内容来看,这些木牍是战国末期六国战争时期之物。这些木牍几乎都用"也"字(9 例)(由于照片不太清晰,有一部分无法辨认)。其释文见《云梦睡虎地秦墓》编写组《云梦睡虎地秦墓》,文物出版社,1981 年,25～26 页,照片见图版 167、168。

〔10〕请参看本书第四章第四节第 5 部分。

〔11〕甘肃省文物考古研究所、天水市北道区文化馆《甘肃天水放马滩战国秦汉墓群的发掘》,《文物》1989 年第 2 期。

〔12〕何双全《天水放马滩秦简综述》,《文物》1989 年第 2 期。附带说明,《墓主记》一名是何双全在发掘报告《甘肃天水放马滩战国秦汉墓群的发掘》中起的暂名。

〔13〕何双全《天水放马滩秦简甲种〈日书〉考述》,收入甘肃省文物考古研究所编《秦汉简牍论文集》,19 页。张修桂《天水〈放马滩地图〉的绘制年代》(《复旦学报〔社会科学版〕》1991 年第 1 期)也从何先生的释文,认为墓主是邽县人,但将"八年"解释为秦昭王八年(前 299)。

〔14〕李学勤《放马滩简中的志怪故事》(《文物》1990 年第 4 期)的释文如下:

> 卅八年八月己巳,邸丞赤敢谒御史:大梁人王里□□曰丹□:今七年,丹刺伤人垣雍里中,因自刺殹。弃之于市,三日,葬之垣雍南门外。三年,丹而复生。丹所以得复生者,吾犀武舍人,犀武论其舍人□命者,以丹未当死,因告司命史公孙强。因令白狗(?)穴屈出丹,立墓上三日,因与司命史公孙强北出赵氏,之北地柏丘之上。盈四年,乃闻犬吠鸡鸣而人食,其状类益、少麋、墨,四支不用。丹言曰:死者不欲多衣(?)。市人以白茅为富,其鬼受(?)于它而富。丹言:祠墓者毋敢殹。殹,鬼去敬走。已收腏而鏨之,如此□□□食□。丹言:祠者必谨骚除,毋以□洽祠所。毋以羹沃腏上,鬼弗食殹。

〔15〕见《战国策·西周策》、《史记·周本纪》等。

〔16〕藤田胜久《战国秦の領域形成と交通路(战国时代秦国的疆域形成与交通线)》,收入《出土文物による中国古代社会の地域的研究(利用出土文物研究中国古代社会地域)》,平成二、三年度科学研究费补助金一般研究(B)研究成果报告书,1992 年。

〔17〕关于其根据,本书第九章第二节作了论述。

〔18〕整理小组认为燧火是"失火"。在此从古贺登(《漢長安城と阡陌、県郷亭里制度〔汉长安城与阡陌、县乡亭里制度〕》,雄山阁,1980 年,489 页)

的解释。

〔19〕关于祖道,本书第六章专门进行讨论,其中也有对邦门和县门、乡门关系的考证。

〔20〕李学勤《睡虎地秦简〈日书〉与楚、秦社会》(《江汉考古》1985 年第 4 期)将"田野邑屋"释为"田宅",认为从中可以看到土地兼并的情况。

〔21〕以上解释参考福永光司《庄子外篇》(中),朝日出版社,1978 年,65～66 页。

〔22〕秦末陈胜、吴广起义时,他们二人说"王侯将相宁有种乎"(《史记·陈涉世家》),这里的"王侯",《汉书·陈胜传》作"侯王"。以往没有多少人注意到这一点,但王叔岷《史记斠证》第六册(《中央研究院历史语言研究所专刊》之七十八,1982 年,1801 页)云:"案:《汉书》、《长短经》注'王侯'并作'侯王'。"

〔23〕"侯王"见于《孝经内事》(收入安井香山、中村璋八编《重修纬书集成》卷五,明德出版社,1973 年)、《河图帝览嬉》、《河图表纪》、《洛书》(收入安井香山、中村璋八编《重修纬书集成》卷六,1978 年)等书中。

〔24〕《荀子·大略》有"中卿"一词,江头广先生说:"至少东周时代,卿大夫士都有上中下之分。"见《先秦官职资料》,研文出版,1985 年,18 页。

〔25〕江头广《先秦官职资料》,17 页。

〔26〕《战国策·秦策二》"甘茂亡秦且之齐"章及《史记·甘茂列传》。

〔27〕先秦社会的词汇中几乎找不到意为"去官府上班"的"入官",但见于《伪古文尚书·周官》、《越绝书·越绝请籴内传第六》等文献中。

〔28〕《疏勒河流域出土汉简》,中华书局,1984 年,59 页。简号也据此书。

〔29〕《居延汉简》考释之部,《中央研究院历史语言研究所专刊》之四十,1986 年,231 页。

〔30〕《大英図書館藏敦煌漢簡》,同朋舍,1990 年,96 页。

〔31〕山田胜芳先生将"反支"占辞解释为"反支是作为'卒'离开家去服徭役、兵役的人'回来'的意思"。但此占辞只说明反支的原理而已。他的解释是为了符合自己见解强为之说而产生的误解。《秦漢時代の復除(1)—秦の復除—(秦汉时代的复除〔1〕——秦的复除)》,《東北大学教

養部紀要》第 52 号,1989 年。

〔32〕罗振玉、王国维编《流沙坠简》考释·术数类,中华书局影印,1993 年,88～91 页。森鹿三《敦煌·居延出土の漢曆について(敦煌、居延出土的汉历)》,收入《東洋学研究 居延漢簡篇》,同朋舍,1975 年,155 页。

〔33〕"七","旧释"作"方"。

〔34〕山田胜芳《秦汉时代的复除(1)——秦的复除》。

〔35〕关于汉代官秩的最新研究,有福井重雅《漢代官吏登用制度の研究(汉代官吏任用制度研究)》,创文社,1988 年。

〔36〕饶宗颐先生认为日虒是《史记·贾生列传》所载《鸮鸟赋》"单阏之岁兮,四月孟夏,庚子日施兮,服集予舍"的"日施"。《索隐》对此作注云:"施音移。施犹西斜也。汉书作斜也。"《文选》卷 13 所收贾谊《鵩鸟赋》李奇注也云:"日西斜时也。"

第六章

先秦社会的行神信仰和禹

前　言

　　《春秋》记载的事情都是值得特别记录、不能忘记的"大事"。但这多半是国家之间的事情,我们难以从中窥见社会的日常生活。平凡的日常生活很难留在史料中,而且时代越早、社会阶层越低,就越看不清楚其具体生活。但近年来的日本史、欧洲史研究在社会史领域取得了显著的研究成果。然而他们的研究对象为中世。在中国古代史研究中,如果要对日常生活的各个方面展开分析,或者要深入所谓普通百姓的心性展开研究,我们只能利用时令、岁时记、画像石(砖)等材料作推测。但这些史料(资料)反映的大都是统治阶层的生活,留存至今的资料也大都是汉代以后的。从这个意义来说,近年来各地出土的占书虽然还有许多的局限,但仍为先秦社会日常生活的复原,提供了重要的资料。

　　本章题目中的"行神",指的是出行时祭祀的神。本章以这种行神信仰为素材,试图复原古人旅行的整个过程:古人旅行时,向行神祈求安全,出发时会选择怎样的时日?经过怎样的仪节从城门出发?回来时会选择怎样的时日?又经过怎样的仪节通过城门回家？此外，还试图通过行神信仰阐明先秦社会日常生活的某些侧面，并分析出时日这一构成习俗之基本因素的结构。

第一节　汉代的行神和祖道

1. 行神的名称

对古人而言，旅行是极其困难并充满危险的事，肯定远远超乎我们的想像。不用说路上会遇到盗贼，还有"山林川泽里的毒恶生物以及种种鬼神妖魔"[1]也是恐怖的对象。详述各种奇异民族和各类妖魔的《山海经》，或许就是为了防备这些妖魔鬼怪而制作的特殊的旅行指南（实用地理书）[2]。在这样困难的旅行中，保护行人（旅行者）不受妖魔鬼怪侵害的神是"行神"，也称为道神、祖神、道祖等。看甲骨金文"行"的字形，就能很清楚地看出"行"字"象四达之衢"，是十字路的象形字（图一）[3]。"行"是两条路相交的地方，也是巷神所在。在民俗学、人类学中，这种空间叫"境界"[4]。

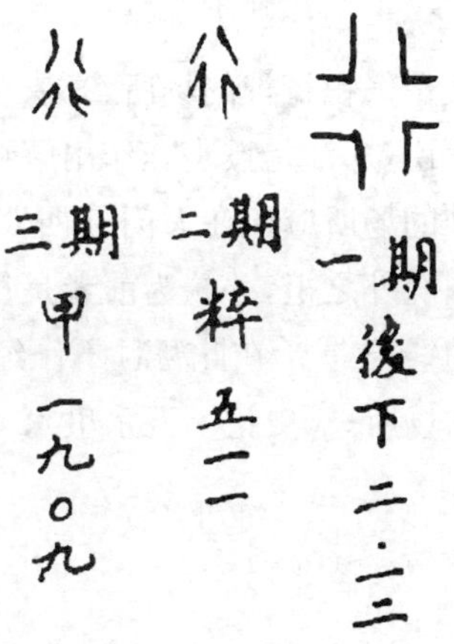

先秦社会的行神名称在文献中没有流传下来。但汉代的行神有记载。《风俗通·祀典》的"祖"条云：

> 谨按：《礼传》："共工之子曰脩，好远游，舟车所至，足迹所达，靡不穷览，故祀以为祖

图一　甲骨文"行"字
（引自徐中舒主编《甲骨文字典》）

神。"祖者,徂也。[5]

《宋书·律历志中》所引崔寔《四民月令》云:

> 祖者,道神。黄帝之子曰累祖,好远游,死道路,故祀以为道神。[6]

共工之子脩和黄帝之子累祖的名字流传到了后代。两者内容虽很相似,但其关系不明。记载这些行神名称的文献,都是东汉时代的[7]。

2. 祖道的场所

汉代,出行时祭祀行神,设宴送别,称为祖道[8]。《仪礼·聘礼》的经文提到,出行者祈求旅行中的平安,在行神之位供奉币物。对此礼节有如下描述:

> 又释币于行。

关于祭祀行神的场所,郑玄注说在庙门外西方。池田末利先生批评说,郑注是按丧礼作出解释,故而导致误解,并认为"一般祭祀行神的场所应该在大门外西"[9]。孙诒让区别出宫内庙门外之行和国门外之祖,并认为前者是每年一次举行的恒祭,后者是临时举行的祭祀[10]。在此暂且不作经学上的讨论,先来看看汉代举行祖道的场所。《史记·五宗世家》所记临江闵王荣的传云:

> (景帝中)三年[11],坐侵庙壖垣为宫,上征荣。荣行,祖于江陵北门。

《史记·滑稽列传》的褚少孙补文有武帝时代东郭先生的故事,云:

> 及其拜为二千石,佩青绶出宫门,行谢主人。故所以同官

待诏者等，比祖道于都门外，荣华道路，立名当世。

《汉书·疏广传》说疏广向宣帝乞骸骨回故乡时云：

> 公卿、大夫、故人、邑子设祖道，供张东都门外，送者车数
> 百两，辞决而去。

《汉书·西域传上》"鄯善国"条说在汉作人质的楼兰国王子尉屠耆
要回国，云：

> 乃立尉屠耆为王，更名其国为鄯善，为刻印章，赐宫女为
> 夫人，备车骑辎重，丞相、将军[12]率百官送至横门外，祖而
> 遣之。

《汉书·王莽传下》"地皇三年"条云：

> 四月，遣太师王匡、更始将军廉丹东，祖都门外，天大雨，
> 霑衣止。

从这些例子可知，汉代举行祖道的地方每次都不同。《滑稽列传》
褚少孙补文所见都门是长安城东面最北的宣平门[13]。因为东郭
先生是齐人，所以回国时的祖道在宣平门外举行。《疏广传》所见
东都门是长安城东郭门[14]，即宣平门的外郭门[15]。因为疏广是东
海郡出身，所以在离山东近的此门门外举行祖道。《西域传》所见
横门是长安城北面最西的门[16]，尉屠耆要回西域的祖国，所以在
北面最西的横门门外举行祖道。这些例子都是在长安城门外举行
的祖道。据此推测，临江闵王荣的祖道之所以在江陵北门举行，也
是因为北门离目的地长安最近的缘故吧。

3. 祖道的予祝仪礼和较坛

祖道时，设坛向行神祈求旅行中的安全。这又称为祖礼。《后

汉书·马成列传》云：

> 建武四年，拜扬武将军，督诛虏将军刘隆、振威将军宋登、射声校尉王赏，发会稽、丹阳、九江、六安四郡兵击李宪。时（光武）帝幸寿春，设坛场，祖礼遣之。

《后汉书·吴祐列传》云：

> 后举孝廉，将行，郡中为祖道，祐越坛，共小史雍丘黄真欢语移时，与结友而别。

陈留郡吴祐被推举孝廉时，郡中的人举行祖道送他，此时他曾有"越坛"之举。关于此坛，李贤注云：

> 祖道之礼，封土为軷坛也。

就是说，此坛是祭祀行神的坛即軷坛。关于軷坛的形状和軷坛上举行的仪式，《说文》十四上《车部》軷字的说解云：

> 出将有事于道，必先告其神，立坛四通，尌茅以依神为軷。既祭犯軷，轢于牲而行为范軷。从车犮声。《诗》曰："取羝以軷。"

此文说，祭祀行神时，在十字路口设坛，坛上立茅，将其作为行神降临的神主。这一祭祀叫軷。軷结束后，轢牲牲而出行。这叫范軷。此文最后还引用《诗·大雅·生民》，介绍了用羝作为牲牲的例子。

时代比《说文》稍晚的《周礼·夏官·大驭》郑玄注对軷作了更详细的注释：

> 行山曰軷。犯之者，封土为山象，以菩刍、棘柏为神主，既祭之，以车轢之而去，喻无险难也[17]。……杜子春云："……谓祖道轢軷磔犬也。"《诗》云："载谋载惟，取萧祭脂，取羝以

软。"诗家说曰："将出祖道犯软之祭也。"《聘礼》曰："乃舍软，饮酒于其侧。"礼家说亦谓道祭。

此注由几个部分构成。① 郑玄认为，软本来的意思是行山，因此行人堆土作坛，模仿山的形状，将菩、刍、棘、柏等草木当作神主立在坛上，向降临的行神祈求旅途的安全，然后用车轹其坛而去。这比喻的是旅行中没有艰难。② 杜子春说软是祖道时用车轹软坛、磔犬的意思。③ 诗家对软的解释与郑玄注一样，但根据《诗·大雅·生民》认为牺牲是羝。④ 礼家所依据《仪礼·聘礼》之"记"的全文如下：

> 出祖。释软，祭酒、脯，乃饮酒于其侧。

据此可知，软是出行时堆土作坛，用酒、脯祭祀，在其旁边饮酒。

依据对软解释的不同，行神祭祀的内容也有所不同。下面考察祭祀中成为主要因素的坛。《礼记·月令》孟冬之月有"其祀行，祭先肾"，郑玄注云：

> 行在庙门外之西。为软壤，厚二寸，广五尺，轮四尺。祀行之礼，北面设主于软上，乃制肾及脾为俎，奠于主南。又设盛于俎东。祭肉肾一、脾再，其他皆如祀门之礼。

这是针对作为五祀之一每年举行的行神祭祀之坛所作的注。郑玄认为祭祀的地方在庙门外之西，这一点已在前面论述过，在此不再赘言。关于软壤即软坛，说是东西五尺，南北四尺，厚二寸的梯形，其"厚二寸"当是二尺之误[18]。坛上北边设神主，《说文》说用茅作神主，而《周礼·夏官·大驭》郑玄注说用菩、刍、棘、柏[19]。神主的南边供祭肉肾和脾。根据"制肾及脾为俎"，将肾和脾放在俎（祭器）上。根据"又设盛于俎东"，将黍、稷等盛物放在俎东边。根据以上的考察，软坛的形状可

图二　軷坛的形状

如图二所示。

有关行神祭祀的这些经文及其注文,根据五行说将五祀和五脏相配的色彩很浓厚,因此我们确实有必要怀疑,这些记载究竟有多少保留了真正的祭礼。对于《仪礼·聘礼》之"经""释币于行",郑玄注云:

今时民春秋祭祀有行神,古之遗礼乎。

据此可见,郑玄是根据当时普通人的习俗作注。东汉吴祐在祖道时越坛的行为,也当与"轹于牲而行"、"以车轹之而去"等仪礼密切相关。另外,上引临江闵王荣传的《史记索隐》云:

按:今祭礼,以軷壤土为坛于道,则用黄羝或用狗,以其血釁左轮也。

司马贞告诉我们,唐代有在左轮上涂黄羝或狗血的习俗。对左轮行釁礼,或许是祭肉曾置于坛的南边的遗制吧。

第二节　《日书》中的行神和祖道

1. 行祠和軷坛

那么,《日书》中所见先秦社会的行神祭祀又如何呢? 题为《行祠》的占辞(乙 1039)云:

行祠:祠常行,甲辰、甲申、庚申、壬辰、壬申,吉。●毋以丙、丁、戊、壬□[20]▨

这儿有"常行"这一词汇,可见当时已经存在定期的祭祀系统。这种行神祭祀叫"行祠",行祠日有吉日和凶日。甲辰(41)、甲申(21)、庚申(57)、壬辰(29)、壬申(9)是吉日,而丙、丁、戊、壬□是凶日;吉日用干支表示,而凶日用十干表示。但前者的干支看不出存在一定的规律。此外还有同类的占辞:

> ▎祠行日:甲申、丙申、戊▎申、壬申、乙亥,吉。龙,戊、己。(乙932/2～933/2)

或许这两者出于同一源流。还有:

> 祠行良日:庚申是天昌,不出三岁必有大得。(甲808/2)

据此可知,祭祀行神的良日中,庚申是最好的日子,庚申也见于上引《行祠》。此日称为天昌,若此日出行,三年内必定有大得。《越绝书·越绝外传枕中》有范蠡之言,云:

> 故天倡而见符,地应而见瑞。

参考这一句,或许天昌与天降的符瑞有关联。

那么,选择良日后在哪儿行祠? 甲种《直室门》(843～855)有附图(图三),这表示的究竟是都城、县城、乡城中哪一种,不太明确。图下的占辞,按顺时针旋转,以城南最东的寡门为起点,依次说明面向各城门的居民分别有怎样的祸福[21]。若一一对照,我们发现图上的"北门"在占辞中作"大门",占辞云:

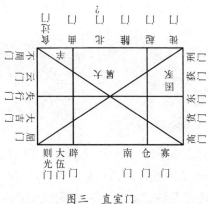

图三　直室门

　　　　大门：利为邦门，贱人弗敢居。（甲855/2）

但"新释"将"大"释作"北"，改为"北门"。据原简照片，此字的右半
不太清晰，两种解释都可以成立。但即使是北门，既然那儿可以
"为邦门"，那么当时的人将此门看作特别的门，是毋庸置疑的。若
此图表示的是都城，此门就是国门。按照上引孙诒让的解释，国门
是天子每次到出行城外时，举行行神祭祀的场所。我们再来看
南门：

　　　　南门：将军门，贱人弗敢居。（甲845/2）

南门似乎未被看作邦门。但东门也被视作邦门：

　　　　东门：是胃（谓）邦君门，贱人弗敢居，居之凶。（甲848/3）

据此可见，在《直室门》中，北门和东门被视为邦门。这似乎与以南
门为大门（国门）的儒家传统观念不同，或许这是楚之地域性的反
映吧[22]。

　　无论行祠在哪个门的门外举行，其具体场所都在道路的左右：

　　　　凡行祠常行道右左☐（乙1038）

为什么要在道路的左右行祠？其理由见乙种《行行祠》（1040～
1041）：

　　　　行祠：东行南〈东、南行〉，祠道左；西、北行，祠道右。其
　　　　谒（号）曰："大常行，合三土皇，耐（而）为四席。席叕（餟），其
　　　　后亦席三叕（餟）。"其祝曰："毋（无）王事，唯福是司，勉歓（饮）
　　　　食，多投福。"

如果旅行的方向是东、南方向，在道路的左边行祠；如果是西、北方
向，在道路的右边行祠。针对行神的祝辞分为前后两个部分，但其
内容费解。整理小组将"叕"读为"餟"。"餟"见《史记·孝武本纪》

"元封元年"条。武帝建造祭祀泰一的祠坛时，对其祭礼叙述如下：

> 坛三垓。五帝坛环居其下，各如其方，黄帝西南，除八通
> 鬼道。泰一所用，如雍一畤物，而加醴枣脯之属，杀一牦牛以
> 为俎豆牢具。而五帝独有俎豆醴进。其下四方地，为馂食群
> 神从者及北斗云。

就是说，中间做一个祭祀泰一神的三层坛，在其周围设置五帝坛，
五帝坛分别设在各自不同的方向。给泰一神的供品与雍的一畤相
同，但还要加上醴、枣、脯，再杀一头牦牛，作为盛俎豆的供品。对
五帝只供俎豆、醴。进而在其下四方地"为馂"，对群神从者和北斗
神也献上供物。此"馂"，《封禅书》作"酳"，《汉书·郊祀志上》作
"腏"。关于字义，《史记·孝武本纪》的《索隐》云：

> 谓联续而祭之。

《郊祀志》颜师古注也从之。泷川龟太郎《史记会注考证》引用清王
肇钊的解释云：

> 《说文》："馂，祭酹也。"《字林》："馂，以酒沃地祭也。"馂字
> 本为祭酹义。馂食者，盖以群神从者其位尚卑，不必设坛，且
> 莫可主名，故但于四方之地酹酒祭之，以申其敬诚耳。[23]

泷川赞同王肇钊的看法，但认为应该在"为馂"下断句。《史记正
义》引用刘伯庄《史记音义》云：

> 谓绕坛设诸神祭座相连缀也。

参考这些注文，我们得知，《行行祠》"合三土皇，而为四席"的意思
是在坛的四方分别设祭座，而"席馂"是各祭座向地上洒酒祭祀行
神的意思。《日书》中没有直接提到軷坛的记载。但若以上的解释
能成立，可以说有关行祠的占辞是以軷坛的存在为前提的。

2. 行旅的名称

虽说统称为行旅,但按照距离和期间有各种名称。

① 远行(后文大行[24]也包括在内)

　　a　┃己酉从远行入,有三喜。(甲 863/2)

　　b　正月乙丑,●[25]二月丙寅,●三月甲子,●四月乙丑,●五月丙寅,●六月甲子,●七月乙丑,●八月丙寅,●九月甲子,●十月乙丑,●十一月丙寅,●十二月甲子,以以(其中一个"以"为衍文)行,从远行归,是谓出亡归死之日也。(甲 787 反～786 反)

　　c　毕外阴之日,利以小然〈祭〉,吉。生子年。不可远行,远行不仮(返)。(乙 917/1)

　　d　行者:远行者毋以壬戌、癸亥到室。以出,兇。(乙 1035)

② 久行

　　久行,毋以庚午入室。(甲 801 反/2、甲 769 反、乙 938/2)

③ 长行

　　长行,毋以戌、亥远去室。(甲 769 反、乙 938/3)

④ 急行

　　行日:庚☒(乙 1033)

　　节(即)有急行,以此(即"庚☒"以下日)行,吉。(乙 1034)

① a 在后面讨论纳音的时候再作详述。b 是所谓归忌日。据此占辞可知,四时的孟月乙丑、仲月丙寅、季月甲子不能出行、归家,这些日期叫"出亡归死之日",这一点饶宗颐先生也已经指

出[26]，此忌日就是《后汉书·郭躬列传》所见归忌：

> 桓帝时，汝南有陈伯敬者，行必矩步，坐必端膝，……行路
> 闻凶，便解驾留止，还触归忌，则寄宿乡亭。

李贤注引《阴阳书历法》云：

> 归忌日，四孟在丑，四仲在寅，四季在子，其日不可远行归
> 家及徒也。

归忌日作为历注之一也传到古代日本[27]。c是无占题建除的破日
占辞。其他都是零碎的占辞，无法说明各日的吉凶是按照怎样的
占法原理确定的。不管怎样，远行（大行）、久行、长行、急行等都是
时间、空间上层次不同的名词，这些旅行分别有其固定的吉日和凶
日。即便在凶日，也还是冒险出行叫"急行"，④之"行日"虽然由于
竹简断损，其详细内容不明，但这似乎指的是为这种急迫的旅行临
时特设的日期。整理①～④各种旅行的时间、空间概念，可如表一
所示。

表一　各种旅行的时间、空间概念

久 行	时间概念	结果为"久"（回来时的结果）
长 行	时间、空间概念	预定为"长"（出行时的预测）
远行、大行	空间概念	既是结果、又是预测

此外，《日书》还有两条船行的禁忌日：

> 丁卯不可以船行。（甲 799 反/2、乙 939/2）
> 六壬（按指壬申、壬午、壬辰、壬寅、壬子、壬戌）不可以
> 船行。（甲 798 反/2、乙 939/3）

后者占辞也许与六壬卜有关[28]。

3. 祖道与禁忌

那么,出行时,要举行怎样的祖道仪式呢? 甲种《行》(856～859)有如下一系列占辞:

> 行:a 凡且有大行、远行,若歙(饮)食,歌乐,聚畜生及夫妻同衣,毋以正月上旬午,二月上旬亥,三月上旬申,四月上旬丑,五月上旬戌,六月上旬卯,七月上旬子,八月上旬巳,九月上旬寅,十月上旬未,十一月上旬辰,十二月上旬酉。
>
> b ●凡是日赤帝(帝)恒以开临下民而降其英(殃),不可具为百事,皆毋(无)所利。节(即)有为也,其央(殃)不出岁中,小大必至。有为而禺(遇)雨,命曰央(殃)盖至,不出三月,必有死亡志,志至。
>
> c ●凡是有为也,必先计月中间日,句(苟)毋(无)直赤帝(帝)临日,它日虽有不吉之名,毋(无)所大害。
>
> d ●凡民将行,出其门,毋(无)敢额(顾),毋止,直述(术)吉。从道右吉,从左咎。少(小)额(顾)是胃(谓)少(小)楮,咎;大额(顾)是胃(谓)大楮,兇。

《行》由四条占辞构成。我们从 a 可以看出大行、远行时举行的各种祖道习俗。

"饮食,歌乐"指的是在送别的宴席上进行的仪式。出行时,按照旅行目的地的方向,在城门外道路的左右之一方设置钺坛,饮食、歌乐当在设置钺坛的场所进行。"聚畜生",当与钺坛上举行的供牲、釁礼有关。"夫妻同衣",指"交换衬衣"。在此介绍一个古代日本的例子。中臣朝臣宅守被流放到越前国时,他妻子给了他自己的衬衣。对此,根岸谦之助先生解释说:"一旦穿上的东西,即便

离开身体,其接触还会留存,不会消失。因此对方女子的衬衣就是
其肉体的一部分,穿其衬衣等于直接接触到该女子的皮肤。可能
我们的祖先相信,对方女子肉体的生命会通过衬衣传达到男子的
肉体。"并认为这就是弗雷泽(Frazer,J. G.)所谓的触染(接触)巫
术(contagious magic)[29]。《行》a占辞中的"夫妻同衣"正是如此。
但 a 占辞说的是,祖道时必须回避这些习俗性行为的特定忌日。
这些忌日是建除的定日和成日(表二),《协纪辨方书》卷六《义例
四》称其为"临日"。由于《行》的发现,其源流可以追溯到先秦时
代了。

表二　《行》的建除表(旅行忌日)

	建	除	满	平	定	执	破	危	成	收	开	闭
正　月	寅	卯	辰	巳	午	未	申	酉	戌	亥	子	丑
二　月	卯	辰	巳	午	未	申	酉	戌	亥	子	丑	寅
三　月	辰	巳	午	未	申	酉	戌	亥	子	丑	寅	卯
四　月	巳	午	未	申	酉	戌	亥	子	丑	寅	卯	辰
五　月	午	未	申	酉	戌	亥	子	丑	寅	卯	辰	巳
六　月	未	申	酉	戌	亥	子	丑	寅	卯	辰	巳	午
七　月	申	酉	戌	亥	子	丑	寅	卯	辰	巳	午	未
八　月	酉	戌	亥	子	丑	寅	卯	辰	巳	午	未	申
九　月	戌	亥	子	丑	寅	卯	辰	巳	午	未	申	酉
十　月	亥	子	丑	寅	卯	辰	巳	午	未	申	酉	戌
十一月	子	丑	寅	卯	辰	巳	午	未	申	酉	戌	亥
十二月	丑	寅	卯	辰	巳	午	未	申	酉	戌	亥	子

　　b、c占辞说,这些日期是赤帝开临下民降下灾殃的日子,如果
有人确定了去旅行,要事先确认哪一天是"赤帝临日",避免在"赤

帝临日"出行。

d讲的是出行时的仪礼、禁忌。我们先看"术"。《说文》二下《行部》云：

> 术，邑中道也。从行术声。

可见，"术"是从行术声的字。根据白川静先生研究，"行"是十字路，"术"是对道施加的巫术；道之所以叫术，是因为在那儿举行祈求旅途安全的巫术，以清除道路的缘故[30]。参考这一解释，"术"与其说是"邑中道"，不如说是从邑中（不管城邑规模的大小）通往外界的道路[31]。因此，"出其门"的意思是"如果在城邑门外举行祖道后出行的话"。

出行的人不能惜别反顾，要不停地走路，必须"直术"。"直术"当是向道路前方行走的意思。走路必须右行。《礼记·内则》也云：

> 道路，男子由右，妇人由左。

但甲种（882反～873反）有关于相宅的一系列占辞，其中一条占辞云：

> ▎入里门之右，不吉。（876反/6）

因此，旅行回来进城门的时候，反而必须左行。

出行之际，禁忌惜别反顾。这令人想起战国末年荆轲的故事。《战国策·燕策三》"燕太子丹质于秦"章叙述了当时的情形：

> 太子及宾客知其事者，皆白衣冠以送之。至易水上，既祖取道。高渐离击筑，荆轲和而歌，为变徵之声，……于是荆轲遂就车而去，终已不顾。[32]

荆轲"既祖取道"、"终已不顾"绝不是修辞，这意味着荆轲是遵守祖道时的反顾禁忌走的。整理小组认为楮通为伫，意为"站立"。因此，小楮是止步稍稍反顾的意思，而大楮是停下脚步大大回头的意思；犯大楮是凶，而犯小楮是吝。吝是《周易》占断的常用词。《说文》二下《口部》吝字云：

> 恨惜也。从口文声。《易》曰：以往吝。

其中引用了蒙卦初六的爻辞。但《说文》二下《辵部》遴字也云：

> 行难也。从辵粦声。《易》曰：以往遴。

这里引用的是同一条爻辞，"吝"却作"遴"。对此段玉裁无法解释，说"未可知也"。陈永正主编《中国方术大辞典》认为吝是遴的通假字，《周易》中的吝字意为难以做到、遭遇困难[33]。但从《说文》的解说"行难也"和引文"《易》曰：以往遴"的对应关系来看，应该将《说文》"行难也。从辵粦声。《易》曰：以往遴"解读为：

> 意为出行有困难。从辵粦声。《易》曰："如果外出的话，遴。"[34]

许慎不是用"难以做到"的意思来解释遴字。正因为吝和遴是通假关系，许慎才对两个字的说解引用同一条爻辞；吝、遴本是出行时惜别反顾的意思，这样旅途前方就会有困难出现，这就是"以往遴"的正确意思。可见，许慎的时代还正确地保留着先秦以来的字义。但目前还无法阐明，这是《日书》的占辞受到《周易》爻辞的影响，还是反过来祖道仪礼的词汇混入了爻辞。

4. 禹步

经过这些仪式，旅行者开始出行。不过作为祖道的一个环节，

《日书》还记载着不见于文献史料的引人注目的仪式。

> 行到邦门困（闑），禹步三，勉壹步，謼（呼）："皋，敢告。"
> 曰："某行毋咎，先为禹除道。"即五画地，掫其画中央土而怀
> 之。（甲 785 反～784 反）

整理小组读"困"为"闑"，认为是"直竖于门中的门限"。但更精确
地说，闑是在放在中间挡住两扇门扉的门档子[35]。根据上引《直
室门》，北门和东门被视为邦门。那么此条邦门指的可能也是北门
或东门。因此"行到邦门闑"是（从家出发）到达邦门的意思。"禹
步三"以下是在邦门外举行的祖道仪式，我们应该注意到这儿禹作
为行神出现。这是先秦社会行神名称的最早史料，也是将禹作为
行神的最早记录。

　　禹步是巫者的巫术步行法，后来为道教所承袭，成为道士的步
罡踏斗。简单地说，这是召唤神灵使之发挥作用的 magical
step[36]。关于道教形成以前禹步的主要史料[37]，据说战国时代尸
佼所撰的《尸子·君治》中有：

> 禹于是疏河决江，十年未阚其家。手不爪，胫不毛，生偏
> 枯之疾，步不相过。人曰禹步。[38]

西汉末扬雄《法言·重黎》云：

> 昔者姒氏治水土，而巫步多禹。

晋李轨注云：

> 姒氏，禹也。治水土，涉山川，病足，故行跛也。禹自
> 圣人，是以鬼神、猛兽、蜂虿、蛇虺莫之螫耳，而俗巫多效
> 禹步。

根据这些记载，禹步来自于禹为治水，跋涉山川，患上腿疾，瘸着腿

走路的传说。巫者的禹步是圣人跛行的模仿。但既然我们从《日书》发现禹是先秦社会的行神，那么我们应该修改这一解释，而理解为：行人同情禹的辛劳，仿效他的步法，以祈求禹在旅途中保佑他们，禹步就是来自这样一种予祝仪式。这大致属于弗雷泽所谓的模仿巫术（imitative magic）。禹是先秦社会的行神，我们只有了解这一事实，才能说明禹步的起源。

具体记载禹步方法的最早史料是晋葛洪《抱朴子内篇·仙药》：

> 禹步法：前举左，右过左，左就右。次举右，左过右，右就左。次举左[39]，右过左，左就右。如此三步，当满二丈一尺[40]，后有九迹[41]。

还有《抱朴子内篇·登涉》：

> 又禹步法：正立，右足在前，左足在后，次复前【左足，次前】[42]右足，以左足从右足并，是一步也。次复前右足，次前左足，以右足从左足并，是二步也。次复前【左足，次前】[43]右足，以左足从右足并，是三步也。如此，禹步之道毕矣。凡作天下百术，皆宜知禹步，不独此事也。

图四是对两篇步行法的图解[44]。两者的步法有所不同。但每走三步齐腿，要重复三次，这一点是一样的。我们利用《抱朴子内篇》的禹步法来解释《日书》的禹步似乎没有太大的问题。因此《日书》"禹步三"指的是像《抱朴子内篇》（两篇的哪一篇暂且不谈）那样，将以三步为一个单位的步行重复三次（即《登涉》篇所谓一步、二步、三步）；"勉壹步"是"每走三步"的意思。

1) 仙药篇

2) 登涉篇

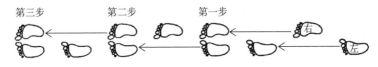

图四　《抱朴子内篇》所见禹步法

《日书》还记载一边走禹步一边举行的咒禁：

> 譔：“皋，敢告。”曰：“某行毋咎，先为禹除道。”

首先大声呼喊“皋，敢告”，然后说“祈求我的旅行没有灾祸，出行前
为禹王除道”。除道是清除道路的仪式[45]。作完这些咒禁后，“即
五画地，掫其画中央土而怀之”。关于五画地，下一章再作探讨。
不管怎样，先秦社会的旅行者在举行了这些仪礼后开始出行。

第三节　出行之吉凶时日及其结构

1. 出行日和纳音

　　我们进一步探讨旅行吉、凶日的时日结构。将出行的日子和
方位相配表示吉凶的例子，乙种有如下占辞(1037)：

> 行忌：凡行者毋犯其大忌。西 □□□ 已，北毋以
> □□□□戊、寅，南毋以辰、申。●行龙戊、己，行忌。

文中有脱文、错写,我们先作补订。根据方位和十二辰的排列顺序,前者脱文可以补"毋以未",后者可以补"丑亥东毋以"[46],全文可以复原如下:

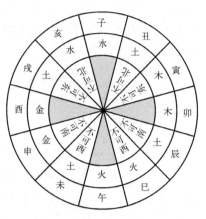

图五　《行忌》的结构

行忌:凡行者毋犯其大忌。西【毋以未、】巳,北毋以【丑、亥,东毋以】戌〈戍〉、寅,南毋以辰、申。●行龙戊、己,行忌。

将这些与五行相配,可如图五所示。但目前尚不明白根据的是什么占法原理。

甲种《禹须臾》是配合出行吉日和时刻的占辞。《禹须臾》有两种,一种是用干支表示吉日的,另一种是用十干表示吉日的。在此暂称前者为干支《禹须臾》(甲799反/1~795反),后者为十干《禹须臾》(甲864)。前者的内容是:

禹须臾●辛亥、辛巳、甲子、乙丑、乙未、壬申、壬寅、癸卯、庚戌、庚辰,莫市以行有九喜。

癸亥、癸巳、丙子、丙午、丁丑、丁未、乙酉、乙卯、甲寅、甲申、壬戌、壬辰,日中以行有五喜。

己亥、己巳、癸丑、癸未、庚申、庚寅、辛酉、辛卯、戊戌、戊辰、壬午,市日以行有七喜。

丙寅、丙申、丁酉、丁卯、甲戌、甲辰、乙亥、乙巳、戊午、己丑、己未,莫食以行有三喜。

戊甲、戊寅、己酉、己卯、丙戌、丙辰、丁亥、丁巳、庚子、庚午、辛丑、辛未,旦以行有二喜。

这是一个时间表,将六十干支分为五群,再配合各群的吉日、良刻,以表示旅行的吉日、良刻。各群的内部结构都相同。十干《禹须臾》的内容是:

> 禹须臾:戊己丙丁庚辛旦行,有二喜。甲乙壬癸丙丁日中行,有五喜。庚辛戊己壬癸铺时行,有七喜。壬癸庚辛甲乙夕行,有九喜。

虽然时刻名称有所不同,但内容大致相同。

表示旅行的吉日、良刻的占题称为《禹须臾》。"须臾"是汉代也存在过的方术。《后汉书·方术列传上》的序云:

> 其流又有风角、遁甲、七政、元气、六日七分、逢占、日者、挺专、须臾、孤虚之术,及望云省气,推处祥妖,时亦有以效于事也。

李贤注对其占法云:

> 须臾,阴阳吉凶立成之法也。今书《七志》有《武王须臾》一卷。

其中的《武王须臾》一卷,《隋书·经籍志三》、《旧唐书·经籍志下》、《新唐书·艺文志三》等著录为"《武王须臾》二卷"。据此可知,虽然卷数不同,但此书流传到了唐代。因此李贤注是确认了其内容后才这么说的吧。

但饶宗颐先生指出,《日书·禹须臾》的占法即纳音五行说所自出[47]。众所周知,纳音是根据音律理论将六十干支与五音相配的产物,其基本理论如下所示:将一个八度音分为十二个半音,称其为十二律。虽然典籍中的记载有所不同,但十二律各律名称从低到高依次为:黄钟、大吕、太簇、夹钟、姑洗、仲吕、蕤宾、林钟、夷则、南吕、无射、应钟。十二律用竹管来确定[48],确定其长度的计算法叫做三分损益法。音高的确定过程如下所示:先以长九寸的竹管的音为基音，叫做黄钟。然后，将竹管的长度"损"（去掉）三分之一，就得到比黄钟高5度的音，叫做林钟。再然后将林钟的竹管长度"益"（增加）三分之一，就得到比林钟低4度的音，叫太簇。下面反复同样的操作，就得到十二律。其形成的顺序为：黄钟、林钟、太簇、南吕、姑洗、应钟、蕤宾、大吕、夷则、夹钟、无射、仲吕（参见图六）。这样确定下来的十二律相当于西洋音乐的音程。而宫、商、角、徵、羽的五种音阶叫做五音，这大致相当于西洋音乐的do、re、mi、so、la。此五音为一组，依据基音宫"do"和哪一律相配，可以产生出多种旋律，理论上有十二律×五音＝六十音。其中黄钟和宫的搭配叫正音（标准音），在这种场合，商与太簇相配，角与姑洗相配，徵与林钟相配，羽与南吕相配。

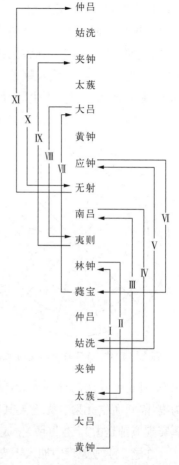

图六　依据三分损益法的十二律形成过程（内藤戊辰先生所作）

　　将六十音按照五运（五行的运行）纳入六十干支，其方法如下所示：气是从东开始向右旋转，音是从西开始向左旋转。就是说，五音和季节的巡回正好相反，从金开始，向左旋转，先传到火，再由火到木、由木到水、由水到土。因此，纳音原理依据的是五行相生说。

这里再次回到十二律的生成,将黄钟律长损去三分之一得到林钟,这叫做"下生",将林钟的律长增益三分之二得到太簇,这叫做"上生"。"下生"为隔八顺进、"上生"为隔六逆进(参见图六),这称为"顺八逆六"。将"下生"所得称为"阳律","上生"所得称为"阴吕",将"阳律"、"阴吕"和十二支相配属,则如图七所示。将六十音与六十干支组合起来的方法,可以用一个比喻加以说明,即阳律娶其次的阴吕为妻,进而向右回旋,隔八而生子。如图七所示:黄钟娶其次的大吕为妻,隔八而生夷则。夷则娶其次的南吕为妻,隔八而生姑洗。姑洗娶其次的仲吕为妻,隔八而生黄钟。由黄钟到仲吕是由"下生"(阳)生成的。接下来由蕤宾出发,蕤宾娶其次的林钟为妻,隔八而生太簇。太簇娶其次的夹钟为妻,隔八而生无射。无射娶其次的应钟为妻,隔八而生蕤宾。由蕤宾到应钟是由"上生"(阴)生成的。

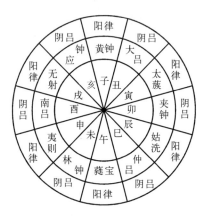

图七　阳律、阴吕与十二支的配属

在这一生成原理中加入干支,则如下所示:因为音的五行运行始于金行,因此六十干支中最先的甲子和金相配。依据五音的五行配属(表三),与金相配的音阶为商,如十二律和十二支相配(图七),则黄钟相当于子。因此,依据这些组合,与甲子相配的五音就是黄钟商。甲子娶其次

表三　五音的五行配属

五行	土	金	木	火	水
五音	宫	商	角	徵	羽

的乙丑(大吕商)为妻,隔八而生壬申。壬申的五音配属为夷则商,壬申娶其次的癸酉(南吕商)为妻,隔八而生庚辰(姑洗商)。庚辰娶其次的辛巳(仲吕商)为妻,隔八而生戊子。由戊子(大吕徵)开始移向火行。以下,同样按照五运按木行→水行的顺序移动,到了最后是土行的丙辰(姑洗宫)娶其次的丁巳(仲吕宫)为妻,六十干支前半部分的组合就结束了(表四 a)。

表四 a　依据"下生"(阳)之所得纳音表

	夫	妻	子
1	甲子·金 黄钟商	乙丑·金 大吕商	壬申·金 夷则商
2	壬申	癸酉·金 南吕商	庚辰·金 姑洗商
3	庚辰	辛巳·金 仲吕商	戊子·火 黄钟徵
4	戊子	己丑·火 大吕徵	丙申·火 夷则徵
5	丙申	丁酉·火 南吕徵	甲辰·火 姑洗徵
6	甲辰	乙巳·火 仲吕徵	壬子·木 黄钟角
7	壬子	癸丑·木 大吕角	庚申·木 夷则角
8	庚申	辛酉·木 南吕角	戊申·木 姑洗角
9	戊辰	己巳·木 仲吕角	丙子·水 黄钟羽

（续表）

	夫	妻	子
10	丙子	丁丑·水 大吕羽	甲申·水 夷则羽
11	甲申	乙酉·水 南吕羽	壬辰·水 洗姑羽
12	壬辰	癸巳·水 仲吕羽	庚子·土 黄钟宫
13	庚子	辛丑·土 大吕宫	戊申·土 夷则宫
14	戊申	己酉·土 南吕宫	丙辰·土 姑洗宫
15	丙辰	丁巳·土 仲吕宫	（甲子·金）

后半部分的组合始于甲午。甲午也是从金行开始,其五音配属为蕤宾商娶其次的乙未(林钟商)为妻,隔八而生壬寅(太簇商)。以下按照同样的展开,结束于土行的丁亥(应钟宫)(表四 b)。就这样六十干支的五音配属全部完成。

表四 b　依据"上生"(阴)之所得纳音表

	夫	妻	子
1	甲午·金 蕤宾商	乙未·金 林钟商	壬寅·金 太簇商
2	壬寅	癸卯·金 夹钟商	庚戌·金 无射商
3	庚戌	辛亥·金 应钟商	戊午·火 蕤宾徵

（续表）

	夫	妻	子
4	戊午	己未·火 林钟徵	丙寅·火 太蔟徵
5	丙寅	丁卯·火 夹钟徵	甲戌·火 无射徵
6	甲戌	乙亥·火 应钟徵	壬午·木 蕤宾角
7	壬午	癸未·木 林钟角	庚寅·木 太蔟角
8	庚寅	辛卯·木 夹钟角	戊戌·木 无射角
9	戊戌	己亥·木 应钟角	丙午·水 蕤宾羽
10	丙午	丁未·水 林钟羽	甲寅·水 太蔟羽
11	甲寅	乙卯·水 夹钟羽	壬戌·水 无射羽
12	壬戌	癸亥·水 应钟羽	庚午·土 蕤宾宫
13	庚午	辛未·土 林钟宫	戊寅·土 太蔟宫
14	戊寅	己卯·土 夹钟宫	丙戌·土 无射宫
15	丙戌	丁亥·土 应钟宫	（甲子·金）

依据这一顺序形成的六十干支五行配属,如将下生（阳）所得和上生（阴）所得分开,用一览表加以表示,则如表五所示。将此与前面的干支《禹须臾》加以比较,可知此纳音表的土、火、水、木、金

行干支和干支《禹须臾》的二喜、三喜、五喜、七喜、九喜的干支完全一致,由此也可以判明原简存在误写和脱字,加以订正后,全文可复原于下:

> 禹须臾●辛亥、辛巳、甲子、【甲午】、乙丑、乙未、壬申、壬寅、【癸酉】、癸卯、庚戌、庚辰;莫市以行有九喜。
>
> 癸亥、癸巳、丙子、丙午、丁丑、丁未、乙酉、乙卯、<u>甲寅</u>〈甲申〉、甲申〈甲寅〉、壬戌、壬辰;日中以行有<u>五喜</u>。
>
> 己亥、己巳、癸丑、癸未、庚申、庚寅、辛酉、辛卯、戊戌、戊辰、【壬子】、壬午;市日以行有七喜。
>
> 丙寅、丙申、丁酉、丁卯、甲戌、甲辰、乙亥、乙巳、【戊子】、戊午、己丑、己未;莫食以行有三喜。
>
> 戊甲、戊寅、己酉、己卯、丙戌、丙辰、丁亥、丁巳、庚子、庚午、辛丑、辛未;旦以行有二喜。

干支《禹须臾》依据的是纳音原理,这是饶宗颐先生的大发现。但不知为何,饶先生没有讨论干支《禹须臾》和十干《禹须臾》的关系。下面考察这个问题。

表五　纳音干支表

	下　生　（阳）	上　生　（阴）
金	甲子、乙丑、壬申、癸酉、庚辰、辛巳	甲午、乙未、壬寅、癸卯、庚戌、辛亥
火	戊子、己丑、丙申、丁酉、甲辰、乙巳	戊午、己未、丙寅、丁卯、甲戌、乙亥
木	壬子、癸丑、庚申、辛酉、戊辰、己巳	壬午、癸未、庚寅、辛卯、戊戌、己亥
水	丙子、丁丑、甲申、乙酉、壬辰、癸巳	丙午、丁未、甲寅、乙卯、壬戌、癸亥
土	庚子、辛丑、戊申、己酉、丙辰、丁巳	庚午、辛未、戊寅、己卯、丙戌、丁亥

　　两种《禹须臾》如果按照喜数的顺序加以排列,如表六所示。十干《禹须臾》虽然欠缺"三喜"的部分,但可以看出,它省略了干支《禹须臾》的十二辰,仅用十干来表示同样的内容。如果依照十干的顺序将干和支配合起来复原,则如表七所示。观察这些干支的十二辰部分,虽然理由还不清楚,但能看出其干支排列有一定的规则性。因此可以说,十干《禹须臾》的十干排列是事先设计好了的,如果按照十干《禹须臾》的顺序将干支《禹须臾》的干支排列起来,就成为表七。因此,依据表七复原的干支排列(粗黑体字),缺少"三喜"的十干《禹须臾》的干支,也可以复原为:

　　　　丙丁甲乙戊己【时刻名】行,有三喜。

但时刻名还不清楚。

表六　两种《禹须臾》的比较

	干支《禹须臾》		十干《禹须臾》
二喜	戊申、戊寅、己酉、己卯、丙戌、丙辰、丁亥、丁巳、庚子、庚午、辛丑、辛未		戊己丙丁庚辛
三喜	丙寅、丙申、丁酉、丁卯、甲戌、甲辰、乙亥、乙巳、戊子、戊午、己丑、己未		欠缺
五喜	癸亥、癸巳、壬子、丙午、丁巳、丁未、乙酉、乙卯、甲申、甲寅、壬子、壬辰		甲乙壬癸丙丁
七喜	己亥、己巳、癸丑、癸未、庚申、庚寅、辛酉、辛卯、戊戌、戊辰、壬子、壬午		庚辛戊己壬癸
九喜	辛亥、辛巳、甲子、甲午、乙丑、乙未、壬申、壬寅、癸酉、癸卯、庚戌、庚辰		壬癸庚辛甲乙

表七　十干《禹须臾》干支排列的复原

	9	3	10	4	11	5	12	6	1	7	2	8
二喜	戊申	戊寅	己酉	己卯	丙戌	丙辰	丁亥	丁巳	庚子	庚午	辛丑	辛未
三喜	**丙申**	**丙寅**	**丁酉**	**丁卯**	**甲戌**	**甲辰**	**乙亥**	**乙巳**	**戊子**	**戊午**	**己丑**	**己未**
五喜	甲申	甲寅	乙酉	乙卯	壬戌	壬辰	癸亥	癸巳	丙子	丙午	丁丑	丁未
七喜	庚申	庚寅	辛酉	辛卯	戊戌	戊辰	己亥	己巳	壬子	壬午	癸丑	癸未
九喜	壬申	壬寅	癸酉	癸卯	庚戌	庚辰	辛亥	辛巳	甲子	甲午	乙丑	乙未

按:上边的数字为十二支顺序。

接下来要探讨的是两种《禹须臾》所见二喜至九喜数字的意义。前面提到的《抱朴子内篇·仙药》在文中引用了《玉策记》及《开明经》，然后列举纳音的干支表：

> 一言宫。庚子庚午　辛未辛丑　丙辰丙戌　丁亥丁巳
> 戊寅戊申　己卯己酉
> 三言徵。甲辰甲戌　乙亥乙巳　丙寅丙申　丁酉丁卯
> 戊午戊子　己未己丑
> 五言羽。甲寅甲申　乙卯乙酉　丙子丙午　丁未丁丑
> 壬辰壬戌　癸巳癸亥
> 七言商。甲子甲午　乙丑乙未　庚辰庚戌　辛巳辛亥
> 壬申壬寅　癸卯癸酉
> 九言角。戊辰戊戌　己巳己亥　庚寅庚申　辛卯辛酉
> 壬午壬子　癸丑癸未

这一段将自己出生的干支年份和不宜服用的仙药的关系用颜色对应起来，并用五行相胜说加以说明。就是说，宫徵羽商角的五行配属是土火水金木；例如"一言宫"所见庚子出生的人属土；据相胜说，木（青）胜土（黄），因此属土的人不能服用青色的药。《禹须臾》二喜到九喜的喜数和这里一言到九言的数字，两者原理很有可能是相同的，所以《禹须臾》的"二"当是"一"的误写。基于这一观点，我们将《禹须臾》的喜数和《仙药》篇的言数加以比较，如下所示：

二喜（土）————一言宫（土）

三喜（火）————三言徵（火）

五喜（水）————五言羽（水）

七喜（木）————七言商（金）

九喜（金）————九言角（木）

只有七喜和九喜五行配属和《仙药》篇正好相反。但既然《仙药》篇的纳音和后世的纳音相同，那么有问题的应该是《禹须臾》喜数的五行配属。因此我们认为，《日书》所见喜数的五行配属较为原始，后来经过整理才形成了《仙药》篇的纳音，其五行配属是土火水木金，与之对应之数是一三五七九，其五运是金（九）→火（三）→木（七）→水（五）→土（一）的相生关系。

2. 出行日和时刻的关系

这种根据纳音确定的出行吉日，还和时刻（良辰）连动在一起。两种《禹须臾》也是先秦社会时刻名称的重要资料。现按喜数的顺序将其名称加以排列，可如表八所示。

表八　《禹须臾》所见时刻名

喜　　数	二喜	三喜	五喜	七喜	九喜
干支禹须臾	旦	莫	日中	市日	莫市
十干禹须臾	旦	（欠缺）	日中	铺时	夕

十干《禹须臾》因为欠缺三喜的部分，故不清楚。两者"旦"和"日中"是共同的。乙种（1128/1）中也可看到以下时刻名。

　　　清旦、食时、日则（昃）、莫（暮）夕。

除这种零碎的时刻名外，乙种（1051）还可看到将十二辰和时刻名组合起来的十二时制时刻名：

　　　□□□□□寅，日出卯，食时辰，莫（暮）食巳，日中午，暴未，下市申，春日酉，牛羊入戌，黄昏亥，人定□。

此文据整理小组的注释，可复原为：

【鸡鸣丑、平旦】寅,日出卯,食时辰,莫(暮)食巳,日中午,
暴未,下市申,舂日酉,牛羊入戌,黄昏亥,人定【子】。

另外,据整理小组的注释,"暴"应为"日失(昳)"之误。由于"日失"
二字抄在一起,其字形与"暴"相似,遂误为"暴"字[49]。将十二辰
与时刻相配的十二时制的起源及其时刻名,至今已有各种讨
论[50]。但现在由于《日书》的出土,它的起源至少可以上溯到战国
时代了。因此,《禹须臾》的时刻名也有必要放在先秦社会十二时制
(以下简称"复原十二时制")中确定其位置和意义。不过,在复原十
二时制中,和《禹须臾》时刻名相通者只有日中。依据十二时制确定
的时刻名,在传世文献和敦煌文书中也可以找到各种不同的名称和
种类,可如表九 a 所示。如将甲种的两个《禹须臾》和乙种(1128/1)
的时刻名加以对比,则如表九 b 所示。不仅《日书》甲乙两种文本之
间有差异,即便同为甲种,其中也能看到名称上的不同,这是一个令
人困惑的问题。但不管怎样,这个对照表能说明,两种《禹须臾》和
乙种(1128/1)的时刻名都将一至九按纳音五行之数和喜数相对应,
以寅时为起点,按顺序和十二时相配,以此来设定出行的时间。

在这个复原十二时制中,喜数不是从子的人定开始,而是从寅的
平旦开始,这可能和三正有关。因为三正中,夏历以建寅为岁首,以平
旦为一日之始(朔)。因此《禹须臾》中出行的时刻依据的就是夏历。

表九 a 十二时名对照表

	子	丑	寅	卯	辰	巳	午	未	申	酉	戌	亥
复原 十二时制	人定	鸡鸣	平旦	日出	食时	莫食	日中	暴	下市	舂日	牛羊 入	黄昏
《论衡· 谏时》			平旦	日出								

（续表）

	子	丑	寅	卯	辰	巳	午	未	申	酉	戌	亥
《左传》杜预注	夜半	鸡鸣	平旦	日出	食时	禺中	正中	日昳	餔时	日入	黄昏	人定
敦煌文书伯3821		鸡鸣	平旦（旦）	日出	食时	隅中	正南	日昃	餔时	日入	黄昏	人定

表九 b

干支禹须臾		旦	莫食	日中	市日	莫市
十干禹须臾		旦		日中	餔时	夕
乙种1128		清旦	食时			莫夕
喜数		（一）	三	五	七	九

3. 时刻和喜数的关系

那么,和一至九的纳音五行之数相对应的"喜"是什么呢? 袁珂编著《中国神话传说词典》的喜神一项中,引用了汪承烈修《宣汉县志》卷一五《礼俗·岁时节序》以下内容:

> 正月元日鸡初鸣时,祀喜神于其方,日出天行。

并指出"按喜神,吉神。俗谓其所值方位为喜神方,见《协纪辨方书》"[51]。以喜为吉神的观念,从汉代出土文字资料中也可得到确认。从 1977 年安徽省阜阳县发现的西汉初期汝阴侯 1 号墓中,出土了两件占盘、一件天文仪器。其中一件叫太一九宫占盘,由上部的小圆盘和下部的方盘构成，转动小圆盘，将上面所记占辞和正好与之相合的方盘的占辞结合起来，做出占断。方盘的内层和外层均记有占辞，内层的占辞都是"当者"云云的体例，其中之一就是"当者有喜"。这也是吉神的喜吧[52]。

　　虽然包含了一些推测和假定，但《禹须臾》的整体结构已基本上复原了。简言之，所谓《禹须臾》是依据纳音五行说的原理选择旅行吉日的时间表。这些吉日，按照规则和特定的时刻相配。这些时刻如用干支表来表示，就是表十 a 和表十 b。

表十 a　依据《禹须臾》(十干)的出行时刻表

甲申	日中	乙酉	日中	丙戌	旦	丁亥	旦	戊子	**莫食**	己丑	**莫食**	庚寅	铺时	辛卯	铺时	壬辰	日中	癸巳	日中
甲戌	**莫食**	乙亥	**莫食**	丙子	日中	丁丑	日中	戊寅	旦	己卯	旦	庚辰	夕	辛巳	夕	壬午	铺时	癸未	铺时
甲子	夕	乙丑	夕	丙寅	**莫食**	丁卯	**莫食**	戊辰	铺时	己巳	铺时	庚午	旦	辛未	旦	壬申	夕	癸酉	夕
甲午到癸亥的时刻也如上表所示																			

按：粗体字表示推测。

表十 b　依据《禹须臾》(干支)的出行时刻表

甲申	日中	乙酉	日中	丙戌	旦	丁亥	旦	戊子	莫食	己丑	莫食	庚寅	市日	辛卯	市日	壬辰	日中	癸巳	日中
甲戌	莫食	乙亥	莫食	丙子	日中	丁丑	日中	戊寅	旦	己卯	旦	庚辰	莫市	辛巳	莫市	壬午	市日	癸未	市日
甲子	莫市	乙丑	莫市	丙寅	莫食	丁卯	莫食	戊辰	市日	己巳	市日	庚午	旦	辛未	旦	壬申	莫市	癸酉	莫市
甲午到癸亥的时刻也如上表所示																			

4. 十二时制与十六时制

　　通过以上的讨论，我们知道了十二时制可以上溯到战国时代，但于豪亮先生主张在战国时代秦国,政府的十二时制和民间的十六时制是并行的[53]。于先生将以下记录作为十六时制的证据,即甲种(836 反/3～828 反/3):

| 正月,日七夕九。 | 十月,日六夕十。
| 二月,日八夕八。 | 十一月,日五夕十一。
| 三月,日九夕七。 | 十二月,日六夕十。
| 四月,日十夕六。 |
| 五月,日十一夕五。|
| 六月,日十夕六。 |
| 七月,日九夕七。 |
| 八月,日八夕八。 |
| 九月,日七夕九。

同样的记录亦见于甲种《岁》的(793～796)及乙种无占题的(913～924),还见于放马滩秦简《日书》乙种[54]。这类记载如于先生指出的那样,和《论衡·说日》以下这段话几乎相同:

> 儒者或曰:"日月有九道。故曰:'日行有近远,昼夜有长短也。'"夫复五月之时,昼十一分,夜五分。六月,昼十分,夜六分。从六月往至十一月,月减一分。此则日行,月从一分道也。岁日行天,十六道也,岂徒九道。

这说的是依据太阳的运行确定昼夜的长短,它将一日作十六等分,每月的昼夜都会增加或减少一分。这和《日书》所见日、夕的增减如出一辙。将昼夜二分,这应该依据的是阴阳思想[55]。二月、五月长短相半,是因为二月、五月包含有春分和秋分,而五月和十一月是昼夜最长或最短的月,这是因为五月和十一月包含有夏至和冬至。

表十一 a　北纬 45 度～53 度各月昼长的比例(一天按十六时制算)

北纬	正月	2 月	3 月	4 月	5 月	6 月	7 月	8 月	9 月	10 月	11 月	12 月
45.00	6.97	8.00	9.03	9.90	10.28	9.90	9.03	8.00	6.97	6.10	5.72	6.10
46.00	6.92	8.00	9.08	9.99	10.37	9.99	9.08	8.00	6.92	6.01	5.63	6.01
47.00	6.88	8.00	9.12	10.06	10.46	10.06	9.12	8.00	6.88	5.94	5.54	5.94
48.00	6.83	8.00	9.17	10.14	10.54	10.14	9.17	8.00	6.83	5.86	5.46	5.86
49.00	6.81	8.00	9.19	10.21	10.66	10.21	9.19	8.00	6.81	5.79	5.34	5.79
50.00	6.77	8.00	9.23	10.30	10.77	10.30	9.23	8.00	6.77	5.70	5.23	5.70
51.00	6.72	8.00	9.28	10.48	10.88	10.39	9.28	8.00	6.72	5.61	5.12	5.61
52.00	6.66	8.00	9.34	10.99	10.99	10.48	9.34	8.00	6.66	5.52	5.01	5.52
53.00	6.61	8.00	9.39	10.59	11.12	10.59	9.39	8.00	6.61	5.41	4.88	5.41

表十一 b

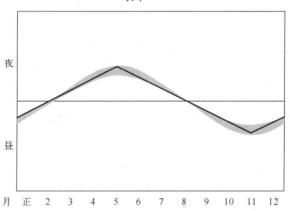

那么，区分昼夜时，为何要将一天分作十六份呢？按照《日书》所述的比率增减每月昼夜的地方和哪个纬度相当？表十一 a 是我们根据现代的《理科年表》(东京天文台编，丸善发行)的数据算出来的结果。我们设想一日是 16 分，换算出白天的时间，晚上的时间由 16 减去白天的数字就可得出。如将其用图表展示，则如表十一 b 所示。可以看出，这个纬度大概是北纬 45 度～53 度[56]。这个纬度大致位于蒙古和前苏联的国境线上。但因为我们在计算时没有考虑岁差，所以其数字不完全正确。曾宪通先生称这个用一日十六等分来表示每月昼夜增减的《日书》记录为"古人长期观测天象的实录"[57]，但这不是定点观测的记录，而应视为利用了天文知识的术数的一部分。

　　然而，何双全先生最初介绍放马滩秦简《日书》概要时，曾指出甲种《生子》(16、17、19 下栏)和《人月吉凶》(43～72)采用了十六时制，时刻名按"平旦、【晨】、日出、夙食、日中、日西中、西日下、日未入、日入、昏、暮食、夜暮、夜未中、夜中、夜过中、鸡鸣"的顺序出现[58]。后来包括何双全先生在内的秦简整理小组公布了以下释文：

　　　　平旦生女，日出生男。夙食女，莫食男。日中女，日西中
　　　男。昏则女，日下则男。日未入女，日入男。昏女，夜莫男。
　　　夜未中女，夜中男。夜过中女，鸡鸣男。[59]

但是，① 前者平旦和日出之间补"晨"的根据，② 前者时刻的顺序和后者原文不同的理由，③ 前者的《人月吉凶》到了后者改为《吉凶章》，推断"旦、安食、日中、昏、夕日、日失、中夜"七种为秦国政府所采用十二时制的时刻名之论据等问题，虽然在收录这篇释文的论文集中何双全先生还执笔了放马滩秦简《日书》的总论，却未作任何说明[60]。

　　《淮南子・天文》记录了很有名的一段话，即太阳自旸谷升起落于蒙谷，经过九州七舍（总计十六个场所），其经过的时刻有"晨明、朏明、旦明、蚤食、晏食、隅中、正中、小迁、铺时、大迁、高春、下春、县车、黄昏、定昏"十五个，其行程为"五亿一万七千三百九里"，将其四分则为朝昼昏夜。这样看来，秦简《日书》将一天十六等分，

表示出各月日夕增减的做法,依据的不是朝昼昏夜四分,而是昼夜二分。而放马滩秦简《日书》的《生子》所见十六时刻名,也和太阳经过九州七舍的观念有相通之处。可见,战国时代秦国统治的地方,十二时制和十六时制是并行的[61]。于豪亮先生认为秦国政府实施十二时制,而同时民间实行十六时制。但笔者认为这不如说十六时制仅仅是术数家所使用的时制。

第四节　归家的吉凶与通过仪式

1. 归家的吉凶

现在我们来看旅行者归家时,要举行怎样的占卜活动。秦简《日书》甲种的《归行》(860~862),记载了以下一连串占辞:

> 归行a 凡春三月己丑不可东,夏三月戊辰不可南,秋三月己未
> 　　　不可西,冬三月戊戌不可北。百【里】中大凶,二百里外
> 　　　必死。岁忌。
> 　　b 毋以辛壬东南行,日之门也。毋以癸甲西南行,月之门
> 　　　也。毋以乙丙西北行,星之门也。毋以丁庚东北行,辰
> 　　　之门也。●凡四门之日,行之敫也,以行不吉。
> 　　c 入正月七日,入二月【十】四日,入三月廿一日,入四月
> 　　　八日,入五月十九〈六〉日,入六月廿四日,入七月九日,
> 　　　入八月九〈十八〉日,入九月廿七日,入十月十日,入十
> 　　　一月廿日,入十二月卅日,凡此日以归,死。行,亡。❶

---

❶　译者按,此处引文和"新释"即《睡虎地秦墓竹简》(文物出版社,1990年,201页)不同,"毋以癸甲西南行,月之门也","新释"作"毋以癸甲西南行,日之门也"。也无【　】、〈　〉的部分。

虽然占题叫《归行》，但这些占辞将归家、出行的忌日放在一起说。a是四时出行的忌日，其干支都是五行之说中与土相配的"戊己"同"丑辰未戌"组合的产物，所以这是土的比和。己丑、戊辰、己未、戊戌属于建除的收日、开日、闭日（表十二a）。b也是出行的忌日，但其干支和日月星辰之门的关系不明。c才是归家忌日的记录，其内容和《阴阳略书》历注诸神吉凶中所谓"往亡日"是同一原理：

> 往亡日　正，七日。二，十四日。三，廿一日。四，八日。五，十六。六，廿四。七，九日。八，十八。九，廿七。十，十日。十一，廿日。十二，三十日。依节日计之。此日不可远行、归家、呼女、娶妇、拜官、移徙。远行五日里忧死不还，大凶也。一名天门日。不可行兵之。[62]

不光远行、归家，还有出征等事也要避忌往亡日[63]。《日书》中与之相同内容的占辞也见于甲种（789反～788反）、乙种（1044～1045、1046～1047），乙种的占辞分别有《亡日》、《亡者》的占题。从数的组合看，正月至三月为七的倍数、四月至六月为八的倍数、七月至九月为九的倍数、十月至十二月为十的倍数。

表十二 a　《归行》的忌日与建除

	一年	建	除	满	平	定	执	破	危	成	**收**	**开**	**闭**
春	正月	寅	卯	辰	巳	午	未	申	酉	戌	亥	子	丑
	二月	卯	辰	巳	午	未	申	酉	戌	亥	子	丑	寅
	三月	辰	巳	午	未	申	酉	戌	亥	子	丑	寅	卯
夏	四月	巳	午	未	申	酉	戌	亥	子	丑	寅	卯	辰
	五月	午	未	申	酉	戌	亥	子	丑	寅	卯	辰	巳
	六月	未	申	酉	戌	亥	子	丑	寅	卯	辰	巳	午

（续表）

	一年	建	除	满	平	定	执	破	危	成	收	开	闭
秋	七月	申	酉	戌	亥	子	丑	寅	卯	辰	巳	午	未
	八月	酉	戌	亥	子	丑	寅	卯	辰	巳	午	未	申
	九月	戌	亥	子	丑	寅	卯	辰	巳	午	未	申	酉
冬	十月	亥	子	丑	寅	卯	辰	巳	午	未	申	酉	戌
	十一月	子	丑	寅	卯	辰	巳	午	未	申	酉	戌	亥
	十二月	丑	寅	卯	辰	巳	午	未	申	酉	戌	亥	子

表十二 b　《到室》的忌日与建除

	建	除	满	平	定	执	破	危	成	收	开	闭
正月	寅	卯	辰	巳	午	未	申	酉	戌	亥	子	丑
二月	卯	辰	巳	午	未	申	酉	戌	亥	子	丑	寅
三月	辰	巳	午	未	申	酉	戌	亥	子	丑	寅	卯
四月	巳	午	未	申	酉	戌	亥	子	丑	寅	卯	辰
五月	午	未	申	酉	戌	亥	子	丑	寅	卯	辰	巳
六月	未	申	酉	戌	亥	子	丑	寅	卯	辰	巳	午
七月	申	酉	戌	亥	子	丑	寅	卯	辰	巳	午	未
八月	酉	戌	亥	子	丑	寅	卯	辰	巳	午	未	申
九月	戌	亥	子	丑	寅	卯	辰	巳	午	未	申	酉
十月	亥	子	丑	寅	卯	辰	巳	午	未	申	酉	戌
十一月	子	丑	寅	卯	辰	巳	午	未	申	酉	戌	亥
十二月	丑	寅	卯	辰	巳	午	未	申	酉	戌	亥	子

在《归行》后面有以下占辞(甲 863)：

> 到室　正月丑，二月戌，三月未，四月辰，五月丑，六月戌，
> 七月未，八月辰，九月辰〈丑〉[64]，十月戌、丑（衍文），十一月
> 未，十二月辰。●凡此日不可以行，不吉。

从占题看，《到室》应属于归家忌日，但因为有"凡此日不可以行"，所以属于出行忌日。不过，《归行》也是如此，尽管占题作《归行》，但同一个时刻表同时是归家和出行两种忌日，特别是 c 中有"凡此日以归，死。行，亡"。因此《到室》也一样，可以说是归家、出行两方面的忌日。其占法原理，如表十二 b 所示，与建除的平日、危日、闭日相配，因此原文"九月辰"当为"九月丑"之误，"十月戌、丑"的"丑"字当为衍文。

2.　归家的通过仪式

旅行者小心地避开《归行》中的忌日、出亡归死之日、归忌日等不吉利的日子，选择吉日回家。再次经过城邑之门时有一个通过仪式，这个仪式从《日书》乙种（997/3～1002/2）以下占辞可以看到。

> □邦门可□
> 行□
> 禹符左行置右环（还）日□
> □□右环（还）日行邦
> 令行。投符地，禹步三，曰：皋
> 敢告□□□　　　符上车毋顾
> □□□□

因为残缺字过多，难以通读，"新释"把第一行释作"【出】邦门可

▢"，即将第一个缺字读为"出"。但并不清楚根据是什么。我们认为，这段占辞说的是行旅的最终阶段经过邦门时的通过仪式，所以难以遵从"新释"的释读。

　　从第一行可知，其仪式的场所在邦门。从第三行可知，其仪式使用禹符。进而从第五行可知先投禹符于地再做禹步之具体过程。《抱朴子内篇·登涉》详细描述了进山之际能避开鬼神之害的时日、必须带好的种种护身符、进入山中时的禹步等。引人注目的是，如果把这些内容换成出行、归家之际的仪礼，两者有着显著的相似性。不过，进山时带的符是要时时刻刻携带的东西，而不是投在地上的东西。那么，投符于地究竟是种什么行为呢？《太平御览》卷七三六方术部所引《神仙传》，东汉章帝召来刘冯让其演示方术时，有以下这段话：

　　　　汉章帝问刘冯："殿下有怪，常有朱衣披发持烛相随而走，为劾不？"冯曰："可。"帝因使人伪为之，冯以符掷之，使人顿地。帝惊曰："以相试耳。"乃解之。

可见，将符投向鬼神之类害人之物时，能起到劾（降伏鬼神）的作用。但是这段文字和《神仙传》今本有所不同，所以并非不存在史料上的问题[65]。关于符与劾鬼，《汉书·艺文志》的杂占家部分著录有《执不详劾鬼物》八卷，1957 年 2 月江苏省高邮县邵家沟东汉遗址中也出土了木简之符，原发掘简报如下所示：

　　　　发现一块长约 28，宽 3.8 厘米的"符箓木片"，保存较完好，上有硃写的"符"与"咒"，右上则画符，符上有"羿（符）君"两字，夹在"七星符"画中。左下侧为咒，文曰：乙巳日兂（死？）者（者）覞（鬼）名为天光天帝神师已知汝名疾去三千里汝不即去南山絵（给？）▢令来食汝急如律令。[66]

这个木符饶宗颐先生称之为"劾鬼文木简"[67]。坂出祥伸先生将这段文字读为：

> 乙巳日，死者鬼名为天光，天帝神降，已知汝名，疾去三千里，汝不即去，南山给□令来食汝，急急如律令。[68]

咒文中的"已知汝名"是回避鬼神精怪之害的一种方法，就是说"如果百鬼一旦被叫到自己的名字，以为自己露了底，就失去神通"[69]。《日书》的《诘》篇，描述了 70 余种鬼神精怪的名字，以及他们给活人带去的祸害。《诘》篇就是一本通过其祸害的内容推断鬼神精怪名称而击退之的手册[70]。我们认为禹符也属于所谓"劾鬼文木简"之类的东西。顺便指出，《抱朴子内篇·遐览》中有各种符名，其中之一是"禹跻符"。《汉书·高帝纪下》十二年四月条有"跻足"，关于这个"跻"字，晋灼注引许慎的解释为：

> 跻，举足小高也。[71]

可见，禹跻和禹步属于同一范畴的用语，《日书》的禹符也和这个"禹跻符"有关吧。由此可知，为回避鬼神精怪之害而携带符，在先秦社会已广泛流行，通过城门时，将禹符投于地上，是为了被除经过异境时带来的污秽。

　　总之，旅行者在邦门前将禹符投掷于地上，踏着禹步，对禹喊道："皋，敢告……"，做完回家的报告或对旅途中的保佑表示感谢之后，才能跨过城门进入城内。

结　　语

　　将禹作为神格的先秦社会行神信仰，到汉代以后被忘却了。由于秦简的出土，长年湮没于地下的行神禹才重新浮现出来。我们还发现,通过复原工作恢复了的行神信仰的世界,有后来为道教所吸收的痕迹。这个问题将在下一章中专门讨论。令人高兴的是,在这一章中,我们讨论了行神信仰被道教吸收以前的返顾禁忌、地之五划、禁咒、禹步等习俗的原貌。也确认了习俗和历法及通过历法展开的时日结构有着密切关系。而且这些习俗并非仅仅是理论上(方术上)的产物,而有其社会背景。这从荆轲的事例中就能看得出来。通过这些情况,我们不得不意识到,先秦社会习俗已经相当具体化了。

我们在前面已经指出过,在南郡各县从事统治工作的官员们,被夹在统治者的法(秦律)和基层社会习惯法(习俗)之间,为法的实施而焦虑。习俗是超越每个人的意识,被具体化了的东西。可以想象,秦在对南郡实施统治时所面对的,正是这样一堵由共同体支撑着的习俗的坚硬墙壁。

注

〔1〕江绍源《中国古代旅行之研究——侧重其法术的和宗教的方面》,商务印书馆,1935年,6页。

〔2〕江绍源《中国古代旅行之研究——侧重其法术的和宗教的方面》,6～10页。

〔3〕例如徐仲舒主编《甲骨文字典》,四川辞书出版社,1990年,182页。

〔4〕井本英一《境界考》,收入《境界·祭祀空間》,平河出版社,1985年。

〔5〕此文为不少典籍引用,但各书引文颇为不同。关于此文的出处,吴树平《风俗通义校释》(天津人民出版社,1980年,319页)、王利器《风俗通义校注》(中华书局,1981年,下册,381页)有详细说明。

〔6〕渡部武《四民月令》(平凡社,1987年,8页)认为此文是正月条"百卉萌动,蛰虫启户。乃以上丁祀祖于门,道阳出滞,祈福祥焉"的本注。

〔7〕《礼记·曾子问》"道而出"的孔颖达疏云"其神曰累",说行神之名为累。《史记索隐·五宗世家》之《临江闵王荣传》云:"盖见其谓之祖,因以为

累祖,非也。据《帝系》及《本纪》皆言累祖黄帝妃,无为行神之由也。"说累祖是黄帝妃。《四民月令》说累祖是黄帝之子可能是汉代的不同说法。

〔8〕《汉书·刘屈氂传》"丞相为祖道,送至渭桥,与广利辞决",颜师古注云:"祖者,送行之祭,因设宴饮焉。"

〔9〕池田末利译注《仪礼Ⅱ》,东海大学出版会,1974年,392页。

〔10〕见《周礼正义·夏官》"大驭"条。

〔11〕从梁玉绳《史记志疑》卷二六,改"四年"为"三年"。

〔12〕据景祐本、殿本,补"将军"二字。

〔13〕《汉书·王莽传下》地皇四年条云:"十月戊申朔,兵从宣平城门入,民间所谓都门也。"关于其位置,颜师古注云:"长安城东出北头第一门。"

〔14〕苏林曰:"长安东郭门也。"

〔15〕《汉书·元帝纪》建昭元年八月条如淳注云:"《三辅黄图》长安城东面北头门号曰宣平城门,其外郭曰东都门也。"

〔16〕《汉书·成帝纪》建始三年七月条如淳注云:"《三辅黄图》北面西头第一门。"

〔17〕《后汉书·吴祐列传》李贤注所引郑玄注作:"〔犯〕軷(祀)者,封土山象于路侧,以〔菩〕刍棘柏为神主祭之,以车轹轢而去,喻无险难。"附带指出,〔　〕中的字根据中华书局标点本《后汉书》校勘记补订。

〔18〕《仪礼·聘礼》经"又释币于行",贾疏云:"行在庙门外之西,为軷坛厚二寸,广五尺,轮四尺,是也。"但蔡邕《独断》上篇"五祀之别名"作二尺,当以《独断》为是。参见《独断》研究班《蔡邕〈独断〉の研究(二)(蔡邕〈独断〉の研究〔二〕)》,《史滴》第三号,1982年。

〔19〕祭神用茅是常识,但菩刍棘柏的使用也有类似的记载:《汉书·宣元六王传》之《东平思王传》云:"哀帝时,无盐危山土自起覆草,如驰道状,又瓠山石转立。云及后谒自之石所祭,治石象瓠山立石,束倍草,并祠之。"就是说,当时出现一些奇特现象,无盐危山的土自然隆起,像驰道的样子,还有瓠山的石滚动后站了起来。当时平思王和王后亲自去看那块石头,举行祭祀,又雕刻了一块像瓠山立石的石雕,将其放在

宫中,束扎倍草,一并祭祀。此倍草即颜师古注所谓的"黄倍草"(菩草)。孙诒让《周礼正义》卷六一《夏官》"大驭"条云"是古野祭有束菩草为神主之法",指出野祭时有束扎菩草为神主的习俗,并云:"贾疏谓菩刍棘柏为神主者,谓于三者之中,但用其一以为神主则可,是也。"就是说,只用菩刍棘柏中的一种作神主,也是可以的。

〔20〕"新释"说"壬"字以下为断简,但原简上面应还有一个残缺字。

〔21〕大栉敦弘《雲夢秦簡〈日書〉にみえる"困"について(云梦秦简〈日书〉所见的"困")》(《中国—社会と文化〔社会与文化〕》第 2 号,1987 年),从困的角度对此图有所讨论。

〔22〕《史记·田敬仲完世家》威王二十三年条云:"吾吏有黔夫者,使守徐州,则燕人祭北门,赵人祭西门,徙而从者七千余家。"(《韩诗外传》卷十有同文)《集解》所引贾逵注云:"齐之北门西门也。言燕、赵之人畏见侵伐,故祭以求福。"似乎战国时代各国重视的门都不同。

〔23〕雷浚、汪之昌辑《读汉书日记》,收入《学古堂日记丛钞》,光绪年间苏州学古堂刊本。

〔24〕《左传》哀公二十六年有"大行",《左氏会笺》云"大行犹远行",两者意思基本相同。

〔25〕"旧释"作"ㄴ"。看原简图版,也不是不像"ㄴ",但还是从"新释"作黑圆点为好。

〔26〕饶宗颐、曾宪通《云梦秦简日书研究》,中文大学出版社,1982 年,18～20 页。

〔27〕归忌日见于正仓院所藏天平胜宝八年(756)具注历断简:"其日不可远行归家移徙呼女婆妇"(收入宫内厅正仓院事务所编《正倉院古文书影印集成五》,八木书店,1991 年,152 页)。另外,自称元历元年(1184)季秋廿日"书写讫"的安倍家所传《陰陽略書》历注诸神吉凶云:"归忌日:正、四、七、十月丑日;二、五、八、十一月寅日;三、六、九、十二月子日。是天掊星精也。一名归化,一名归来。其日黄帝不下堂,正月丑日云云,不可远行、归家、入国、嫁娶,必得病死,已大凶。又云:入新室,皆凶。入官床死,不出其月。"(中村璋八《日本陰陽道書の研究(日本阴阳道书研

究)》,汲古书院,1985 年,159 页)

〔28〕在《吴越春秋》、《越绝书》等东汉文献中,六壬是伍子胥用的占法。近
　　年,西汉初期的汝阴侯夏侯灶墓出土了六壬式盘,严敦杰先生认为此式
　　盘是《周礼·春官宗伯·大史》"大师,抱天时与大师同车"郑众注"大出
　　师,则大史主抱式,以知天时,处吉凶"的式(《关于西汉初期的式盘和占
　　盘》,《考古》1978 年第 5 期)。关于六壬式盘的占法,请参看严敦杰(桥
　　本敬造、坂出祥伸译)《式盤綜述》,收入薮内清先生颂寿记念论文集出
　　版委员会编《東洋の科学と技術(东洋的科学与技术)　薮内清先生頌
　　寿記念論文集》,同朋舍,1982 年,90～94 页。

〔29〕根岸谦之助《万葉の民俗(万叶的民俗)》,樱枫社,1981 年,225～226 页。
　　此外,《元朝秘史》中有一个故事,说蔑儿乞部的也客赤列都被也速该把
　　阿秃儿夺走了自己的新娘诃额仑。这个掠夺婚(marriage by capture)的
　　故事也提供感染(接触)巫术的史料。就是说,诃额仑被也速该掠夺时,
　　劝赤列都抛下她逃走,并脱下内衣说"别丢了性命,闻者我(肌肤)的气
　　味走吧"。关于这一行为,译注者村上正二先生作注说:"无论是东方还
　　是西方,在古代,将自己贴身穿过的衣服给对方,是深爱对方的表示。
　　这种行为在很多歌谣、故事中被歌颂。"并举例作为其旁证。参见《モン
　　ゴル秘史(元朝秘史)1》卷一,平凡社,1970 年,70～74 页。白川静先生
　　从文字学的角度作出考察,认为衣服是包裹着灵魂的东西。参见《中国
　　古代の文化(中国古代的文化)》,讲谈社,1979 年,244～249 页。

〔30〕白川静《説文新義》卷二,白鹤美术馆,1976 年再版,200～201 页;《字
　　統》,平凡社,1984 年,421 页。

〔31〕《说文通训定声·履部》云"按与遂略同",也没有限定"术"的意思
　　为"邑中"。

〔32〕与此大致相同的文章见《燕丹子》卷下(孙星衍校辑,收入平津馆丛书,
　　嘉庆本)、《史记·刺客列传》。

〔33〕中山大学出版社,1991 年,119 页。

〔34〕尾崎雄二郎编《訓読　説文解字注》金册(东海大学出版会,1881 年,727
　　页)的读法也与此相同。

〔35〕笔者在旧文《埋もれていた行神—主として秦簡〈日書〉による—(被埋没了的行神——以秦简〈日书〉为主要依据》(东京大学《東洋文化研究所紀要》第 106 册,1988 年)中释"困"为"逃",现在从整理小组的意见改释。

〔36〕关于禹步的研究,有高瀬重雄《青木北海とその〈禹步遷訣〉について(关于青木北海和其〈禹步迁诀〉)》,《東方宗教》第 39 号,1972 年;藤野岩友《禹步考》,收入《中国の文学と礼俗(中国的文学与礼俗)》,角川书店,1976 年;酒井忠夫《反閇について—日・中宗教文化交流史に関する一研究—(关于反闭——日中宗教文化交流史研究)》,《立正史学》第 66 号,1989 年;坂出祥伸《災いを避ける步行術＝禹步(避开灾祸的步行术:禹步)》,收入《"気"と養生("气"与养生)》,人文书院,1993 年;石田秀美《道教の身体技法—跛者は星を踏んで舞う　禹步から步虚へ—(道教的身体技法——跛者踏星跳舞　从禹步到步虚)》,*DOLMEN* 4,1990 年;拙文《禹步・天罡》,收入坂出祥伸主编《"道教"の大事典—道教の世界を読む—("道教"大辞典——解读道教的世界)》,新人物往来社,1994 年,等。

〔37〕《禹符、禹步、禹须臾》(收入饶宗颐、曾宪通《云梦秦简日书研究》,21～22 页)对各种史料作过介绍。

〔38〕引文依据平津馆丛书本(光绪本)孙星衍辑本。《荀子・非相》杨倞注所引《尸子》佚文也大致相同。

〔39〕原文作"右"。此从平津馆丛书本孙星衍校勘。

〔40〕道藏本无"尺"字。

〔41〕宝颜堂本无"后"字。以上引文参考了王明《抱朴子内篇考释》,中华书局,1980 年,201 页。

〔42〕从平津馆丛书本孙星衍校勘,补"左足次前"。

〔43〕从平津馆丛书本孙星衍校勘,补"左足次前"。

〔44〕此图引自葛兆光著,坂出祥伸监译《道教と中国文化(道教与中国文化)》,东方书店,1993 年,83 页。

〔45〕《汉书・苏武传》"扶辇下除",颜师古注云:"除谓门屏之间。"白川静先

生认为,这一解释最接近除的原义。除的原义是被除,自是神陟降的神
梯,余是巫术场合使用的器物。清除所有出入场所叫做"除"。参见白
川静《说文新义》卷14,96页。

〔46〕"新释"和"旧释"都认为脱文为四字,不可从。

〔47〕饶宗颐《秦简中的五行说与纳音说》,《古文字研究》第14辑,1986年;此
文改编后,收入《饶宗颐史学论著选》,上海古籍出版社,1993年。

〔48〕实物资料可举以下数例,1986年湖北省江陵县纪南区雨台村发现的战
国中期江陵雨台山21号楚墓中出土了四根竹律管,参见湖北省博物馆
《湖北江陵雨台山21号战国楚墓》、《江陵雨台山21号楚墓律管浅论》
(《文物》1988年第5期);1972年湖南省长沙市发现的马王堆1号汉墓
中出土的12根竹律管(《遣策》278简记载为竽律),参见湖南省博物馆、
中国科学院考古研究所、文物编辑委员会《长沙马王堆一号汉墓发掘简
报》(文物出版社,1972年)。但后者为明器,参见樋口隆康《古代中国を
発掘する—馬王堆、満城他—(发掘古代中国——以马王堆、满城等为
例)》,新潮社,1975年,105页。图六引自内藤戊辰《漢代の音楽と音乐
理論(汉代的音乐与音乐理论)》,《東方学報—京都》第46册,1974年。

〔49〕于豪亮也持同一见解。参见《秦简〈日书〉记时记月诸问题》,收入中华
书局编辑部编《云梦秦简研究》,中华书局,1981年,352页。又收入《于
豪亮学术文存》,中华书局,1985年。这个整理小组的注也许原来就是
参与秦简释文、译注工作的于豪亮先生自己的意见。

〔50〕顾炎武《日知录》卷二〇"古无一日分为十二时"条说:"自汉以下,历法
渐密,于是以一日分为十二时,盖不知始于何人,而至今遵而不废。"赵
翼《陔余丛考》卷三四"一日十二时始于汉"条说:"其以一日分十二时,
而以干支为纪,盖自太初改正朔之后,历家之术益精,故定此法。"近年,
陈梦家先生主要依据汉简资料,对上述各家之说作重新探讨,推测西汉
时以十八时制为官制,到王莽时在民间简化为十二时制。参见《汉简年
历表叙》,收入陈梦家《汉简缀述》,中华书局,1980年。后来李均明先生
也支持这一意见,参见《汉简所见一日十八时、一时十分记时制》,《文
史》第22辑,1984年。

〔51〕上海辞书出版社,1985年,371页。

〔52〕安徽省文物工作队等《阜阳双古堆西汉汝阴侯墓发掘简报》,《文物》1978年第8期;殷涤非《西汉汝阴侯墓出土的占盘和天文仪器》、严敦杰《关于西汉初期的式盘和占盘》,均见《考古》1978年第5期。

〔53〕《于豪亮学术文存》,159页。

〔54〕何双全《天水放马滩秦简综述》(《文物》1989年第2期)记载了《昼夜长短表》:"正月日七夜九,二月日八夜八,三月日九夜七,四月日十夜九,五月日十一夜五,六月日十夜六,七月日九夜七,八月日八夜八,九月日十夜九,十月日十夜九,十一月日五夜十一,十二月日六夜十。"(乙167~176)。

〔55〕《淮南子·天文》:"八月、二月,阴阳气均,日夜分平。""昼者阳之分,夜者阴之分。是以阳气胜则日修而夜短,阴气胜则日短而夜修。"

〔56〕笔者在用电脑做数据的处理时,得到了早稻田大学系属早稻田实业学校数学科教谕饭泉淳先生的帮助,特此致谢。

〔57〕《秦简日书岁篇疏证》,收入中山大学中文系主编《古文字学与语言学论集》,中山大学出版社,1986年,40页。

〔58〕何双全《天水放马滩秦简综述》。

〔59〕《天水放马滩秦简甲种〈日书〉释文》,收入甘肃省文物考古研究所编《秦汉简牍论文集》,甘肃人民出版社,1989年。

〔60〕何双全《天水放马滩秦简甲种〈日书〉考述》,收入甘肃省文物考古研究所编《秦汉简牍论文集》。

〔61〕林克先生指出,《素问·标本病传论》《灵枢·病传》所见十六时制"有可能受到秦汉以后数术、方技方面所采用时刻制度(可能是十六时制)的影响"。参见《〈素問〉標本病伝論の時刻制度(下)(〈素问·标本病传论〉的时刻制度〔下〕)》,《漢方研究》10,1986年。

〔62〕中村璋八《日本阴阳道书研究》,160~161页。

〔63〕关于往亡日是出征的忌日,《资治通鉴·晋纪三七》"安帝义熙六年(410)"条中,有一段话记载刘裕(后为南朝宋武帝)准备进攻慕容超时的情况:"丁亥,刘裕悉众攻城。或曰:'今日往亡,不利行师。'……"胡

三省对"往亡"作注曰"《历书》二月以惊蛰后十四日为往亡日",说这是往亡日与二十四节气相组合的"气往亡"。关于"气往亡",可以参照《协纪辨方书》卷六《义例四》。

〔64〕"新释"脱"九月辰"三字。

〔65〕如劳榦《晋代之道士符　附论中国早期符契》(收入《汉晋西陲木简新考》,《中央研究院历史语言研究所单刊》甲种之二十七,1985 年)指出的那样,今本《神仙传》卷五有相同文字,而且更为详细,但存在将章帝变成武帝等混乱。今本与旧本不同,经过了宋代以后的改编,福井康顺《神仙传考》(《東方宗教》创刊号,1951 年,改题后收入《福井康順著作集》第二卷,法藏馆,1987 年)作过考证。

〔66〕江苏省文物管理委员会《高邮邵家沟汉代遗址的清理》,《考古》1960 年第 10 期。

〔67〕饶宗颐、曾宪通《云梦秦简日书研究》,22 页。

〔68〕坂出祥伸《霊符》(收入《"道教"大辞典——解读道教的世界》,123 页)。坂出先生此外还介绍了符的实物资料,如陕西省户县朱家堡汉墓出土陶瓶上硃书的符,推测是晋代或晋以后之物的敦煌第 16 号烽台出土的木简符。参见《道教の呪符について(关于道教的咒符)》,《関西大学文学論集》第 42 卷第 3 号,1993 年。另外,对于东汉末年太平道用于治病的符,大渊忍尔先生有过出色的考察。请参照《初期の道教—道教史の研究　其の一——(初期道教——道教史研究　其一)》,创文社,1991 年,87～93 页。

〔69〕泽田瑞穂《中国の呪法(中国的咒法)》,平河出版社,1984 年,41 页。

〔70〕参见拙文《睡虎地秦簡〈日書〉における病因論と鬼神の関係について(睡虎地秦简〈日书〉所见病因论及与鬼神的关系)》,《東方学》第 88 辑。1994 年。

〔71〕小徐本作"举足行高也"。

第七章

《日书》所见道教风俗

前　言

　　先秦社会的《日书》中发现的禹,和在儒家学说中一直作为治水圣王或夏朝始祖传播下来的面貌,大为不同。《日书》既然是由汉字记载的文本,其中展现的信仰世界无疑为先秦社会知识阶层所共有。然而,在前一章中,我们也确认了,这种面貌的禹到了后世进一步为道教所吸收。这样看来,我们可以想像,将禹作为行神的信仰世界,其实超越了知识阶层的范围,受到更为广泛的社会阶层的支持。

　　1986 年 3 月,在甘肃省天水市放马滩护林站发现了一百多座墓葬,其中有 14 座墓葬得到发掘。其中秦墓 13 座、汉墓 1 座,年代的上限是战国晚期至秦始皇统一前,下限是西汉初期的文、景时期。其中的 1 号秦墓是战国晚期的秦人墓,此墓中也出有《日书》[1]。这部《日书》如本书第四章已介绍的那样,因为是和睡虎地秦简《日书》时代几乎相同的占书,故值得注意。里面也能够看到作为行神的禹,以及行神信仰与道教习俗方面的内容。可以说,行神禹和道教习俗之间的关系,因为这一新出材料又得旁证。本章的目的在于，将前面讨论过的禹须臾、禁咒、禹步等内容，和这部新出的《日书》结合起来作进一步的研究，试图对《日书》和道教习俗之间的关系作出新的论证。

第一节　中国古代的行旅

通过对睡虎地秦简《日书》之分析，我们已经明确了行神信仰的面貌。这里，在对放马滩秦简《日书》作出具体分析之前，我们先补充若干史料，再次对行神信仰之内容作出说明。

在中国古代社会，曾有过祭祀行神（道路之神）祈求行旅安全的宗教活动。汉代的行神的名字据称是共工氏之子脩与黄帝之子累祖。《后汉书·荀彧列传》记载，曹操强迫荀彧自杀，汉献帝哀惜其才之事：

> 帝哀惜之，祖日为之废谦乐。

李贤注曰：

> 祖日谓祭祖神之日，因为谦乐也。《风俗通》曰："共工氏子曰脩，好远游，祀以为祖神。汉以午日祖。"

可见，汉代把午日作为祭祀祖神（行神）的"祖日"，那天要设置谦乐（酒宴）。《仪礼·聘礼》的经中有"又释币于行"，其郑注曰："今时民春秋祭祀有行神，古之遗礼乎？"前者讲的是在宫廷定期祭祀行神的状况，而后者是在民间的状况。

此外，出行之前，也要举行祭祀行神祈求途中安全的仪式。这称为"祖道"。举行"祖道"的场所，经学上的解说不去管他，从汉代事例看，是靠近旅行目的地方向最近的城门之外。"祖道"之际，要用土堆一个坛，其形状，据经书的记载及各种注解，是宽五尺，深四尺,高二尺,其上树立神主的菩、刍、棘、柏等物,然后举行衃礼。《诗经》时代的旅行者是用车轸坛出行,而东汉时代是跨过此坛后出发旅行的。

汉代"祖道"及其行神信仰的面貌,通过秦简《日书》的出土,现在可以追遡到先秦社会去展开分析了。与汉代祖日相当者,《日书》中称之为"衵行日"(乙 932/2、933/2)、"行衵"(乙 1039),这类占辞中记载有定期祭祀行神的吉日,或应避开祭祀的凶日。而所谓的"行衵"被定期举行的场所是道路的左右。除了这种定期举行的行神祭祀用的吉凶日外,为了选择行旅或回家时的吉凶日,还有"归行"(甲 860~862)、"到室"(甲 863)、"行日"(乙 1033)、"行者"(1035)、"行忌"(乙 1037)、"亡日"(乙 1044、1045)、"亡者"(乙 1046、1047)等多种形式,古人曾依据这些占辞选择吉日,回避凶日。关于出行时日之吉凶,最引人注目的是《禹须臾》,它既可以用十干来表示(甲 864),也可以用干支来表示(甲 799 反~795 反),尤其后者的干支是依据纳音原理来排列的。

所谓"纳音",是依照律吕理论将五音和六十干支相配,其方法如下所示:将一个八度音阶用十二个半音分割之后所得之音,称其为十二律,并各自给予从黄钟到应钟的固有名称。这个十二律制作法,被称为三分损益法。其制作过程如下所示:先将一根长九寸的竹管的音当作基音,称其为黄钟。然后将其长度缩短三分之一,就可以得到比黄钟高出完全五度之音,称其为林钟。接下来将林钟的管长增加三分之一,就可以得到比林钟低出完全四度之音,称其为太蔟。以下,反复交相损益,就可以得到以黄钟、林钟、太蔟、南吕、姑洗、应钟、蕤宾、大吕、夷则、夹钟、无射、仲吕为序的十二律。通过这种方式得出的十二律,相当于西洋音乐中的音程。与此相关,宫商角徵羽五音阶被称为五音,大致相当于西洋音乐中第一、二、三、五、六音。以这五音为一个组合,根据基音宫(第一音）被排列到哪一个律中，可以产生出多种多样的旋律，理论上讲，即十二律×五音，能够得到六十种音。这些音中，以黄钟为宫，定为标准音。这样，则可排列出商为太蔟，角为姑洗，徵为林钟，羽为南昌。依此规则得出的六十个音，按照五行之运行原理和六十干支相配，这就是"纳音"。《禹须臾》就是按照这种纳音原理，来选择出行吉日的占辞。另外，因为吉日还要和与之对应的良刻相配合，因此《禹须臾》可以说是选择出行时日之际使用的典型的时刻表。这种依据纳音原理的干支表亦见《抱朴子内篇·仙药》。《仙药》将自己出生的干支年份和不应服用的仙药的颜色相配，并用五行相胜说作了说明。

出门的人就是依据《禹须臾》之类的时刻表选择出行的时日，离开家门，到达最初的站点——城门。这一过程中，因为惜别而回首，停下脚步之类的事，是犯忌的，一直沿右侧通行到达城邑的大道就是吉。这类禁忌，让人想起道典中和禹步相关、常常出现的"慎勿返顾"等记述。一旦到了城门，就要举行"祖道"仪式了。根据《直室门》（甲843～855）图和其占辞的关系，图中的北门，从占辞顺序看应为大门，云："大门，利为邦门，贱人弗敢居。""新释"将大门的"大"字改释为"北"字，但即便是北门，那里也应是"为邦门"之门，因此，我们可以想见当时人心目中这是具有特别意义的一座门。《日书》所见"祖道"，应该就是在这个邦门外举行的。虽然没有在此设坛的直接记录，但视为有坛也无大错吧。我们可以想像，当时的人在此邦门外堆土为坛，作为"祖道"仪式的内容，人们在此饮食、歌乐、供牺、夫妇间交换衬衣。旅行者出发前，为了祈祷旅行中的安全，求得行神的保护，一边踏着禹步，一边乞求："啊，我斗胆请求，我的旅途不要有灾难，出行前为了禹王把路打扫干净。"由此我们第一次知道先秦社会的行神就是禹。过去的解释认为，禹步是汉代巫者模仿禹而形成的，现在得知，在更早的年代，在祖道上已经有了这样的仪式。我们据此可以得出一个新的解释,那就是,当时人基于大禹治水传说,模仿大禹的跛步,乞求旅行途中得到保护。禹步是在这种祈祷中产生出来的动作。

就这样,旅行者很有可能跨过土坛后开始旅程,然后又回到自己的家。此时也要刻意地避开"归忌日"和"往亡日"等日子,然后从外地出发,最后到达邦门。当终于到达,经过邦门时,要将一直作为护身符的禹符投向地面,去除旅途中带回的种种不吉之物。而且和出行时一样,一边踏着禹步,一边向禹作平安回家的报告。《抱朴子内篇·遐览》篇中可以看到禹跻符这种符的名称。我想这和禹符是有关的吧。

第二节　放马滩秦简《日书》所见《律书》和纳音

旅行者在选择出行时日时可能参照过的《禹须臾》,在甘肃省天水市放马滩《日书》中也被发现了。而且这个《禹须臾》中的干支,也是依据纳音排列的。就是说,放马滩秦简《日书》乙种中,分入《律书》的占辞竹简有 29 支,何双全先生将其中 6 支简的内容作了介绍[2]。为了行文方便,我为各简附上①~⑥的顺序号,将何先生的释文列举如下:

　① 宫一,徵三,栩五,商七,角九。(乙 72)

　② 甲九木,子九水,日出□□水,早食□□□,林钟生太蔟,大吕七十六,□山。(乙 76)

　③ 乙九木,丑八金,早食七栩火,入暮中鸣六,太蔟生南吕,太蔟七十二,参阿。(乙 77)

　④ 丙七火,寅七火,暮食六角火,夜半后鸣五,南吕生姑洗,夹钟六十八,参阿。(乙 78)

⑤ 丁六火,卯六水,东中五□土,日出日失八,姑洗生应钟,姑洗六十四,阳谷。(乙79)

⑥ 姑洗十三万九千九百六十八下应,●中吕十三万一千七十二下主黄。(乙183)

何先生将①简分为第一类,将②至⑤简分为第二类,将⑥简分为第三类,指出"《律书》由这三类组成,其中第二、第三类为主体,同时用图表列出,并注明八风方位。"[3]然而标注出八风方位的图表,其实并没有作出介绍。如前所述,因为放马滩秦简《日书》乙种目前虽说已发表,但却仍然是抄录的形式,因此我们暂时只能依据《文物》杂志上何先生所作简体字释文来展开讨论。下面,在有这些限制的前提下,试图对这部分简文作出分析。

何先生所谓第一类①的简文,可以和纬书《乐纬》佚文作对照:

孔子曰:"丘,吹律定姓,一言,得土曰宫,三言,得火曰徵,五言,得水曰羽,七言,得金曰商,九言,得木曰角。"[4]

尾形勇先生指出,这是创立新的姓,或对某个不清晰的姓加以重新确定时所利用的吹律定姓法[5]。其中将天的阳数(一、三、五、七、九)与五音相配属的五行原理正好和①相一致。上一节提及的《抱朴子内篇·仙药》所见纳音干支表也完全一致:

一言宫。庚子庚午 辛未辛丑 丙辰丙戌 丁亥丁巳 戊寅戊甲 己卯己酉

三言徵。甲辰甲戌 乙亥乙巳 丙寅丙申 丁酉丁卯 戊午戊子 己未己丑

五言羽。甲寅甲申 乙卯乙酉 丙子丙午 丁未丁丑 壬辰壬戌 癸丑癸亥

七言商。甲子甲午 乙丑乙未 庚辰庚戌 辛巳辛亥

　　壬申壬寅　　癸卯癸酉

　　　　九言角。戊辰戊戌　　己巳己亥　　庚寅庚申　　辛卯辛酉

　　壬午壬子　　癸丑癸未

　　接下来考察第二类②至⑤的内容,这里具体地记载了睡虎地秦简《日书》所没有的律吕名。因为已公开的资料只有一部分,要复原其整体结构十分困难。然而,如果在现有的资料范围内,试着做一些初步的分析,可以作出如下说明。每条由七个部分组成,可以用逗号断开,其中第三、第四部分有时刻名,第三部分中还有五音。这些时刻名可能是基于十二时制来确定的。如前所论,睡虎地秦简《日书》(乙1051),能够看到将十二支与时刻名对应的和十二时制相关的最早记录,如果进而从其他相关占辞中搜集时刻名做出一览表的话,则如本书第六章表九所示。如果将其和放马滩秦简的时刻名进行比较,②的日出、早食、□□,③的早食、入暮、中鸣,④的暮食、夜半、后鸣,⑤的东中、日出、日失,这些名称中,暮食可相当于睡虎地秦简的莫食,夜半可相当于据杜预《春秋左氏传经传集解》及敦煌文书P3812复原的十二时制中的人定。如果是这样的话,暂且可以和十二支相对应者是,子之夜半,卯之日出,巳之暮食,未之日失。至于东中、中鸣、后鸣、早食、入暮,很难把它们和十二支做出严密比对。但在居延汉简等汉代木简中,有与东中相关的“日东中六分”、“日东中时”。鸡鸣被细分为前鸣、中鸣、后鸣三个部分[6]。早食则见于应劭《汉官》所引马第伯《封禅仪记》记录的建武三十二年二月的“封禅泰山事”[7]。这样看来,只有入暮是尚未见于其他文献的时刻名。通过以上分析,我们可以说较之南郡故地出土的睡虎地秦简时刻名,故秦之地所出放马滩秦简的时刻名,为后世继承的倾向更为明显。因此,睡虎地秦简时刻名,有可能是随着秦对六国的统一为历史所湮没了

的楚国制度。

第五部分讲的是,律吕是如何依据三分损益法生成的。第六部分讲的是,以黄钟的管长为 9 寸,将其乘以 9 则得出 81,将此 81 作为黄钟之数,再反复展开三分损益之后,可以显示的律吕的相对比(但属于去除端数、四舍五入后的数字)。然而,夹钟的相对长度,④的原文作"夹钟六十八",可能是"六十七"之误吧[8]。

前面曾经讨论过,《淮南子·天文训》举出了太阳自旸谷升起再落入蒙谷所经过的十六个地名,以及经过这些地名时的十五个时刻名,并将其四分为朝昼昏夜[9]。因此《律书》第三、第四部分记录的时刻名,第七部分所见的阳谷和参阿,或许可以和《天文训》所见太阳经过地点的旸谷、曲阿联系起来。

第二类将黄钟之数作为 81,而第三类⑥则不同。我们先看后半部分。如果将黄钟之数当作 1,再反复展开三分损益的话,仲吕之数是 177 147 分之 131 072。那么,如将分母 177 147 作为黄钟之数,则仲吕成为 131 072 之整数。因此"中吕十三万一千七十二下主黄"的意思是"第十二律的仲吕之数是 131 072,下一个律再回到黄钟"。也就是说,律吕到了仲吕后,转到高八度音的黄钟。至于⑥的前半部分,依据同样的计算,仲吕之数为 177 147 分之 131 072;如果再高八度音的黄钟之数作为仲吕之数的分母 177 147,再次施以三分损益,则姑洗正好是 139 968。"姑洗十三万九千九百六十八,下【生】应【钟】"就是这个意思。

在分析睡虎地秦简《日书》时,我们虽然证明了其中所见《禹须臾》的干支排列是以纳音为依据的,但没有看到律吕名。然而,依据放马滩秦简《日书》的《律书》,我们却再次证明了《禹须臾》和纳音的关系,而且在其十二律中找出了林钟、太蔟、大吕、南吕、姑洗、夹钟、应钟、中吕(仲吕)八个律吕的名称[10]。

第三节　禁咒的形式

睡虎地秦简《日书》和放马滩秦简《日书》，为我们提供了旅行者参照《禹须臾》等占术选择旅行的时日，出行之际在邦门外举行种种祖礼的重要资料，其中所见禹步是尤其值得注意的巫术仪礼。禹步的具体步行法，以前所能看到的最早资料是东晋葛洪《抱朴子内篇》的《仙药》和《登涉》，现在由于《日书》的出土，我们可以推溯到战国时代去讨论问题了。睡虎地秦简所见禹步的原文，如下所示：

> 行到邦门困禹步三勉壹步謣皋敢告曰某行毋咎先为禹除道即五画地掫其画中央土而怀之（甲785反～784反）

在上一章中我纠正了旧文对"困"的解释[11]，按照"新释"的注解改读为"閵"，重新作出以下解读：

> 到邦门之閵时，做三次禹步，每进壹步，都要喊叫"皋，敢告"。再说"某行毋咎，先为禹除道"。在地上画出五个部分，拾起中央部分的土而将其放到怀里。

然而小南一郎先生和坂出祥伸先生对禁咒部分的解释和我们不同。对禁咒部分作出正确理解，对复原先秦社会禹步之法而言也是极为重要的工作，因此我想在此先讨论两位先生的解释。

小南先生读此句为"行到邦门，困，禹步三勉，壹步謣皋，敢告曰"[12]，坂出先生读此句为"旅行到邦门，如果困了，就做三次禹步，每走壹步都尽力大声呼喊，敢告曰"[13]。如果不将这个占辞与作为其背景的行神信仰联系起来解释的话，那可以做出许多种句读和解释。然而，由于其内容为行神信仰中的一环，文中有"某行毋咎",因此我们不能将其理解为回家时的禁咒,而必须理解为出行时所举行的禁咒。如果将其理解为从外地回家经过邦门时的禁咒,那么,旅行都结束了,还要喊"某行毋咎",岂不矛盾吗?

在这样一种认识的基础上,分析这段巫术内容的结构,就会发现两位先生的读法有困难。这段咒文由"讄'皋,敢告'"和"曰'某行毋咎,先为禹除道'"两个部分构成。这从《行行祠》(乙 1040～1041)以下例子中亦可得到旁证:

> 其讄曰:"大常行,合三土皇,而为四席。席餟,其后亦席三餟。"其祝曰:"毋王事,唯福是司,勉饮食,多投福。"

这里的咒文也是由"其讄曰"云云和"其祝曰"云云两部分构成。将这段咒文,和前面那段禁咒的内容进行比较,"其讄曰:'大常行,合三土皇,而为四席。席餟,其后亦席三餟。'"和"讄'皋,敢告'","其祝曰:'毋王事,唯福是司,勉饮食,多投福。'"和"曰'某行毋咎,先为禹除道'",分别相互对应。因此,禁咒应是出行之际由旅行者先喊"啊,我斗胆请求",然后再祈求"我的旅途不要有灾难,出行前为了禹王把路打扫干净"。

禁咒的咒文由两部分构成,《日书》以外还有一些例子。例如马王堆三号汉墓帛书《五十二病方》中,作为腹股沟疝气治疗的别方,有如下治疗方案:

> 一,令癪(癩)者北首卧北乡(向)庑中,禹步三,步唪(呼)曰"吁,狐麃"三。"若智(知)某病狐☒"。(210)[14]

如果将其核心部分的原文和睡虎地秦简相比照,相互补充其文句,则可以作出如下复原。

> 《睡虎地秦简》:禹步三,勉壹步,讄【曰】:"皋,敢告。"曰:"某行毋咎,先为禹除道。"

《五十二病方》：禹步三，【勉壹】步，嘑曰：“吁，狐麃。”三(衍)【曰】：“若智某病狐☐。”

【　】中的字即相互补充后填入的内容。另外《五十二病方》后半部分的“三”字，当是因前半部分有“禹步三”而被错置于此的衍文。因此《五十二病方》这一段可作以下解释：

一，让癩者头朝北，卧于北向的庑中，做三次禹步，每【壹】步都喊：“吁，狐麃。”说：“你知道某病之狐☐。”

这就证明，这两者文章结构相同，都是由两段咒文组成的。因此，睡虎地秦简的“謼皋敢告”一句，也就不能像两位先生那样将“謼皋”解为连读动词。睡虎地秦简的“謼【曰】”和“皋”，分别与《五十二病方》的“嘑曰”和“吁”相互对应，因此，只能认为“謼、嘑”是动词、“皋、吁”是感叹词。

禁咒的咒文中类似感叹词“皋”的使用例，也见于睡虎地秦简《日书》甲种的《梦》(883 反～882 反/1)：

人有恶瞢(梦)，覺(觉)乃绎(释)发西北面坐，鑃(祷)之曰：“皋，敢告壐(尔)矜琦。某有恶瞢(梦)，走归矜琦之所。矜琦强歠(饮)强食，赐某大幅(富)，非钱乃布，非茧乃絮。”则止矣。[15]

这里的“祷之曰：‘皋，敢告尔矜琦。’”也和前面讨论的“謼【曰】：‘皋，敢告。’”是同样的文章结构。通过以上讨论，可见先秦社会禁咒咒文的文章结构，必须由“謼【曰】：‘皋，敢告。’曰：‘……’”前后二段文字构成。

第四节　禹步与四纵五横

旅行者在做禁咒后，还要“即五画地，掓其画中央土而怀之”。

关于"即五画地",饶宗颐先生引道典《太上六壬明鉴符阴经》卷四《真人禹步斗罡》以下文字：

> 用白垩画作九星,斗间相去三尺,从天罡起禹步,随作,一次第之,居魁前,逆步之。[16]

他据此解释睡虎地秦简《日书》这段文意为："用白垩画于地上作北斗状,掫(《集韵·屋韵》:掫,拾也。)其中央之土而怀之。"[17] 没有证据证明《日书》所见禹步使用这种白垩,也无根据表明"即五画地"与描绘道教九星有关,而且《真人禹步斗罡》中也没有饶宗颐先生推测的和"掫其中央之土而怀之"相关的记录,但是,放马滩秦简《日书》甲种所见以下占辞在某种程度上可以旁证其推测,下面将释文按各简顺序加以排列：

> 禹须臾行日 ┃禹须臾所以见人日(42)
> ┃禹须臾臾臾行得择日出邑门禹步三向北斗质画(66)
> 地视之日禹有直五横今利行行毋咎为禹前除得(67)
> 目龙日秉不得(73)[18]

何双全先生将这四简重新排列,并复原了全文：

> 禹须臾行日 42 <u>禹须臾行</u>,得。择日出邑门。禹步,三<u>乡</u>北斗,质画 66 地视之。曰禹有直五横,今利行,行毋为,禹前除,得。67 禹须臾所以见人,曰 42 目龙日,秉,不得。73[19]

然而,这样的排列与释文有很大的问题。第一,从简号看,除 66 简、67 简外,前后距离很远。因此,是否可以由这四支简构成一个完整的占辞,存在疑问。第二,何双全先生是将原简按 42 简(前半)、66 简、67 简、42 简(后半)、73 简的顺序来复原全文的,虽然原简照片至今没有发表，因此难以确定，但无法否认，这种排列给人以不自然的印象。第三，前者每简的释文和后者复原的释文，两者间存在字句上的差异。即，有下划线的"禹须臾行，得"，前者作"禹须臾臾臾行得"；有下划线的"乡"，前者作"向"。之所以有"乡"、"向"之别，我想可能是把"鄉（乡的繁体字）"和"嚮（向的繁体字）"弄混了，或者是错写，但"禹须臾行得"和"禹须臾臾臾行得"的异同该怎么解释呢？第四，如"禹步，三乡北斗"所示，释文句读上存在问题。根据我们前面的研究，这里应读为"禹步三，乡北斗"才是。

　　在以上疑问的基础上，我们来分析简号相邻的 66 简、67 简的内容。首先，我们有必要注意的是，66 简开头以"禹须臾"为占题，可见南郡以外天水一带地区在几乎相同时代实施过"禹须臾"的占法。后面的"臾臾行得"，意义不详。再后面的文字可以句读为：

> 择日出邑门，禹步三，乡北斗，质画地，视之曰："禹有直五横，今利行。行毋咎。为禹前除得。"

现按顺序解释其内容。首先"择日出邑门"可以读为"选择好时日后出邑门"。因此，我们推测这份占辞即是依据所谓的《禹须臾》选择时日的时刻表。"出邑门"后要举行禹步等仪礼，依照睡虎地秦简《日书》，举行这种祖道的场所是邦门外，因此邑门的性质就成了问题。我们看睡虎地秦简《日书》中出现的、与地方行政制度相关的名称及其出现频率："邦"有 11 例，"邦中"有 3 例，"邦郡"有 1 例，"邑"有 3 例，"里"有 1 例，不知为何，其中完全没有发现"乡"的例子[20]。但在《日书》以外的与法制史料相关的秦简中，却常常提及"乡"。因此，造就《日书》之世界的民俗社会中，"乡"的存在是不用怀疑的。所以，可以这样解释，《日书》中的"乡"是用"邑"之名称来表达的，放马滩秦简的"邑门"也大致相当于乡城的门。关于邑门，《史记·滑稽列传》褚少孙补文的淳于髡故事中有以下内容：

> 昔者,齐王使淳于髡献鹄于楚。出邑门,道飞其鹄,徒揭
> 空笼,造诈成辞,往见楚王曰:……

这说的是淳于髡接受齐王之命出使楚国,出邑门时,将应献给楚王的鹄从鸟笼里放走了。我们不清楚这里的邑门究竟是一种什么性质的门[21]。然而,《说苑·修文》有与葡匐救厉之礼的记载。在此礼结束后,还有以下的文字:

> 事毕,出乎里门,出乎邑门,至野外。

这里,里门和邑门在时间上是前后相继出现的,因此我们得以知道其内部结构。就是说,城邑内有里,为到邑外(野外)去,要先出里门,然后出邑门。《修文》所见邑门,似为小规模城邑之门。

我们进一步根据睡虎地秦简考察邑门和里门的关系。《法律答问》(530)中有:

> 燎火,延燔里门,当赀一盾;其邑邦门,赀一甲。

古贺登先生将其内容译为:"在路上生篝火,如果延烧到里门,赀一盾。如果延烧到其邑邦门,赀一甲。"在此基础上,他解释道:"所谓'邑邦门'为乡城或者县(=都乡)城之门,因此所谓'邦'指的是乡或者县。"[22]这段文字中"其邑邦门"和"里门"是形成对比的。如果这个邦门就是都城的邦门,那它会被表述为"其邑的"邦门吗?在秦律中,如果提到咸阳和栎阳等特殊的都邑,均使用其固有的名称,而没有使用这种模糊的表达方式[23]。因此,正如古贺先生所言,内部有"里"的"其邑"(亦即城邑)指的就是乡城、县城。

也就是说,放马滩秦简《禹须臾》中提到的"邑门",具体指的就是乡城、县城的城门,是和睡虎地秦简的"邦门"大致相同的概念[24]。因此,放马滩秦简《禹须臾》中,旅行者"出邑门"后举行"禹步"以下各种仪式的地方,和睡虎地秦简所说邦门外也是一样的。

但其仪式和睡虎地秦简稍有不同。关于其顺序,简文云:"走三个禹步,面向北斗,恭敬地画地,看着它说:……"据此可知,旅行者要先做"禹步三",这和睡虎地秦简《日书》的记述相同。因此我们推测,其方法也和《抱朴子内篇》的《仙药》、《登涉》所述相同,以三步为一个单位,反复走上三次。接下来的"乡北斗",如饶宗颐先生所指出的那样,和在地面上用白土画出九星(北斗七星及辅星、弼星),然后踏在上面迈出的《真人禹步斗罡》的禹步有着密切的关系。关于踏着北斗迈出的禹步和出行之关系,《真人禹步斗罡》描述道:

> 步斗毕咒曰:"……行者有喜,留者有福,万神护我,永无盗贼,急急如律令。"

在踏着北斗迈出禹步后唱出的咒语中,有"行者有喜"一句。这个"喜",正好可以相当于第六章第三节所讨论《禹须臾》中作为吉神出现的喜神吧。我们认为,这些现象都说明,先秦社会出行之际的禹步和道教的禹步有渊源关系。

再来看"质画地,视之曰"这段话。它和后面紧接着的"禹有直五横,今利行。行毋咎。为禹前除得"之禁咒有密切的关系。就是说,"质画地"指的就是禁咒的"直五横"。《山海经·大荒北经》对烛龙这种神的相貌有如下描述:

> 有神,人面蛇身而赤,直目正乘。

郭璞注曰:

> 直目,目从也。

可见"直"有"纵"的意思,所以"直五横"可以理解为"直(从)五横",是在大地上切划出"四从(纵)五横"九字的行为,因此我们推测原简脱了一个"四"字。这样的话,这段咒文的末尾"为禹前除得"和睡虎地秦简"先为禹除道"句式相同,因此前者的"得"可能是"道"之误释。所以,66 简开头的"禹须臾臾臾行得"就应释为"禹须臾臾臾行道","臾臾"是"行道"的副词。这样 66 简、67 简全文就可以作如下解释:

> ▎禹须臾 臾臾行道时,选择时日出邑门,做三次禹步,向着北斗,恭敬地画地,看着它说:"禹有四从五横,今利行。行毋咎。为禹在前面扫清道路。"

由此可以推测,睡虎地秦简的"即五画地"也应是这种在地面上切画九字的与巫术相关的行为。

然而,睡虎地秦简中,在"即五画地"之后,还有放马滩秦简所未见的"掓其画中央土而怀之"的行动。对此,坂出祥伸先生作这样的推论:"拾起中央的土放入怀中这一动作,《五十二病方》中也有类似的记载,即取土块置于室内,并用来揉搓皮肤上的突起物。结合起来考虑,我想这或许来源于地气具有巫术能力的观念吧。"[25]

然而,关于禹步和九字的结合,酒井忠夫先生作过以下论述:禹步是以北辰北斗信仰为基础的。在六朝末期时,禹步和来自相同信仰的六甲术结合起来,和禹步相配合的九字咒文咒语成为"四纵五横"的符形。记载这类符形的资料、文献,无法推溯到南宋、金以前,其形成当在南宋、元的民族战争时期。[26]酒井先生指出,日本京都西阵光明山日莲僧日荣所著《修验故事便览》卷之二"九字"条所引三山施公子美(据说是金代人)所撰《军林宝鉴》上卷速用篇也有和四纵五横符形相关的记载:

> ▦正立门内,叩齿三十六遍,以右手大拇指先画四纵,后为五横,讫即咒曰:"四纵五横,吾今出行。禹主(王)卫道,蚩尤辟兵,盗贼不起,虎狼不行,还归故乡。当吾者死,背吾者

亡。急急如律令。"咒毕便行。慎勿反顾。[27]

此文说,旅行者出行之际要先叩齿三十六遍,用右手大拇指画出四纵,然后画出五横,向禹主(王)乞求卫道,向蚩尤乞求不要被兵匪、盗贼、虎狼加害。此文虽不见禹步,但禹在此以行神面目出现,而且旅行者也要做四纵五横的九字切划。另外,酒井先生所引《北斗治法武威经》(酒井先生认为此书成于宋以后)还有以下内容:

> 天罡法云:……并行天罡法。先启告北斗诵咒。讫,念七星名字,以杖子画地四纵五横,禹步而行。……禹步咒曰:"四纵五横,六甲六丁,禹王治道,蚩尤辟兵。遍行天下,曲戈反复。所有一切虎狼、贼盗、凶恶等并赴吾魁罡之下。无动、无作,急急如律令。"[28]

这里记载了旅行者一边念七星之名,一边用杖在地面上画出四纵五横,然后做禹步。这类史料,可以说如实地反映出禹作为行神被道教吸收,禹步及四纵五横的九字切划等仪式也被以禹为行神的信仰体系所继承之情况。因此,禹步和九字的结合之出现比酒井先生想象的早得多,在先秦社会中就已经出现了。

结　语

在此,对我在行神信仰解释中有意识地使用的方法论,再作一次确认。那就是,并非仅仅列举和行神信仰有关的记录,将其一条条作出解释,而是将其纳入行神信仰整体中考察其地位和意义。在此过程中,意外浮现出来的是道教习俗的问题。对于我格外关注行神信仰和道教习俗之间关系,酒井忠夫先生给予了非常严厉的批评:① 战国时代的禹是儒家所倡导的圣人圣王,而非宗教信仰之客体。② 将道教形成以前所见禹步,用道教宗教仪式之禹步来加以解释，这属于"对禹步在生活文化发展中的形成过程进行研究时，没有采取历史学方法导致的"错误[29]。我想在此对酒井先生的批评给予回答。

据我理解，酒井先生以为我是在道教形成以后"宗教"的层次上理解先秦社会的行神信仰。他批评的核心在于此。然而，道教是什么？关于道教的定义，众说纷纭，其学说至今已不计其数，酒井先生自己也和福井文雅先生共同撰写大作，对此有过详细介绍[30]。现在因为我的看法和酒井先生定义的道教宗教概念不合，就说我的意见不对，这是不应该的吧。众所周知，《金枝》的作者基于文化进化论的立场，为论证从巫术中产生宗教，再从宗教中产生科学，写作了大量的论著。然而后来人类学者的调查确认巫术和宗教常常同时存在，要作出区别不是那么容易。也就是说，认为巫术和宗教前后相继而起的弗雷泽的框架，已经是过去的理论了[31]。而且我所复原的行神信仰的世界，也并不能用酒井先生所说意义上的"宗教"去理解。反而我尤其注意的是"巫术"的内容，同时注意它和道教中类似巫术仪式的关联。

我想不用再反复说明，道教中包含谶纬、巫祝、阴阳思想、神仙思想、卜筮等方术，这些都是支撑道教中的巫术信仰的重要因素。现在中国各地不断出土的各种各样的占卜书，为这些方术历史演变及其地域特征的讨论提供了重要的资料。因此，我认为，以过去文献学研究的成果为基础，加上这些新出土的占卜书，从方术、仪式的角度去探索道教仪式的原始形态和形成过程，这种研究方法将成为早期道教形成过程研究的新领域。已有一些学者从养生思想的角度对马王堆汉墓帛书中的古医书及张家山汉简《引书》、《脉书》等文献加以关注，这也和上述的问题意识有关吧。今后还会不断出土各种各样的占书，为中国古代宗教史研究提供新的资料，在这种形势下，我们已不能坐视不问了。

注

〔1〕甘肃省文物考古研究所、天水市北道区文化馆《甘肃天水放马滩和战国秦汉墓群的发掘》,《文物》1989 年第 2 期。

〔2〕何双全《天水放马滩秦简综述》,《文物》1989 年第 2 期。

〔3〕何双全《天水放马滩秦简综述》。

〔4〕收入安居香山、中村璋八编《重修緯書集成》卷三,明德出版社,1971 年,111 页。

〔5〕《"吹律定姓"初探—中国古代姓氏制に関する一考察—("吹律定姓"初探——中国古代姓氏制度考察)》,收入《西嶋定生博士還暦記念 東アジア史における国家と農民(西嶋定生博士还历纪念东亚史所见国家与农民)》,山川出版社,1984 年。

〔6〕陈梦家《汉简年历表叙》,所入《汉简缀述》,中华书局,1980 年;李均明《汉简所见一日十八时、一时十分记时制》,《文史》第 22 辑,1984 年。

〔7〕参见《续汉书·祭祀志上》所见泰山刻石文的李贤注引。

〔8〕楠山春树先生在《淮南子·天文训》的译注中,算出夹钟的相对长度为67.42。参见新释汉文大系所收《淮南子》上,明治书院,1979 年,172 页。

〔9〕参见本书第六章第三节第 4 部分"十二时制与十六时制"。

〔10〕此外,放马滩秦简《日书》乙种《医巫》中有蕤宾,《占卦》中有夷则、毋(无)射。参见何双全《天水放马滩秦简综述》。

〔11〕参见拙文《埋もれていた行神—主として秦簡〈日書〉による—(被埋没了的行神——以秦简〈日书〉为主要依据)》,收入《東京大学東洋文化研究所紀要》第 106 册,1988 年。

〔12〕小南一郎《大地の神話—鯀・禹伝説原始—(大地的神话——鲧、禹传说的原初形态)》,《古史春秋》第 2 号,1985 年。

〔13〕坂出祥伸《災いを避ける歩行術＝禹歩(能避开灾难的步行术——禹步)》,收入《"気"と養生——道教の養生術と呪術("气"与养生——道教的养生术与咒术)》,人文书院,1993 年。

〔14〕释文依据马王堆汉墓帛书整理小组编《马王堆汉墓帛书〔肆〕》,文物出版社,1985 年,50 页。

〔15〕乙种(1089～1090/1)中也有几乎相同的占辞,那里"皋"作"繰"。"繰"是"皋"的假借字。

〔16〕参见《道藏·洞神部·方法类》履下字册。

〔17〕参见饶宗颐、曾宪通《云梦秦简日书研究》,中文大学出版社,1982 年,21 页。

〔18〕秦简整理小组《天水放马滩秦简甲种〈日书〉释文》,收入甘肃省文物考古研究所编《秦汉简牍论文集》,甘肃省人民出版社,1989 年。

〔19〕秦简整理小组《天水放马滩秦简甲种〈日书〉考述》,收入甘肃省文物考古研究所编《秦汉简牍论文集》。

〔20〕参照本书第五章。

〔21〕野口定男译《史记》下(中国古典文学大系 12,平凡社,1971 年)译作"齐的都门"(305 页)。但这一故事也见《韩诗外传》卷十及《说苑·奉使》等文献,所见内容多有不同,未必能够断定是都门。

〔22〕参照古贺登《漢長安城と阡陌、県郷亭里制度(汉长安城与阡陌、县乡亭里制度)》,雄山阁,1980 年,489 页。

〔23〕例如《秦律十八种》所见《仓律》(093)有"栎阳二万石一积,咸阳十万一积,其出入禾,增积如律令",《效律》(306)有"栎阳二万石一积,咸阳十万石一积"。

〔24〕何四维先生将邦门译为"the gate of city",并在"其邑邦门"下注曰"The expression i-pang 邑邦 appears to be unknown",参见 *Remnants of Ch'in Law*:E. J. Brill, Leiden, 1985. p. 166. 但将"邑邦"作为一个词连读恐怕未必妥当。

〔25〕坂出祥伸《"气"与养生——道教的养生术与咒术》,252 页。

〔26〕酒井忠夫《反閇について—日·中宗教文化交流史に関する一研究—(关于反闭——日中宗教文化交流史研究)》,《立正史学》第 66 号,1989 年。

〔27〕这段文字,按引用者的不同,字句也有若干差异。这里的引文,依据的是享保十七年法华宗门书堂平乐寺刊行、安政三年补刻的《修验故事便覧》。

〔28〕参见《道藏·洞神部·方法类》薄下字册。

〔29〕酒井忠夫《关于反闭——日中宗教文化交流史研究》。

〔30〕参见《道教とは何か（道教是什么）》，收入福井康顺等监修《道教 1》，平河出版社，1983 年。

〔31〕关于巫术和宗教关系的标准解说，可举吉田祯吾《呪術（巫术）》，收入小口伟一、堀一郎监修《宗教学辞典》，东京大学出版会，1973 年。

第八章

禹形象的变迁与五祀

前　　言

　　放马滩秦简《日书》的发现，为以禹为行神的民间信仰世界提供了重要的旁证，这一世界后来被道教吸收的情况，也因此得到进一步的阐明。可以说，依据出土文字资料展开的行神信仰研究，为今后早期道教形成过程的研究提供了可能性。我们还能想像得到，如果我们把禹之信仰形态这一问题，放到中国古代社会"日常性"的系统中去考察的话，我们不仅能了解作为行神形象的禹，还能了解禹形象的变迁，以及与禹形象变迁相伴随的信仰内容的变化、扩大、个别化等多种多样的情况[1]。因此，本章不仅从文献中，也从出土文字资料中去探寻那些和禹形象变迁相关的史料，并试图考察民俗社会中，甚至中华世界周边民族的社会中禹形象是如何变迁的。附带说明，本章中如果只提到《日书》，那指的就是睡虎地秦简《日书》。

第一节　与嫁娶日吉凶相关的禹

　　在前面一章中，我们已经论述过，《日书》的世界不仅为知识阶

层所拥有,而且得到了相当广泛的社会层面的支持,从占辞中屡屡
出现的"民"字就可窥见一斑。例如《行》篇(甲 857、858)中有:

> ●凡是日赤啻(帝)恒以开临下民而降其英(殃)。不可具
> 为百事。皆毋(无)所利。……[2]

在这段占辞的前面,记有应该避开祖道之日的时间表,并说明了那
些日子为何需要避忌的理由。因为那些禁忌之日,赤帝会开临下
民,降下灾害灾祸,所以劝诫人们万事要谨慎而行。这里劝诫的对
象,是作为旅行者的"民"[3]。同样《行》篇(甲 859)中还有:

> 凡民将行,出其门,毋(无)敢顾,毋(无)止,直术吉。

在这里,选择吉日准备出行的主体也是"民"。当然,在现实社会
中,这里的"民"指的也许实际上只是中、上阶层的人士。然而既然
原简中写的是"民"字,那只能说《日书》是官民所共同拥有的精神
世界。也就是说,《日书》是官民的精神世界相交织、相重合而成立
的文本[4]。

在《日书》多种多样的占卜内容中,与嫁娶相关的占辞格外多
见,可见嫁娶是占卜对象中最为关心的一类。例如《秦除》(甲
746/2)有以下内容:

> 平日,可以取妻,入人,起事。

这种意为"娶妻"的"取妻"之词共有 62 例[5],此外,意义相同的"取
(娶)妇"也有 16 例,如《星》(甲 800/1)的房宿占辞云:

> 房　取妇、家(嫁)女,出入货及祠,吉。可为室屋。生
> 子,富。

和"取(娶)妇"并称的"家(嫁)女"是所谓"出阁"的意思,和"取(娶)
妇"的立场正好相反,合计有 20 例,与之相似的"家(嫁)子"也有 7

例。这种"取(娶)妻"、"取(娶)妇",如《星》篇所见,和"家(嫁)女"、"家(嫁)子"结合在一起出现的情况很多,传世文献类似用例亦见于张仪向齐王陈说连横之策中,即《战国策·齐策一》"张仪为秦连横齐王"章:

> 今,秦、楚,嫁子取妇,为昆弟之国。

此外,和"家(嫁)女"相似的"出女"之语共有 9 例,如乙种(1012):

> 正月、七月朔日,以出母〈女〉[6]、取妇,夫妻必有死者。以筑室,室不居。

"出女"有和"取妇"及"取妻"相结合的例子,也有单独出现的例子。《孟子·离娄下》中有:

> 夫章子岂不欲有夫妻子母之属哉。为得罪于父,不得近,出妻屏子,终身不养焉。

这里的"出妻"指的是休妻。但"出女"之宾语是"女(女儿)",因此,这里应是"让女儿出(嫁)"之意。

《日书》中与嫁娶日吉凶相关的占辞不仅是这种现实的内容,还有来自神话传说的内容。例如甲种(884)中有:

> 取妻　取妻龙日,丁巳、癸丑、辛酉、辛亥、乙酉,及春之未、戌,秋丑、辰,冬戌、亥。丁丑、己丑取妻,不吉。戊申、己酉,牵牛以取织女,不果,三弃。

与之相关内容还见于甲种(893 反/1):

> 戊申、己酉,牵牛以取织女,而不果,不出三岁,弃若亡。[7]

这和七夕传说有关,除《诗经·小雅·大东》及《石氏星经》等文献外,这可以视为最早的资料,为了解中国古代民俗社会中牵牛、织女的信仰形态提供了重要的资料[8]。其中所列各种日子是牵牛欲娶织女而不果的"龙日"[9]亦即凶日。

禹作为和嫁娶日吉凶相关的神灵受到民俗社会的信仰。例如甲种(894 反/1)有：

> 癸丑、戊午、己未,禹以取梌(涂)山之女日也,不弃,必以子死。

和"弃妻"相关用例,其他还有"取妻必弃"(甲 823/1),"不可取妻,取妻不终,死若弃"(甲 886 反)等 8 例。此外,《史记·陈丞相世家》中有：

> 伯闻之,逐其妇而弃之。

后者乃陈平的故事,说陈平不愿帮家里做农活,因此其兄(陈伯)的妻子把他视为多余之物,陈伯闻之大怒,休妻并逐出家门。据此可知"弃妻"即休妻之谓。上面这段占辞的意思就是,"癸丑、戊午、己未各日是禹娶涂山氏之女的日子。这一天娶的妻一定要休妻,不然孩子必死"。这些干支日虽然能看出有规律性的倾向,但不知道依据的是什么占法原理。

如在传世文献中查找禹娶涂山氏之女的传说,《楚辞·天问》的"问夏"中有：

> 禹之力献功,降省下土四方。焉得彼嵞山女,而通之于台桑?

这问的是为天帝尽力,降于大地、视察四方的禹,是怎么和涂山氏之女相会,并通于台桑的? 时代较晚的东汉赵晔的《吴越春秋·越王无余外传》有如下文章,讲述了这件事情：

> 禹三十未娶,行到涂山,恐时之暮,失其制度,乃辞云:"吾

娶也,必有应矣。"乃有白狐九尾,造于禹,禹曰:"白者,吾之服
也。其九尾者,王之证也。涂山之歌曰:绥绥白狐,九尾疱
疱,我家嘉夷,来宾为王,成家立室,我造彼昌,天人之际,于兹
则行,明矣哉。"禹因娶涂山,谓之女娇。取辛壬癸甲禹行。十
月,女娇生子启。

如注意文中"取辛壬癸甲禹行"这句话,《今文尚书·虞书·益稷》
中也有:

予创若时,娶于涂山。辛壬癸甲,启呱呱而泣,予弗子。

一般认为,辛壬癸甲是禹娶妻的四天后。但刘向《列女传·母
仪》云:

启母者,涂山氏长女也。夏禹娶以为妃。既生启,辛壬癸
甲,启呱呱泣,禹去而治水。[10]

这里,"辛壬癸甲"被置于"生启"的后面。但《艺文类聚》卷一五《后
妃部》"后妃"有相同的文章,却引作:

禹取四日而去治水。

据此,辛壬癸甲还是可以理解为禹娶涂山氏之女,然后离开她外出
治水为止的四天时间。《史记·夏本纪》是这么记载的:

禹曰予辛壬娶涂山癸甲生启予不子

这里,辛壬和癸甲是分开的,《史记集解》所引伪孔传说:

辛日娶妻,至于甲四日,复往治水。

就是说辛壬日为禹娶妻之日,四日后禹又出去治水。不过,《史记
会注考证》认为,"禹曰"为衍文,"辛壬"置于"涂山"之上是抄写错
误,并引证清代张文虎之说,认为是裴骃在引伪孔传时增加了"四

日"二字[11]。中华书局标点本《史记》基于这些讨论,确定文本为:

> 禹曰:"予(辛壬)娶涂山,〔辛壬〕癸甲,生启予不子。"

就是说,在"予娶涂山"和"生启予不子"的中间放入"辛壬癸甲",使之恢复为和《益稷》篇同样结构的文章。

除了以上的文本讨论外,张光直先生指出了这样一种可能性,即"辛壬癸甲"四个天干和殷代根据十干确定婚姻配偶规则是相应的[12]。

此外,《说文》卷九下《山部》的"崵"字,是这样记载的:

> 崵,会稽山也。一曰:"九江之当崵也。"民,以辛壬癸甲之日嫁娶。

这显示出辛壬癸甲和嫁娶日的关系,是很珍贵的民俗资料。许慎告诉我们以辛壬癸甲为嫁娶吉日的会稽地区的习俗,但没有说清楚"一曰"的淮水中游九江郡地区是否也有这个风俗。但《水经注》卷三〇"淮水"条所引《吕氏春秋》佚文云:

> 禹娶涂山氏女,不以私害公,自辛至甲,四日,复往治水,故江淮之俗,以辛壬癸甲为嫁娶日也。

既然说以辛壬癸甲为嫁娶之日是江淮地区的习俗,那么《说文》所说九江郡地区也应包括在这个习俗圈中吧。赤塚忠先生指出:"以辛、壬、癸、甲为嫁娶之日,并不是有《益稷》篇的记载后才开始的,而是更早以前就存在的一种民俗传承。辛、壬、癸、甲是怀孕的祥瑞之日。"[13]如果是这样的话,以癸丑、戊午、己未为嫁娶凶日的《日书》占辞,和以辛、壬、癸、甲为嫁娶吉日或怀孕祥瑞之日的江淮习俗,内容正好相反。这究竟是地域差异导致的,还是时代差别导致的,或是同一地区、同一时代正好习俗相反? 还不得其详。前引《楚辞·天问》王逸注曰:

　　　　以辛酉日娶，甲子日去，而有启。

这里，只举出特定的干支，把它作为和禹嫁娶日相关的日子，这值得注目，但这些干支和《日书》没有共同点。不知东汉中期的王逸是依据什么举出这些干支的，这是有趣的问题。

　　不管怎样，禹娶涂山氏之女的日子，《日书》中作为凶日，文献资料则作为吉日，可知禹的嫁娶日是古人所关心的问题，对现实中嫁娶日的选择也产生了一定影响。而禹作为和嫁娶凶日相关之神灵被信仰，则是因《日书》首次得以发现的。

第二节　作为治癒神的禹

　　禹也是一位治癒神。马王堆汉墓帛书《五十二病方》[14]有此记载。众所周知，《五十二病方》是马王堆西汉三号墓出土的 11 种古医书中的一篇[15]。其中有一个被毒蛇咬伤的治疗方法：

　　　　一，湮汲一音（杯）入臬蠡中，左承之，北乡（向），乡（向）人禹步三，问其名，即曰："某某，年□，今□。"饮半音（杯），曰："病□□已，徐去，徐已。"即复（覆）臬蠡，去之。（97～98）

如果译成白话，如下所示：

　　　　别方：将泥水沉淀后取上面部分，倒一满杯，放入葫芦之中，用左手捧着，面向北，面向病人做三次禹步，问其名，则说："某某，年□，今□。"喝下半杯水后，"病□□治好，能慢慢地离去，慢慢地好起来。"于是将葫芦倒过来，离开那里。

这里引人注目的是，这种巫术治疗法中融入了禹步，这和天水秦简《日书》中以下内容（66、67）十分相似：

　　　▍禹须臾　臾臾行道　择日出邑门，禹步三，乡北斗，质画地,视之曰:"禹有直五横,今利行。行毋咎。为禹前除得。"
此外,关于疣的治疗,《五十二病方》有以下内容:

> 一,以月晦日日下铺时,取由(块)大如鸡[16]卵者,男子
> 七,女子二七。先【以】由(块)置室后,令南北【列】,以晦往之
> 由(块)所,禹步三,道南方始,取由(块)言曰[17]:"今日月晦,
> 靡(磨)尤(疣)北。"由(块),一靡(磨)□。已靡(磨),置由(块)
> 其处,去勿顾。靡(磨)大者。(105~107)

如果译成白话,如下所示:

> 别方:晦日下铺之时,取鸡蛋大小的土块,男子拿七个,
> 女子拿十四个。先将其置于屋后,按南北方向排列。到天暗
> 时去那个地方,做三次禹步,从南方开始,取土块后喊道:"因
> 为今天是晦日,所以在北面擦疣。"将土块擦一次□。擦完之
> 后,将土块放回原来的地方,出去时不可以回头。要用大的土
> 块去擦疣。

这种疣治疗法也极具巫术的性质,其治疗过程中也有禹步,而且还
有"去勿顾"这种禁忌。此禁忌亦见《日书》甲种(859):

> 凡民将行,出其门,毋敢顾,毋止。直术吉,从道右吉,从
> 左咎。小顾是谓小楮,咎;大顾是谓大楮,兇。

就是说,先秦社会离家出行之际,也有不能因为惜别而回头的禁
忌。此外,从旅行目的地返回,进城邑之门时要举行通过仪礼,迈
禹步时,也同样有"勿顾"之事,如《日书》乙种(997/3~1002/2)有:

> □邦门可□
>
> 行□
>
> 禹符左行置右环(还)曰□

　　　　□□右环(还)日行邦

　　　　令行。投符地,禹步三,日,皋

　　　　敢告□□□

　　　　□□□□　　　　符上车毋顾

这种禹步和"勿(毋)顾"禁忌的结合,在后代的道典中也能找到[18]。不管怎样,在疣治疗中禹步和"返顾"禁忌相结合,其和行神信仰仪礼的近似是值得注意的。

　　此外,在《五十二病方》中,有腹股沟疝气治疗的方法,原文如下:

　　　　一,令積者北首卧北乡庑中禹步三步噂曰吁狐麃三若智某病狐□(210)

在把它和《日书》的内容作比较和校订时,我们已指出此句可以这样读:

　　　　一,令積(癩)者北首卧北乡(向)庑中,禹步三,【勉壹】步,噂(呼)曰:"吁,狐麃。"【曰】:"若智(知)某病狐□。"[19]

如将其译成白话,则为:

　　　　别方:让腹股沟疝气患者头朝北,卧于北向的庑中,做三次禹步,每一步都喊:"吁,狐麃。"说:"你知道某人得病是因为狐□的原因。"

　　前面提到的被毒蛇咬伤的治疗,及疣的治疗,都是将禹步和禁咒结合起来。我们还可以将其和以下的行神信仰作出比较:

　　　　行到邦门闾,禹步三,勉壹步,謼:"皋,敢告。"曰:"某行毋咎,先为禹除道。"即五画地,挺其画中央土而怀之。(甲785反、784反)

这酷似腹股沟疝气治疗所见禁咒之表述。因此《五十二病方》腹股沟疝气治疗原文中我们划线的"步嚤曰",并不是简单的"一边走一边喊"的意思[20],而应解释为以三步为一个单位做三次禹步,每走一步喊一下禁咒的句子。这两者都可以把禁咒的句子分为前后两部分,前半部分均以"皋"、"吁"等感叹词打头,这也是相同的。

《五十二病方》中有治伤的内容:

> 一,伤者血出,祝曰:"男子竭,女子截。"五画地□之。(13)

如将其译成白话,则为:

> 别方:伤者出血,就喊"男子尽,女子断"的禁咒之言,在地面画出五线,将其□。

这里的"五画地□之",也不仅仅是在地面上划五道线[21],依据放马滩秦简《日书》,应解释为在地面上画出四纵五横的所谓"九字切"的巫术。

《五十二病方》和《日书》在仪礼上非常相似,这让人想到其背后有禹的存在。再来看别的腹股沟疝气治疗方案:

> 一,以辛卯日,立堂下东乡(向),乡(向)日,令人挟提穨(癞)者,曰:"今日辛卯,更名曰禹。"(208)

如将其译成白话,则为:

> 别方:辛卯之日,在堂下向东站立,面向太阳的方向,让人抱着腹股沟疝气患者,并喊:"因为今天是辛卯之日,所以改名为禹。"

这里第一次出现了禹之名。之所以要在禁咒中说"更名曰禹",是因为当时人以为鬼神精怪作祟是使人生病的原因,如果冒充禹的名字,就一定能威吓这些鬼神精怪[22]。但辛卯之日和禹是什么关系现在还不清楚。不管怎样，患者和治疗者相信，禹对那些使人生病的鬼神精怪而言，是具有超能力的存在。毫无疑问，禹作为治癒神活跃于民俗社会中。

但是，在《五十二病方》中，禹步、返顾禁忌、禁咒的形式、五画地等各种要素，究竟是像行神信仰体系那样，都以禹为中心，作为其组成要素形成一个体系？还是禹在《五十二病方》全篇中只是作为治癒神的角色，这还有待今后的考证。不过，以上所见《五十二病方》的各个例子，无疑都是以治癒神禹为背景的巫术治疗法。关于帛书《五十二病方》的字体，江村治树先生认为，其字体介于睡虎地秦简和马王堆遣策类文字之间，书写于更接近于秦简的时代，李学勤先生指出有秦代抄本的可能性[23]。要是这样的话，作为治癒神的禹至少在秦统一前后的日常社会已经成形。但作为治癒神的禹没有出现于《日书》，而出现于《五十二病方》，这是为什么呢？从这个问题意识出发，我们可以注意到，近年湖北省荆门市出土的包山楚简"卜筮祭祷记录简"中出现了"大禹"的名字。

我们已经论述过，这批竹简是为了病死于公元前 316 年的墓主邵𩵅，贞人们求问病情，贞问他的吉凶祸福，乞求鬼神、祖先赐福、保佑的记录[24]。其最早的记录是公元前 318 年 4 月乙未之日所作贞问，其一部分内容如下所示：

　　　盬吉以保家为左尹𩵅贞："自𨤲�之月以庚（抵）𨤲�之月，出入事王，尽卒岁，躬身尚毋有咎？"占之："恒贞吉，少有忧于躬身，且志事少迟得。"以其故夺之。思攻解于人〈大〉愚（禹）。占之："当吉，期中有憙。"[25]

其大意如下所示：

　　　贞人盬吉使用称为保家的占具，为左尹𩵅贞问道："从今年四月到明年四月，进入宫中侍奉楚王（怀王）的这一年间，左尹旐没有什么灾祸吗?"使用龟卜占问后出现的结果是:"恒贞吉。健康上稍有问题,他的愿望会晚一些实现。"于是乞求大禹实施祓除后再占问,结果是:"吉。这期间有好事吧。"

虽然简文作"人禹",但作"大禹"应是正确的。在这批竹简中,禹正作为治愈神出现。因此,作为治愈神的禹,也许是楚文化圈的信仰。

第三节　作为保护神的禹

禹还是一位保护神(德语 asyl、英语 asylum)❶。我们知道,"asyl"这个词来源于希腊语"不可侵犯"(asylon)。就是说,在古代社会中,神殿、寺院、森林是国家权力也不能介入的圣地领域,如果犯罪的人逃入这种地方,就可以逃避追捕。阿部谨也先生曾介绍 O. Hensler 的研究。Hensler 解释与 asyl 相关的早期宗教、巫术背景,指出凡是和神殿、森林等神圣之物或地方接触过的人,会成为暂时或永久的不可侵犯者,因此逃入这种地方的人,其人格、逃亡理由都不会再受追问[26]。

这种由神性支持的避难处的保护神,也是中国社会史研究的一个重要的主题。但关于禹和保护神的关系,可以说,除了冈崎精郎先生等先驱者的研究外,几乎无人从社会史的角度讨论过[27]。从这个意义上讲,我们有必要重视冈崎先生指出的以下两条佚文。

《续汉书·郡国志五》"蜀郡广柔县"条,南朝梁的刘昭注引用了西晋皇甫谧《帝王世纪》:

> 禹生石纽。县有石纽邑。

---

❶　译者按:该词较难翻译,大致可译为避难处的神或保护神,在此暂用"保护神"。

他还引用了东晋常璩的《华阳国志》以下这段文章：

> 夷人营其地，方百里，不敢居牧。有过，逃其野中，不敢追，云："畏禹神。"能藏三年，为人所得，则共原之，云："禹神灵祐之。"[28]

广柔县在西汉初期属于蜀郡，武帝元鼎六年(前111)开设汶山郡后，成为其属县[29]。以博才闻名的三国时代蜀国秦宓，关于广柔县石纽和禹的传说，对广汉太守夏侯纂说过这样的话：

> 禹生石纽，今之汶山郡是也。(《三国志·蜀书·秦宓传》)

关于这段文字，裴松之注引的谯周《蜀本纪》说：

> 禹本汶山(郡)广柔县人也。生于石纽，其地名刳儿坪。见《世帝纪》。

因为秦宓和谯周是同一时代的人[30]，可见三世纪初叶的蜀地确实有过这样的传说。那么，认为禹的诞生地在广柔县的说法，从文献看最早可以上溯到什么时候呢？东汉赵晔《吴越春秋·越王无余外传》云：

> (禹)家于西羌。地曰石纽。石纽在蜀西川也。[31]

元代徐天祐《音注》将石纽视为茂州石泉县[32]，即今天的北川县[33]。还有，《史记·夏本纪》的《正义》所引西汉末年扬雄所著《蜀王本纪》记载：

> 禹本汶山郡广柔县人也，生于石纽。

虽然对这段文字的引用，随文献之不同而稍有差异，但因为扬雄(前53～18)是蜀郡成都人，他说的话可信度很高。因此，扬雄的

《蜀王本纪》是将禹的诞生地和广柔县石纽（邑）结合起来的最早记录[34]。这样看来，《华阳国志》佚文依据的是流传于古代蜀地的关于禹及其诞生地的传说，其传说至少可以上溯到西汉末年。

不过，并非不存在史料上的问题。因为，如下所示，《史记正义》所引《括地志》也引用了《华阳国志》：

> 今夷人共营其地，方百里，不敢居牧。<u>至今犹不敢放六畜</u>。

划线部分是不一样的。还有，《水经注》卷三六"沫水"条中也可看到如下文字：

> （广柔）县有石纽乡，禹所生也。今夷人共营之，地方百里，不敢居牧。有罪逃野，捕之者不逼，能藏三年，不为人得，则共原之，言"大禹之神所祐之也"。

因为和《华阳国志》几乎是同样的内容，可能《水经注》这段文字是采自原《华阳国志》吧[35]。《史记正义》所引《括地志》注引的《华阳国志》为其节录，划线部分可视为后世追加的部分。因为"不敢居牧"后面再反复说"至今犹不敢放六畜"是不自然的。以这些史料上的各种问题为前提，我们再来探讨《续汉书·郡国志五》刘昭注所引的《华阳国志》佚文内容。

首先，这些拥有保护神习俗的"夷人"，具体指的是哪个民族呢？《华阳国志》卷三《蜀志》"越嶲郡定筰县"条有：

> 筰，筰夷也。汶山曰夷，南中曰昆明，汉嘉、越嶲曰窄，蜀曰邛，皆夷种也。[36]

据此可知古代西南夷因地域不同族名各异，尤其是分布在汶山郡的部族称为"夷"，因此佚文所见夷人应是居住在汶山郡一带的部族。关于汶山郡，《华阳国志》卷三《蜀志》汶山郡条说：

汶山郡,本蜀郡北部冉駹都尉。孝武元封四〈元鼎六〉[37]年置。

可见蜀郡北部是冉駹的居住地区。因此所谓"夷人"指的就是冉駹。但《史记》等文献均作"冉、駹"两个部族名,"冉駹"连称是东汉以后的事了[38]。

关于其民族情况,《华阳国志》卷三《蜀志》汶山郡条继续说:

旧属县八,户二十五万。去洛三千四百六十三里,东接蜀郡,南接汉嘉,西接凉州酒泉,北接阴平。有六夷、羌胡、羌虏、白兰峒九种之戎,牛马、旄毡、班罽、青顿、毞毲、羊羧之属。特多杂药、名香。土地刚卤,不宜五谷,唯种麦。而多冰寒,盛夏凝冻不释。故夷人冬则避寒入蜀,庸赁自食,夏则避暑反落,岁以为常,故蜀人谓之作五百石子[39]也。

《后汉书·南蛮西南夷列传》以下这段文字当是利用《华阳国志》写的:

冉駹夷者,武帝所开,元鼎六年,以为汶山郡。至地节三年,夷人以立郡赋重,宣帝乃省并蜀郡为北部都尉。其山有六夷、七羌、九氐,各有部落。其王侯颇知文书,而法严重。贵妇人,党母族。死则烧其尸。土气多寒,在盛夏冰犹不释,故夷人冬则避寒,入蜀为佣,夏则违暑,反其(众)〔聚〕邑。皆依山居止,累石为室,高者至十余丈,为邛笼。又土地刚卤,不生谷粟麻菽,唯以麦为资,而宜畜牧。有旄牛,无角,一名童牛,肉重千斤,毛可为毦。出名马。有灵羊,可疗毒。又有食药鹿,鹿麑有胎者。其肠中粪亦疗毒疾。又有五角羊、麝香、轻毛毟鸡、牲牲。其人能作旄毡、班罽、青顿、毞毲、羊羧之属。特多杂药。地有咸土,煮以为盐。麢羊牛马,食之皆肥。

将两种史料加以比较,可以发现组成这一部族的各分支名称,前者
为"六夷、羌胡、羌虏、白兰峒九种之戎",后者为"六夷、七羌、九
氐",两者虽有所不同,但冉駹看来就是由这些"羌、氐"构成的部
族。其产业,因居住地区的土地盐分高,不适合农业,但畜牧发达,
有各种各样的毛织产品,也出产各类药物、薰香等。其社会特征,
如"贵妇人,党母族"所言,形成了今日在纳西族仍能看到的一种母
权制家族制度。

冉駹的居住地区被汉人侵入,设置汶山郡是西汉武帝元鼎六
年(前 111)的事。当时的情况《史记·西南夷列传》有介绍:

> 南越破后,及汉诛且兰、邛君,并杀筰侯,冉駹皆振恐,诸
> 臣置吏。乃以邛都为越巂郡,筰都为沈犁郡,冉駹为汶山郡,
> 广汉西白马为武都郡。

汉王朝侵入西南地区原是为了夹击南越,探索通向上流牂柯江的
道路。但南越灭亡后,西南地区本身转变为经略的对象,其势头之
猛到了"冉駹皆振恐"的地步。从此以后,被纳入郡县制的当地部
族受尽汉人掠夺之苦。可以为证的就是前引《后汉书·南蛮西南
夷列传》中的"至地节三年,夷人以立郡赋重,宣帝乃省并蜀郡为北
部都尉"一句。《太平寰宇记》第七八卷《剑南西道七》"茂州条"所
引《华阳国志》佚文中也云:

> 宣帝地节元〈三〉年,武都白马羌反,使者骆武平之。因慰
> 劳汶山。吏及百姓,诣武自讼:"一岁岁度,更赋至重。边人贫
> 苦,无以供给。求省部〈郡〉。"郡建以来四十五年矣。武以状
> 上。遂省汶山郡,复置都尉。

据此可知,汉在冉駹东北的白马羌(或白马氐)居住地设置了武都
郡,后来发生了叛乱,骆武被派去镇压叛乱。但此时邻近的汶山郡

也因为征兵而引发了郡内不安定的征兆[40]。于是骆武亲往汶山郡慰劳当地族人,汶山郡的吏民向骆武控诉郡设置后负担加重,并请求他废郡。骆武向宣帝奏明了这一情况,宣帝便决定废除汶山郡,地节三年(前 67),当地的统治又归于蜀郡北部(冉駹)都尉。

但是,《史记·平准书》描述了灭南越、平定西南夷后,西汉所采取的统治政策:

> 汉连兵三岁,诛羌,灭南越。番禺以西,至蜀南者,置初郡十七,且以其故俗治,毋赋税。

这么说来,西汉在西南地区依从民族习惯实施统治,没有征收赋税。但是,既然导致废除汶山郡的直接原因是"以立郡赋重"(《后汉书·南蛮西南夷列传》)、"一岁岁度,更赋至重。边人贫苦,无以供给"(《华阳国志》佚文),那么至少可以认为对汶山郡有过过度的掠夺[41]。为寻求当地所产各种毛织品、薰香、药物而来的汉人商旅的深入,也使这种情况更为严重。

以这样一种状况为前提,我们再来分析《华阳国志》所言"故夷人冬则避寒入蜀,庸赁自食,夏则避暑反落,岁以为常",就能想像到,冉駹之所以会过这样的生活,其中既有土地含盐贫瘠、气候寒冷等自然条件方面原因,也有因边郡设置导致汉人深入、掠夺过甚导致的生活环境恶化。就是说这种独特的生活方式,是生存条件的恶劣化,迫使他们不得不在冬天到下游的蜀(成都)去做季节性的体力劳动,在夏天又回到他们的聚居区去。

《后汉书·南蛮西南夷列传》还说"其王侯颇知文书,而法严重",所谓王侯当指服从于汉、纳入汉的官爵等级[42],实质上担负起汉王朝郡县统治之责的君长阶层,由此可知冉駹处于他们"严重"的法制统治之下。这些君长阶层是如何对其族人实施法制统治的,记载其实际状态的史料已丝毫不存。但汉法的实施必然会导致犯法者。实际上他们犯了法，就马上逃到"野中"。但如"有过，逃其野中，不敢追"所言，对逃亡到"野中"的人就不再追捕了，因为追捕者"畏禹神"。如果能藏身其中三年不出，出来后即使被捕也会得到释放，这是因为人们认为是"禹神灵祐之"，即禹这个神灵在保护他。对于西南夷的这一部族以禹为神，如此笃信的事实，我们该如何解释呢？

现在我们再回到禹诞生地的问题，作进一步的探讨，关于《史记·夏本纪》开头部分，《正义》引了《括地志》以下这句话：

> 茂州汶川县石纽山，在县西七十三里。

由此可见，在唐代石纽邑已被说成是石纽山，现在四川省岷江上流的汶川县绵虒镇和涪江支流通口河流域的北川县治城区都有石纽山（图一）[43]。前引谯周的《蜀本纪》说禹出生的地名是刳儿坪，扬雄《蜀王本纪》则作痢儿畔[44]。那么，各种文献说到的禹诞生地石纽——"石纽邑"、"石纽乡"、"石纽山"等，和"痢儿畔"、"刳儿坪"之地名是何种关系呢？

量博满先生注意到，云南省晋宁县石寨山墓葬是利用自然岩石龟裂部分制造的特殊岩间墓，他将这种墓葬观念和上述禹诞生地的问题关联起来加以探讨。量先生认为石纽不是一个固有名词，而是一个表示土地状况的普通名词；石纽乡、石纽山都表示地貌，意味着有石纽存在的乡和山；所谓石纽即"石缝"（岩间缝隙）。他进而推测禹诞生于石纽就是"禹生于到处是石缝的荒地"的意思[45]。这一推测对广柔县冉駹与禹关系之研究，给与了极为有益的启示。

传说禹之子启是化为石头的母亲所生，这是因《淮南子》佚文而脍炙人口的故事[46]，关于禹自身，《淮南子·修务训》也说到：

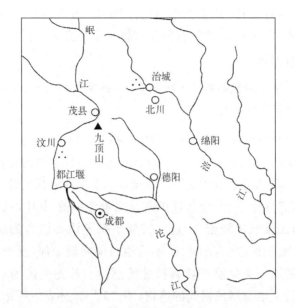

图一 蜀郡广柔县石纽邑的位置

> 禹生于石，契生于卵。

高诱注曰：

> 禹之母修己感石而生禹，折胸而出。

采用的是郑玄所谓感而生帝说的故事。量先生还引用了《艺文类聚》卷一一"帝夏禹"条所引《帝王世纪》的以下内容：

> 伯禹夏后氏，姒姓也。生于石坳。

量先生将"石坳"释为"岩石的低洼处"。这些史料暗示着有可能禹也是从石头中生出来的，但量先生持谨慎的态度，没有导出这一结论。在此，我们想从冉駹居住地的角度分析一下禹和岩石之间的密切关系。

前引《后汉书·南蛮西南夷列传》中有，冉駹"累石为室，高者
至十余丈，为邛笼"。这种石制建筑物，《太平寰宇记》之茂州汶川
县条也有记载：

> 本汉绵虒县地。……石室，冉駹夷人所造者，十余丈，山
> 岩之间往往有之。

可见北宋时的记载也将其作为冉駹遗物。此外，孙宏开先生指出，
① 从音韵学分析看，"邛笼"并非汉语，而是古代羌语的音译借词；
② 现在称为碉楼的这类遗物的分布基本上是在岷江上游、大渡河
中游、雅砻江中下游、金沙江中游及澜沧江中游，其中岷江、大渡
河、雅砻江流域比较密集，这一带属于操羌语支语言的居民区；
③ 凡是操羌语支语言的居民，不管他目前族属如何，至今都对祖
先留下的这一文化遗产怀有特殊的感情。孙先生认为，邛笼就
是操羌语支语言居民祖先的遗物（图二）[47]。孙先生所指出碉楼
（邛笼）分布的中心范围在岷江以西的川西高原，那个地区耸立
着大雪山、沙鲁里山等巍峨险峻的山脉。剡儿坪古迹所在的今
四川省汶川县，就相当于西汉的绵虒县、东汉的绵虒道，据文献
史料记载，那里出有各种玉石[48]。量先生也指出，这一地区是战
国至西汉时代随葬黑色双耳陶罐、铜柄铁剑等的具有特殊形态
的石棺墓分布区域（图三）[49]。因此，无疑广柔县一带的自然环
境，岩石极其丰富。西汉焦延寿《易林》卷第二《师》之第七的
《渐》的卦辞有：

> 舜升大禹石夷之野，征诣玉阙，拜治水土。

这正好记载了禹是从居住于岩石地带的"石夷"中出来的[50]。《史
记·六国年表》序云：

> 夫作事者必于东南，收功实者常于西北，故禹兴于西羌。

图二 汶川县绵虒镇羌锋村碉楼
（笔者摄影）

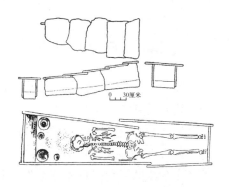

0 30厘米

图三 汶川县雁门乡的石棺墓
（见冯汉骥《岷江上游的石棺葬》）

《史记集解》引用《孟子》的佚文：

> 皇甫谧曰："孟子称：'禹生于石纽，西夷人也。'传曰：'禹生自西羌'是也。"

近代顾颉刚也主张禹出自羌族[51]。还有，《史记正义》载：

> 禹生于茂州汶川县。本冉駹国，皆西羌也。

将这些史料和《易林》对照起来看，可知将禹视为保护神来信仰的冉駹，正是居住于岩石地带的石夷。因此，《华阳国志》佚文中的"野中"，还有《水经注》中称为"野"的逃亡地，就不能按字义解释为郊外，而指的是石纽邑周围那些岩石地带，即量先生所谓的充满石缝的荒地。人们相信，禹就是从那里的岩石缝隙、断裂处出生的。痢儿畔或剐儿坪之类地名，还有禹是裂母胸而生的特异的诞生故事，也是取自这种充满石缝之荒地的印象吧。而这种岩石地带成为保护神之地，则无疑说明，禹之信仰不仅仅为逃亡者拥有，也是

为"颇知文书,而法严重"的统治阶层所拥有的、整个部族的
信仰[52]。

第四节 行神祭祀与五祀

前面,按照年代的顺序讨论了和禹信仰形态相关的主要史料,
结果我们看到了一个和治水圣王之形象相当不同的另外一个禹。
在民俗社会中,这种形象的禹比通过《尚书》《史记》得知的禹似乎
更为人亲近、为人信仰。有着多重面貌的禹之信仰,在后代是如何
进一步演变的? 我们只能把它做为将来的研究课题。不过,如果
我们再一次回到行神信仰的角度加以分析,好像可以找出一条宗
教史演变的轨迹来。就是说,前面在依据《日书》展开行神信仰研
究时,有一个相关资料我们没有马上展开分析,因为我们已经预想
到,这些资料反映出先秦社会之行神信仰在后世之演变,这可以成
为一个独立的课题。

《日书》甲种开头有一个占题为《除》的建除占辞,其交日条(甲
733/2)如下所示:

　　　　交日　利以实事、凿井,吉。以祭门、行,行水,吉。

害日条(甲 734/2) 如下所示:

　　　　害日　利以除凶厲(厉),兑(说)不羊(祥)。祭门、行,吉。
以祭,最众必乱者。

这些交日、害日,在《淮南子·天文训》的建除中,分别和第三盈日
及第四平日相当。此外,《星》篇亢条(甲 798/1)也有:

　　　　亢　祠为门、行,吉。可入货。生子,必有爵。

就是说,和二十八宿之一亢宿(室女座 κ)相值的这一天,是祭祀

门、行的吉日。这种门、户的祭祀,应和所谓的五祀有关。

　　大家知道,《吕氏春秋》十二纪和被认为继承十二纪的《礼记·月令》,记载了春季祭户、夏季祭灶、中央祭中雷、秋季祭门、冬季祭行的分祀之说。因此,《除》《星》所见门、户的祭祀,也应该放在五祀的框架中去解释。与五祀相关的完整记载,可见于乙种(926/2～934/2):

> 　祠室中日　辛丑、癸亥、乙酉、己酉,吉。龙,壬辰、【壬】申。
>
> 　祠户日　壬申、丁酉、癸丑、【癸】亥,吉。龙,丙寅、庚寅。
>
> 　祠门日　甲申、(甲)辰、乙亥、【乙】丑、【乙】酉,吉。龙,戊寅、辛巳。
>
> 　祠行日　甲申、丙申、戊申、壬申、乙亥,吉。龙,戊、己。
>
> 　祠□日　己亥、辛丑、乙亥、丁丑,吉。龙,辛□。

从中可以看出祭祀对象为"室中、户、门、行、□(残缺)"五种名称。关于"室中",《月令》郑玄注曰:

> 中雷犹中室也。土主中央,而神在室。

因此,"室中"或许就是"中雷"。"祠□日"中残缺的一字当是"灶"。那么,经书中分祀于四时的五祀与此"室中、户、门、行、灶"相当,而且要注意的是,五祀诸神的祭祀日分别有特定的吉日和凶日。

　　此外,在上述记载的最后,还有这样一句话:

> 　祠五祀日　丙丁灶,戊己内中土,【甲】乙户,壬癸行,庚辛□。(乙935)

如"新释"所指出的那样,"乙"字前应该是脱了"甲"字,其中五祀的祭祀日均用十干来表示,属于《祠五祀日》这样一个占题下。"内中土"不见于文献,可能和"室中"相同,是相当于"中雷"的词汇。因此,此文最后的残缺字应当是"门"。据此,我们可以将《祠五祀日》的诸神复原为"灶、内中土、户、行、门"五项。

《除》、《星》占辞中可以看到门、行的祭祀,而且五祀祭祀分别有吉日、凶日,这些是值得注意的现象。笔者认为,五祀本来只是在特定的吉日中被分别祭祀的对象,或只是各种占卜中的某一组成部分,后来随着五行思想的普及,才作为五祀被统合到了一起[53]。在《日书》中并存着被分别单独祭祀的五祀,和被统合在一起的祭祀吉凶日,正反映出这些祭祀被当作五祀整理起来的过渡性特征[54]。在此附带列出《日书》中关于行神常祀日的记载:

> ① 祠行良日　庚申是天昌,不出三岁必有大得。(甲 808/2)
>
> ② 凡行祠,常行道右左☒(乙 1038)
>
> ③ 行祠　祠常行,甲辰、甲申、庚申、壬辰、壬申,吉。●无(毋)以丙、丁、戊、壬□☒(乙 1039)

①《祠行良日》的庚申亦见于③《行祠》的常祀日中,因此①的占辞有可能是从③的《行祠》中独立出来的。此外,②的占辞指的可能正是③的常祀日行祠的地方。

就这样,先秦社会的行神祭祀随着五行思想的普及,被组合进入到五祀之中,而到了汉代,禹的名称被人遗忘,而共工氏之子修及黄帝之子累祖代之作为行神出现。汉代称行神为祖神(道神),称其常祀日为"祖日",东汉末曹操把持政权的朝廷在祖日举办过伴随谶乐的祭祀。此外,《后汉书·献帝纪》建安二十五年冬十月乙卯条中云:

> 以天子车服郊祀天地,宗庙、祖、腊皆如汉制,都山阳之浊鹿城。

对于被逼禅让的汉献帝,曹丕许之以"二王之后"[55]的待遇。此文也反映出祖礼(行神祭祀)是汉代常祀的国家祭祀之一。

汉代的祖日设于午日,这从以下故事可以看出。陈咸抗议王莽篡位,辞职回归乡里。此故事中有如下一句:

> 闭门不出入,犹用汉家祖、腊。(《后汉书·陈宠列传》)

李贤注所引应劭的《风俗通》云:

> 汉家火行盛于午,故以午日为祖也。……汉火行,衰于戌,故腊用戌日也。

以午日为祖日的理由,应劭依据五行之说,即汉王朝属于火德来作了说明。这可能是来自《淮南子·天文》所见"火之三合"原理:

> 火生于寅,壮于午,死于戌。三辰皆火也。

即以火行壮大的午日为祖日,而以火行死灭的戌日为腊日。这种将祖日和腊日组合在一起的记载,早已见于《礼记·月令》的孟冬月(十月)条:

> 是月也,……大割祠于公社及门闾。腊先祖五祀,劳农以休息之。

作为东汉的例子,可举崔寔《四民月令》十二月条:

> 十二月,【臘】〈腊〉日,……前除二日,斋、馔、扫涤,遂臘〈腊〉先祖、五祀。

渡部武先生指出《四民月令》的想法就来自《礼记·月令》[56]。《礼记》和《四民月令》之间月份的出入,中村乔先生认为,这是由于《月令》使用以十一月为岁首的周历所导致的[57]。

腊祭之时五祀曾被祭祀的实例,从《汉书·武帝纪》太初二年三月条也可以得到确认：

> 行幸河东，祠后土。令天下大酺五日，腜五日，祠门户，
> 比腊。

但这里究竟是只祭门户，还是用门户来代表五祀，不太清楚。如果
指的是后者，那么腊和五祀结合的例子，至少可以上溯到武帝时
期。颜师古对《武帝纪》这段文章注曰：

> 腊者，冬至后腊祭百神也。

《说文》四下《肉部》也云：

> 腊，冬至后三戌，腊祭百神也。

可见，至少在东汉，冬至后第三个戌日是腊日。如果汉代的腊祭
包括五祀之祭的话，以冬至后第三个戌日为腊祭之日和以午日
为五祀之日，这两者是什么关系呢？从腊祭之日的戌日到五祀
祭日的午日，有八日之差。甚至有可能连冬至后第三个戌日也
进不了十二月。中村先生参考和汉一样使用三戌的赵宋之例指
出，如果发生这种情况，有可能作为特例，使用第四个戌日，十二
月举行腊祭[58]。但要是这样的话，其八天后的五祀祭日也同样
要使用第四个午日，十二月举行吗？遗憾的是，详细情况不很
清楚。

　　不管怎样，先秦社会中以禹为神格加以信仰的行神祭祀，在组
合进入五祀之中，被经典化之后，抬升为国家祭祀。然而与此同
时，其固有的内容却丧失了。再后来，连五祀中占据的位子也差点
失去，《淮南子·时则》将冬之"行"改为"井"，《白虎通·五祀》也是
如此。像《日书》所见那种作为行神的禹再次出现是在后世道
教中。

结　语

　　本章围绕居于神格地位的禹,对民间信仰的各种形态,以及西南夷的保护神信仰等展开了讨论。那么,究竟应该怎样解释这些信仰形态呢? 宫家准先生对民俗宗教(folk religion)概念的基本性质作过如下的定义:所谓民俗宗教,① 指特定区域的居民从生活中产生出来的作为一种生活习惯的宗教;② 具体而言,以一年中各种仪式、人生仪礼、除灾仪礼、传说、神话等为中心;③ 从宗教学类型论角度定位的话属于自然宗教;④ 指和普遍宗教相对应的宗教,是一个综合性的概念[59]。我们认为,如果使用这种民俗宗教(folk religion)的概念,前面所讨论的禹信仰的内容基本上都可以得到合理的解释。

　　此外,在考察禹多种形象变迁之际,小南一郎先生的研究也值得倾听。小南先生认为"即使是同样一个神,如果随着时代的变化,按照社会环境的不同,发挥着不同的功能的话,也应视其为本质上完全不同的存在"。他还指出,"凡是故事,包括神话在内,都在时代环境中不断地发生变化。能发生变化此事本身,正好表示这个故事和社会有着密切的关系,证明了其传承是具有生命力的"[60]。的确,基于各种不同的社会需求,禹的身上被赋予了新的作用和功能,或者原有的作用和功能被扩大,禹作为信仰对象表现出各种各样的面貌来。正因为这样,其形象会有巨大的变化,在此变化过程中即便禹的名字被留存下来,但几乎已被分化为不同的存在了,这样的解释并非没有道理吧。

　　禹的信仰来自禹身上附带着的浓厚的巫术性。我们在治癒神的禹、保护神的禹中看到了其具体形态。此外,作为行神的禹及和嫁娶日吉凶相关的禹之信仰,形成于时日结构之上。依据时日的选择,向禹祈祷旅行安全的行神信仰,就是典型的例子。当然,行神信仰中也能看到禹步及五画地之类巫术性的东西,而作为治愈神的禹也和辛卯等特定时日组合在一起。这样看来,"巫术性"和"时日结构"也许依据禹所发挥功能的不同,其比重也有所不同。

那么,《五十二病方》所见治疗仪礼,为何和行神信仰的组成要素,即禹步、返顾禁忌、禁咒形式、五画地等各种要素如此相似呢?与其说这是此方对彼方的模仿,不如说是因为禹的信仰本身就具有一种以这些要素为主要内容的深层结构。在这一结构中,不同时代、不同地域、不同部族,都会在禹的名义下注入不同的信仰内涵,依据其神格功能的不同,有时这些要素全都呈现出来,有时只是其中某一部分要素呈现出来。

更值得注意的是,这种古怪的禹出现在纬书中。如《尚书中候·考河命》云:

修己剖背生禹于石纽,虎鼻彪口,两耳参镂。[61]

这里将禹描述成了一个稀奇古怪的神。纬书中的禹具有怎样的地位,这个课题需要从民俗宗教和经学的观点加以分析。我们想将其作为今后的研究题目。

注

〔1〕所谓"禹形象的变迁",并不是首先想象一个发生之初的禹的形象,然后去讨论其变化、扩大、个别化等情况,而是以文献所见治水圣王的禹作为不言自明的前提,去讨论其变化。关于禹最初的形象,白川静先生认为半坡遗迹出土的彩陶上的人面鱼纹就是禹,值得注意。参见白川静《中国の神話(中国的神话)》,中央公论社,1975 年。

〔2〕乙种(1029)也有几乎相同的内容。

〔3〕《日书》所见"民"的用例,其他还见于甲种《诘》"诘●诘咎,鬼害民罔(妄)行,为民不羊(祥),告如诘之,罼,道(导)令民毋丽兑(凶)央(殃)。鬼之

所恶,彼窋(屈)卧箕坐,连行奇(踦)立。"(872 反/1～870 反/1)放马滩秦简《日书·建除》的"收日"条:"可以民马牛畜生尽,可及人禾稼,可以居处。"(21)此外秦简《日书》中常见"人民"之语,如:"离日不可以家(嫁)女、取妇及入人民、畜生。"(甲 778～780)但此"人民"似意为奴隶。

〔4〕J. Kristeva 指出,一种文本与另外一种文本互相对话,互相引用,互相置换文字,最后弄得谁也不知道这些文本的原貌,她把这种现象称为"中间文本性"。参见 J. Kristeva《記号の生成論セメイオチケ2(记号的生成论　记号论 2)》,せりか書房,1984 年。甲乙种《日书》互相类似,内部常常出现内容重叠的现象,今后有必要依据"中间文本性"的概念加以考察。

〔5〕放马滩秦简《日书·建除》"平日"条也能看到"取妻":"可取妻、祝祠、赐客,可以入黔首、作事,吉。"(甲 16)

〔6〕"旧释"将"母"释为"女"。因为字形相似,很容易产生讹误,应当从"新释"读作"母"。但此处当视为"女"字的误写。

〔7〕将甲种(884)的"三弃"和甲种(893 反/1)的"不出三岁,弃若亡"相比,可知本应作"【不出】三【岁,】弃【若亡】",【　】的部分可能是在传抄过程中脱漏了。

〔8〕关于七夕神话的综合研究,可参考小南一郎《西王母と七夕伝承(西王母与七夕传承)》,收入小南一郎《中国の神話と物語——古小説史の展開(中国的神话与故事——古小说史的展开)》,岩波書店,1984 年;及此书的新版《西王母と七夕伝承(西王母与七夕传承)》,平凡社,1991 年。

〔9〕关于龙日,注释者引用了《淮南子·要略》"时则者,……操合开塞,各有龙忌"之"龙忌"高诱注:"中国以鬼神之事日忌,北胡、南越皆谓之'请龙'。"现在分布于云南南部的哈尼族也把忌日叫做"龙"。"除了每年有固定的'龙'日外,在日常生活中,凡看到、听到认为不吉或是不能理解的事物,就要'龙',认为这样可以免灾消难。"参见覃光广等编著,伊藤清司监译《中国少数民族的信仰と習俗》上卷,第一书房,1993 年,385～386 页。译者按:原书名为《中国少数民族宗教概览》,中央民族学院出版社,1988 年,引文见 219～220 页。

〔10〕关于《列女传·母仪》，下见隆雄先生有文献学上的详细考证。参见下见隆雄《劉向〈列女伝〉の研究（刘向〈列女传〉的研究）》，东海大学出版会，1989年，140～148页。

〔11〕参见张文虎《校刊史记集解索隐正义札记》卷一《夏本纪第二》（《史记》卷二）。

〔12〕张光直著，小南一郎、间濑收芳译《中国青銅時代》，平凡社，1989年，270～271页。

〔13〕赤塚忠《〈楚辞〉天問篇の新解釈（〈楚辞·天问〉篇新释）》，收入《赤塚忠著作集》第六卷，研文出版，1986年，247页。

〔14〕以下引文，其文本及编号（行号），均依据马王堆汉墓帛书整理小组编《马王堆汉墓帛书〔肆〕》，文物出版社，1985年。

〔15〕参见马王堆汉墓帛书整理小组编《五十二病方》，文物出版社，1979年。赤堀昭、山田庆儿二人以此文本为底本，作了译注，收入山田庆儿编《新発現中国科学资料の研究　訳注篇（新发现的中国科学资料研究　译注部分）》，京都大学人文科学研究所，1985年。以下所引《五十二病方》参考了此二人所作译注。

〔16〕马王堆汉墓帛书整理小组释为"鷄"，当隶作"雞"。

〔17〕帛书原文为"取由言曰由言曰"，马王堆汉墓帛书整理小组认为后半的"由言曰"是衍文。

〔18〕可参照本书第六章第二节第3部分"祖道与禁忌"。

〔19〕可参照本书第七章第三节《禁咒的形式》。

〔20〕参见山田庆儿编《新发现的中国科学资料研究　译注部分》，217页。

〔21〕参见山田庆儿编《新发现的中国科学资料研究　译注部分》，144页。

〔22〕关于击退导致疾病的鬼神精怪的方法，睡虎地秦简《日书》中有称为"诘"的为数不少的操作手册。参见拙文《睡虎地秦簡〈日書〉における病因論と鬼神の関係について（睡虎地秦简〈日书〉所见病因论及与鬼神的关系）》，《東方学》第88辑，1994年。

〔23〕参见江村治树《戦国·秦漢簡牘文字の変遷（战国秦汉简牍文字的变迁）》，《東方学报（京都）》第53册，1981年；李学勤《简帛佚籍与学术

史》，时报文化出版，1994 年，16 页。

〔24〕彭浩《包山二号楚墓卜筮和祭祷竹简的初步研究》，收入《包山楚墓（上）》，文物出版社，1991 年。

〔25〕此简的读法参照了李零《包山楚简研究（占卜类）》对字句的考释，收入《中国典籍与文化》，中华书局，1993 年。

〔26〕阿部谨也《歷史と叙述——社会史への道（历史与叙述——走向社会史的道路）》，人文书院，1985 年，131 页。

〔27〕参见冈崎精郎《石紐林と禹の生誕（石纽林和禹的诞生）》，《古代学》第 1 卷第 4 号，1952 年。拙文《禹の变容と五祀（禹形象的变迁与五祀）》（《中国—社会と文化—（中国——社会与文化）》第 7 号，1992 年）完全没有注意到冈崎先生的研究成果就展开了讨论，在史料的引用上常常和冈崎先生重复。这是不应有的疏忽。在此深表歉意。但关于禹和保护神的关系，冈崎先生的解释和笔者有很大不同。

〔28〕关于《续汉书》八志和刘昭注，可参照小林岳《劉昭と〈集注後漢〉（刘昭和〈集注后汉〉）》，《史滴》第 13 号，1992 年。

〔29〕关于汶山郡的兴废，久村因《前漢の汶山郡について（西汉的汶山郡）》有详细论证，此文收入镰田先生还历记念会编《鎌田博士還曆記念　歷史学論叢》，1969 年。

〔30〕秦宓据《三国志》本传是广汉郡绵竹县出身，生于东汉末，死于 226 年。谯周据《三国志》本传是巴西郡西充国出身，死于 270 年。据《秦宓传》，年轻时的谯周常常拜访秦宓。

〔31〕苗麓校点《吴越春秋》，江苏古籍出版社，1986 年。

〔32〕在茂州石泉县。其地有禹庙。郡人相传禹以六月六日生。

〔33〕唐贞观八年（前 634）在今北川县治城羌族乡设置了石泉县，归茂州管辖，但民国三年（1914）因其县名和陕西省石泉县同名，改称为北川县。参见钟利戡、王清贵编《大禹史料汇集》，巴蜀书社，1991 年，227 页。

〔34〕《今本竹书纪年》也有“母曰修己，……修己背剖而生禹于石纽……”，但《古本竹书纪年》没有这段记事。

〔35〕《水经注》文中有石纽乡，而比《水经注》早的《华阳国志》没有。冈崎精

郎先生根据这个事实,指出《水经注》此文来自皇甫谧的《帝王世纪》(参见冈崎精郎《石纽林和禹的诞生》)。但《华阳国志》是《水经注》引用的书籍之一,无法确定刘昭注引的《华阳国志》佚文在多大程度上正确地引用了原文,因此,我们现在推测它是引自《华阳国志》。

〔36〕《水经注》卷 36 若水条也有相同内容。

〔37〕此据舟木胜马编《華陽国志訳注(3)》汶山郡条〔注 1〕等订正。此文收入《アジア・アフリカ文化研究所研究年報一九七六年度(1976 年度亚洲、非洲文化研究所研究年报)》,1977 年。

〔38〕可参照久村因《史記西南夷列伝集解稿(一)》,《名古屋大学教養部紀要》第 14 辑,1970 年;徐中舒《论巴蜀文化》,四川人民出版社,1982 年,84 页等。

〔39〕此处的"作五百石子",刘琳《华阳国志校注》(巴蜀书社,1984 年,296~299 页),及任乃强《华阳国志校注图注》(上海古籍出版社,1987 年,188~198 页),均以为是"作氏百石子"之误。

〔40〕此处依据久村因《西汉的汶山郡》的分析。

〔41〕其实汉代对西南夷征收了各种各样的赋税,因赋税负担过重而引起了叛乱。关于这个问题,久村因《西汉的汶山郡》提供了很多具体的史料。

〔42〕近年讨论汉代的少数民族统治及其统治秩序的论文,可参见熊谷滋三《後漢の異民族統治における官爵授与について(东汉少数民族统治中的官爵授与)》,《東方学》第 80 辑,1990 年;小林聡《漢代における中国周辺民族の内属について(汉代中国周边民族的内属问题)》,《東方学》第 82 辑,1991 年。

〔43〕《读史方舆纪要》卷 67《四川二》茂州汶川县附广柔废县条有:"在县西。汉县属蜀郡,后汉因之,晋属汶山郡,刘宋废。……《括地志》石纽山在汶川县西七十二里。"《史记·夏本纪》的《史记正义》曰:"按:广柔,隋改曰汶川。"北川县政协文史资料委员会《北川禹里名胜资料 华夏民族的圣地——石纽》一文(收入《大禹史料汇集》)则确定为现在的四川省北川县禹里羌族乡。这两地都有石纽山的地名及禹穴等和禹相关之遗迹。卫聚贤《石纽探访记》(《说文月刊》第 2 卷第 6、7 合期,1940 年)有

实地考察记录。1994 年 8 月,早稻田大学长江流域文化调查队(队长为古贺登),在北川县和汶川县对石纽山作了调查,参见拙文《禹の遺跡とその民族の伝承を求めて(寻找禹的遗迹及其民族传承)》,《東洋の思想と宗教(东洋的思想与宗教)》第 12 号,1995 年。

〔44〕王先谦在《汉书补注》卷 28《地理志上》广柔县条下注引唐代李吉甫《元和郡县图志》,说:"《元和志》至今其地名刳儿坪。"可见作为地名,是刳儿坪传到后代。

〔45〕量博满《岩間葬について(岩间葬研究)》,收入白鸟芳郎教授古希记念论丛刊行会编《アジア諸民族の歴史と文化——白鳥芳郎教授古希記念論叢(亚洲各民族的历史与文化——白鸟芳郎教授古稀纪念论丛)》,六兴出版,1990 年。

〔46〕见《汉书·武帝纪》元封元年春正月条的颜师古注引,及《太平御览》卷 16 引。

〔47〕孙宏开《试论"邛笼"文化与羌语支语言》,《民族研究》1986 年第 2 期。图二的照片是 1994 年 8 月笔者在四川省汶川县绵虒镇先锋村所摄碉楼。

〔48〕关于广阳县(绵虒道),《续汉志》刘昭注所引的《华阳国志》曰"有玉垒山,出璧玉",《初学记》卷 27 引《华阳国志》曰"山出青珠"。

〔49〕据冯汉骥《岷江上游的石棺葬》(原载《考古学报》1973 年第 2 期,又见《冯汉骥考古学论文集》,文物出版社,1985 年),此地的羌族有很多关于石棺墓建造者的传说。其中之一为,羌人自远古即居住于此,"戈基人"迁入后,对羌人的生产、习俗影响很大,后来"戈基人"又迁徙到其他地方去了,而石棺即为"戈基人"所遗留下来的坟墓。冯先生指出这一传说和发掘情况及史籍记载较为吻合。图三即出自冯汉骥《岷江上游的石棺葬》一文。

〔50〕《山海经·大荒西经》也有"有人名曰石夷",袁珂先生认为此句下疑脱"西方曰夷"四字。袁珂《山海经校注》,上海古籍出版社,1980 年,391 页。

〔51〕顾颉刚《九州之戎与戎禹》,《禹贡半月刊》第六、七合期,又见《古史辨》

第七册下编。

〔52〕关于冉駹和禹之信仰的背景问题,可参看拙文《禹の伝承をめぐる中華世界と周縁(中华世界及其周边所见禹的传承)》,收入《岩波講座　世界歴史》第 3 卷《中華の形成と東方世界—2 世紀(中华的形成与东方世界——2 世纪)》,岩波书店,1998 年。拙文从古羌族民族迁徙的观点再次作了讨论。

〔53〕关于经书所见五祀的问题,池田末利《五祀考》有详细的讨论。收入《中国古代宗教史研究—制度と思想—(中国古代宗教史研究——制度与思想)》,东海大学出版会,1981 年。

〔54〕守屋美都雄先生就五祀的形成过程作过分析,认为人们对和人类生活有着直接而密切关系的家的各个部分及种种用具怀有亲切和敬畏的观念;这本是民间的迷信,后来开始以为这些东西有神性,就从中选出了五祀。参见守屋美都雄译注《刑楚歳時記》,收入《东洋文库》,平凡社,1978 年,255 页。

〔55〕冈安勇《中国古代における"二王之後"の礼遇について(中国古代对"二王之后"的礼遇)》,《早稲田大学大学院文学研究科紀要》别册第 7集,1980 年。

〔56〕渡部武《四民月令—漢代の歳時と農事—(四民月令——汉代的岁时与农事)》,《東洋文庫》,平凡社,1987 年,142 页。

〔57〕中村乔《臘祭小考》,《立命館文学》418～421 合并号,1980 年。

〔58〕参见中村乔《腊祭小考》。

〔59〕参见宫家准《宗教民俗学》第一章,东京大学出版会,1989 年。

〔60〕小南一郎《西王母与七夕传承》,9～10 页。

〔61〕安居香山、中村璋八编《重修緯書集成》卷 2《書・中候》,明德出版社,1975 年,98 页。

第九章

《日书》所反映的秦、楚的目光

前　　言

　　回顾以往和《日书》地域性相关的讨论，有人基于睡虎地秦简出自南郡县官墓葬的事实，视其为秦的占书，有人基于南郡被统治者是楚人的事实，视其为楚的占书，这样的解释占了绝大多数[1]，但这都是凭印象说话。而且，放马滩秦简《日书》出土后，已显然证明睡虎地秦简《日书》占辞的内容未必直接反映出秦或楚的地域性。尽管如此，墓主某喜通过《日书》，实际上将目光投射到了楚地基层社会的习俗上，这种感受却越来越强烈。在南郡各县担当令史和治狱任务的某喜，如果要在楚地社会中植入性质不同的秩序（秦法），那么不管他自己是秦人还是楚人，他只要忠实地履行其职务，就一定会受到强烈的反对。因此，占领者秦针对被占领者楚人的习俗（文化），究竟投注了怎样的目光，这方面的推想及问题的设定，可以说对当时的人有着非常强烈的现实意义。

　　那么，有没有一个解读投注于楚地习俗的秦人目光，并分辨秦、楚占卜的方法呢？在我看来，其关键并不在于占辞所见词汇和内容，而在于秦、楚时日的差异，以及在时日差异基础上形成的占法差异。因此,本章将着眼点放在第四章已经分析过的《日书》的种种占法原理上,试图从秦楚占法原理的差异上来讨论这个问题。

第一节 《玄戈》所见秦、楚占法原理的异同

1. 二十八宿占与吉凶之排列

在第四章第二节,我们将甲种(813 反/4～802 反/2)及乙种(983/3～995/3)两处所见和二十八宿相关的记录,作了相互的比较研究,补订了原简的误写和脱漏,复原了二十八宿占的占法原理。其主要内容是:二十八宿占的占法是一个时间表;首先营室宿值正月一日,以此为起点,二十八宿轮流值日,到第13周期结束时,最后的危宿正好值岁末 12 月 31 日。根据这个时刻表,了解一年间二十八宿的排列,然后解读这些星宿轮值之日的吉凶的占辞,在甲种是《星》(797/1～824/1),在乙种是《官》(975/1～1002/1),两者内容几乎完全相同。那么其他二十八宿中出现的占辞,是不是全部可以按照上面归纳的占法作出解释呢? 不是的,还是有着重要的差异。这种差异,在我看来实际上正好反映了秦、楚占法的差异。在这种二十八宿占法中,尤其是甲种的《玄戈》(776/1～787/1)具有相当高的系统性。在此,我们试图通过对《玄戈》的分析,找出秦、楚占法原理上的差异,并对其意义作出考察。

《玄戈》原文如下所示:

> 十 月 心、危、营室,大凶。心、尾,致死。毕、此(觜)嶲[2],
> 大吉。张、翼,少吉。招(招)榣(摇)毄(击)未,玄戈
> 毄(击)尾。

十一月　斗、娄、虚,大凶。角、房,致死。胃、□[3],大吉。柳（柳）、七星,少吉。招（招）榣（摇）毄（击）午,玄戈毄（击）心。

十二月　须女、斗、牵牛,大凶。角、犹（亢）,致死。奎、娄,大吉。东井、舆鬼,少吉。招（招）榣（摇）毄（击）巳,玄戈毄（击）房。

正　月　营室、心,大凶。张、翼,致死。危、营室,大吉。毕、此（觜）嶲,少吉。招（招）榣（摇）毄（击）辰,玄戈毄（击）翼。

二　月　奎、牴（氐）、房,大凶。七星,致死。须女、虚,大吉。胃、参,少吉。招（招）榣（摇）毄（击）卯,玄戈毄（击）张。

三　月　胃、角、犹（亢）,大凶。东井、舆鬼,致死。斗、牵牛,大吉。奎、娄,少吉。招（招）榣（摇）毄（击）寅,玄戈毄（击）七星。

四　月　毕、张、翼,大凶。毕、此（觜）嶲,致死。心、尾,大吉。危、营室,少吉。招（招）榣（摇）毄（击）丑,玄戈毄（击）此（觜）嶲。

五　月　东井、七星,大凶。胃、参,致死。角、房,大吉。须女、虚,少吉。招（招）榣（摇）毄（击）子,玄戈毄（击）毕。

六　月　柳（柳）、东井、舆鬼,大凶。奎、娄,致死。角、犹（亢）,大吉。斗、牵牛,少吉。招（招）榣（摇）毄（击）亥,玄戈毄（击）茅（昴）。

七　月　张、毕、此（觜）嶲,大凶。危、营室,致死。张、翼,大吉。心、尾,少吉。招（招）榣（摇）毄（击）戌,玄戈毄（击）营室。

八　月　角、胃、参，大凶。须女、虚，致死。柳（柳）、七星，大
　　　　吉。角、房，少吉。招（招）摇轂（击）酉，玄戈轂
　　　　（击）危。

九　月　牴（氐）、奎、娄，大凶。斗、牵牛，致死。东井、舆鬼，
　　　　大吉。张、翼，少吉。招（招）摇轂（击）申，玄戈
　　　　轂（击）虚。

不难想象，这段记录中包含着各种各样的信息和丰富的内涵。
为便于分析，我们先将全文划分成若干段落（表一）。首先从中可
以读出的是，第一段"月名"和第二段"大凶"第一个星宿名的关系，
这和第四章表七"二十八宿占的时间表"所示，营室宿值正月一日，
以此为起点，二十八宿轮流值日时各月朔日的星宿名，是完全一致
的。因此，《玄戈》的占法原理可以说依从了第四章表七所示的时
刻表。那么，从"大吉"到"少吉"的星宿名，是不是也都按这个时刻
表排列呢？为了验证这一点，方便起见，先将这些星宿名换算成数
字，也就是说，依照二十八宿的顺序，按照时刻表，把起点的营室宿
当作"1"，把东壁宿当作"2"，依次类推，按数字表示排列顺序，如表
二所示。

表一　《玄戈》的构造

月　名	大　凶	致　死	大　吉	少　吉	招摇/玄戈
十　月	心、危、营室	心、尾	毕、觜嶲	张、翼	招摇击未，玄戈击尾
十一月	斗、娄、虚	角、房	胃、□	柳、七星	招摇击午，玄戈击心
十二月	须女、斗、牵牛	角、亢	奎、娄	东井、舆鬼	招摇击巳，玄戈击房

（续表）

月　名	大　凶	致　死	大　吉	少　吉	招摇/玄戈
正　月	营室、心	张、翼	危、营室	毕、觜巂	招摇击辰，玄戈击翼
二　月	奎、氐、房	七星	须女、虚	胃、参	招摇击卯，玄戈击张
三　月	胃、角、亢	东井、舆鬼	斗、牵牛	奎、娄	招摇击寅，玄戈击七星
四　月	毕、张、翼	毕、觜巂	心、尾	危、营室	招摇击丑，玄戈击觜巂
五　月	东井、七星	胃、参	角、房	须女、虚	招摇击子，玄戈击毕
六　月	柳、东井、舆鬼	奎、娄	角、亢	斗、牵牛	招摇击亥，玄戈击昂
七　月	张、毕、觜巂	危、营室	张、翼	心、尾	招摇击戌，玄戈击营室
八　月	角、胃、参	须女、虚	柳、七星	角、房	招摇击酉，玄戈击危
九　月	氐、奎、娄	斗、牵牛	东井、舆鬼	张、翼	招摇击申，玄戈击虚

按：有几个简文改成了通行文字，如"此嶲"作"觜巂"、"柖摇"作"招摇"。

表二 《玄戈》从大吉到少吉星宿数字的排列（以营室宿为起点）

月　名	大　凶	致　死	大　吉	少　吉
十　月	28/1	21/22	7/8	14/15
十一月	4/27	17/20	5/ *	12/13
十二月	24/25	17/18	3/4	10/11

（续表）

月　名	大　凶	致　死	大　吉	少　吉
正　月	21	14/15	28/1	7/8
二　月	19/20	13	26/27	5/9
三　月	17/18	10/11	24/25	3/4
四　月	14/15	7/8	21/22	28/1
五　月	13	5/9	17/20	26/27
六　月	10/11	3/4	17/18	24/25
七　月	7/8	28/1	14/15	21/22
八　月	5/9	26/27	12/13	17/20
九　月	3/4	24/25	10/11	14/15

按：十一月的"大吉"原简残为"胃、□"，如果是"东壁"，则是"5/2"，如果是"东井"，则是
"5/10"。

　　可以看出，从"大吉"到"少吉"的星宿排列，也是有一定规
则的。以排在最前的十月为例，大凶为"28/1"，致死为"21/
22"，大吉为"7/8"，少吉为"14/15"。可见，按照二十八宿的顺
序，大凶以下吉凶的各种术语和前后相邻的星宿名相配。这种
规律，十月以外也是一样的。因此，十一月所见大凶的"4/
27"、致死的"17/20"等不规则的组合，可以看作是传抄过程中
发生的失误，而正月的"21"等，或是与之构成一对的另一方脱漏
的缘故。以上的推想绝非随意之举，《日书》中这一类的误写、脱
漏随处可见，尤其乙种格外显著，这我们已经指出过了[4]。不
管怎样，如果我们依据出土文献《日书》整体反映出来的倾向，
对从"大吉"到"少吉"本来的星宿排列，做出了复原，当如表三
所示。

表三 表二的补订

月 名	大 凶	致 死	大 吉	少 吉
十 月	28/1	21/22	7/8	14/15
十一月	〈26〉/27	〈19〉/20	5/【6】	12/13
十二月	24/25	17/18	3/4	10/11
正 月	21/【22】	14/15	28/1	7/8
二 月	19/20	【12】/13	26/27	5/〈6〉
三 月	17/18	10/11	24/25	3/4
四 月	14/15	7/8	21/22	28/1
五 月	【12】/13	5/〈6〉	〈19〉/20	26/27
六 月	10/11	3/4	17/18	24/25
七 月	7/8	28/1	14/15	21/22
八 月	5/〈6〉	26/27	12/13	17/〈18〉
九 月	3/4	24/25	10/11	14/15

按:〈 〉为订正,【 】为补正。

将我们补订以后的星宿排列,置入到第四章表七"二十八宿占的时间表"中去,则如表四所示。这样就出现了一个非常整齐的吉凶结构,可以暂时这么说,《玄戈》所见"大吉"到"少吉"的星宿排列,依据的是以营室宿为起点的二十八宿占之占法原理。

表四 《玄戈》所见吉凶的排列(以营室宿为起点)

	1	2	3	4	5	6	7	8	9	10	11	12	13	14
十 月	大凶						大吉	大吉						少吉
十一月				大吉	大吉							少吉	少吉	
十二月			大吉	大吉						少吉	少吉			
正 月	大吉						少吉	少吉						致死

（续表）

	1	2	3	4	5	6	7	8	9	10	11	12	13	14
二　月					少吉	少吉						致死	致死	
三　月			少吉	少吉						致死	致死			大凶
四　月	少吉						致死	致死						大凶
五　月					致死	致死						大凶	大凶	
六　月			致死	致死						大凶	大凶			
七　月	致死						大凶	大凶						大吉
八　月					大凶	大凶						大吉	大吉	
九　月			大凶	大凶						大吉	大吉			少吉

	15	16	17	18	19	20	21	22	23	24	25	26	27	28
十　月	少吉						致死	致死						大凶
十一月					致死	致死						大凶	大凶	
十二月			致死	致死						大凶	大凶			
正　月	致死						大凶	大凶						大吉
二　月					大凶	大凶						大吉	大吉	
三　月			大凶	大凶						大吉	大吉			
四　月	大凶						大吉	大吉						少吉
五　月					大吉	大吉						少吉	少吉	
六　月			大吉	大吉						少吉	少吉			
七　月	大吉						少吉	少吉						致死
八　月			少吉	少吉								致死	致死	
九　月	少吉									致死	致死			

2. 招摇、玄戈之占法原理

那么，看上去占法原理不同的"招摇/玄戈"这一段依据的是什么占法呢？饶宗颐先生在这方面已作过研究，他的说明大致如下：招摇为斗星，招摇星数一，国际星名27γBoo，GC星表编号为19607。玄戈星数一，国际星名19λBoo，博斯GC星表编号为19273。这些星名亦见《开元占经》所引的《石氏星经》和《甘氏星经》，因为此二星亦见于秦简《日书》，可见两个《星经》均为实录。所谓"斗击"，指北斗对冲（相反一侧）之辰。也就是说，招摇、玄戈为北斗杓端内外之两星，其所击之十二辰及星宿，即所谓"招摇击"、"玄戈击"[5]。

《开元占经》是唐开元年间瞿昙悉达等人编撰的一部纬书，其中所引《石氏星经》和《甘氏星经》，据传作自战国时代的石申、甘德，饶宗颐先生根据两书所见招摇、玄戈亦见《日书》，认为两部《星经》乃是战国时代的实录。这两部《星经》究竟是否如传说的那样，是战国时代之物，在中国古代天文学学者中也还有争议[6]。不过，至少从资料上讲，招摇、玄戈最早见于《日书》，这是确实之事。

接下来我们分析"招摇/玄戈"的结构。《史记·天官书》与北斗七星相关记录中，有以下内容：

> 杓端有两星：一内为矛，招摇；一外为盾，天锋。

《史记集解》所引晋灼的《汉书集注》指出：

> 外，远北斗也。在招摇南，一名玄戈。

据此可知，北斗七星斗杓端部有两个星宿，内侧一方为招摇，与天矛相当，外侧一方为天锋（玄戈），与天盾（楯）相当。这两个星宿到了后世又有了各种各样的别称[7]。

关于其占法，饶宗颐先生指出这两星"斗击"十二辰及二十八宿，其论据在《汉书·艺文志》阴阳家条：

> 阴阳者，顺时而发（兵），推刑德，随斗击，因五胜，假鬼神为助者也。

《淮南子·天文训》中有：

> 太阴所居，不可背而乡。北斗所击，不可与敌。

《淮南子·天文训》中还有：

　　　　凡用太阴,左前刑,右背德,击钩陈之冲辰,以战必胜,以
　　攻必剋。

可惜的是,饶宗颐先生虽然指出了这一卓越的见解,却未能显示
"招摇/玄戈"这一段的具体结构,在此我们试作复原。饶宗颐先生
所引《淮南子·天文训》中还有以下内容:

　　　　北斗之神有雌雄,十一月始建於子,月徙一辰,雄左行,雌
　　右行,五月合午,谋刑;十一月合子,谋德。雌所居辰为厌,厌
　　日不可以举百事。

这说的就是所谓的刑德占卜。刑德有七舍说、二十岁说等几种,在
近年的出土典籍中也能看到[8]。关于上引这段文字,楠山春树先
生作过如下说明:"斗杓,在十一月昏指子,在十二月昏指丑,在正
月昏指寅,就这样,北斗一年绕十二辰一周。一般称此为雄神(阳
建)。此外还可以设想雌神(阴建)的存在,她从十一月的子开始,
方向与雄神相反,绕十二辰一周。雌雄在十一月和五月会合,冬至
月的十一月,因是一阳来复之时,要谋德(阳);夏至月的五月,则要
谋刑(阴)。"[9]如果依照《淮南子·天文训》所见的刑德加以类推,
去解释与"招摇/玄戈"相关的这段话,可大致如下所示:

　　首先,根据简文归纳出"招摇/玄戈"的整体结构,可由图一表
示。当斗杓十一月建于子时,招摇击对冲(相反一侧)的"午",玄戈击
二十八宿的"心"。如果将斗杓设想为雌雄二神,那么雄神每月一辰
向左行,雌神也每月一辰向右行。这种占法,以十月为起点,以十月
到第二年九月的十二个月为一个周期。因此,这是一种获知每月吉
凶内容的占法。每月,招摇按照反时针的顺序击对冲的十二辰,玄
戈也击与十二辰相对应的星宿,依据这种组合,来作出某种占断。
然而其占辞在《日书》中没有留下。那么,玄戈所击星宿是依照什么
标准选择出来,使其与十二辰相对应的? 我们用图二来说明。首先

以营室宿为起点,按照二十八宿的顺序,选择三个星宿;然后隔四个星宿,再选出三个星宿,这三个星宿都属于将二十八宿与四方相配列时的同一个方位;最后四组星宿以春(尾、心、房)、夏(翼、张、七星)、秋(觜觿、毕、昴)、冬(营室、危、虚)的顺序和四时配列起来。

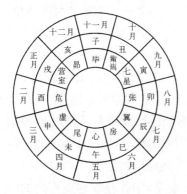

图一 "招摇/玄戈"一段的结构

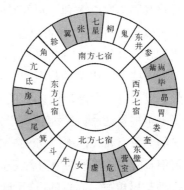

图二 "招摇/玄戈"与二十八宿

3.《玄戈》所见楚人的目光

根据以上的讨论,《玄戈》之占法的基本问题,已大致解决。然而从历史学的角度来说,还有一个问题必须讨论,那就是,《玄戈》究竟是楚人的占法还是秦人的占法。关于这个问题,饶宗颐先生注意到《玄戈》的月名以十月为起点,将其视为秦人的占卜[10]。但问题没有那么单纯。

值得注意的是,表四中存在着没有吉凶词汇的空白部分,并有一定规律,即每个月都隔六天出现。然而正因为是有规律的,其空白出现于每月的 2 号、9 号、16 号、23 号,却让人觉得不自然。为什么空白不是整齐地出现在每月 7 号、14 号、21 号、28 号呢?其原因在于,将以营室宿为起点的二十八宿占的占法原理组合进一年的时间表中,就会有这种情况。二十八宿的顺序本来以角宿为起点，因为角宿正好相当于北斗柄的方向。所以一般认为这是以斗柄方向确定一年季节之方法[11]。

　　依据前面研究"二十八宿占与吉凶排列"时所使用的方法，用以角宿为起点的数字来排列从"大吉"到"少吉"的星宿，则如表五所示。再将其同样地放入到一年的时间表中，则如表六所示。可以看出，只有以角宿为起点，才可以让不存在吉凶概念的空白部分，整齐地出现在每月7号、14号、21号、28号[12]，表四虽然比较有规律，但还是有一些吉凶用语的位置出现紊乱，但这里则体现出完整的规律性。可见，从"大吉"到"少吉"的星宿排列，原以角宿为起点。这说明了一个现象，虽然《玄戈》第一段"月名"和第二段"大凶"第一个星宿名的关系，和以营室宿为正月一日，以此为起点，让二十八宿每天轮流值日时各月朔日的星宿名完全一致，但从"大吉"到"少吉"的星宿排列是以角宿为起点的，这反映出《玄戈》中并存着起点不同的两种二十八宿占的占法原理。那么，这一现象说明了什么呢？

表五　《玄戈》从大吉到少吉星宿数字的排列（以角宿为起点）

月　名	大　凶	致　死	大　吉	少　吉
十　　月	12/13	5/6	19/20	26/27
十一月	10/11	3/4	17/18	24/25
十二月	8/9	1/2	15/16	22/23
正　　月	5/6	26/27	12/13	19/20
二　　月	3/4	24/25	10/11	17/18
三　　月	1/2	22/23	8/9	15/16
四　　月	26/27	19/20	5/6	12/13
五　　月	24/25	17/18	3/4	10/11
六　　月	22/23	15/16	1/2	8/9
七　　月	19/20	12/13	26/27	5/6
八　　月	17/18	10/11	24/25	3/4
九　　月	15/16	8/9	22/23	1/2

按：因为原简误写、脱字的订补已在表三完成，为避免繁杂，这里直接使用表三的数字，但以角宿为起点，作了换算。

表六 《玄戈》所见吉凶的排列（以角宿为起点）

	1	2	3	4	5	6	7	8	9	10	11	12	13	14
十 月					致死	致死						大凶	大凶	
十一月			致死	致死						大凶	大凶			
十二月	致死	致死						大凶	大凶					
正 月					大凶	大凶						大吉	大吉	
二 月			大凶	大凶						大吉	大吉			
三 月	大凶	大凶						大吉	大吉					
四 月					大吉	大吉						少吉	少吉	
五 月			大吉	大吉						少吉	少吉			
六 月	大吉	大吉						少吉	少吉					
七 月					少吉	少吉						致死	致死	
八 月			少吉	少吉						致死	致死			
九 月	少吉	少吉						致死	致死					

	15	16	17	18	19	20	21	22	23	24	25	26	27	28
十 月					大吉	大吉						少吉	少吉	
十一月			大吉	大吉						少吉	少吉			
十二月	大吉	大吉						少吉	少吉					
正 月					少吉	少吉						致死	致死	
二 月			少吉	少吉						致死	致死			
三 月	少吉	少吉						致死	致死					
四 月					致死	致死						大凶	大凶	
五 月			致死	致死						大凶	大凶			
六 月	致死	致死						大凶	大凶					
七 月					大凶	大凶						大吉	大吉	
八 月			大凶	大凶						大吉	大吉			
九 月	大凶	大凶						大吉	大吉					

　　这让我们想到,二十八宿占中,存在着查知某日之星宿配属之后,要读的《星》《官》两篇占辞文本。以营室宿为正月一日、以此为起点的星宿配属,和以角宿为起点的星宿配属,一年的星宿配属存在很大的不同。附带指出,以角宿为起点的二十八宿占的时间表,如表七所示。这样说来,《星》《官》两篇占辞文本,似正与这两种起点不同的二十八宿占相配合。实际上,《星》就是从角宿的占辞开始的,《官》就是从营室宿的占辞开始的。例如《星》开头部分(甲797/1)为:

　　　　角　利祠及行,吉。不可盖屋。取妻,妻妬。生子,【子】为【吏】。[13]

表七　以角宿为起点的二十八宿占的时间表

	朔　日	晦　日
正　月	角	亢
二　月	氐	房
三　月	心	尾
四　月	箕	牵牛
五　月	须女/娄女	虚
六　月	危	营室
七　月	东壁	娄
八　月	胃	昴
九　月	毕	觜嶲
十　月	参	舆鬼
十一月	柳	七星
十二月	张	轸

以下,按照二十八宿的顺序,接续各星宿的占辞。与之相应,乙种

《官》开头（乙 975/1）是：

> 营室 利祠。不可为室及入之。以取妻，不宁。生子，为吏。

以下，同样是按照二十八宿的顺序，接续各星宿的占辞。《星》、《官》两篇虽然字句上有所不同，但几乎是同一文本。文本相同但二十八宿起首不同的两套占辞并存于《日书》中，这意味着它们是为起点不同的两种二十八宿占准备的。那么，占题或称《星》，或称《官》，又是为了什么？这可能是因为《星》是正本的名称，而《官》相对于《星》而言是简称。就是说，南郡所谓的官就是占领者秦的称谓，这样认为恐无大过。因此所谓"官"就是"官（之星）"的一种省略表达。所以，《星》是秦以外地区，至少是《日书》出土地——故楚之地原来所使用的占题。若果真如此，我们有必要注意《玄戈》中起点不同的、秦楚两种地方的二十八宿占组合在一起的现象。因为这是秦设置南郡后出现的、对占领地加以统治的反映。

第二节 《稷辰》、《秦》所见楚人的目光

我们认为，围绕同样种类的占法，秦、楚目光交错的现象，也出现于甲种《稷辰》（755/1～760/1）：

> 正月、二月 子秀，丑戌正阳，寅酉危阳，卯敫，辰申嵩，巳未阴，午觱（徹），亥结。
>
> 三月、四月 寅秀，卯子正阳，辰亥危阳，巳敫，午戌嵩，未酉阴，申觱（徹），丑结。
>
> 五月、六月 辰秀，巳寅正阳，午丑危阳，未敫，申子嵩，酉亥阴，戌觱（徹），卯结。

七月、八月　午秀,未辰正阳,申卯危阳,酉敠,戌寅禺,亥丑阴,子觲(徹),巳结。

九月、十月　申秀,酉午正阳,戌巳危阳,亥敠,子辰禺,丑卯阴,寅觲(徹),未结。

十一月、十二月　戌秀,亥申正阳,子未危阳,丑敠,寅午禺,卯巳阴,辰觲(徹)[14],酉结。

这是将前后相连的两个月为一组,用十二辰占问每天的吉凶。表达吉凶的词汇是秀、正阳、危阳、敠、禺、阴、觲(徹)、结八种。因为占问的是整个一年,所以,每两个月第一天的起点是错开二辰的。还有,因为要让人知道与每日相应的八种词汇是什么内容,所以后面还有占辞(甲761～775)。为了了解《稷辰》之占法具有怎样的规律性,我们将十二辰的排列状态换成数字,如表八所示。

表八　"稷辰"的十二辰排列(以"子"为1加以排列)

	秀	正	阳	危	阳	敠	禺		阴		徹	结
正、2月	1	2	11	3	10	4	5	9	6	8	7	12
3、4月	3	4	1	5	12	6	7	11	8	10	9	2
5、6月	5	6	3	7	2	8	9	1	10	12	11	4
7、8月	7	8	5	9	4	10	11	3	12	2	1	6
9、10月	9	10	7	11	6	12	1	5	2	4	3	8
11、12月	11	12	9	1	8	2	3	7	4	6	5	10

从中可以看出,其中有一定的排列规律。但它所依据的占法原理是什么? 由于这个占法原理在后世的占书找不出类似的例子,所以并不清楚。然而,饶宗颐先生认为其占法是《丛辰》[15]。《丛辰》是西汉术数家中某一派的占法。《史记·日者列传》褚少孙的补文云:

　　　　臣为郎时,与太卜待诏为郎者同署,言曰:"孝武帝时,聚
　　会占家问之,某日可取妇乎。五行家曰可,堪舆家曰不可,建
　　除家曰不吉,丛辰家曰大凶,历家曰小凶,天人家曰小吉,太一
　　家曰大吉。辩讼不决。"

《汉书·艺文志》也著录有"《钟律丛辰日苑》二十三卷"之五行家的
著作。关于其占法原理,明代张自烈所撰《正字通》酉集下《辰部》
"辰"字条云:

　　　　又丛辰犹如今(按:指明代)以五行生尅择日也。

不过,《日书》的《稷辰》其占卜内容不如说更接近建除。饶宗颐先
生将《稷辰》等同于《丛辰》,似是因为将"稷"字释为"丛"字[16],然
而从占法原理看,它的解释难以信从。

　　乙种有一个占卜与《稷辰》极为相似,占题叫《秦》(942/1～
947/1)。原简多有误写、脱漏,在此依据结构相同的《稷辰》加以补
订,可复原如下:

　　正月、二月　　子采(穗),丑戌【正】阳,寅酉危阳,卯敫,【辰】申
　　　　　　　　　熨,巳未阴,午徹,丑〈亥〉结。

　　三月、四月　　寅采(穗),卯【子】正阳,辰【亥】危阳,巳敫,午戌
　　　　　　　　　熨,未酉阴,申徹,丑结。

　　五月、六月　　辰采(穗),巳寅正阳,午丑危阳,未敫,申子熨,酉
　　　　　　　　　亥阴,戌徹,卯结。

　　七月、八月　　午采(穗),未辰正阳,【申】未〈卯〉危阳,酉敫,戌
　　　　　　　　　寅熨,亥丑阴,子徹,巳结。

　　九月、十月　　申采(穗),【酉午正阳,戌巳危】阳,亥敫,巳〈子〉
　　　　　　　　　辰熨,丑卯阴,寅徹,未结。

　　【十一月、十二月　戌采(穗),亥申正】阳,戌〈子〉【未危阳,丑】

　　　　　　　　敫,寅午霥,已卯〈卯巳〉阴,辰徹,酉结。

这里,吉凶的词汇虽有若干异同,但通过表九能很清楚地看到,
《秦》之占法和前面所见《稷辰》在结构上几乎完全相同。同一占法
的《秦》和《稷辰》,同出于甲乙两种《日书》中,这和前述二十八宿占
属于同样情况吧。就是说,我们可以从中看出秦对楚实施统治的
反映。原来占题为《稷辰》的本子是原本,随着秦对南郡的统
治,占法原理基本相同的秦人的占法也进来,于是楚人就将
秦人的占法简称为"秦(之稷辰)"了。这里,我们又一次明确
地感受到了和把"星"简称为"官"一样的楚人的目光。

表九　《秦》的结构(十二辰的排列与《稷辰》相同)

	穗	正 阳		危 阳		敫	霥		阴		徹	结
正、2 月	子	丑	戌	寅	酉	卯	辰	申	巳	未	午	亥
3、4 月	寅	卯	子	辰	亥	巳	午	戌	未	酉	申	丑
5、6 月	辰	巳	寅	午	丑	未	申	子	酉	亥	戌	卯
7、8 月	午	未	辰	申	卯	酉	戌	寅	亥	丑	子	巳
9、10 月	申	酉	午	戌	巳	亥	子	辰	丑	卯	寅	未
11、12 月	戌	亥	申	子	未	丑	寅	午	卯	巳	辰	酉

第三节　建除所见楚人的目光

　　这种楚人的目光,在《建除》中也得到显著的反映。本书
已经提到,《日书》甲种、乙种均以《建除》为首[17]。甲种开头
的《建除》有①《除》(730/1～742/1)与②《秦除》(743/1～
754/1)两种:

① 《除》

	十一月斗	十二月须	正月营	二月奎	三月胃	四月毕	五月朱	六月柳	七月张	八月角	九月氐	十月心
满	子	丑	寅	卯	辰	巳	午	未	申	酉	戌	亥
赢	丑	寅	卯	辰	巳	午	未	申	酉	戌	亥	子
建	寅	卯	辰	巳	午	未	申	酉	戌	亥	子	丑
陷	卯	辰	巳	午	未	申	酉	戌	亥	子	丑	寅
彼	辰	巳	午	未	申	酉	戌	亥	子	丑	寅	卯
平	巳	午	未	申	酉	戌	亥	子	丑	寅	卯	辰
宁	午	未	申	酉	戌	亥	子	丑	寅	卯	辰	巳
空	未	申	酉	戌	亥	子	丑	寅	卯	辰	巳	午
坐	申	酉	戌	亥	子	丑	寅	卯	辰	巳	午	未
盖	酉	戌	亥	子	丑	寅	卯	辰	巳	午	未	申
成	戌	亥	子	丑	寅	卯	辰	巳	午	未	申	酉
南	亥	子	丑	寅	卯	辰	巳	午	未	申	酉	戌

②《秦除》

正　月　　建寅,除卯,盈辰,平巳,定午,挈(执)未,披(破)申,
　　　　　危酉,成戌,收亥,开子,闭丑

二　月　　建卯,除辰,盈巳,平午,定未,执申,披(破)酉,危戌,
　　　　　成亥,收子,开丑,闭寅

三　月　　建辰,除巳,盈午,平未,定申,执酉,披(破)戌,危亥,
　　　　　成子,收丑,开寅,闭卯

四　月　　建巳,除午,盈未,平申,定酉,挈(执)戌,披(破)亥,
　　　　　危子,成丑,收寅,开卯,闭辰

五　月　　建午,除未,盈申,平酉,定戌,挈(执)亥,披(破)子,
　　　　　危丑,成寅,收卯,开辰,闭巳

六　月　　建未,除申,盈酉,平戌,定亥,挈(执)子,披(破)丑,
　　　　　危寅,成卯,收辰,开巳,闭午

七　月　　建申,除酉,盈戌,平亥,定子,挈(执)丑,披(破)寅,
　　　　　危卯,成辰,收巳,开午,闭未

八　月　　建酉,除戌,盈亥,平子,定丑,挈(执)寅,披(破)卯,
　　　　　危辰,成巳,收午,开未,闭申

九　月　　建戌,除亥,盈子,平丑,定寅,挈(执)卯,披(破)辰,
　　　　　危巳,成午,收未,开申,闭酉

十　月　　建亥,除子,盈丑,平寅,定卯,挈(执)辰,披(破)巳,
　　　　　危午,成未,收申,开酉,闭戌

十一月　　建子,除丑,盈寅,平卯,定辰,挈(执)巳,披(破)午,
　　　　　危未,成申,收酉,开戌,闭亥

十二月　　建丑,除寅,盈卯,平辰,定巳,挈(执)午,披(破)未,
　　　　　危申,成酉,收戌,开亥,闭子

　　乙种开头的《建除》指的是以下没有占题的③《佚名建除》
(896~908)与④《徐》(921/1~932/1)。

③《佚名建除》

	十一月	十二月	正月	二月	三月	四月	五月	六月	七月	八月	九月	【十月】
慈结	子	丑	寅	卯	辰	巳	午	未	申	酉	戌	亥
赢阳	丑	寅	卯	辰	巳	午	未	申	酉	戌	亥	子
【建】	寅	卯	辰	巳	午	未	申	【酉】	戌	亥	子	【丑】[18]
笤罗	卯	辰	巳	午	未	申	酉	戌	亥	子	丑	寅
作阴	辰	巳	午	未	申	酉	戌	亥	子	丑	寅	卯
平达	巳	午	未	申	酉	戌	亥	子	丑	寅	卯	辰
成外	午	未	申	酉	戌	亥	子	丑	寅	卯	辰	巳
空外	未	申	酉	戌	【亥】	子	丑	寅	卯	辰	巳	午
【堲外】	申	酉	戌	亥	子	丑	寅	卯	辰	巳	午	未
盍绝	酉	戌	亥	子	丑	寅	卯	辰	巳	午	未	申
成决	戌	亥	子	丑	寅	卯	辰	巳	午	未	申	酉
复秀	亥	子	丑	寅	卯	辰	巳	午	未	申	酉	戌

④《徐》[19]

正　月　建寅,余(徐)卯,吉辰,实巳,窘午,徼未,衝(冲)申,
　　　　剽酉,虚戌,吉亥,实子,開〈闭〉丑

二　月　建【卯,徐】辰,吉巳,实午,窘未,徼申,衝(冲)酉,【剽
　　　　戌,虚亥】,吉子,实丑,開〈闭〉寅

三　月　建【辰,徐】巳,吉午,实未,窘申,敫(徼)酉,衝(冲)
　　　　戌,剽亥,虚子,吉丑,实寅,開〈闭〉卯

四　月　建巳,徐午,吉未,实申,窘酉,敫(徼)戌,衝(冲)【亥,
　　　　剽】子,虚丑,吉寅,【实】卯,開〈闭〉辰

五　月　建午,徐【未】,吉申,实酉,窘戌,敫(徼)亥,衝(冲)
　　　　子,剽丑,虚寅,吉卯,实辰,開〈闭〉巳

六　月　建未,徐申,吉酉,实戌,窘亥,敫(徼)子,衝(冲)丑,
　　　　剽寅,虚卯,吉辰,实巳,開〈闭〉午

七　月　建申,徐酉,吉戌,实亥,窘子,敫(徼)丑,衝(冲)寅,
　　　　剽卯,虚辰,吉【巳】,实午,開〈闭〉未

八　月　建酉,徐戌,吉亥,实子,窘丑,徼寅,衝(冲)卯,剽辰,
　　　　虚巳,吉午,实未,開〈闭〉申

九　月　建戌,徐亥,吉子,实丑,窘寅,徼卯,衝(冲)辰,剽巳,
　　　　虚午,吉未,实申,開〈闭〉酉

十　月　建亥,徐子,吉丑,实寅,窘卯,敫(徼)辰,衝(冲)巳,
　　　　剽午,虚未,吉申,实酉,開〈闭〉戌

十一月　建子,徐丑,吉寅,实卯,窘辰,敫(徼)巳,衝(冲)午,
　　　　剽未,虚申,【吉酉】,实戌,開〈闭〉亥

十二月　建丑,徐寅,吉卯,实辰,窘巳,敫(徼)午,衝(冲)未,
　　　　剽申,虚酉,【吉戌,实】亥,開〈闭〉子

这四种建除表都附有各自的占辞,查阅占辞就能知道当日吉

凶的具体内容,但这和我们这里的分析没有直接的关系,故省略。关于《建除》的占法原理,已在第四章第二节第 3 部分《建除》中有详述,其他地方也屡有提及,此不赘言。

　　将这四种建除表加以比较,第一值得注意的是,前面讨论《星》/《官》及《稷辰》/《秦》之占题的性质时,所使用的讨论方法,这里也同样可以直接使用。甲种开头所见建除名,先为①《除》,后为②《秦除》。前者的①"除"当为"建除"的简称,而②"秦除"显然针对前者"(建)除"而言,亦即秦的"(建)除"。不能不认为,这种名称不是秦人所起,而是南郡楚人一方所起。《日书》开头是楚的《建除》,后面放秦的《建除》,这一结构乙种也完全相同,这暗示着《日书》是基于南郡楚人的目光编纂的文本。还有,《日书》中占题有"秦"字者有二例,但有"楚"字者却一例也没有[20]。由此也可以看出编纂《日书》的人目光集中在哪一边。

　　此外,甲种①《除》和②《秦除》显示出占法的差异,在这一点也形成对照。即《除》以正月子日为起点,《秦除》以正月寅日为起点。战国后期至末期,秦的建除以正月寅日为起点,通过放马滩秦简《日书》也可得到证明。因此②"秦除"就是"秦之建除"的简称。相对于以正月寅日为起点,以正月子日为起点的①《除》,正是秦占领下楚人的建除。甲乙两种《日书》中,以正月子日为起点的建除放在开头,后面随以正月寅日为起点的建除,这一排列结构,和《星》/《官》、《稷辰》/《秦》之结构相同,不能不认为是有意为之的。我们认为,正月子日为起点的甲种的①《除》,与乙种无占题的③《佚名建除》,是楚的建除,正月寅日为起点的甲种②的《秦除》和乙种④《徐》是秦的建除[21]。这样看来,①之《除》正好和讨论《玄戈》时所得结论一样,其形态是一种占卜中秦楚两方的占法交织在了一起。就是说,①《除》中与每月相配属的各种星宿,和以营室宿为起点的二十八宿占所显示每月朔日是一致的(参见第四章表四 a、表七)。因此,这是秦的占法。由此可见①的《除》，虽是以正月子日为起点的楚的建除，但同时又组合进了秦二十八宿占的占法。建除表中掺入二十八宿占占法的《除》，是如何被南郡的人所使用的呢，我们并不清楚。但看此表的人就能同时知道以正月子日为起点的那一天的建除十二神名，和以营室宿为起点的那一天的星宿名。至少这一点是毋庸怀疑的。

第四节　《岁》所见秦人的目光

以上，我们以围绕同种占法的楚人目光为中心展开了讨论。甲种的《岁》（793～796）与之形成对照，这是展示秦人目光的一个极好材料。因原文很长，为方便引用，如下所示，将其分为二段。

〈前段〉

刑夷、八月、献马　　岁在东方。以北大羊（祥）。东旦亡。
　　　　　　　　　　南遇英（殃）。西数反其卿（乡）。

夏夷、九月、中夕　　岁在南方。以东大羊（祥）。南旦亡。
　　　　　　　　　　西禺（遇）英（殃）。北数反其卿（乡）。

纺月、十月、屈夕　　岁在西方。以南大羊（祥）。西旦亡。
　　　　　　　　　　北禺（遇）英（殃）。东数反其卿（乡）。

七月、爨月、援夕　　岁在北方。以西大羊（祥）。北旦亡。
　　　　　　　　　　东禺（遇）英（殃）。南数反其卿（乡）。

〈后段〉

十月楚冬夕。　　　　日六夕七〈十〉

十一月楚屈夕。　　　日五夕十一

十二月楚援夕。　　　日六夕十

正月楚刑夷。　　　　日七夕九

二月楚夏屎。　　　　日八夕八

三月楚纺月。	日九夕七
四月楚七月。	日十夕六
五月楚八月。	日十一夕五
六月楚九月。	日十夕六
七月楚十月。	日九夕七
八月楚爨月。	日八夕八
九月楚虏(献)马。	日七夕九

关于占卜方法后面再作讨论。这里首先要注意的是前段前半部分所见各种月名。这些月名都是楚人起的名称，已为近年出土的包山楚简卜筮祭祷简所证实[22]。后段前半部分的记录，显示的是哪个楚月名该和哪个秦月对应，表十为曾宪通先生所作"秦楚月名对照表"，可以参考[23]。从此表可以看出，秦月和楚月的对应正好错开三个月。后段前半部分的记录，对前段所见楚的月名，从秦人角度来说明了秦、楚间历法的差异。而后段后半部分的记录，如已经探讨过的(第六章第三节第4部分)那样，指的是每月昼夜的平均增减率。

表十　秦楚月名对照表

秦	楚	
十 月	冬 夕	正 月
十一月	屈 夕	二 月
十二月	援 夕	三 月
正 月	刑 夷	四 月
二 月	夏 夷	五 月
三 月	纺 月	六 月
四 月	七 月	七 月
五 月	八 月	八 月
六 月	九 月	九 月
七 月	十 月	十 月
八 月	爨 月	十一月
九 月	献 马	十二月

表十一是依据表十展示的《岁》的结构。由此可知，《岁》依据楚月名，将三个月分为一组；依据各组岁星（木星）所在方位，占断各月四方的吉凶（大祥、旦亡、遇殃等）。虽然不知"数反其乡"的部分指的是什么，但其方位是以"刑夷（四月）、八月、献马（十二月）"岁星所在的东方为起点，沿顺时针方向作有规律排列。当然木星在现实中并不是这么移动的，但也不能否定当时存在一种使木星如此移动的术数宇宙观。不管怎样，楚固有的月名清楚地反映出《岁》原来是楚人的占术。因为使用的是楚月名，秦人需要为之注释，说明这些月名相当于秦的哪一月。如"十月楚冬夕"所示，其说明是从十月开始的，这和《玄戈》一样，依据的是秦之十月岁首。这里，作为比较主体的"秦"被省略，而作为比较客体的"楚"被明示出来，这也反映出占辞后段是秦人一方编纂出来的。这种情况，和前述《星》/《官》、乃至《稷辰》/《秦》之关系正好相反。

表十一 《岁》的结构

	岁星	大祥	旦亡	遇殃	数反其乡
四月、八月、十二月	东方	北	东	南	西
五月、九月、正月	南方	东	南	西	北
六月、十月、二月	西方	南	西	北	东
七月、十一月、三月	北方	西	北	东	南

乙种《家子□》（1092～1095）的结构和《岁》基本上相同：

正月、五月、【九月】　正东尽，【东南斲（斗）】，东〈正〉南夬丽，西南执辱，正西郄逐，西北续光，正北吉富，东北【反乡】。

二月、六月、十月　　　正南尽，西南斲（斗），正西夬丽，西北执

辱,正北郊【逐】,【东】北续光,正东吉富,
东南反乡。

三月、七月、十一月　　正西尽,【西】北斲(斗),正北夬丽,东北
执辱,正东郊逐,东南续光,正南吉富,西
南反乡。

四月、八月、十二月　　正北尽,【东北】斲(斗),正东夬丽,【东】
南执辱,正南【郊逐】,【西南】续光,正西
吉富,西北反乡。

关于占题"家子□"的意思,《日书》中有"家女"一词,就是"嫁
女"之意(参见第八章第一节),因此"家子□"就是"嫁子□",可能
是每个月嫁女时的方位吉凶。此占术的占题不是"岁",也看不到
岁星的名称,但都是三个月为一组,而且指出各月所在方位的吉
凶,甚至末尾都可以看到"反乡"的占法。从这三点看,这个占术基
本上是《岁》的占法(参见表十二)。但《岁》以四月为起点,而《家子
□》是以正月为起点。如表十所示,秦的正月对应于楚的四月。
《岁》、《家子□》两者的起点有三个月的差异,这和两国历法的差异
是有关的。这样看来,以"刑夷(四月)"为起点的《岁》属于楚人的
岁星占,而以正月为起点的《家子□》是使用相同占法原理的秦人
占术。

表十二　《家子□》的复原

	尽	斲	夬丽	执辱	郊逐	续光	吉富	反乡
正月、五月、九月	正东	东南	正南	西南	正西	西北	正北	东北
二月、六月、十月	正南	西南	正西	西北	正北	东北	正东	东南
三月、七月、十一月	正西	西北	正北	东北	正东	东南	正南	西南
四月、八月、十二月	正北	东北	正东	东南	正南	西南	正西	西北

结　　语

　　面对设置南郡后进入的秦文化,尤其是占卜,楚人是如何应对的? 我们着眼于占法原理的差异进行分析,结果搞清了一些问题。这在《星》/《官》、《稷辰》/《秦》、《除》/《秦除》等占题上可以明显地反映出来。此外,从《玄戈》及《岁》或《除》中,我们也看到了秦与楚的占法交织使用的情况,这显示出秦人应对楚人占法的一些侧面。过去,说到秦对占领地的统治情况,秦强权统治的印象是不言自明的。但我们看到的情况大有不同,在这些占书中,渗透着一种想要相互确认对方占法差异的意志。如果是这样的话,这种意志也会影响到秦对占领地的统治方式。不用说,秦通过占卜所要掌握的并不是占卜本身,而是在深层规定着人们生活与精神的固有习俗。自战国中期的秦孝公以来,秦一直坚持以法治主义为国策。秦对南郡坚持实施秦法,但同时也不得不重视那些在基层社会中已经扎根的“活的法律”(习俗)。秦人之所以注意习俗之基础的历法(楚月名),就是因为这个原因。这种复眼的目光决不是矛盾的,反而就是秦人统治者的现实目光。从这个角度讲,《日书》可以说是一面镜子,它折射出秦的法治主义在进行南郡统治时,和当地社会习俗相遭遇的情况。

注

〔1〕不过,好并隆司《雲夢秦簡日書小論》(收入横山英等人编《中国社会史の諸相(中国社会史百态)》,劲草书房,1988 年)对秦楚《建除》的差异已作过一些研究。

〔2〕“旧释”将“萵”释为“蒿”。

〔3〕“旧释”将“□”释为“东”。

〔4〕参见本书第四章第一节第 2 部分《〈日书〉甲乙篇之间的异同》。

〔5〕参见《玄戈 招摇》,收入饶宗颐、曾宪通《云梦秦简日书研究》,中文大学出版社,1982 年,13～16 页。

〔6〕例如可参照薮内清:《增补改订 中国の天文暦法(增补改订中国的天文历法)》,平凡社,1990 年,46～64 页。

〔7〕具体可参照大崎正次《中国の星座の歴史(中国的星座的历史)》,雄山阁,1987 年。

〔8〕《刑德》在阜阳汉简及马王堆汉墓帛书中均有出土。参见文物局古文献研究室、安徽省阜阳地区博物馆、阜阳汉简整理小组《阜阳汉简简介》,《文物》1983 年第 2 期;晓函《长沙马王堆汉墓帛书概述》,《文物》1974 年第 9 期;唐兰等《座谈长沙马王堆汉墓帛书》,《文物》1974 年第 9 期。

〔9〕参见楠山春树《淮南子》上,明治书院,1979 年,191 页。

〔10〕参见《玄戈 招摇》,收入饶宗颐、曾宪通《云梦秦简日书研究》。

〔11〕新城新藏《東洋天文学史研究》,弘文堂书房,1928 年,208～209 页。

〔12〕以角宿为起点的二十八宿占之所以会出现以七天为间隔的、不出现吉凶概念的日子,可能和所谓的"七曜"有关。《晋书·天文志上》云:"东方,角宿二星为天关。其间天门也,其内天庭也。故黄道经其中,七曜之所行也。"

〔13〕【 】的部分依据乙种《官》补。

〔14〕"旧释"将"劈"释为"劈"。

〔15〕参见《稷辰》,收入饶宗颐、曾宪通《云梦秦简日书研究》,11～13 页。

〔16〕李学勤先生也同意这种可能性,参见《睡虎地秦简〈日书〉与楚、秦社会》,《江汉考古》1985 年第 4 期;新释的《后记》中,整理小组怀疑"稷"为"稷"的讹字,并将"稷"读为"丛",持和饶宗颐先生同样的见解。但依据王辉《古文字通假释例》(艺文印书馆,1993 年),简牍资料中找不到这样的例子。

〔17〕参见本书第四章第二节第 3 部分《建除(十二直)》。

〔18〕"新释"中"子"为残缺字,但原简中显然"丑"为残缺字,视"子"为残缺字应是笔误。

〔19〕"新释"将这个建除表中的"徐"全部释为"除",但原简作"徐"。

〔20〕"楚"字只见一例,即乙种《生》(1138)的"戊戌生,姓(眚?)楚",但此非占题,而是见于占辞。关于这个问题可参照本书第五章第二节《〈日书〉占辞所见地域性问题》。

〔21〕我们完全可以想象,这两种起点各异的建除可能和所谓的三正论有关。三正中,以正月寅日为起点的是夏正,以正月子日为起点的是周正,可见秦依据的是夏正,楚依据的是周制。但平势隆郎先生主张楚历建亥说,参见平势隆郎《中国古代纪年の研究—天文と暦の检讨から—(中国古代纪年研究——从天文与历法的研究出发)》,东京大学东洋文化研究所报告,1996年,129~151页。

〔22〕刘彬徽先生制作了以下的月名对照表,可参考。见《从包山楚简纪时材料论及楚国纪年与楚历》,收入湖北省荆沙铁路考古队编《包山楚墓》上,文物出版社,1991年。

包山楚简/睡虎地秦简《日书》月名对照表

	正月	二月	三月	四月	五月	六月	七月	八月	九月	十月	十一月	十二月
包山楚简楚月名	冬柰	屈柰	援柰	蹈层	夏层	亯月	夏柰	八月	九月	十月	夐月	缺
睡虎地秦简楚月名	冬夕	屈夕	援夕	刑夷	夏夷	纺月	七月夏夕	八月	九月	十月	爨月	献马

〔23〕参见《秦简日书岁篇讲疏》,收入饶宗颐、曾宪通《云梦秦简日书研究》,75~76页。

第十章
战国时代秦国的啬夫制和县制

前 言

通过对秦、楚占法原理差异的分析，我们在占卜中看到了南郡统治者（秦）和基层社会（楚）目光交叉的几种局面。可以说，这是秦现实性❶法治主义的反映。这种法治主义从商鞅变法中就已经可以看得出来。我们在前面引用过的《商君书·算地》云：

> 故圣人之为国也，观俗立法则治，察国事本则宜。不观时俗，不察国本，则其法立而民乱，事剧而功寡，此臣之所谓过也。

这里假托古代圣人之说，指出法应该在正确观察基层社会习俗情况后使用。如果无视基层社会的习俗，片面地强制推行法令，就会导致社会混乱，行政也会变得繁杂。这些话几乎是常识，但正因为

---

❶ 译者按：在日文的意思中，现实性有不拘泥于原则，根据现实情况灵活应变的意思。

如此,却是非常现实的政策。作为地方行政机构中的具体例子,我们在第二章讨论了都官。既然如此,那么在县制中,我们也应该可以看到这种秦法治主义的现实性吧。

我们来看看睡虎地秦简《语书》。这是秦王政二十年(前227)4月2日,南郡守腾下达给自己所管辖的县、道啬夫的文书。其中秦表示出非常强硬的态度,丝毫也看不出对基层社会习俗的宽容,反而将基层社会习俗严厉地斥责为"恶俗"。但像这件文书的年代所示,它反映的是秦将其国策转变为一元化统治以后的战国末期的情况。就是说,我们可以设想有过这样的变化过程:先是对县、道施行比较宽容的统治,然后强化一元化的统治。依笔者看,阐明这一过程的关键在于《语书》开头所见"县、道啬夫"。目前主流的解释是,县、道啬夫为县令的别名。但县令和县(、道)啬夫的名称不同。这种不同是否基于其历史由来的不同? 如果可以这么解释的话,这对至今为止的秦县制的解释也会产生一定的影响。因此本章从这个角度对秦简所见县、道啬夫提出新的解释,重新探讨秦县(道)制的形成过程。

第一节　主管县邑的啬夫

大庭脩先生是第一个着手研究啬夫的学者。他在研究以往被释为乡官之一的汉代乡啬夫时,除了文献史料以外,还从简牍、金石文、漆器铭文等搜集有关啬夫的史料,通过对这些史料的分析,认为啬夫本来表示官等,啬夫有好几种职务,乡啬夫也是其中的一种[1]。后来因为睡虎地秦简的发现,其中果真出现很多啬夫的名称。这重新引发了对啬夫制度的广泛研究,郑实、钱剑夫、高恒、堀毅、裘锡圭、朱大昀、劳榦各位先生纷纷发表了专论[2],此外还有不少论及啬夫的研究[3]，啬夫问题占了秦简官制研究中一个重要的位置。关于秦简啬夫，讨论的问题很多，但其中最有争论的是县啬夫和大啬夫的问题。

县（、道）啬夫之名见于秦王政二十年南郡守腾给县、道下达的《语书》(054)中：

> 廿年四月丙戌朔丁亥，南郡守腾谓县、道啬夫。

但文献中没有秦称县、道之长为啬夫的例子，因此以往研究试图利用其他国家的例子验证其痕迹。结果找到了以下几个例子。《韩非子·说林下》有"县邑啬夫"的例子：

> ① 晋中行文子出亡，过于县邑。从者曰："此啬夫，公之故人。公奚不休舍。且待后车。"文子曰："吾尝好音，此人遗我鸣琴。吾好佩，此人遗我玉环。是振我过者也，以求容于我者〔也〕。吾恐其以我求容于人也。"乃去之。果收文子后车二乘，而献之其君矣。

此外《淮南子·人间》有"鼓之啬夫"的例子：

> ② 中行穆伯攻鼓，弗能下。馈闻伦曰："鼓之啬夫，闻伦知之。请无罢武大夫，而鼓可得也。"穆伯弗应。左右曰："不折一戟，不伤一卒，而鼓可得也，君奚为弗使。"穆伯曰："闻伦为人，佞而不仁。若使闻伦下之，吾可以勿赏乎。若赏之，是赏佞人。佞人得志，是使晋国之武舍仁而后〈为〉[4]佞，虽得鼓，将何所用之。"攻城者，欲以广地也。得地而不取者，见其本而知其末也。

郑实、朱大昀两位先生将前者的县邑啬夫释为县之长，认为县邑啬夫就是县啬夫。于豪亮先生认为两者都是县令称啬夫的例子。钱剑夫先生认为县啬夫是比县令统治的县规模要小的县邑之长。裴锡圭先生认为,①、②的啬夫确实是县邑之长,但这些故事不一定是历史事实,而是反映战国时代三晋情况的史料。各位先生对史料①、②的解释大相径庭,因此我们先重新探讨这些史料,再开始讨论。

故事①的内容可以概括如下:春秋末年,晋中行文子(原为晋六卿之一的荀寅)在出奔的途中经过了某个县邑。其随从进言说:"这儿的啬夫是您的老友。要不在他那儿休息一下,等等后面的车。"中行文子说:"他是阿谀奉承之人。如果我到他那儿去,恐怕他会抓我,以奉承上面之人。"就这样走了。果然后来过来的两乘车被抓,献给了晋君。此故事的背景是晋六卿掌握国政后,他们之间的争执激化,范、中行氏与赵、魏、韩、智氏的联合军会战,结果战败,中行文子出奔时的历史事实。其相关记事见于《左传》的定公十三年(前 497)、哀公五年(前 490)各条,《国语·晋语九》、《史记·晋世家》的顷公十五年、二十二年各条[5]。

故事②时代上比①稍微早一点,其内容可以概括如下:晋中行穆伯(荀吴)攻鼓,没有攻下。此时馈闻伦进言说:"我和鼓啬夫是旧交。要不我去说服他,这样可以不损一兵一卒。"中行穆伯不答应。左右的人问其理由,他回答说:"馈闻伦是阿谀奉承之人,缺乏仁义。如果由于他立功而攻下鼓,我就不得不赏赐。但这样赏赐佞人,就算得到鼓也没什么好处。"其相关记事也见于《左传》昭公十五年(前 527)、昭公二十一年(前 521),《国语·晋语九》,但其内容有所不同。在《左传》和《国语》,荀吴包围鼓时,"鼓人"要举城投降,但荀吴不准。他的理由是:投降是叛君行为,但如果接受投降也不赏赐的话,晋军会失去信用。两书中没有啬夫的记载。

关于这些春秋故事,我们可以从《左传》、《国语》等文献了解这些故事产生的春秋晚期历史背景。但因为收录这两个故事的《韩非子》和《淮南子》的成书年代都是战国末年到西汉初年[6]，所以我们可以推测"县邑啬夫"、"鼓之啬夫"这些用词也反映出其成书年代的历史情况。就是说，按照春秋末年的晋官制，中行文子的出奔故事所见啬夫当是"县大夫"；而《韩非子·说林下》在收录这一故事时，按照当时对县及其主管者的理解，将"县大夫"改为了啬夫。至于《淮南子》所见"鼓"，据《左传》是子爵的国邑，因此将其视为县邑的裘先生的看法恐怕难以成立。鼓是鲜虞的附庸，而在《淮南子·人间》中"鼓之啬夫"好像是鼓的主管者，这一描述也有疑问。但如果设想《淮南子·人间》是在收录这段故事时写入"鼓之啬夫"的话，这也和刚才的"县邑啬夫"一样，可以想象被改写的可能性。总之，在此我们不以这两个春秋故事含有多少历史事实为问题，重要的是这些故事称县邑和国邑之长为啬夫，我们应该从中看出战国时代以来的地方行政制度。

　　《鹖冠子·王铁》以下一段对此有明显的反映：

　　　③ 其制邑理都，……五家为伍，伍为之长；十伍为里，里置有司；四里为扁，扁为之长；十扁为乡，乡置师；五乡为县，县有啬夫治焉；十县为郡，有大夫守焉，命曰官属。

这是鹖冠子在和庞煖的问答中提到的地方行政制度，其中有郡大夫、县啬夫、乡师、扁长、里有司、伍长的级别[7]。关于《鹖冠子》的真伪以及成书年代，过去有种种疑问。但至少西汉文帝初年以前抄写的马王堆帛书《老子乙本卷前古佚书》各篇中有与《鹖冠子》相似的文句，因此裘锡圭先生认为《鹖冠子》的著作时代不会晚于秦代[8]。朱大昀先生认为，因为在《鹖冠子》中庞煖不仅和鹖冠子有问答，也和赵武灵王（前 325～前 299 在位）、悼襄王（前 244～前 236 在位）有问答，所以此书是战国中期以后逐渐形成的文献。他还认为，因为《汉书·艺文志》《鹖冠子》注记鹖冠子为楚人，而且柱国、令尹等楚官名也见于《鹖冠子》，所以县啬夫当是楚官制。据此我们可以推测，秦简所见县啬夫不一定是秦国仅有的官名，至少三晋和楚等战国国家也设置有此官。那么县啬夫和县之主管县令、县长是什么关系呢？

第二节　县令和县啬夫、大啬夫

我们从秦简所见县啬夫的性质开始讨论。

①　入禾仓，万石一积而比黎之为户。县啬夫若丞及仓、乡相杂以印之，而遗仓啬夫及离邑仓佐主稟者各一户以气（饩），自封印。皆辄出，余之索而更为发户。……长吏相杂以入禾仓，及发〔户〕，见屡之粟积，义积之，勿令败。　仓（《秦律十八种·仓律》088～094）

②　啬夫免而效，效者见其封及堤（题），以效之，勿度县，唯仓所自封印是度县。终岁而为出，凡曰："某膚出禾若干石，其余禾若干石。"仓啬夫及佐、史，其有免去者，新仓啬夫、新佐、史主膚者，必以膚籍度之，其有所疑，谒县啬夫，县啬夫令人复度及与杂出之。禾赢，入之，而以律论不备者。　效（《效律》238～240）

③　其近田恐兽及马牛出食稼者，县啬夫材兴有田其旁者，无贵贱，以田少多出人，以垣缮之，不得为繇（徭）。（《秦律十八种·徭律》187、188）

④　非岁红（功）及毋（无）命书，敢为它器，工师及丞赀各二甲。县工新献，殿，赀啬夫一甲，县啬夫、丞、吏、曹长各一盾。（《秦律杂抄》346、347）

⑤　●戍律曰："同居毋并行。县啬夫、尉及士吏行戍不以

律,赀二甲。"(《秦律杂抄》367)

①之仓律规定的是将禾粟纳入县之廥仓(以下称之为县仓)封缄贮藏时的手续、出仓时的手续,以及县仓内的禾粟腐烂时的处理方法[9]。据此,县仓的封缄贮藏是在"县啬夫若丞"的指导下,由"仓、乡"共同进行。"仓、乡"当是管理县仓之长仓啬夫和乡啬夫之简称[10]。

②之效律的意思大概如下:如果仓啬夫由于某个原因被免职,要对其封印之处点检统计其剩余量;到年末,要对所有县仓点检统计其剩余量,如果此时仓啬夫、佐、史中有免职的,那么新任的仓啬夫、佐、史,每次出入禾粟时,必须根据廥籍(县仓的簿籍)点检统计剩余量,如果有问题,向县啬夫报告,县啬夫派人再次点检称量。根据这两条规定,县仓禾粟的收藏、封印、出仓、管理的最高负责人是"县啬夫及丞"。县啬夫有属官的丞,①的"长吏"当是县啬夫、丞的总称。

③是律文很长的徭律之一部分。其内容大概如下:苑囿如果在农田附近,因为怕有禽兽和牛马出来吃掉庄稼,所以县啬夫应该酌量征发在苑囿旁边有田地的人,不分贵贱,按田地多少出人,为苑囿筑墙,但这不得算入服徭役的时间。此条徭律说,不能将为苑囿筑墙的工作算入服徭役的时间,但这是例外。其前后内容都是关于县征发徭役的规定,因此我们应该认为县啬夫有征发徭役的权力。

④是关于县工官器物制作的惩罚规定,其内容可以概括如下:不是本年度应生产的产品,又没有朝廷的命令文书,而擅自制作其他器物者,工师和丞各罚二甲。各县工官新上交的产品,评为下等,罚该工官的啬夫一甲,县啬夫、丞、吏、曹长各一盾。在此没有交代县工官器物制作直接负责人的啬夫之正式官名,但从"县啬

夫、丞"受牵连被罚一盾看，县啬夫对县工官的器物制作负有监督责任。

⑤之戍律的内容是，同居者不同时征发戍役。县啬夫、尉和士吏如果不依律的规定征发戍卒，罚二甲。这说明，县啬夫和县尉等对戍卒的征发负有共同的责任。

这五条是县啬夫直接出现的例子。我们从这些内容可以确认，县啬夫的职掌非常广泛，如民政、军政，甚至各种经济方面的事。因此，除了高敏先生认为"县啬夫是县令的得力助手"外，各家一致认为县啬夫是县令的别名。

但秦简中除了县啬夫之外还有大啬夫一官名。例如《效律》（241～243）云：

> 禾、刍、稾积萦，有赢、不备而匿弗谒∟，及者（诸）移赢以赏（偿）不备，群它物当负赏（偿）而伪出之以彼（贩）赏（偿），皆与盗同灋（法）。大啬夫、丞智（知）而弗辠（罪），以平辠（罪）人律论之，有（又）与主廥者共赏（偿）不备。至计而上廥籍内史。入禾，发扁（漏）仓，必令长吏相杂以见之。刍稾如禾。　效

其内容大致如下：禾粟、刍、稾贮藏在县仓里，与廥籍的记载相比有超出或不足，而隐藏不报，擅自移多补少，或为了补垫其他应赔偿的东西假作注销，都和盗窃同样论处。大啬夫、丞知情而不加惩罚，以与罪犯同等的法律论处，并和管仓者一起赔偿缺数。到每年上报账目的时候，应将廥籍的内容上报内史。禾粟入仓，打开漏仓，必须命长吏会同验视。刍稾的处理也和禾粟一样。

这个内容和上引《仓律》和《效律》背景相同，而"县啬夫及丞"在此成为"大啬夫、丞"，这一点值得注意。

说明大啬夫和县令关系的，有《法律答问》（425）：

> "侨（矫）[11]丞令"可（何）殴（也）？ 为有秩伪写其印为大啬夫。

于豪亮先生将"侨(矫)丞令"释为"矫丞之令",即伪造丞的命令的意思,并且认为县令、县丞都是大啬夫。但《秦律十八种·金布律》(131)云:

> 官府受钱者,千钱一畚,以丞、令印印。

《金布律》(131、132)又云:

> 钱善不善,杂实之。出钱,献封丞、令,乃发用之。

有两例"丞、令"连用的例子。还有《史记·秦始皇本纪》秦始皇九年条有嫪毐之乱的记载:

> 长信侯毐作乱而觉,矫王御玺及太后玺,以发县卒及卫卒、官骑、戎翟君公舍人,将欲攻蕲年官为乱。

根据这些例子,"矫丞令"当是"矫丞、令",意为"伪造丞、令(的官印,冒充其名)"。关于"有秩",高敏先生认为是固有官名,但裘锡圭先生认为,其地位低于令、丞等长吏,它指的是县邑中有秩的乡啬夫和官啬夫。笔者认为,在对有秩的众多解释中,裘锡圭先生的解释最为妥当。因此《法律答问》的意思是:"什么叫假冒令、丞?是有秩伪造令、丞的官印,行使大啬夫的职权。"这正好证明大啬夫指的是县令、丞。然而在秦简中,除了这《法律答问》外,大啬夫都是"大啬夫、丞"[12]或"大啬夫及丞"(286)。因此正确地说,"县令、丞"和"大啬夫、丞"有对应关系。此外还有四条律文中见大啬夫[13],根据以上讨论,将大啬夫释为县啬夫的别名应该没有问题。

于是成为问题的是《效律》(285、286)的如下规定:

> 同官而各有主殹(也),各坐其所主。官啬夫免,县令令人效其官,官啬夫坐效以赀,大啬夫及丞除。县令免,新啬夫自效殹(也),故啬夫及丞皆不得除。

其内容大致如下：若在同一官府内有几项不同的业务，从事各项
业务的人各自跟每项业务的负责人连坐。官啬夫免职后，县令派
人核验官府的物资，如果那时发现问题，官啬夫接受赀罪，但大啬
夫、丞免罪。县令免职后，新啬夫自行核验，故啬夫和丞都不能免
罪。我们应该注意到，此条律文同时出现"县令"和"大啬夫及丞"。
整理小组认为，大啬夫、新啬夫、故啬夫"均指县令而言"〔14〕。但我
们不能不认为前面的"县令"和后面的"大啬夫及丞"是不同的存
在。为明确这一点，我们再来整理一下此条律文的主旨：（甲）官
啬夫免职，县令派人核验官府的物资，如果发现问题，只对该官啬
夫科以赀罪（罚金），而大啬夫、丞免罪。（乙）县令免职，新啬夫代
他核验县廷的物资，故啬夫和丞都有连带责任。但《秦律十八种·
司空律》（202、203）云：

> 所弗问而久毄（系）之，大啬夫、丞及官啬夫有辠（罪）。

这表明大啬夫、丞有时候也和官啬夫发生连带责任。县令免职时，
新啬夫核验县廷的物资，其"新啬夫"是"新任大啬夫"，与"故啬夫
及丞"不同，而"故啬夫及丞"指的是原任"大啬夫、丞"。这是因为
县令免职时，没有更高的官，只有与县令同等的官才能核验县廷的
物资。因此，我们不能像高恒先生一样释新啬夫为"其官署的新任
负责人"。

　　通过以上的讨论，我们发现了一个引人注目的情况，即"县令
（、丞）"和"大啬夫及丞"并存于同一县廷内。高敏先生将县啬夫
（大啬夫）释为县令的助手，其见解只有将两者看作不同存在这一
点上是正确的。不过，县令、丞和大啬夫、丞并存于同一县廷内，这
反映了怎样的历史情况呢？

　　众所周知，关于战国时代秦国县令、丞的设置，《史记·秦本
纪》有记载：

　　（孝公）十二年，作为咸阳，筑冀阙，秦徙都之。并诸小乡聚，集为大县，县一令，四十一县。

《史记·六国年表》云：

　　（孝公十二年）初取（聚）小邑为三十一县。

《史记·商君列传》云：

　　而集小都、乡、邑、聚为县，置令、丞，凡三十一县。

虽然其内容有些出入，但总之，前350年第二次商鞅变法时，合并了许多小都、乡、邑、聚为县，设置令、丞，试图强化君主权力以及确立地方行政制度[15]。但这些记载没有说当时设置了县啬夫或大啬夫。但第二次商鞅变法以前秦国已经有县。

　　（武公）十年，伐邽、冀戎，初县之。十一年，初县杜、郑。（《史记·秦本纪》）

　　（厉公）二十一年，初县频阳。（《史记·秦本纪》）

　　（惠公）十年，……县陕。（《史记·六国年表》）

　　（献公）六年，初县蒲、蓝田[16]、善明氏。十一年，县栎阳[17]。（《史记·六国年表》）

《通典·职官十五》云：

　　春秋时，列国相灭，多以其地为县，则县大而郡小。……县邑之长曰宰，曰尹，曰公，曰大夫（原注：晋谓之大夫，鲁卫谓之宰，楚谓之公、尹），其职一也。

可见春秋时代的县邑之长有很多名称。我们在前面论定《韩非子·说林下》所见晋县邑的啬夫本该是县大夫，也是基于这些记载才这么说的。

　　春秋时代秦县邑之长的称呼虽然不明，但有可能和晋一样是县大夫。与大夫相关的词汇有"官士大夫"(《秦律十八种》246)、"故大夫"(《秦律杂抄》335)、"大夫甲"(《法律答问》497)、"大夫寡"(《法律答问》526)、"显大夫"(《法律答问》561)、"五大夫"(《封诊式》622、623)、"大夫"(《日书甲》805/1、739 背)的九例,大夫二字简文都是"夫₌"合文。这并非只有秦简具备的特色,而是简牍资料常见的写法。我们推测,这或许暗示啬夫原来是"啬大夫"。据《史记·六国年表》,商鞅第二次变法的第二年有如下记载:

> 初为县,有秩史。

关于有秩的史料还有《史记·范雎列传》:

> 今自有秩以上至诸大吏,下及王左右,无非相国之人者,见王独立于朝。

这是范雎在秦昭王面前批评相国穰侯专政的话[18]。《资治通鉴·周纪五》赧王四十九年转载此文,对此胡三省作注,引用《风俗通》佚文:

> 有秩则田间大夫,言其官裁有秩耳。

他指出有秩是田间大夫,笔者认为这与啬夫的由来密切相关。

就是说,战国时代秦国在第二次商鞅变法时建设了三十一或四十一县,并设置了令、丞,以试图确立地方行政制度。但当时更早以前设置的县邑和其长吏应该还存在,这属于春秋时代县大夫的系统,后来到了战国时代称为县啬夫(大啬夫)。秦简中有总称为官啬夫的各种啬夫,这也是在春秋后期以后大夫阶层瓦解过程中,一部分被编入啬夫(大啬夫),大部分和士的一部分一起被吸收编入官啬夫中。如果可以这么解释,那么秦不是在设置新县的同时废除春秋以来的县啬夫(大啬夫),转变为一元的令、丞体制,而是将其编入到新的地方行政制度中。在《效律》中,县令和大啬夫并存于同一个县廷内,这也正反映出商鞅县制的这样一个侧面。

　　在秦简中,除了后述的《语书》,县令的记事有 22 例[19],县啬夫有 10 例[20],大啬夫有 6 例[21]。还有《法律答问》(465)"命都官曰长,县曰啬夫"条也是关于县和都官长吏的答问,如果此啬夫也算是县啬夫的话,算起来秦简所见县令有 22 例,而县啬夫、大啬夫有 17 例[22]。从其出现频率也可以确认,在战国时代秦国的县,县啬夫、大啬夫实际上是县令。但这毕竟是"实际上",这并不等于县啬夫、大啬夫就是县令之谓。就是说,尽管商鞅县制施行后,县由县令统治,但以往的旧县还是由县啬夫(大啬夫)统治。从其由来看,他们具有很强的基层性。《效律》所见县令和大啬夫的"共同统治"正反映出将旧县逐渐编入"县令、丞体制"的过渡情况。裘锡圭先生认为,权力如此广泛的县啬夫和县令并存的局面是不可想象的,二者只能是同一官职的不同称呼。但若设想如上所述的历史过程,裘先生的疑问就会冰释。笔者在第二章论证,战国时代秦国为了将宗室贵族的都邑和按照军功奖赏制封建的封邑编入中央集权地方行政制度中,施行了都官制。若果真如此,战国时代秦国对旧县也采用了几乎同样的政策。

第三节　《语书》和县、道啬夫

　　县啬夫(大啬夫)既然具有这种历史上的性质,那么我们应该怎么解释,在《语书》中南郡守腾要督促自己所管辖的县、道啬夫彻底实施秦律这一事实呢?

　　首先要注意的是,督促秦律的彻底实施的对象中也包括道啬夫。道是少数民族聚居的县。据久村因先生论证,这是战国时代秦国创设的[23]。据《汉书·地理志上》,南郡有夷道。但考虑到战国秦汉时代郡县的变迁,我们没必要下结论,认为《语书》所见道是

《地理志》所见夷道。加上考虑故楚的地域性,南郡应该还有更多的道。据秦简《属邦律》,秦在这种道上设置道官为官府。因此道啬夫是道官之长。道啬夫是像后世的土司一样拉拢少数民族的首领充任的,还是秦派到道来的官员,此条律文没有说明。

《管子·君臣上》云:

> 吏啬夫任事,人啬夫任教。教在百姓,论在不挠,赏在信诚,体之以君臣。其诚也,以守战。如此,则人啬夫之事究矣。吏啬夫尽有訾程事律,论法辟衡权斗斛,文劾不以私论,而以事为正。如此,则吏啬夫之事究矣。人啬夫成教,吏啬夫成律之后,则虽有敦愿忠信者,不得善也。

据此,吏啬夫掌管律令,人啬夫掌管教化。郑实先生指出,人啬夫相当于乡啬夫、县啬夫,吏啬夫相当于官啬夫。裘锡圭先生依据张佩纶先生所说[24],认为"人啬夫"是避唐太宗李世民之讳,本当作"民啬夫",并赞同郑实见解。关于此篇的形成年代,金谷治先生认为是战国最晚期到秦汉之际的政治思想[25]。

吏啬夫也见于银雀山汉墓竹简《守法守令等十三篇·库法》:

> ……□暑湿,邑啬夫与库啬夫相参遁(循)行之。……试器固有法,邑啬夫与兵官之吏啬夫、库上币、库吏【□□□】善时为之;固有岁课,吏啬夫与为者有重任。(843～845)[26]

这里还有邑啬夫。邑啬夫亦见于《市法》:

> ……□也。市啬夫使不能独利市,邑啬夫……(887)
> ……□邑啬夫□□至于市……(888)

《李法》:

> ……□之邑啬夫夺半岁之艾(刈),其余□□……(897)

《委积》[27]：

　　……邑啬夫度量民之所田小……(935)

　　……民岁□□称□人邑啬夫□□吏邑□吏二人与田啬夫
及主田之所□参也,而课民之……(948)

因为有残缺字,其详细内容不明。整理者认为这是县或乡之长。
据说银雀山汉墓竹简带有其出土地点的齐地色彩,那么这些邑啬
夫也许反映的是齐的制度[28]。另外,如上所述,《鹖冠子·王铁》
有"五乡为县,县有啬夫治焉"一句,可见楚也设置有县啬夫。这些
史料表明,作为县(邑)之长的啬夫不是战国时代秦国特有的。根
据战国时代各国的情况,在《语书》开头,南郡守腾下令的县啬夫当
是楚国原有的县啬夫,道啬夫则是秦在设置南郡后创设的道之长。

　　更值得注意的是,《语书》虽然是南郡守腾下达给县、道啬夫的
下行文书,但县、道啬夫却不见于《语书》中,倒是令、丞作为其对象
出现。这可能反映出这样的状况:战国末期随着秦的领土扩大,
南郡也渐渐地将县、道的统治移交给县、道啬夫,县令和县啬夫共
同统治的状态也随着县制的发展消失了,县令和县、道啬夫之间实
际上已没有区别。

　　最后,我们还有必要指出《语书》不一定只是为南郡作的。就
是说,如果秦在统一过程的某一时期,如果为走向一元化统治而转
换政策,那么我们可以推测,构成《语书》背景的基层社会习俗(原
文作乡俗)和秦法的对立就不只是南郡特有的情况,在秦所占领的
所有郡县,甚至秦故地也存在这种情况。《语书》是由 054～061 简
和 062～067 简的两个部分构成的文书,其前半部分的末尾云:

　　以次传;别书江陵布,以邮行。(061)

可见此文书是从南郡治所的宜城传达到县、道,同时也传达到了楚

故都江陵。因此,开头"廿年四月丙戌朔丁亥,南郡守腾谓县、道啬夫"和末尾"以次传……以邮行"当是南郡附加的附记,有可能其他各郡也抄写过此文书,只改写开头和末尾,将其再下达给所管辖的各县道。

《语书》这一标题写在后半部分(062～067)最后一枚简的背面(067反面)上。对下行文书附加标题本身就说明了上述的情况。笔者推测,《语书》原文是秦朝廷制作的,各郡廷按照各自的情况在此文书的前后附加附记,然后将其下达给其所管辖的各县、道。我们只有考虑这样的背景,才能说明《语书》开头提到的县、道啬夫和文中所见令、丞之间的龃龉。

结　　语

本章从战国时代秦统治南郡的角度,探讨秦简所见县、道啬夫及大啬夫的性质。据此可知,春秋以来的县邑之长到了战国时代在秦、三晋、楚称为啬夫,它是在以往的大夫阶层瓦解过程中编制出来的、基层性很强的一种存在。为了将这样的县邑渐渐地编入令、丞体制中,当初中央政府派出令、丞,在某一时期,形成与县啬夫(大啬夫)、丞共治的形态,这种情况无论是故秦之地,还是南郡都不例外。若果真如此,秦这一政策可以从前面我们通过内史、都官、《属邦律》、《日书》讨论过的内容相同的背景去理解。就是说,秦在将封建旧制、占领区所存在的异己分子编入秦中央集权制度的过程中,采取了一个共同的政策,即宽容而现实的法治主义。但到了战国末期,这样的政策被否定,秦在走向一元化统治时转换了政策。县啬夫(大啬夫)也在这个过程中结束了其历史任务,仅作为地方行政官,在乡等地以乡啬夫的形式残存下来。

然而,最近公开释文的张家山汉简《奏谳书》第三、第四案例中

有"胡县啬夫状、丞憙"之名[29]。李学勤先生认为胡县是京兆所属
胡县,并依据《汉书补注》指出胡县地在今河南灵宝西,旧阙乡县
东,函谷关内[30]。而且李学勤、彭浩两位先生认为[31],这两个案件
的年代在西汉高祖十年(前197)。这表明,西汉继承了秦县啬夫
制,虽然只是一部分,但县啬夫至少残存到高祖晚年。要分析胡县
存在县啬夫的意义,需要今后对《奏谳书》全部史料的性质进行考
证。但胡县有两处"周天子祠"[32],这也让我们重新认识到春秋县
的传统是根深蒂固的。

注

〔1〕大庭脩《漢の嗇夫(汉啬夫)》,《東洋史研究》第14卷1,2号,1955年;又
收入大庭脩《秦漢法制史の研究(秦汉法制史研究)》,创文社,1983年。
〔2〕郑实《啬夫考——读云梦秦简札记》,《文物》1978年第2期。高敏《论
〈秦律〉中的"啬夫"一官》,《社会科学战线》1979年第1期。高敏《"有
秩"非"啬夫"辨——读云梦秦简札记兼与郑实同志商榷》,《文物》1979
年第3期。钱剑夫《秦汉啬夫考》,《中国史研究》1980年第1期。高恒
《"啬夫"辨正——读云梦秦简札记》,《法学研究》1980年第3期。堀毅
《秦漢時代の嗇夫について—〈漢書・百官表〉と雲夢秦簡による一考
察—(关于秦汉时代的啬夫——根据〈汉书・百官表〉与云梦秦简作出
的一个研究)》,《史滴》第2号,1981年;后改题后收入堀毅《秦漢法制史
論考》,法律文化社,1988年。裘锡圭《啬夫初探》,中华书局编辑部编《云
梦秦简研究》,中华书局,1981年。朱大昀《有关"啬夫"的一些问题》,中
国秦汉史研究会编《秦汉史论丛》第2期,陕西人民出版社,1983年。劳
榦《从汉简中的啬夫令史候史和士吏论汉代郡县吏的职务和地位》,《中央
研究院历史语言研究所集刊(故院长钱思亮先生纪念论文集)》55集,
1984年。本文引用各位学说时,除非有特别说明,都出自这些论文。
〔3〕高敏《从云梦秦简看秦的几项制度》,《云梦秦简初探》,河南人民出版
社,1979年。陈抗生《"睡简"杂辨》,《中国历史文献研究集刊》1,1980

年。于豪亮《云梦秦简所见职官述略》,《文史》第 8 期,1980 年,又收入
《于豪亮学术文存》,中华书局,1985 年。栗劲《秦律通论》,山东人民出
版社,1985 年,346～348 页。安作璋、熊铁基《秦汉官制史稿》下册第三
章《县》,齐鲁书社,1985 年。张晋藩主编《中国法制史研究综述》,中国
人民公安大学出版社,1990 年,131～133 页。

〔4〕依北宋本、道藏本改"后"为"为"。

〔5〕此故事亦见于《说苑·权谋》、《孔子家语·辨政》王肃注、《金楼子·立
言下》等。

〔6〕关于《韩非子》各篇的形成年代,可参看木村英一《法家思想の研究(法
家思想研究)》,弘文堂,1944 年。

〔7〕陆佃《鹖冠子解》云,"扁"当为"匍"。

〔8〕裘锡圭《啬夫初探》。唐兰《马王堆出土〈老子〉乙本卷前古佚书研究》,《考
古学报》1975 年第 1 期,又收入《马王堆汉墓帛书经法》,文物出版社,1976
年。谭家建《〈鹖冠子〉试论》(《江汉论坛》1986 年第 2 期)的见解也相同。

〔9〕利用秦简探讨县仓问题的专论,有大枥敦弘《秦代国家の穀倉制度(秦代国
家的谷仓制度)》(《海南史学》28,1990 年),他对县仓进行了详细的分析。

〔10〕堀毅先生认为,我们无法从秦简中确认乡啬夫的存在。永田英正先生
在裘锡圭先生研究的基础上批评了这一看法(见《法制史研究》32 所载
书评,1982 年)。高敏、陈抗生、朱大昀各位先生认为"仓、乡"是仓啬夫、
乡啬夫的简称。

〔11〕旧释作"矫"。

〔12〕203、242、263、303。

〔13〕203、242、263、286。

〔14〕72 页。

〔15〕关于小都、乡、邑、聚等的形态,参看池田雄一《中国古代における聚落
形態について(关于中国古代的聚落形态)》,中央大学文学部《紀要(史
学科)》第 16 号,1971 年。

〔16〕杨守敬《汉书地理志补校》卷上称蓝田为"秦孝公置"。见谢承仁主编
《杨守敬集》第一册,湖北人民出版社,1988 年。

〔17〕林春傅《战国纪年》(《竹柏山房十五种》)云"县疑都字之误"。然而《史记·魏世家》武公十三年条亦作"秦献公县栎阳"。

〔18〕关于此文文本上的异同,参看本书第一章第三节第2部分《战国末期内史之改组》。

〔19〕087、099、131、256、285、286、319、321、322、336、337、338、340、343、344、348、349、358、425、515。

〔20〕088、187、235、240、296、301、347、367。

〔21〕203、242、263、286、303、425。

〔22〕如240简、301简的"县啬夫"重文,各算二例。

〔23〕久村因《秦の"道"について(关于秦的"道")》,收入《中国古代史研究》,吉川弘文馆,1960年。此外,可参看骈宇骞《秦"道"考》,《文史》第9辑,1980年。

〔24〕张佩纶《管子学》中册,台湾商务印书馆,1971年,1101~1103页。

〔25〕金谷治《管子の研究(管子研究)》,岩波书店,1987年,331页。

〔26〕整理小组注指出,此"吏啬夫"也有可能是"吏、啬夫"。银雀山汉墓竹简整理小组编《银雀山汉墓竹简〔壹〕》释文注释,文物出版社,1985年,135页。简号也据此书。

〔27〕篇题木牍所见十三篇名作"委法",而原简作"委积",整理小组怀疑"委积"是"委法"的别名,参见银雀山汉墓竹简整理小组编《银雀山汉墓竹简〔壹〕》,释文145页注。

〔28〕李学勤先生重新探讨《守法守令等十三篇》,认为开头的767~792简是《守法》,793~812简是《守令》,《守法》和《库法》内容互相关联,《守法》承袭《墨子》的《备城门》、《号令》各篇,反映出墨子死后齐、秦墨者的学术交流。见《论银雀山简〈守法〉、〈守令〉》,《文物》1989年第9期,又收入李学勤《简帛佚籍与学术史》,时报文化出版,1994年。

〔29〕江陵张家山汉简整理小组《江陵张家山汉简〈奏谳书〉释文(一)》,《文物》1993年第8期。

〔30〕《汉书·地理志上》京兆尹湖县条原注云"故曰胡,武帝建元【元】年更名湖"。

〔31〕《〈奏谳书〉解说(上)》,《文物》1993年第8期。

〔32〕《汉书·地理志上》原注云"有周天子祠二所"。

睡虎地秦简所见战国时代
秦国的法和习俗

前　言

　　若从"法治主义"的角度看睡虎地秦简,我们就可以发现,其中有看似互相矛盾的两种倾向。一种是通过《日书》证实的容忍基层社会习俗的倾向;另一种是像《语书》那样,将其习俗看作"恶俗"而加以批评,将秦律贯彻到社会,使社会走向一元化统治体制的倾向。我们在这十篇秦简中明显地看出完全相反的两种倾向,这与其说是矛盾,不如说它暗示墓主喜生活的时代正好相当于秦国法治主义的转换期。这批秦简的下限年代是六国统一的四年后(秦始皇三十年〔前217年〕)。如果我们在这个时代的秦简中看出这种转换期的迹象,那么这种转换一定在包括秦律在内的法制史料中也有所反映。此外,如果战国时代的某一个时期果真存在这种转换期,那么我们也有必要怀疑《史记·秦始皇本纪》中的记载,说秦国在统一六国的秦始皇二十六年(前221)一下子完成了采用皇帝称号等各种统一政策。因为秦国有可能以这一转换期为界,统一政策的一部分已经开始了。本章从与帝号、皇帝号相关的角度，讨论转换期秦法治主义之各种问题。

第一节　楚历对秦律的影响

笔者在第九章第四节讨论《日书》甲种（793～796）之《岁》时指出：① 前段前半部分所见月名是楚月名，而后段前半部分说明这些楚月名和秦月名如何对应，据此可知秦历和楚历有三月之差；② 后段前半部分的记述来自秦人的角度，通过前段前半部分所见楚月名，来说明秦历和楚历有何差别；③《岁》的后段前半部分从十月开始，而同样是甲种的《玄戈》（776/1～787/1）月名也从十月开始，这是因为秦岁首是十月的缘故。

既然秦、楚双方注视占辞中秦历和楚历的差别，那么想必南郡施行的秦律中也同样存在秦、楚双方目光的交叉。《秦律十八种·仓律》（102、103）云：

> 稻后禾孰（熟），计稻后年。已获上数，别粲、穤（糯）秥（黏）稻。别粲、穤（糯）之裹（酿），岁异积之，勿增积，以给客，到十月牒书数，上内〔史〕。　仓

这是关于稻谷收获的规定，其内容可作如下概括：① 如果稻谷的收获晚于禾粟，将其数量计算在下一年账上；② 报告其数量时，要区别糯稻和黏稻。这两种稻谷按照年度分开收藏在仓中，其数量在十月计算，向内史报告；③ 根据这条仓律，秦国的会计在九月底结账，至于来不及结账的晚稻在十月计算；④ 这表示，我们从律文中可以清楚地确认，战国时代秦国已经以十月为岁首。

不过，《秦律十八种·田律》（071、072）的以下一条，我们不能

按秦历解释：

> 春二月，毋敢伐材木、山林及雍（壅）隄水。不夏月，毋敢夜择草为灰，取生荔、麛鷇（卵）鷇。毋□□□□□毒鱼鳖，置穽罔（网）。到七月而纵之。唯不幸死而伐绾（棺）享（椁）者，是不用时。

这是关于山林薮泽动植物资源的保护规定，民众可以利用山林薮泽的时间有律文规定。如果按律文概括其内容的话，大致如下：① "春二月"，不准砍伐材木、山林，不准堵塞隄水；② 不到"夏月"，不准烧草作为肥料，不准采获生荔（刚发芽的植物）、麛（幼兽）、卵、鷇（幼鸟），不准（在川沼）放毒抓鱼鳖，不准设置陷阱和网罟；③ 但这些禁令到"七月"解除；④ 不过，因死亡而需伐木制造棺椁的，不受季节限制。

在以上概括的①～④的内容中，最有问题的是，根据这条田律，解除山林薮泽狩猎采集之禁令的"七月"属于"夏月"。众所周知，在太阴太阳历，春天是一月～三月，夏天是四月～六月，秋天是七月～九月，冬天是十月～十二月，因此七月不可能属于夏月。要让七月属于夏月，我们不得不把太阴太阳历往后错开整整三个月。我们在探讨《日书》时看到的秦历和楚历之差正好合此差异。我们在探讨《岁》时得出的秦历和楚历之差如表一所示，可见楚七月相当于秦四月。这表明，这条田律是按照楚历制定的秦律。因此田律开头"春二月"当是"春三月"之误，在南郡楚历的春三月（四月、五月、六月）间，为了资源保护，禁止山林薮泽动植物的狩猎采集。整理小组在这条田律的注释中引用的《逸周书·大聚解》云：

> （周公）旦闻：禹之禁，春三月，山林不登斧，以成草木之长；夏三月，川泽不入网罟，以成鱼鳖之长。

表一　秦历、楚历四时之差

	秦　历	楚　历	
冬	十　月 十一月 十二月	冬　夕 屈　夕 援　夕	正　月 二　月 三　月
春	正　月 二　月 三　月	刑　夷 夏　尿 纺　月	四　月 五　月 六　月
夏	四　月 五　月 六　月	七　月 八　月 九　月	七　月 八　月 九　月
秋	七　月 八　月 九　月	十　月 爨　月 献　月	十　月 十一月 十二月

在此春三月、夏三月各自表示春、夏三个月,这正好证实我们的推测。此外,在《逸周书·文传解》,周文王对太子发(后来的武王)云:

> 山林非时,不升斤斧,以成草木之长;川泽非时,不入网罟,以成鱼鳖之长;不卵不麛,以成鸟兽之长。

按季节限制动植物的狩猎采集,这种习惯法散见于先秦时代的各种文献[1]。因此我们认为,上引田律依据的是当时早已存在的楚国习惯法,在南郡设置后,秦国将其按照楚历成文化,写成了一条秦律。

不过李学勤先生将此田律与张家山汉简汉律相比较,发表了

不同的看法。就是说,李先生利用了在《文物》1985年第1期的图版壹公开的16枚竹简的照片,对其中的第五简作如下释文:

> 禁诸民吏徒隶,春夏毋敢伐材木山林,及进堤水泉,燔草为灰,取产麛卵鷇。毋杀其绳(孕)重者,毋毒鱼……

李先生将其与秦简田律互相对照,推测① 秦简田律的"春二月"是"春三月"之误,② "不夏月"的"不"字是"泉"字的误写,③ "夏月"中间脱了"三"字,但这一点无法证明[2]。至于张家山汉简汉律和秦简田律的关系,李先生认为前者因袭后者,对其还有更改。两者的内容确实很相似,而且①"春三月"的推测与笔者见解相同,但将秦简田律原文作像②、③那样的修改,笔者则持保留意见,其实也没有这样改字的证据。要一字不改地、合理地解释原文,并适合整段秦简的逻辑,那么只能采用愚见的解释吧。

　　鹤间和幸先生批评笔者关于秦简田律的见解:① 共同体的山林薮泽之季节性限制亦见于《逸周书·大聚解》、《吕氏春秋》十二纪、《礼记·月令》[3],其限制是春天和夏天的事,因此秦简田律的解禁时期只能是秋天的七月;② 虽然"不夏月"的正确释读不明,但它指的可能是夏天;③ 整个秦律关于月的表示都依据的是秦历十月岁首,如果只有田律例外,依据楚地历法,那么这作为法律条文实在太繁杂了,秦律不会采用这种繁杂的方式[4]。

　　鹤间先生的批评中,关于①和②,只要重复笔者对李学勤先生解释指出的疑问就可以作为回答。至于③,我们可以根据《秦律十八种·厩苑律》(080、081)予以反驳:

> 以四月、七月、十月、正月肤田牛。卒岁,以正月大课之。最,赐田啬夫壶酉(酒)、束脯,为旱〈皂〉者除一更,赐牛长日三旬。殿者,谇田啬夫,罚冗皂者二月。

这是评比耕牛的毛色,以检查其健康的规定[5]。按照这一条,定期检查在"四月、七月、十月、正月"举行,而"卒岁,以正月大课之"。在秦律,卒岁指的是年底,但此条正月不会意为年底。那么这卒岁只能释为另外一种意思,即"整个一年"。若果真如此,这条律文的意思是定期检查在"四月、七月、十月、正月"举行,并且在正月作整个一年的总评价。这种"四月、七月、十月、正月"各相当于楚历"春、夏、秋、冬"的第一月,即孟春、孟夏、孟秋、孟冬。于是让人想起的是,甲种《岁》(793～796)和乙种《家子□》(1092～1095)两者虽然占法几乎相同,但前者使用楚月名,以四月为起点,而后者以正月为起点。我们指出两者的起点有三个月的差异是由于秦楚两国历法的不同,就是说秦正月相当于楚四月[6]。我们在《厩苑律》中也可以看到这一差异。据此鹤间先生对笔者见解的疑问就会冰释吧。归根到底,这个问题涉及一个基本问题,即我们怎么认识睡虎地秦简的史料性质。

　　关于是否有可能存在依据楚历的秦律,我们只分析了以上两个例子。但这两个例子表明,战国时代秦国在统治南郡时按照楚历制定了秦律。这证明,虽然秦国在国家理性上认为秦律应该在包括占领区的秦全国施行,但其实秦律没能原封不动地在占领区施行。例如上引《仓律》,十月岁首的会计制度能否在南郡实施,非常值得怀疑。就像江村治树先生所设想的那样,其实秦律很有可能考虑到南郡(或包括南郡的占领区)的实际情况,按照南郡的实际情况来运用法律[7]。像《田律》和《厩苑律》所见的那样,秦国为了让占领区的固有习俗及异文化适应秦的法制,利用了当地社会的历法(这是构成习俗、文化根本的基本因素)。我们从中可以窥见秦国还没有实施一元化统治以前的、依据现实的法治主义形态。

第二节 《封诊式·毒言》中所见毒言禁忌

别说是占领区，就是秦故地，基层社会的习俗作为"活的法律"，给秦法带来的障碍也一定很大。那么，这种来自基层社会习俗的障碍中，秦法究竟渗透到多大程度？在探讨这一问题时，睡虎地秦简《封诊式》给我们提供珍贵的史料。《封诊式》是爰书的文例集。爰书是"记录辖区内所发生案件之经过（包括官员的对应）的一种官方证明文书"[8]。这样的爰书文例中有一例叫《毒言》（671～674），是一篇研究基层社会法和习俗关系非常有意义的资料：

> 毒言　爰书：某里公士甲等廿人诣里人士五（伍）丙，皆告曰："丙有宁毒言，甲等难饮食焉，来告之。"即疏书甲等名事关谍（牒）北（背）。●讯丙，辞曰："外大母同里丁坐有宁毒言，以卅余岁时覊（迁）。丙家节（即）有祠，召甲等，甲等不肯来，亦未尝召丙饮。里节（即）有祠，丙与里人及甲等会饮食，皆莫肯与丙共桮（杯）器。甲等及里人弟兄及它人智（知）丙者，皆难与丙饮食。丙而不把毒，毋（无）它坐。"

其大意如下：

> 某里公士甲等二十人把同里的士伍丙带到县廷，都诉说："丙有'宁毒言'，甲等不愿意和他一起饮食，前来报告。"当即让甲等的姓名、身份分条记录在状子的背面。●审讯丙，丙供述说："本人的外祖母同里人丁曾因'宁毒言'论罪，在三十多岁时被处迁刑。丙家如有祭祀，即使邀请甲等，甲等也不肯来，他们也从来没有邀请过丙聚餐。在里中有祭祀，丙与同里的人及甲等聚会饮食的时候，他们都不肯与丙共用饮食器具。

甲等和同里弟兄以及其他认识丙的人，都不愿意和丙一起饮食。丙绝不毒言，也没犯过其他任何罪。"

《封诊式》爰书中出现的人物都用十干符号化。但我们不能据此认为它就是虚构的故事。倒不如认为，是有人在整理原来的爰书而编纂文例集的时候，将个人名字改为了十干[9]。因此，《封诊式》生动地告诉了我们从文献史料中难以窥见的先秦社会生活，是非常珍贵的史料。我们从这个角度来探讨一下《毒言》的内容。

东汉王充在《论衡·言毒》中对南郡的习俗作过如下的描述：

> 太阳之地，人民促急，促急之人，口舌为毒。故楚越之人，促急捷疾，与人谈言，口唾射人，则人胀胎，肿而为创。南郡极热之地，其人祝树树枯，唾鸟鸟坠。巫咸能以祝延人之疾，愈人之祸者，生于江南，含烈气也。

其大意如下：

> 太阳（完全是阳气的状态）的地方，人民性急，用语言毒害别人。所以楚越的人急躁敏捷。和别人说话的时候，如果他的唾沫溅到对方的话，那个人的皮肤就会肿胀，受伤。南郡也是极热之地，如果此地的人诅咒树木的话，其树木就会枯萎；向鸟吐唾沫的话，其鸟就会坠落。巫咸用诅咒能够拖延人的病，也能够恶化人的灾祸。这是因为他生于江南，有着烈烈火气的缘故。

如果从刘盼遂先生的解释，认为"南郡"是"南部"之误[10]，那么此篇所述的就是中国南部的习俗。但此文中有"故楚越之人"云云，因此是否真的可以如此解释，还有考虑的余地。

看起来，《毒言》的案件是很无聊的故事，说的是里内一个讨厌的家伙每次在"乡饮酒礼"等场合喝醉，狠狠地诅咒别人，所以里人们把他抓来,带到县廷,告发了他。如果仅仅是这个意思的话,"毒言"一词也用不着根据《论衡》的内容解释。当然,由于爱书作"宁毒言",也有可能将此三字视为一个固有的词汇。但整理小组引用杨树达《词诠》卷四,将"宁"释为"语中助词"。如据此说,则像标题一样,"毒言"当为一词。《颜氏家训·归心》有"毒口"一词,意为"坏话"[11],南宋祝穆撰《事文类聚后集》卷十三《人伦部》也收录有此文,并且将"毒口"改为"恶口"。若"毒口"和"恶口"意思相同,"毒言"也可以释为同样的意思,没必要附会《论衡》一文解释。若果真如此,被告丙只是因为在里内毒言,被里人告到县廷而已,但这样会给人一种唐突的感觉。因为这种事情应该由"规制指导里子弟"[12]的父老、父兄来处理。此外,虽然不是与本案直接有关,但如下一节所论述,《法律答问》中有"家罪"和"非公室告",父子之间的犯罪,在刑法上会受到特殊处理,就算有告发,国家也会拒绝其案件的受理。

　　为理解此"毒言"的背景,我们将视线转移到日本的古代社会。我们应该注意,最近对庄园村落"恶口禁忌"的事例有很多研究报告。入间田宣夫先生的报告指出,镰仓时代中期的弘长二年(1262),近江国奥岛庄的百姓在神前发誓要"堵住恶口的不可思议",写下了《庄隐规文》《规文》。他们发誓,犯恶口禁忌的本人不用说,连妻子的恶口也成为制裁的对象,他们被逐出后,连其住宅也都要烧掉[13]。入间田先生指出,当时的人之所以对恶口作如此严重的处理,是因为此乃"前代以来当地的普遍现象",并且推测奥岛庄的老百姓们记录"恶口的不可思议"的背景可能有一种恐怖的巫术性观念,就是说他们相信恶口是超出人力的声音、威胁寂静的魔性声音,可以颠覆秩序的来自暗处的声音,它给庄内带来污秽和灾祸。此外,据西冈芳文先生研究,被称为"当地法"的民众习惯法在整个古代通过口头传承一直保存下来,因此可以推测,当时相信

"言举"❶的诅咒力,害怕会"失去口传",对口头发言有各种各样的社会限制[14]。日本古代社会"恶口禁忌"的这些内容,虽然地域、时代都不同,但从中可以看出与秦简《封诊式》所见"毒言、恶言"共同的心理现象。据口供,不仅丙由于毒言之罪被告发,其外祖母也由于毒言之罪曾处迁刑。这表明,先秦社会也应当存在对"恶口"的严格社会限制。

不止于此,还有《日书》的占辞中也往往可以看到"恶言"的例子。例如,第五章引用的题为《吏》(886/1～895/5)的占辞云:

子　朝见,有告、听。｜晏见,有告,不听。｜昼见,有美言。｜日虒见,令复见之。｜夕见,有美言。

丑　朝见,有奴(怒)。｜晏见,有美言。｜昼见,禺(遇)奴(怒)。｜日虒见,有告、听。｜夕见,有恶言。

寅　朝见,有奴(怒)。｜晏见,说(悦)。｜昼见,不得,复。｜日虒见,不言,得。｜夕见,有告、听。

卯　朝见,喜;请命,许。｜晏见,说(悦)。｜昼见,有告、听。｜日虒见,请命,许。｜夕见,有奴(怒)。

辰　朝见,有告、听。｜晏见,请命,许。｜昼见,请命,许。｜日虒见,有告、不听。｜夕见,请命,许。

巳　朝见,不说(悦)。｜晏见,有告、听。｜昼见,有告、不听。｜日虒见,有告,禺(遇)奴(怒)。｜夕见,有后言。

午　朝见,不诒。｜晏见,百事不成。｜昼见,有告、听。｜日虒见,造,许。｜夕见,说(悦)。

申　朝见,禺(遇)奴(怒)。｜晏见,得语。｜昼见,不说(悦)。｜日虒见,有后言。｜夕见,请命,许。

---

❶　译者按:言举,又作兴言,是日本古代的一种诅咒方式。揭露对方的底细,以使对方畏惧屈服。

戌　朝见,有告、听。▎晏见,造,许。▎昼见,得语。▎日虒
　　见,请命,许。▎夕见,有恶言。

亥　朝见,有后言。▎晏见,不诒(怡)。▎昼见,令复见之。
　　▎日虒见,有恶言。▎夕见,令复见之。

这是将十二辰和时刻(朝、晏、昼、日虒、夕)相结合的占断,算的是
官吏谒见上司(或君主)时,哪一天哪一时刻谒见会出现怎样的情
况。从子到亥的每段结构相同,在此选子日作翻译,大致如下:

子　朝谒见的话,申请会通过。晏谒见的话,申请不会通过。
　　昼谒见的话,会有美言。日虒谒见的话,会再谒见。夕谒
　　见的话,会有美言。

简文"美言"意思不太清楚,或许是上司(或君主)温柔的话吧。"恶
言"(见于丑、戌、亥)是和上司(或君主)谒见时会出现的事情之一。
但《吏》中所见"恶言"和上面的"毒言"相比,不够强烈。这可能因
为《吏》是时刻表化了的占卜的缘故吧。

　　我们再回头看《毒言》,由于某里公士甲等二十人的告发,丙受
到了怎样审判,爰书什么也没有告诉我们。从他外祖母的例子来
推测,或许丙也会被处迁刑。不管怎样,在这份爰书中我们应该注
意的是,国家(在此直接相关的是县廷)通过诉讼干预了本该由父
老一层的人处理的问题。

第三节　《封诊式》中出现的
国家和家族、共同体

　　松崎つね子先生在研究《法律答问》所见"家罪"和"非公室告"
时,关注的就是这一问题[15]。与家罪、非公室告相关的条文非常
难解,尽管对其有很多不同解释,但它至少是有关父子间犯罪的规

定,这一点已成为学者之共识。但松崎先生提出了一个问题,就是说家罪、非公室告既然是"属于家族内处理的、关于主人专权问题的内容",那么《法律答问》一篇为何会出示完全相反的处罚规定,而在《封诊式》中家父长却亲自申请国家的介入?"[16]可以说,这一提问最早指出了"家罪"、"非公室告"的根本问题。这一问题与我们在《毒言》中探讨的国家和共同体之关系问题,构成了事情的正反两面。我们再次提出,本该是由父老阶层处理的"里人士五(伍)丙"之"毒言"问题,为什么"某里公士甲等二十人"会告到县廷呢?

《封诊式》一共收录了 25 节文例,其中开头的《治狱》、《讯狱》说明的是审案时的准则,可以说是讯问的总则。在此想要考察的是,其他的采用"某里某将男子某带到县廷控告"句式的爰书事例,其控告者和县廷的反应给我们一种奇怪的印象。例如《告子》(630、631)云:

> 告子　爰书:某里士五(伍)甲告曰:"甲亲子同里士五(伍)丙不孝,谒杀,敢告。"即令令史己往执。令史己爰书:与牢隶臣某执丙,得某室∟。丞某讯丙,辞曰:"甲亲子,诚不孝甲所,毋(无)它坐辠(罪)。"

这说的是某里士伍甲控告住在同里的亲生子士伍丙"不孝",向县廷请求处以死刑。县廷立即命令令史己偕同牢隶臣某前往,在某室捉拿丙。县丞某审讯丙,丙供述说"(本人)是甲的亲生子,在甲那儿做了不孝的事,没有其他过犯。"甲和丙虽然是亲生父子,但甲的告状中有"甲亲子同里士伍丙",丙的供述中又有"诚不孝甲所",这表明丙和父甲虽然住在同里,但他们已经分开居住,丙在父甲(和母)居住的家中没有尽孝,由此被告[17]。即使是亲生子,父母杀子也是法律上不允许的行为,所以父亲请求县廷执行,是理所当然的事。不过尽管其具体内容不明,但由于"不孝"这样典型的家庭问题,父亲竟然把孩子告上县廷,而且亲自请求判其死刑,这究竟是怎么回事呢?

下面引用的《鼍(迁)子》(626～629)情况也相同:

> 鼍(迁)子　爰书:某里士五(伍)甲告曰:"谒鋈亲子同里士五(伍)丙足,鼍(迁)蜀边县,令终身毋得去鼍(迁)所,敢告。"告瀍(废)丘主:"士五(伍)咸阳才(在)某里曰丙,坐父甲谒鋈其足,鼍(迁)蜀边县,令终身毋得去鼍(迁)所。论之,鼍(迁)丙如甲告,以律包。今鋈丙足,令吏、徒将传及恒书一封诣令史,可受代吏、徒,以县次传诣成都,成都上恒书太守处,以律食。瀍(废)丘已传,为报,敢告主。"

这也是父亲告子的案件。这儿没有交代某里士伍甲之子士伍丙由于什么罪被控告,但既然说父甲"谒鋈子丙足,迁蜀边县,令终身毋得去迁所",我们应该注意到,在此还是父亲提及具体刑名,向县廷控告孩子。此父子住在"咸阳某里",咸阳县受理控告后,对咸阳和蜀郡成都中间的废丘县主(此主与县令意思相同)发出了通知,说咸阳县按父甲所告对子丙处以迁蜀之刑,并就关于护送子丙到成都的手续发出了指示。在此说"以律包",可见由于子丙受迁蜀之刑,其家属也要随着去流刑地。就是说,无论是此《迁子》还是前面的《告子》,同样的问题是,父亲在控告时提及具体刑名,县廷也按其请求判决。在向县廷控告时,提及具体刑名的例子还有《黥妾》(622—625):

> 黥妾　爰书:某里公士甲缚诣大女子丙,告曰:"某里五大夫乙家吏。丙,乙妾殴(也)。乙使甲曰:'丙悍,谒黥劓丙。'"●讯丙,辞曰:"乙妾殴(也),毋(无)它坐。"●丞某告某乡主。某里五大夫乙家吏甲诣乙妾丙,曰:"乙令甲谒黥劓丙。"其问如言不然。定名事里,所坐论云可(何),或覆问毋(无)有,以书言。

这是说，某里五大夫乙的家吏公士甲代理主人，带乙妾（即所谓"婢"）大女子丙去县廷，由于丙强悍，请求对丙施加黥劓。大女子丙的罪状只是"悍"，其他，"无它坐"。

上面是妾的案子，此外还有臣的案子。《告臣》（617～621）云：

> 告臣　　爰书：某里士五（伍）甲缚诣男子丙，告曰："丙，甲臣，桥（骄）悍，不田作，不听甲令。谒卖（卖）公，斩以为城旦，受贾（价）钱。" ●讯丙，辞曰："甲臣，诚悍，不听甲。甲未赏（尝）身免丙。丙毋（无）病殴（也），毋（无）它坐罪。"令令史某诊丙，不病。●令少内某、佐某以市正贾（价）贾丙丞某前，丙中人，贾（价）若干钱。●丞某告某乡主："男子丙有鞫，辞曰：'某里士五（伍）甲臣。'其定名事里，所坐论云可（何），可（何）辠（罪）赦，或覆问毋（无）有，甲赏（尝）身免丙复臣之不殴（也）。以律封守之，到以书言。"

在此，由于臣（即所谓"奴"）丙骄横强悍，不在田里干活，不听使唤，主人某里士伍甲管不住他，所以向县廷控告，请求对丙施加"斩以为城旦"之刑，并且卖给官府。对此县廷检验丙的健康状态，命令少内某、佐某调查丙的市场标准价格。

《封诊式》的这些例子显然与《法律答问》非公室告、家罪的规定有矛盾。我们再看看《法律答问》对非公室告的记述（473）：

> 公室告【何】殴（也）？非公室告可（何）殴（也）？贼杀伤、盗它人为公室【告】。子盗父母，父母擅杀、刑、髡子及奴妾，不为公室告。

《法律答问》（474、475）又云：

> "子告父母，臣妾告主，非公室告，勿听。" ●可（何）谓非公室告？●主擅杀、刑、髡其子、臣妾，是谓非公室告，勿听。而

行告,告者皋(罪)。告者皋(罪)已行,它人有(又)袭其告之,亦不当听。

松崎つね子先生根据这些记载推测,在非公室告的背后有"子不能告父母,臣妾不能告主"的律文,以此归纳出了一个逻辑性结论,即"父母对子,主人对臣妾,做任何事情都不会受到处罚"[18]。此外还有与非公室告概念非常相似的家罪,《法律答问》(476)云:

> "家人之论,父时家皋(罪)殹(也),父死而诵(甫)告之,勿听。"可(何)谓家皋(罪)? 家皋(罪)者,父杀伤人及奴妾,父死而告之,勿治。

松崎先生据此指出,家罪的成立以父子同居为必要条件。如果按照松崎先生的说法解释《告子》,我们可以这样解释:子丙和父甲虽然住在同里,但他们已经分居了,所以家罪不成立。但在《迁子》,父亲控告孩子时,他主动提出刑名(迁蜀刑)。松崎先生指出,若我们注意这一事实,那么虽然表面上这是父亲的申请,但我们可以感觉到其背后有法、制度的存在。可以说,她的这一个观点正确地点破了事情的实质。就是说,控告孩子的时候,父亲提及具体刑名,这是因为其背后已经有国家意志的缘故。

在《黥妾》和《告臣》,由于臣、妾(骄)悍,主人请求对他们施加黥劓和斩以为城旦,并且卖给县廷。这表示,虽然有从非公室告归结出来的逻辑性结论,但秦国已经不承认主人对奴妾的无条件生杀予夺的权利了。《法律答问》对非公室告、家罪的讨论和《封诊式》所收爰书事例之间存在的差异或矛盾,向我们表示,后者的形成时代比前者更晚。我们在后者中难以设想"父为子隐,子为父隐"(《论语·子路》)那样的共同体。它反映的是国家权力已经渗透到了共同体内部,甚至是共同体所包含的家庭内部的情况。松崎先生的结论也是如此:"父子间、家族间、主人和奴婢间的犯罪通过'父＝主人'向官府控告，法通过父进入家族内、亲属内。国家可能以这样的形式控制家庭吧。"这就是《封诊式》所反映的共同体或家族的真实情况。

那么，从《封诊式》可以窥见的这种情况，以什么时代为背景呢？与此相关的是黄盛璋先生的研究。他对《封诊式》各条的年代作这样的设想[19]。① 据年、月、日干支可断，《亡自出》是秦王政四年的；《封守》《疠》《经死》也属于同时期所修。②《夺首》，因为记有秦夺取魏邢丘城的事，所以其上限是秦昭王四十一年（前266），下限也不能距此太远；《告臣》与《贼死》皆用"正"字不讳，应在秦始皇之前，或与《夺首》同一时期。③《迁子》可以看到蜀郡太守的名称，但蜀置太守是在昭王二十二年[20]"疑蜀侯绾反，王复诛之，但置蜀守"（《华阳国志·蜀志》）之后的事。至于"迁蜀"，因为迁蜀刑始见于秦王政九年、十年嫪毐和吕不韦事件的记事中，因此《迁子》"迁蜀"如不在昭王晚期，亦应在始皇早期。根据以上考证，黄盛璋先生认为《封诊式》的年代是昭王至秦王政初年。虽然对各条的年代还会有商讨的余地，但其看法大致可从。若果真如此，我们通过《日书》探讨的秦国比较宽大的法治主义在《封诊式》的时代已经发生了转换。

第四节　《语书》和六国的统一

如实地反映出秦法治主义转换的资料，是秦王政二十年（前227）南郡守腾下达给自己所管辖的县、道啬夫的秦简《语书》。在此，"民之乡俗"被斥为"恶俗"，并被否定。为讨论之便，在此引用其前半部分（054～061）：

廿年四月丙戌朔丁亥，南郡守腾谓县、道啬夫：古者﹂民

各有乡俗,其所利及好恶不同,或不便于民乚,害于邦。是以
圣王作为灋(法)度,以矫端民心乚,去其邪避(僻)乚,除其恶
俗乚。灋(法)律未足乚,民多诈巧乚,故后有间令下者乚。凡灋
(法)律令者,以教道(导)民乚,去其淫避(僻),除其恶俗乚,而
使之之于为善殹(也)乚。今灋(法)律令已具矣乚,而吏民莫
用,乡俗、淫失(泆)之民不止乚。是即灋(废)主之明灋(法)殹
(也),而长邪避(僻)、淫失(泆)之民,甚害于邦乚,不便于民。
故腾为是而修灋(法)律令、田令及为间私方而下之乚,令吏明
布,令吏民皆明智(知)之,毋巨(距)于辠(罪)乚。今灋(法)律
令已布,闻吏民犯灋(法)为间私者不止乚,私好乚、乡俗之心不
变乚,自从令、丞以下智(知)而弗举,论乚,是即明避主之明灋
(法)殹(也)乚,而养匿邪避(僻)之民乚。如此,则为人臣亦不
忠矣。若弗智(知),是即不胜任,不智殹(也)乚。智(知)而弗
敢论,是即不廉殹(也)。此皆大辠(罪)殹(也),而令、丞弗明
智(知),甚不便。今且令人案行之,举劾不从令者,致以律,论
及令、丞。有(又)且课县官,独多犯令而令、丞弗得者,以令、
丞闻。以次传。别书江陵布,以邮行。

关于《语书》的性质,当初中国学界在儒法斗争史观影响下,有人认
为是"讨伐奴隶主复辟势力的战斗檄文"[21],也有人认为是"反对
奴隶制复辟和封建割据的动员令"[22]。另外,《编年记》以编年体
的方式记载了自秦昭王元年(前306)至秦始皇三十年(前217)的
统一战争以及墓主和其亲属的事情,其中有这一记事:

> (秦王政)十九年,□□□□南郡备敬(警)。(026/2)

有人将《语书》的内容和这一记事结合起来,认为当时楚国的奴隶
主贵族呼应奴隶主势力的复辟运动,攻打南郡。这种论调占了中
国学界的大势。但这种解释后来被黄盛璋先生[23]和詹越先生[24]

批评为"影射史学",他们试图重新作出解释。其中詹越先生的论点如下所示:① 恶俗、乡俗指的是南郡传统的风俗习惯。南郡守腾要把秦的尚武风俗强加于占领区,严禁南郡原有的风俗习惯,因此激起当地各阶层人民的强烈反对。② 所谓淫泆之民一般指不从事农战的商贾、手工业者和说客,甚至包括没落为盗贼的农民和奴隶。秦王政十九年,南郡守腾下令"南郡备警",二十年发布这件文书,他要戒备、要镇压的就是这些人。③ 南郡"其俗剽轻,易发怒,地薄,寡于积聚"[25],即地瘦民贫,最富于反抗精神。这分明是农民阶级与地主阶级的对立和斗争。④ 这件文书中承认秦的"法律令"在南郡"吏民莫用,乡俗、淫失(泆)之民不止",说明南郡守腾的统治是不得民心的。⑤ 从南郡设置到楚灭亡,楚贵族只在秦王政二十三年发动过一次攻击南郡的事[26],而"南郡备警"发生在其四年前,秦王政二十三年的那一次攻击不会和十九年的"南郡备警"有关联。

　　詹越先生的这些讨论把《语书》从所谓"影射史学"解放了出来,他尤其从《语书》和楚习俗的关系展开讨论,这是一大进步。这种观点后来被熊铁基先生等人继承[27]。我们在詹越先生以来研究成果的基础上,重新探讨与本文相关的部分。

　　我们从秦的立场来看《语书》发布前后的秦和六国的关系。秦的对外战争从昭王时代已经激化,秦王政即位以后也几乎每年出征。请看以下年表:

秦王政十七年(前230)　　内史腾虏韩王,韩灭亡。

　　　　十九年(前228)　　虏赵王,赵灭亡。公子嘉在代郡自立为王。

　　　　二十年(前227)　　**《语书》发布。**

　　　　二十一年(前226)　　攻陷燕都蓟城,燕王逃亡辽东。

　　　　二十二年(前225)　　引水灌魏都大梁,魏灭亡。

二十三年（前 224）	进攻楚国，夺取陈以南地。
二十四年（前 223）	进攻寿春，虏楚王，楚灭亡。
二十五年（前 222）	进攻辽东，虏燕王，燕灭亡。
二十六年（前 221）	进攻齐都临淄，齐灭亡。六国统一。

《语书》发布的一年前和三年前，赵、韩被灭。从此也可知，《语书》是在秦统一六国的大局已定时发布的。将这一情况和《语书》的内容对照起来考虑，我们应该可以知道战国末期秦国所规划的统治制度的基本思想是什么。因此《语书》的主要内容可以概括如下：① 过去，民间存在"乡俗"，各地利害有所不同，这种情况于民于国都不利。② 后来圣人出现，制定了新的统一的法律，除去过去那些可视为"恶俗"的"乡俗"，以纠正民风。③ 然而法、律、令还不够完备，因此有人巧妙地欺法扰令。④ 现在法、律、令已经具备了。尽管如此，吏民仍然无视，使得地方上习俗（乡俗）弥漫。这明明是在蔑视主（秦王）之明法。⑤ 因此南郡守腾"修法、律、令、田令及为间私方而下之"，令吏发布，令吏民皆知，以使他们不再犯法获罪，等等。可见这件文书的基调是乡俗和秦法的对立，"乡俗、淫泆之民"指的显然是阻碍秦法渗透、保持楚地原有的习俗、不服秦法的那些故楚人[28]。

乡俗作为一种复杂的价值体系，就像是网状的根，深深地扎根于地下。如果被秦法这种占领者的秩序侵入，当然会引起抗拒反应。于是坚守乡俗、抗拒秦法的人被斥责为"乡俗、淫泆之民"或"邪僻之民"。另外，不得不默认这种乡俗的基层下级官吏也被秦政府斥责为"明避主之明法"、"养匿邪僻之民"，以及不忠、不胜任、不知、不廉等等。因此这一文件不一定是针对某一件事件发布的，也没有将其与《编年记》秦王政十九年"□□□□南郡备敬（警）"相结合的必然性[29]。关于《编年记》的这一条记事，整理小组引用了秦始皇诏。诏中回顾秦能征服六国的原因时说：

> 荆王献青阳以西，已而畔约，击我南郡，故发兵诛，得其王，遂定其荆地。（《史记·秦始皇本纪》秦始皇二十六年条）

整理小组指出，此楚对南郡的进攻和《编年记》的记载是同一事。但詹越先生注意到《秦始皇本纪》秦王政二十三年条：

> 秦王复召王翦，强起之，使将击荆。取陈以南至平舆，虏荆王。

詹越先生认为，这一记事的背景是楚对南郡的进攻。我们来看看秦王政十九年楚国的情况（当时的首都是寿春）。这一年楚幽王死去，同母弟的哀王即位，但楚国发生了内乱，庶兄负刍的死党杀了哀王，拥戴负刍。其五年后，楚为秦所灭。这样看来，《编年记》"南郡备警"的意思，不如说是防备楚哀王和负刍争夺王位的内乱余波影响到南郡，对此严加防范。

要是这样将《语书》的内容和"南郡备警"的记事分开探讨的话，可见《语书》的基调正是秦走向统一六国，追求一元化统治的坚强意志。为此基层社会原有的习俗被否定，再三督促秦法的彻底化。《语书》中说南郡守腾"为是而修法律令、田令及为间私方而下之，令吏明布，令吏民皆明知之，毋陷于罪"，这虽然不是他自己作为一个立法者去面对南郡，但应该说这段记载通过腾表明了秦的统治理念。《语书》中将不同文化巧妙地编入秦的统治体制中的态度已经消失了，只有根据秦法推行一元化统治的意志十分突出。那么秦国的这种路线变更是什么时候发生的呢？

第五节　战国时代秦国法治主义的转变

我们在前面已经反复论述，睡虎地秦简的内容可以分为秦律等法制资料和占书《日书》。其中并存着两种态度,一种态度是在宽容基层社会习俗的同时,推进秦法的渗透。另外一种态度是拒绝基层社会的习俗,推进一元化统治。反映这两种态度的资料之所以并存在同一批秦简中,是因为随葬秦简的墓主喜的时代正好相当于秦统治体制的转换期。我们试图从墓主喜的角度证实这一点。我们把《编年记》所记载喜的经历,从秦的南郡设置到喜死亡,以年表方式列举如下:

昭王二十九年(前 278)　楚都郢陷落,设置南郡。

四十五年(前 262)　十二月甲午,喜生。

秦王政三年(前 244)　八月,喜揄史。

四年(前 243)　十一月,喜□安陆□史。

六年(前 241)　四月,喜为安陆令史。

七年(前 240)　正月甲寅,喜为鄢令史。

十二年(前 235)　四月癸丑,喜治狱鄢。

二十年(前 227)　**《语书》发布。**

秦始皇二十六年(前 221)　秦统一六国。

二十八年(前 219)　秦始皇经过安陆。

三十年(前 217)　喜死亡。

据此可知,南郡设置是在喜出生的 16 年前,喜初任史是南郡设置35 年后,喜死去是南郡设置 61 年后。《语书》发布是秦王政二十年,那么这个转换期当是发布《语书》稍前的事。就是说,我们据此可以确认,秦王政二十年以前,喜已经是南郡所属各县中的一个官吏。

《语书》发布的秦王政二十年以前,还有两件事情与秦统治体制的变化有关。第一件是前 325 年惠文君称王号之事,第二件是昭王四十九年(前 258)以后,秦始终保持帝号之事[30]。战国时代各国的称王问题常常有人论及，但帝号和秦统治体制的关系，除了西嶋定生先生曾经在研究皇帝号时讨论过外[31]，几乎没有人研究。但秦采用帝号既然是在昭王时期，那么这一定与秦法治主义的转换有关联吧。

我们看看《史记·秦本纪》昭王十九年条：

> 王为西帝，齐为东帝，皆复去之。

《六国年表》秦昭王十九年条云：

> 十月为帝，十二月复为王。

《六国年表》齐愍王三十六年条又云：

> 为东帝二月，复为王。

设置南郡的 10 年前（前 288），秦、齐一同称帝，不久两国都取消了。关于秦、齐两国称帝的经过，从齐国角度叙述的资料有《战国策·齐策四》"苏秦自燕之齐"章和"苏秦谓齐王曰"章。据此记载，秦派穰侯魏冉，馈赠帝号给齐国，而齐王问苏秦这件事怎么处理为好。苏秦献上的策略是：表面上对秦国表示敬意，怂恿秦国称帝，暗地里引导天下诸侯对秦国的厌恶，利用舆论奉还帝号，争得各国的支持。《六国年表》所记载的就是这一始末。

因为与《齐策四》大致相同的文章亦见于《史记·田敬仲完世家》愍王三十六年条，所以《史记》的文章是取自《战国策》的。关于秦、齐两国称帝问题，虽然是个片断，但 1973 年底湖南省长沙市马王堆三号汉墓出土的《战国纵横家书》第四章中有新史料[32]。此外，此时被取消了的称帝问题，在后来秦长平之战给赵国毁灭性的打击后，继续进攻，包围赵国邯郸时，再次浮现出来。《战国策·赵策三》"秦围赵之邯郸"章对其经过记述如下：当时魏安厘王命客将军辛垣衍潜入邯郸，通过平原君对赵王说"秦之所以包围邯郸是因为秦以前取消了称帝,希望各国再次承认秦称帝。因此若赵国派使者尊秦王为帝,秦军一定会撤退"。齐处士鲁仲连与犹豫不决的平原君见面,与辛垣衍争论其是非,系统阐述了秦称帝的坏处。最终辛垣衍信服而撤销提议。与《赵策》大致相同的文章亦见于《史记·鲁仲连列传》、敦煌出土的唐钞本《春秋后语》等[33],但其内容是对话形式的记事,可见《战国策》的内容是经过后人之手编纂而成的。不管怎样,从其内容来推测,第二次称帝问题是长平之战(前 260)后不久发生的,而据《六国年表》,秦包围邯郸在前 258 年。

斎藤国治、小泽贤二两位先生根据对日月食等天文记录的分析,推算出战国时代秦国历法中岁首的变迁情况:

> 昭王四十八年(前 259)以前是十月岁首制
>
> 昭王四十九年(前 258)以后是正月岁首制
>
> 秦始皇二十六年(前 221)以十月为下一年的岁首,再一次采用了十月岁首制[34]

但他们没有说明秦国的岁首为什么会这样变迁。考虑到中国历代王朝历法所具有的正统思想性质,秦不会无缘无故地变更岁首,而且屡次变更岁首也不自然。但需要注意的是,秦第一次变更岁首的前 258 年是秦包围邯郸的那一年。而且那一年有鲁仲连和辛垣衍关于秦称帝的争论,结果秦称帝没有实现。其后与称帝问题有关的史料不再见于文献中,而在秦统一六国后不久,秦始皇下诏:

> 寡人以眇眇之身,兴兵诛暴乱,赖宗庙之灵,六王咸服其辜,天下大定。今名号不更,无以称成功,传后世。其议帝号。
>
> (《史记·秦始皇本纪》秦始皇二十六年,以下同)

接到此诏,丞相王绾、御史大夫冯劫、廷尉李斯等与博士议:

> 古有天皇,有地皇,有泰皇,泰皇最贵。臣等昧死上尊号,
> 王为泰皇,命为制,令为诏,天子自称曰朕。

对此秦王政说:

> 去泰著皇,采上古帝位号,号曰皇帝。他如议。

于是皇帝称号形成了。在此要注意的是秦王政的命令是"其议帝号",他可能没想从三皇中选择称号。然而丞相他们却奉上了三皇中的泰皇,因此秦王政不得不把帝号和三皇折衷起来,采用"皇帝"称号。

通过以上的讨论,我们可以了解昭王以来秦国执着于帝号的意义;鲁仲连的故事也可以解释为是一个秦国多么希望天下承认其帝号的故事。由于鲁仲连的阻止,秦称帝没能实现。但若果真前258年在秦历上发生了巨大变化,那我们只能认为其变化与秦称帝问题密切相关。虽然旁证此事的直接史料还没有找到,但可以推测事情可能是这样的:前260年,长平之战秦灭了赵降卒40余万人,由此秦统一六国迅速成为现实。可以说,以这个事件为背景,第二年即前259年秦采用了帝号。这一称号虽然没有对外公开,但在秦王室内一直保持着。秦王政统一六国后,他当即命令"议帝号",这是因为由于六国的消灭,终于有了公开讨论帝号问题的环境。受到周封建的襄公祭祀上帝以来,秦国一直相信襄公受命。秦对称帝如此执着或许与这一传统有关吧[35]。若果真如此,秦以昭王四十九年(前258)为界,由于帝号的采用,开始规划一元化统治。从前258年算起,墓主喜出生是其4年后,喜成为史是14年后,而《语书》发布是31年后。这样看来,虽然秦法治主义的转换是从南郡设置的20年后(前258)开始的,但它在统一六国过程中有一定的发展过程。初期的统治比较宽容,后来开始追求像《语书》所见那样强硬的一元化统治。喜历任南郡诸县的史、令史、治

狱等官职的时期，正好在这个过程中。就是说，秦走向一元化统治、向法治主义转换的当初，还不得不采取比较宽容的统治，其后渐渐强化一元化统治，最后到了像《语书》所表明的地步。喜身为南郡的地方官亲身体验了其过程。喜的墓葬中为何会随葬睡虎地秦简，其真实情况虽然不清楚，但可以说，喜是生活在秦进入转换期以后走向统一过程中的人物，这一点通过秦简的分析大致是清楚的。

结　　语

秦法治主义的转换点即昭王四十九年（前258）正值墓主喜出生4年后。然而法治主义的转换属于统治理念上的事，要在现实中按照这一理念实施政策，必然就需要一定的时间。当时，尽管有郡守的命令，官吏们面对原有习俗根深蒂固的社会，在乡俗面前束手无策，法律的实施被歪曲，或被公然无视。肩负地方行政之责的县令对这些违反者也只能常常视而不见。《语书》斥责乡俗为"恶俗"，其口气听起来有点刺耳，这意味着秦法在占领区很难贯彻。在睡虎地秦简中，宽容基层社会习俗的具有柔韧性的法治主义和追求一元化统治的严格的法治主义并存，这反映出秦法治主义的过渡性。正因为睡虎地秦简是带有过渡性质的文书，所以其记述往往含有互相矛盾的内容[36]。我们从这个历史过程来看秦统一六国两年后立的《琅邪台刻石文》，在那里，秦始皇自负地说，他统一了法度、器械、文字，出现了如下的理想状态：

> 是维皇帝，匡饬异俗，陵水经地，忧恤黔首，朝夕不懈。除疑定法，咸知所辟，方伯分职，诸治经易，举错必当，莫不如画。（《史记·秦始皇本纪》秦始皇二十八年）

就是说,由于六国统一,"匡饬异俗",有犯罪可疑的人被免予处罚,法制明确,方伯分掌地方行政之职,统治就像绘画一样简明浅显。或许这正是《语书》中所追求的统一理念得以实现的(秦始皇认为实现了的)秦帝国。但不久陈胜、吴广之乱爆发,这一理想落空。在这场大乱中,秦帝国颓然崩溃。而在秦末叛乱中,刘邦的西汉帝国成立。我们已经介绍,1983 年 12 月至 1984 年 1 月,离秦简出土地不太远的湖北省江陵县张家山(汉代南郡)发现了三座西汉初期的墓葬,其中 247 号墓出土了汉律、《奏谳书》等法制资料和类似《日书》的占书[37]。墓主身份不明。《奏谳书》等法制资料最近才公开了一部分,但竹简的照片以及占书除了一小部分外,几乎没有公开。这批张家山汉简向我们展示出,本书所讨论的秦统一六国过程中"法与习俗"的问题,到了西汉又会重演。

注

〔1〕《吕氏春秋·孟春纪》:"是月也,……禁止伐木,无覆巢,无杀孩虫胎夭飞鸟,无麑无卵。"《吕氏春秋·仲春纪》:"是月也,无竭川泽,无漉陂池,无焚山林。"《吕氏春秋·季夏纪》:"是月也,树木方盛,乃命虞人入山行木,无或斩伐。"基于《吕氏春秋》形成的《礼记·月令》仲夏之月有:"毋烧灰。"

〔2〕李学勤《竹简秦汉律与〈周礼〉》,《中国法律史国际学术讨论会论文集》,《法律史研究》丛书第一辑,陕西人民出版社,1990 年;后来改题为《秦律与〈周礼〉》,收入《简帛佚籍与学术史》,时报出版社,1994 年。

〔3〕关于《吕氏春秋》与《礼记·月令》的关系,请参看本章注(1)。

〔4〕鹤间和幸《古代中華帝国の統一法と地域—秦帝国の法の統一とその虚構性—(古代中华帝国的统一法与地域——秦帝国法的统一及其虚构性)》,《史潮》新 30 号,1992 年。

〔5〕古贺登《漢長安城と阡陌、県郷亭里制度(汉长安城与阡陌、县乡亭里制度)》,雄山阁,1980 年,185 页。

〔6〕参看本书第九章第四节。

〔7〕江村治树《雲夢睡虎地出土秦律の性格をめぐって(关于云梦睡虎地出土秦律的性质)》,《東洋史研究》第 40 卷第 1 号,1981 年。

〔8〕籾山明《雲夢睡虎地秦简》,滋賀秀三编《中国法制史—基本資料の研究—(中国法制史——基本资料之研究)》,东京大学出版会,1993 年,107 页。

〔9〕将张家山汉简《奏谳书》的书写方式与秦简《封诊式》相比,治狱的程序和用语的同一性引人注目,而且在《奏谳书》中人名使用真名,也旁证了这一点。关于两者的比较,参看池田雄一《江陵張家山〈奏讞書〉について(关于江陵张家山〈奏谳书〉)》,《堀敏一先生古稀記念 中国古代の国家と民衆(堀敏一先生古稀记念 中国古代的国家与民众)》,汲古书院,1995 年。

〔10〕刘盼遂《论衡集解》,古籍出版社,1957 年。

〔11〕为子娶妇,恨其生资不足,倚作舅姑之尊,虺虺其性,毒口加诬,不识忌讳,骂辱妇之父母,……

〔12〕守屋美都雄《父老》,《中国古代の家族と国家(中国古代的家族与国家)》,东洋史研究会,1968 年,202 页。

〔13〕入间田宣夫《撫民,公平と在地社会(抚民,公平与基层社会)》,《裁判と規範(裁判与规范)》,《日本の社会史(日本的社会史)》第 5 卷,中央公论出版社,1987 年,170~177 页。

〔14〕西冈芳文《前近代日本の口頭伝達について—"口状(上)"の語史から—(关于古代日本的口头传达——从"口状(上)"的语史出发)》,山田忠雄编《国語史学の為に(为了国语史学)》,笠间书院,1986 年,400 页。

〔15〕松崎つね子《睡虎地秦簡よりみた秦の家族と国家(睡虎地秦简所见秦的家族与国家)》,中国古代史研究会编《中国古代史研究》第 5,雄山阁,1982 年。

〔16〕松崎つね子《睡虎地秦简所见秦的家族与国家》。

〔17〕参看早稻田大学秦简研究会《雲夢睡虎地秦簡〈封診式〉訳注初稿(三)》,《史滴》第 15 号,1994 年,注⑤。

〔18〕以下松崎つね子先生的看法都出自《睡虎地秦简所见秦的家族与国家》。

〔19〕黄盛璋《云梦秦简辨正》,《历史地理与考古论丛》,齐鲁书社,1982年,7～8页。

〔20〕《史记·秦本纪》昭王二十七年条云:"错攻楚,……又使司马错发陇西,因蜀攻楚黔中,拔之。"三十年条云:"蜀守若伐楚,取巫郡及江南,为黔中郡。"据此,黄盛璋先生说昭王二十二年可能是搞错了。

〔21〕龚发《从云梦秦简看秦代的反复辟斗争》,《北京大学学报(哲社版)》1976年第4期。

〔22〕田昌五《秦国法家路线的凯歌》,《文物》1976年第6期。

〔23〕黄盛璋《影射史学的一个黑标本——批〈从云梦秦简看秦代的反复辟斗争〉》,《天津师范学报》1977年第6期。

〔24〕詹越《斥"四人帮"在秦代史上的反动谬论》,《考古》1978年第3期。

〔25〕《史记·货殖列传》。

〔26〕《史记·秦始皇本纪》秦王政二十三年条云:"荆将项燕立昌平君为荆王,反秦于淮南。"

〔27〕熊铁基《释〈南郡守腾文书〉——读云梦秦简札记》,《中国史研究》1979年第3期。

〔28〕西川靖二《漢初における黄老思想の一側面(汉初黄老思想的某一侧面)》(《東方学》第62辑,1981年);间濑收芳《雲夢睡虎地秦墓被葬者の出自について(关于云梦睡虎地秦墓墓主的出身)》(《東洋史研究》第41卷第2号,1982年)也有同样的解释。

〔29〕晁福林《"南郡备警"说质疑》,《江汉论坛》1980年第6期。

〔30〕拙文《皇帝号出現の背景—戦国時代の称帝問題をめぐって—(皇帝号出现的背景——关于战国时代的称帝)》,五十周年记念出版事业委员会编《東方学会創立五十周年記念東方学論集》,东方学会,1997年。

〔31〕西嶋定生《皇帝支配の成立(皇帝统治的形成)》,《中国古代国家と東アジア世界(中国古代国家与东亚世界)》,东京大学出版会,1983年。

〔32〕佐藤武敏監修,工藤元男、早苗良雄、藤田胜久译注《馬王堆帛書　戦国

縱横家書》,朋友书店,1993 年,80～92 页。关于秦的称帝问题,其内容与拙文《皇帝号出现的背景——关于战国时代的称帝》重复。但那里以马王堆汉墓帛书《战国纵横家书》第四章的分析为主,而本章的主题是对秦简的分析,两者可以说是姊妹篇。

〔33〕罗振玉《鸣沙石室佚书》,古佚小说会,1913 年。

〔34〕斋藤国治、小泽贤二《中国古代の天文記録の検証(中国古代天文记录之验证)》,雄山阁,1992 年,77 页。

〔35〕栗原朋信《秦漢史の研究(秦汉史研究)》,吉川弘文馆,1960 年,99～112 页。

〔36〕鹤间和幸先生对《语书》斥责乡俗的一段作如下解释:"这一布告的意思是,乡俗是一盘散沙,没有一定的标准,对民众的生活也不方便,对国家也有害,所以要按照法律加以纠正。"(因为鹤间先生对《语书》的概括与笔者有所不同,所以以上是笔者推测鹤间先生的意思作出的概括)笔者认为,这一文书表明以前的比较宽容的秦法治主义开始向一元化统治转换,鹤间先生批评笔者的观点,并且提出一个疑问:"同一墓葬出土的地方官吏的公文书中会有矛盾的内容吗?"(鹤间和幸《古代中华帝国的统一法与地域——秦帝国法的统一及其虚构性》)但笔者不是简单地说存在"矛盾",而是说我们从《语书》中可以看到秦法治主义向一元化统治转换的情况。因此不得不说,鹤间先生也没注意到秦简包藏的时间性的问题。秦简是秦统一六国的过程中制作的,因此其内容以法治主义的转换期为界而出现了矛盾。这已在本章第三节专门讨论过。笔者将其作为对鹤间先生批评的答复。

〔37〕荆州地区博物馆《江陵张家山三座汉墓出土大批竹简》,《文物》1985 年第 1 期;张家山汉墓竹简整理小组《江陵张家山汉简概述》,《文物》1985 年第 1 期。

后　记

　　本书选录了我进早稻田大学研究生院以来，直到现在一直在进行的睡虎地秦墓竹简方面研究论文 13 篇，内容上虽然没有太大的改变，但在将其规整为一本书时，作了大幅度的追加、补充和调整。各篇论文最初刊行的情况如下所示：

序　章　全文未尝刊登

第一章　《秦の内史—主として睡虎地秦墓竹簡による—（秦内史——以睡虎地秦墓竹简为主要依据）》，《史学雑誌》第 90 编第 3 号，1981 年。

第二章　《戦国秦の都官—主として睡虎地秦墓竹簡による—（战国秦的都官——以睡虎地秦墓竹简为主要依据）》，《東方学》第 63 辑，1982 年。

第三章　《睡虎地秦墓竹簡の属邦律をめぐって（睡虎地秦墓竹简属邦律研究）》，《東洋史研究》第 43 卷第 1 号，1984 年。

第四章　《睡虎地秦墓竹簡〈日书〉について（睡虎地秦墓竹简〈日书〉研究）》，《史滴》第 7 号，1986 年；《二十八宿占い（1）—秦簡〈日书〉剳記—（二十八宿占（1）——秦墓〈日书〉札记）》，《史滴》第 8 号，1987 年。

第五章　《日書の風景—データーベース化による先秦社会の諸相—

《〈日书〉中看到的风景——通过数据化浮现出来的先秦社会的各种形态)》,《古代文化》第 43 卷第 8 号,1991 年。

第六章　《埋もれていた行神—主として秦簡〈日書)による—(被埋没了的行神——以秦简〈日书〉为主要依据》,东京大学《東洋文化研究所紀要》第 106 册,1988 年。

第七章　《雲夢睡虎地秦墓竹簡〈日書)と道教的習俗(云梦睡虎地秦墓竹简〈日书〉和道教的习俗)》,《东方宗教》第 76 号,1990 年。

第八章　《禹の変容と五祀(禹形象的变迁与五祀)》,《中国——社会与文化》第 7 号,1992 年。

第九章　《雲夢睡虎地秦墓竹簡〈日書)より見た秦、楚二十八宿占い—先秦社会における文化の地域性と普遍性をめぐって—(云梦睡虎地秦墓竹简〈日书〉所见秦、楚二十八宿占——先秦社会文化的地域性和普遍性)》,《古代》第 88 号,1989 年。

第十章　《雲夢睡虎地秦墓竹簡に見える県、道嗇夫と大嗇夫について(云梦睡虎地秦墓竹简所见县、道啬夫与大啬夫)》,收入池田温编《中国礼法と日本律令制(中国礼法与日本律令制)》,东方书店,1992 年。

终　章　《雲夢睡虎地秦墓竹簡〈日書)より見た法と習俗(云梦睡虎地秦墓竹简〈日书〉所见法与习俗)》,《木簡研究》第 10 号,1988年;《雲夢秦簡に見える毒言(悪言)と共同体(云梦秦简所见毒言(恶言)与共同体)》,《東方》140,1992 年。

　　我进入早稻田大学教育学部是在 1969 年。那时候大学到处都处于纷争的漩涡之中。由于有这样一种时代思潮的背景,我对亚细亚生产方式的争论感兴趣,开始阅读郭沫若、侯外庐等人的书籍,我选择的毕业论文主题是,怎样通过亚细亚生产方式论去解释中国古代史。然而这个毕业论文以失败告终,我留级了。此事对我而言成为一种心理创伤,第二年虽然选择了别的主题侥幸毕业了,但这个后遗症却很严重。为了重写毕业论文,我升入了早稻田大学研究生院文学研究科，这是大学毕业三年后 1977 年的事。这对我来说也许是找回自我的人生仪式。在那之前的 1975 年末至1976 年初，中国湖北省发现了睡虎地秦简，那个消息传到日本后，我决定在睡虎地秦简上赌上一把。毕业论文失败的原因，是在既定的理论中将史料塞进去作出解释。那时候的我已经对这种研究方式抱有怀疑，因此我立志做秦简的实证研究。但我究竟能做多少史料的实证研究呢？幸好当时指导教授古贺登先生刚刚组织了秦简研究会，于是我马上要求成为其中的一员，就这样开始了整天解读秦简的日子。这段时间的回忆我已写在拙著《中国古代文明の謎（中国古代文明之谜）》（光文社文库，1989 年）中。

　　秦简的解读远比我想像的要艰难，但同时越来越被出土文字资料研究的魅力吸引。不久以后，与秦简解读并行，我又开始研究马王堆汉墓帛书《战国纵横家书》。恰好此时，以奈良国立文化财研究所为中心发起了木简学会，得到当时关西大学教授大庭脩先生（现任关西大学名誉教授）❶的推荐，我得以入会，在会场中认识了爱媛大学专任讲师藤田胜久先生（现为该大学教授）。那时，我已经发表过《战国纵横家书》方面初步的研究成果（《馬王堆出土〈戰國縱横家書〉と〈史記〉〔马王堆出土〈战国纵横家书〉与〈史记〉〕，收入早稻田大学文学部东洋史研究室编《中国正史の基礎的研究〔中国正史的基础研究〕》，早稻田大学出版部，1984 年）。藤田先生也在大阪发起研究会，开始了译注的工作。但因为藤田先生赴爱媛大学任教，使得研究会处于休会状态。于是，在木简学会上，藤田先生邀请我共同参与译注工作，再加上大阪研究会原来

---

　　❶　译者按：在翻译这篇后记时，其中涉及的人物，有些已改变了工作地点、职称、身份，有的人已经过世。但此后记完成于 1997 年，为了忠实于原貌，译者不一一指出变化的情况。

的成员大阪府立桃谷高等学校教谕早苗良雄先生(现为大阪府立
和泉高等学校副校长),就这样三个人再次开始了译注工作。我们
以大阪为据点,每年多次集中一段时间住在一起反复推敲注译稿,
讨论会一直持续到深夜。这项工作进行了八年,最后出版了佐藤
武敏监修,工藤元男、早苗良雄、藤田胜久译注的《馬王堆帛書戦国
縱横家書》(朋友书店,1993 年)。通过这项译注工作得到的种种
成果,不论是有形的还是无形的,都难以计数。俗话说,"在一个锅
里吃饭",我由于得到了这些研究同仁,做大学毕业论文时落下的
心理创伤也逐渐治愈了。在此,我对那时指导过我们的大阪市立
大学名誉教授佐藤武敏先生表示衷心的感谢。

　　在秦简研究方面,我发表了和秦官制、地方行政制度、身份制
等问题相关的论文。博士后期课程结束后,我成为早稻田大学文
学部兼任讲师,正好那时东京大学教授池田温先生(现为创价大学
教授)邀请我参加每周一在东洋文化研究所举办的律令制研究会。
我以为此会专门研读秦律,没想到池田先生却让我负责《日书》的
研读,我很是吃惊,同时担心这样一直和阴阳五行说等问题打交
道,会不会被日新月异的秦律研究界甩在后面。但最终还是由我
和时为东大研究生的大栉敦弘先生(现为高知大学副教授)轮流担
当解读的任务。东洋文化研究所的律令制研究会称得上是日本东
亚法制史研究的殿堂,我居然在这种地方做"占书"的研读,现在回
想起来也还是会出冷汗。可能因为我的报告太浅薄,常常让池田先
生打盹,博闻强记的大栉先生让我佩服,而东大研究生大津透先生
(现为东京大学副教授)等人负责的日唐律令研究常使自己感到我
无颜参加这个研究会,而且《日书》也实在是难读之极。虽然如此,
但这样过了一年左右,终于开始能够理解《日书》的世界了。我写成
的第一篇有关《日书》的论文是成为本书第四章基础的《睡虎地秦墓
竹简〈日书〉研究》。我后来一直做《日书》的研究,直到写出成为本书

第十章基础的《云梦睡虎地秦墓竹简所见县、道啬夫与大啬夫》，终于回到秦律的世界为止。这篇关于啬夫的论文提交给了池田温先生的退休纪念论文集，后来担任此书编辑的大津透先生对我说："我当时很担心，你要是提交日书的论文，该怎么办啊？"虽然如此，我在这个研究会做的秦简解读，对我以后的秦研究产生了决定性的影响。在此，对给予我学习机会的池田温先生再一次表示衷心感谢。

就这样，写了几篇关于《日书》的论文，正在考虑摸索今后如何将这项研究开展下去的方法论时，埼玉大学教授籾山明先生告诉了我本书第八章讨论到的《续汉书·郡国志》刘昭注所引《华阳国志》佚文的存在。对这段佚文的分析不久以后扩展为对禹和 asyl（宗教避难）问题的研究，为调查古代四川为何会有禹的传承，我也曾数次前往岷江上游。当我投身禹的问题时，东京大学教授池田知久先生邀请我在东大中国学会（现改名为中国社会文化学会）举办的"东亚社会中日常生活的结构"学术研讨会上做一个报告。1991 年发表的这个报告，就是成为本书第八章基础的《禹形象的变迁与五祀》。通过这个报告的经历，如何通过日常生活结构的视角去分析《日书》这一新出土的文字资料，我心里有了底。1995 年 3 月 20 日，在池田知久先生的呼吁下，发起"中国出土资料研究会"筹备会时，我成为此会的创立人之一。我从这个研究会得到的是不同于律令制研究会的重要体验。此会每年开三次例会，每次例会请包括外国学者在内的三个人做报告。不问你做的研究是文字资料还是非文字资料，在非常广泛的领域（如历史、考古、思想、医学、美术……），只要和出土资料相关，都可发表一小时的研究成果，这种形式在日本恐怕只有这个学会能够做到。在此，对给与我机会参加这个研究会的池田知久先生表示深厚的谢意。

在"东亚社会中日常生活的结构"学术研讨会结束后，创文社编辑部的小山光夫先生鼓励我将至今为止的秦简研究汇成一个论文集。这迫使我对秦简整体要有一个综合观照的视野,我最终溯及了"中国古代的法和习俗"的层面。这是一个以前就开始思考,但还很模糊的视角,现在从此视角出发开始重新修改我的旧稿。然而,由于诸事牵扰,到此书完成为止,花了六年时间。这段时间里,小山先生一直很耐心地等着我。如果没有小山先生的忍耐和激励,本书的出版是不可能实现的。此外,作者和编辑一起谈论学问和理想、共同完成一部学术著作,这对我也是非常难得的体验。在此,对小山先生表示由衷的谢意。

　　本书完成前还有一件事需要一提。《战国纵横家书》的译注快要完成时,茨城大学副教授鹤间和幸先生(现为学习院大学教授)也常来大阪参加我们的研读会,我们有机会讨论各自论文集的出版。我们一致地认为,在论文结集之前,我们应该做出建设性的讨论。就是说,邀集过去和自己意见不同的人,相互就意见对立的问题作反复讨论,即使意见不同,今后也能持续讨论下去。幸运的是,我后来得到了反复交流意见的机会。在本书中,我常常提到藤田胜久先生、鹤间和幸先生、东京大学副教授平势隆郎先生、静冈大学教授重近启树先生、伊势崎东高等学校教谕小泽贤二先生等人的看法,也提出了我对这些看法的批评和反对意见,或者说明我与他们见解的不同点。书中或多或少反映出我们之间意见的交换。

　　经过上述历程出版的这部论文集,首先要献给我的恩师、引导我走上秦简研究之路的古贺登师。古贺师已于今年(1997年)3月从早稻田大学文学部退休。他在职期间,我没来得及奉上拙著。在此,献上拙著的同时,也恭祝他身体健康。对于四年前作为古贺先生的后任欢迎我来到早稻田大学文学部的东洋史学专业福井重雅、吉田顺一、近藤一成各位先生,对后来作为同僚进入早稻田大学文学部的李成市、柳泽明两位先生也要表示感谢。尤其李成市先生是自研究生时代以来经常相互讨论的畏友。我们的讨论多为和思想相关的社会科学的内容，这也为构思本书提供了重要的思想资源。此外，我还从许多先生那里蒙受学恩，他们的名字，就不在此一一列举了。

本书整理过程中，岩本笃志、本间宽之（以上均为早稻田大学研究生院文学研究科博士后期课程），菅野笃司、水间大辅（以上均为早稻田大学研究生院文学研究科硕士课程），森和（1998 年度升入硕士课程）等各位学生，帮助我做了校对和索引。本书目录的英译得到了东京大学副教授池泽优先生极大的协助。这里要向他们表示谢意。

最后，对自己的家人也要说一声感谢。至今为止，我从来没有组织过家庭旅游，连在外住宿一夜的小旅行也没有。能够整天埋头于工作与研究，完完全全靠的是家人的牺牲和忍耐。借助这个机会，我要向母亲京、妻子惠子、女儿史记子、儿子周，特别是向妻子长年来付出的辛苦，表示自己最真挚的感激之情。

还需附记的是，本书的研究，得到了文部省平成三年（1991）、四年（1992）度一般研究费（C）"雲夢秦簡《日書》の研究（云梦秦简《日书》研究）"、平成五年（1993）度一般研究费（C）"雲夢秦簡より見た家族の研究（云梦秦简所见家族研究）"的资助。本书的出版，得到了平成九年（1997）度科学研究费补助金"研究成果公开促进费"的赞助。

1997 年 10 月

工藤元男

睡虎地秦简简号
对照表、引用索引

　　1. 本书所采用简号,是 1981 年出版的《云梦睡虎地秦墓》编写组《云梦睡虎地秦墓》(中型精装本,文物出版社),在此称其为"1981 年版"。1981 年版采用在每支简照片旁边加以释文的形式,因此这里只记录其简号,不记录释文页码。

　　2. 睡虎地秦简的最新文本,是 1990 年出版的睡虎地秦墓竹简整理小组《睡虎地秦墓竹简》(大型精装本,文物出版社),在此称其为"1990 年版"。这个文本按篇区分图版(照片)和释文注释,简号也是以篇为单位。释文延伸到下页时,页码间用"—"表示。但是《秦律杂抄》常常在一枚简上写两个不同的律文,因此其释文跨越两页时,页码间用"."表示。有些篇其竹简分为上下数栏,采取从右向左读的形式,这样释文的位置有时会跳跃好几页,因此以 001 号简"1/3/3:6"为例来说明 1990 年版"简号/图版页/释文页"的标记方式,"1"表示简号,"3"表示图版页,"3:6"表示释文既在第 3 页,又在第 6 页。

　　3. 简号如表示正面则直接使用,如表示反面则加"b",表示侧面则加"c"。

　　4. 1990 年版的释文有脱文处用"＊"表示。

5. 1981 年版简号后面用粗黑体标注的号码（如 010 后的"004,362"）是本书引用此条简文的页码。

1981 年版		1990 年版
编年记		
001		1/3/3：6
002		2/3/3：6
003		3/3/4：6
004		4/3/4：6
005		5/3/4：6
006		6/3/4：6
007		7/3/4：6
008	**004**	8/3/4：6
009		9/3/4：6
010	**004,362**	10/3/4：6
011	**004,362**	11/3/4：6
012		12/3/4：6
013	**004,362**	13/4/4：6
014	**004,362**	14/4/4：6
015		15/4/4：6
016		16/4/4：7
017		17/4/4：7
018		18/4/4：7
019	**004,362**	19/4/4：7
020	**004**	20/4/4：7
021		21/4/4：7
022	**004**	22/4/4：7
023		23/4/4：7
024		24/4/4：7
025		25/5/5：7
026	**358**	26/5/5：7

（续表）

1981 年版		1990 年版
027		27/5/5：7
028		28/5/5：7
029	**362**	29/5/5：7
030		30/5/5：7
031		31/5/5：7
032		32/5/5：7
033		33/5/5：7
034		34/5/5：7
035	**362**	35/5/5：7
036		36/5/5：7
037		37/6/5：7
038		38/6/5
039		39/6/5
040		40/6/5
041		41/6/5
042		42/6/5
043		43/6/5
044		44/6/5
045	**004，362**	45/6/5
046		46/6/5
047		47/6/6
048		48/6/6
049		49/7/6
050		50/7/6
051		51/7/6
052		52/7/6
053		53/7/6
语书		
054	**006，059，078，325，357—358**	1/11/13

（续表）

1981 年版	1990 年版
055　**358**	2/11/13
056　**006,038,358**	3/11/13
057　**006,038,358**	4/11/13
058　**038,358**	5/11/13
059　**358**	6/11/13
060　**358**	7/11/13
061　**006,337,358**	8/11/13
062	9/11/15
063	10/11/15
064	11/11/15
065	12/11/15
066	13/12/15
067	14/12/15
067b　**005**	15/12/15（背?）
	16/12/无
秦律十八种	
068	田律(1)　1/15/19
069	田律(1)　2/15/19
070	田律(1)　3/15/19
071　**344**	田律(2)　4/15/20
072　**344**	田律(2)　5/15/20
073	田律(2)　6/15/20
074	田律(2)　7/15/20
075　**019**	田律(3)　8/15/21
076　**019**	田律(3)　9/15/21
077	田律(4)　10/15/21
078	田律(5)　11/15/22
079	田律(6)　12/15/22

（续表）

1981 年版		1990 年版	
080	**346**	厩苑律（1）	13/16/22
081	**346**	厩苑律（1）	14/16/22
082		厩苑律（2）	15/16/23
083		厩苑律（3）	16/16/24
084		厩苑律（3）	17/16/24
085		厩苑律（3）	18/16/24
086	**023,052,061—062**	厩苑律（3）	19/16/24
087	**023,052,054,062**	厩苑律（3）	20/16/24
088	**019,057,328**	仓律（1）	21/16/25
089	**019—020,057,328**	仓律（1）	22/16/25
090	**020,328**	仓律（1）	23/16/25
091	**020,328**	仓律（1）	24/16/25
092	**020,328**	仓律（1）	25/17/25
093	**020,328**	仓律（1）	26/17/25
094	**020,328**	仓律（1）	27/17/25
095	**019**	仓律（2）	28/17/27
096	**055—056**	仓律（3）	29/17/27
097	**056**	仓律（3）	30/17/27
098		仓律（4）	31/17/27
099		仓律（4）	32/17/27
100		仓律（5）	33/17/28
101		仓律（6）	34/17/28
102	**343**	仓律（7）	35/17/28
103	**343**	仓律（7）	36/17/28
104	**025,054**	仓律（8）	37/18/28
105		仓律（9）	38/18/29
106		仓律（9）	39/18/29
107		仓律（10）	40/18/29
108		仓律（11）	41/18/29

（续表）

1981 年版		1990 年版	
109		仓律(11)	42/18/29
110		仓律(12)	43/18/30
111	**060**	仓律(13)	44/18/30
112		仓律(14)	45/18/31
113		仓律(15)	46/18/31
114		仓律(16)	47/18/31
115		仓律(17)	48/18/32
116		仓律(18)	49/19/32
117		仓律(18)	50/19/32
118		仓律(18)	51/19/32
119		仓律(18)	52/19/32
120		仓律(19)	53/19/33
121		仓律(20)	54/19/33
122		仓律(21)	55/19/33
123		仓律(21)	56/19/33
124		仓律(22)	57/19/34
125		仓律(22)	58/19/34
126		仓律(23)	59/19/34
127		仓律(24)	60/19/34
128		仓律(25)	61/20/35
129		仓律(25)	62/20/35
130		仓律(26)	63/20/35
131	**331**	金布律(1)	64/20/35
132	**331**	金布律(1)	65/20/35
133		金布律(2)	66/20/36
134		金布律(3)	67/20/36
135		金布律(4)	68/20/36
136		金布律(5)	69/20/37
137		金布律(6)	70/20/37

（续表）

1981 年版	1990 年版
138	金布律（6）　71/20/37
139　**056**	金布律（7）　72/20/37
140　**056—057**	金布律（7）　73/21/37
141　**057**	金布律（7）　74/21/37
142　**057**	金布律（7）　75/21/37—38
143	金布律（8）　76/21/38
144	金布律（9）　77/21/38
145	金布律（9）　78/21/38
146	金布律（9）　79/21/38
147　**052**	金布律（10）　80/21/39
148　**052**	金布律（10）　81/21/39
149	金布律（11）　82/21/39—40
150	金布律（11）　83/21/40
151	金布律（11）　84/21/40
152	金布律（11）　85/22/40
153　**021,028,052,053**	金布律（12）　86/22/40
154　**021,028,053**	金布律（12）　87/22/40
155　**021,028,053—054**	金布律（12）　88/22/40
156	金布律（13）　89/22/41
157　**030**	金布律（14）　90/22/41
158　**030**	金布律（14）　91/22/41
159　**030,062**	金布律（14）　92/22/41
160　**030,054,062**	金布律（14）　93/22/41
161	金布律（15）　94/22/42
162	金布律（15）　95/22/42
163	金布律（15）　96/22/42
164	关市（1）　97/23/42
165	工律（1）　98/23/43
166	工律（2）　99/23/43

（续表）

1981 年版		1990 年版	
167		工律(3)	100/23/43
168	**041,167**	工律(4)	101/23/44
169	**022**	工律(5)	102/23/44
170	**022**	工律(5)	103/23/44
171	**022**	工律(6)	104/23/45
172	**022**	工律(6)	105/23/45
173		工律(6)	106/23/45
174		工律(6)	107/23/45
175		工人程(1)	108/23/45
176		工人程(2)	109/24/45
177		工人程(3)	110/24/46
178	**022**	均工(1)	111/24/46
179	**022**	均工(1)	112/24/46
180		均工(2)	113/24/46
181		均工(3)	114/24/47
182		徭律(1)	115/24/47
183		徭律(1)	116/24/47
184		徭律(1)	117/24/47
185		徭律(1)	118/24/47
186		徭律(1)	119/24/47
187	**328**	徭律(1)	120/24/47
188	**328**	徭律(1)	121/25/47
189		徭律(1)	122/25/47
190		徭律(1)	123/25/47
191		徭律(1)	124/25/47
192	**052**	司空(1)	125/25/49
193		司空(2)	126/25/49
194		司空(2)	127/25/49
195		司空(3)	128/25/50

（续表）

1981 年版		1990 年版	
196		司空（3）	129/25/50
197		司空（4）	130/25/50
198	**052**	司空（5）	131/25/50
199		司空（5）	132/25/50
200		司空（6）	133/26/51
201		司空（6）	134/26/51
202	**332**	司空（6）	135/26/51
203	**332**	司空（6）	136/26/51
204		司空（6）	137/26/51
205		司空（6）	138/26/51
206		司空（6）	139/26/51
207		司空（6）	140/26/51
208		司空（7）	141/26/52
209		司空（7）	142/26/52
210		司空（8）	143/26/53
211		司空（9）	144/26/53
212		司空（10）	145/27/53
213		司空（10）	146/27/53
214		司空（11）	147/27/53
215		司空（11）	148/27/53
216		司空（11）	149/27/53—54
217		司空（12）	150/27/54
218		司空（13）	151/27/54
219		司空（13）	152/27/54
220		军爵律（1）	153/27/55
221		军爵律（1）	154/27/55
222		军爵律（2）	155/27/55
223		军爵律（2）	156/27/55
224	**024,053**	置吏律（1）	157/28/56

（续表）

1981 年版	1990 年版
225　**024,053**	置吏律（1）　158/28/56
226	置吏律（2）　159/28/56
227	置吏律（2）　160/28/56
228	置吏律（3）　161/28/56
229	效（1）　162/28/57
230	效（1）　163/28/57
231	效（2）　164/28/57
232	效（2）　165/28/57
233	效（2）　166/28/57
234	效（3）　167/28/58
235　**020**	效（4）　168/28/58
236　**020**	效（4）　169/29/58
237　**020**	效（4）　170/29/58
238　**328**	效（5）　171/29/58
239　**328**	效（5）　172/29/58
240　**328**	效（5）　173/29/58
241　**330**	效（6）　174/29/59
242　**330**	效（6）　175/29/59
243　**330**	效（6）　176/29/59
244	效（7）　177/29/59
245　**022**	效（8）　178/29/59
246	传食律（1）　179/29/60
247	传食律（1）　180/29/60
248	传食律（2）　181/30/60
249	传食律（3）　182/30/60
250	行书（1）　183/30/61
251	行书（2）　184/30/61
252	行书（2）　185/30/61
253　**060**	内史杂（1）　186/30/61

388 睡虎地秦简所见秦代国家与社会

（续表）

1981 年版	1990 年版
254 **029**	内史杂（2） 187/30/62
255	内史杂（3） 188/30/62
256	内史杂（4） 189/30/62
257	内史杂（5） 190/30/62
258	内史杂（6） 191/30/63
259	内史杂（7） 192/30/63
260	内史杂（8） 193/31/63
261	内史杂（9） 194/31/63
262	内史杂（10） 195/31/64
263	内史杂（10） 196/31/64
264	内史杂（11） 197/31/64
265	内史杂（11） 198/31/64
266	尉杂（1） 199/31/64
267	尉杂（2） 200/31/65
268 **074**	属邦（1） 201/31/65
效律	
269b **007**	1b/35/69
269 **057**	（1） 1/35/69
270	（2） 2/35/69
271	（3） 3/35/69
272	（3） 4/35/69—70
273	（4） 5/35/70
274	（4） 6/35/70
275	（4） 7/35/70
276	（5） 8/35/71
277	（5） 9/35/71
278	（5） 10/35/71
279	（6） 11/35/71

（续表）

1981 年版	1990 年版
280	(7)　12/36/71
281	(7)　13/36/71
282	(7)　14/36/71
283	(7)　15/36/71
284	(7)　16/36/71
285　**331**	(8)　17/36/72
286　**331**	(8)　18/36/72
287	(9)　19/36/72
288	(9)　20/36/72
289	(9)　21/36/72
290	(10)　22/36/72
291	(10)　23/36/72
292	(10)　24/37/72
293	(11)　25/37/72
294	(11)　26/37/72
295	(12)　27/37/73
296	(12)　28/37/73
297	(12)　29/37/73
298	(12)　30/37/73
299	(12)　31/37/73
300	(13)　32/37/73
301	(13)　33/37/73
302	(13)　34/37/73
303	(13)　35/37/73
304	(13)　36/38/73
305	(14)　37/38/73
306	(15)　38/38/73
307	(16)　39/38/73
308	(17)　40/38/73

（续表）

1981 年版	1990 年版
309	(18)　41/38/73
310	(19)　42/38/73
311	(20)　43/38/74
312	(21)　44/38/74
313	(22)　45/38/74
314	(23)　46/38/74
315	(23)　47/38/74
316	(23)　48/39/74
317	(24)　49/39/75
318	(25)　50/39/75
319　**057**	(26)　51/39/75
320　**057**	(26)　52/39/75
321　**057**	(26)　53/39/75
322	(27)　54/39/75
323	(28)　55/39/76
324	(29)　56/39/76
325	(29)　57/39/76
326	(30)　58/39/76
327	(30)　59/39/76
328	(30)　60/40/76
秦律杂抄	
329	(1)　1/43/79
330	(1)　2/43/79
331	(1)　3/43/79
332	(1)(2)(3)　4/43/79—80
333	(3)　5/43/80
334	(4)　6/43/80
335	(4)(5)　7/43/80—81

（续表）

1981 年版	1990 年版
336	（5）　8/43/81
337	（5）（6）　9/43/81
338	（6）（7）　10/43/81. 82
339	（7）（8）　11/43/82
340	（8）　12/43/82
341	（8）　13/44/82
342	（8）　14/44/82
343	（8）（9）　15/44/82. 83
344	（9）（10）　16/44/83
345	（11）　17/44/83
346　**328**	（11）（12）　18/44/83. 84
347　**328**	（12）　19/44/84
348	（12）（13）　20/44/84
349	（13）（14）　21/44/84
350	（14）　22/44/84—85
351	（14）　23/44/85
352	（15）　24/44/85
353	（15）（16）　25/45/85
354	（16）　26/45/85
355	（16）（17）　27/45/85. 86
356	（17）　28/45/86
357	（17）（18）　29/45/86
358	（18）　30/45/86
359	（19）　31/45/87
360	（20）　32/45/87
361	（20）　33/45/87
362	（21）　34/45/88
363	（22）　35/45/88
364	（22）　36/45/88

（续表）

1981 年版	1990 年版
365	(23)　37/46/88
366	(24)(25)　38/46/89
367　**328—329**	(25)(26)　39/46/89
368	(27)　40/46/90
369	(27)　41/46/90
370	(27)　42/46/90
法律答问	
371	(1)　1/49/93
372	(1)　2/49/93
373	(2)　3/49/94
374	(3)　4/49/94
375	(4)　5/49/94
376	(5)　6/49/95
377	(6)　7/49/95
378	(7)　8/49/95
379	(8)　9/49/96
380	(9)　10/49/96
381	(10)　11/49/96
382	(11)　12/49/96
383	(12)　13/50/97
384	(13)　14/50/97
385	(14)　15/50/97
386	(14)　16/50/97
387	(15)　17/50/97
388	(16)　18/50/98
389	(17)　19/50/98
390	(18)　20/50/98
391	(18)　21/50/98

（续表）

1981 年版	1990 年版	
392	(19)	22/50/98
393	(20)	23/50/99
394	(20)	24/50/99
395	(21)	25/51/99
396	(21)	26/51/99
397	(22)	27/51/99
398	(23)	28/51/100
399	(24)	29/51/100
400	(25)	30/51/100
401	(25)	31/51/100
402	(26)	32/51/101
403	(27)	33/51/101
404	(27)	34/51/101
405	(28)	35/51/102
406	(28)	36/51/102
407	(29)	37/52/102
408	(30)	38/52/102
409	(30)	39/52/102
410	(31)	40/52/102
411	(32)	41/52/103
412	(33)	42/52/103
413	(34)	43/52/103
414	(35)	44/52/103
415	(36)	45/52/104
416	(37)	46/52/104
417	(38)	47/52/104
418	(39)	48/52/104
419	(40)	49/53/105
420	(41)	50/53/105

（续表）

1981 年版	1990 年版
421	（42） 51/53/105
422	（43） 52/53/105
423	（44） 53/53/106
424	（44） 54/53/106
425 **330**	（45） 55/53/106
426	（46） 56/53/106
427	（47） 57/53/107
428	（47） 58/53/107
429	（48） 59/53/107
430	（49） 60/53/107
431	（50） 61/54/107
432	（51） 62/54/108
433	（52） 63/54/108
434	（53） 64/54/108
435	（54） 65/54/108
436	（55） 66/54/109
437	（56） 67/54/109
438	（57） 68/54/109
439	（58） 69/54/109
440	（58） 70/54/109
441	（59） 71/54/110
442 **089**	（60） 72/54/110
443	（61） 73/55/110
444	（62） 74/55/110
445	（63） 75/55/111
446	（64） 76/55/111
447	（65） 77/55/111
448	（66） 78/55/111
449	（67） 79/55/112

（续表）

1981 年版		1990 年版	
450		(68)	80/55/112
451		(69)	81/55/112
452		(70)	82/55/112
453		(71)	83/55/113
454		(72)	84/55/113
455		(73)	85/56/113
456		(74)	86/56/113
457		(75)	87/56/113
458		(76)	88/56/114
459		(77)	89/56/114
460		(78)	90/56/114
461		(79)	91/56/114
462		(80)	92/56/115
463		(81)	93/56/115
464		(82)	94/56/115
465	**059**	(83)	95/56/115—116
466		(84)	96/56/116
467		(84)	97/57/116
468		(85)	98/57/116
469		(86)	99/57/116
470		(87)	100/57/117
471		(88)	101/57/117
472		(89)	102/57/117
473	**355**	(90)	103/57/117
474	**355—356**	(91)	104/57/118
475	**356**	(91)	105/57/118
476	**356**	(92)	106/57/118
477		(93)	107/57/118
478		(94)(95)	108/57/119

1981 年版		1990 年版	
479		（94）（95）	109/58/119
480		（94）	110/58/119
481		（96）	111/58/120
482		（96）	112/58/120
483	**088—089**	（97）	113/58/120
484	**089**	（97）	114/58/120
485		（98）	115/58/120
486		（99）	116/58/121
487		（100）	117/58/121
488		（101）	118/58/121
489		（102）	119/58/121
490		（103）	120/58/122
491		（104）	121/59/122
492		（105）	122/59/122
493		（106）	123/59/122
494		（107）	124/59/122
495		（108）	125/59/123
496		（108）	126/59/123
497		（109）	127/59/123
498		（109）	128/59/123
499		（110）	129/59/123
500		（111）	130/59/124
501		（112）	131/59/124
502		（113）	132/59/124
503		（114）	133/60/124
504		（115）	134/60/124
505		（116）	135/60/125
506		（117）	136/60/125
507		（118）	137/60/125

（续表）

1981 年版	1990 年版	
508	(119)	138/60/125
509	(120)	139/60/125
510	(121)	140/60/126
511	(122)	141/60/126
512	(123)	142/60/126
513	(124)	143/60/126
514	(125)	144/60/127
515	(126)	145/61/127
516	(127)	146/61/127
517	(128)	147/61/127
518	(129)	148/61/127—128
519	(130)	149/61/128
520	(131)	150/61/128
521	(132)	151/61/128
522	(133)	152/61/128
523	(134)	153/61/129
524	(135)	154/61/129
525	(136)	155/61/129
526	(137)	156/61/129
527	(138)	157/62/130
528	(139)	158/62/130
529	(140)	159/62/130
530 **168,251**	(141)	160/62/130
531	(142)	161/62/131
532	(143)	162/62/131
533	(144)	163/62/131
534	(145)	164/62/132
535	(146)	165/62/132
536	(147)	166/62/132

（续表）

1981 年版		1990 年版	
537		(148)	167/62/132
538		(149)	168/62/133
539		(150)	169/63/133
540		(151)	170/63/133
541		(152)	171/63/133
542		(153)	172/63/134
543		(154)	173/63/134
544		(155)	174/63/134
545		(156)	175/63/134
546	**089**	(157)	176/63/135
547	**089**	(158)	177/63/135
548	**089**	(158)	178/63/135
549		(159)	179/63/135
550	**089**	(160)	180/63/136
551		(161)	181/64/136
552		(162)	182/64/136
553		(163)	183/64/137
554		(164)	184/64/137
555		(165)	185/64/137
556		(166)	186/64/137
557		(167)	187/64/138
558		(168)	188/64/138
559		(169)	189/64/138
560		(170)	190/64/138
561	**175**	(171)	191/64/139
562		(172)	192/64/139
563		(173)	193/65/139
564		(174)	194/65/139
565		(175)	195/65/140

（续表）

1981 年版	1990 年版
566	（176）　196/65/140
567	（177）　197/65/140
568	（178）　198/65/141
569	（179）　199/65/141
570	（180）　200/65/141
571	（181）　201/65/141
572	（182）　202/65/142
573	（183）　203/65/142
574　**102**	（184）　204/65/142
575	（185）　205/66/143
576	（186）　206/66/143
577	（187）　207/66/143
578	（188）　208/66/143
579	（189）　209/66/144
580	（190）　210/66/144
封诊式	
581	治狱　1/69/147
582	讯狱　2/69/148
583	讯狱　3/69/148
584	讯狱　4/69/148
585	讯狱　5/69/148
586	有鞫　6/69/148
587	有鞫　7/69/148
588	封守　8/69/149
589	封守　9/69/149
590	封守　10/69/149
591	封守　11/69/149
592	封守　12/69/149

（续表）

1981 年版	1990 年版
593	覆　13/70/150
594	覆　14/70/150
595	盗自告　15/70/150
596	盗自告　16/70/150
597	□捕　17/70/150
598	□捕　18/70/150
599	□□　19/70/151
600	□□　20/70/151
601	盗马　21/70/151
602	盗马　22/70/151
603	争牛　23/70/152
604	争牛　24/70/152
605	群盗　25/71/152
606	群盗　26/71/152
607	群盗　27/71/152
608	群盗　28/71/152
609	群盗　29/71/152
610	群盗　30/71/152
611	夺首　31/71/153
612	夺首　32/71/153
613	夺首　33/71/153
614	□□　34/71/153
615	□□　35/71/153
616	□□　36/71/153
617　**169,355**	告臣　37/72/154
618　**169,355**	告臣　38/72/154
619　**169,355**	告臣　39/72/154
620　**169,355**	告臣　40/72/154
621　**169,355**	告臣　41/72/154

（续表）

1981 年版	1990 年版
622 **354**	黥妾　42/72/155
623 **354**	黥妾　43/72/155
624 **354**	黥妾　44/72/155
625 **354**	黥妾　45/72/155
626 **354**	迁子　46/72/155
627 **354**	迁子　47/72/155
628 **354**	迁子　48/72/155
629 **354**	迁子　49/73/155
630 **353**	告子　50/73/156
631 **353**	告子　51/73/156
632	痈　52/73/156
633	痈　53/73/156
634	痈　54/73/156
635	贼死　55/73/157
636	贼死　56/73/157
637	贼死　57/73/157
638	贼死　58/73/157
639	贼死　59/73/157
640	贼死　60/73/157
641	贼死　61/74/157
642	贼死　62/74/157
643	经死　63/74/158
644	经死　64/74/158
645	经死　65/74/158
646	经死　66/74/158
647	经死　67/74/158
648	经死　68/74/158
649	经死　69/74/158
650	经死　70/74/158

（续表）

1981 年版	1990 年版
651	经死　71/74/158—159
652	经死　72/74/159
653	穴盗　73/75/160
654	穴盗　74/75/160
655	穴盗　75/75/160
656	穴盗　76/75/160
657	穴盗　77/75/160
658	穴盗　78/75/160
659	穴盗　79/75/160
660	穴盗　80/75/160
661	穴盗　81/75/160
662	穴盗　82/75/160
663	穴盗　83/75/160
664	出子　84/75/161
665	出子　85/76/161
666	出子　86/76/161
667	出子　87/76/161
668	出子　88/76/161
669	出子　89/76/161—162
670	出子　90/76/162
671　**348**	毒言　91/76/162
672　**348**	毒言　92/76/162—163
673　**348**	毒言　93/76/163
674　**348**	毒言　94/76/163
675	奸　95/76/163
676	亡自出　96/76/163
677	亡自出　97/77/163
678	亡自出　98/77/163
678b	亡自出　98b/77/164

（续表）

1981 年版	1990 年版
645b	99/77/164 附注
为吏之道	
679　**008**	1/81/167：168：170：171：173
680　**008**	2/81/167：168：170：171：173
681　**008**	3/81/167：168：170：171：173
682　**008**	4/81/167：168：170：171：173
683　**008**	5/81/167：168：170：171：173
684　**008**	6/81/167：168：170：171：173
685　**008**	7/81/167：168：170：171—172：173
686	8/81/167：168：170：172：173
687	9/81/167：168：170：172：173
688	10/81/167：168：170：172：173
689	11/81/167：168：170：172：173
690	12/81/167：168：170：172：173
691	13/82/167：169：170：172：173
692	14/82/167：169：170：172：173
693	15/82/167：169：170：172：173
694	16/82/167：169：170：172：174
695　**169**	17/82/167：169：170：172：174
696　**169**	18/82/167：169：170：172：174
697	19/82/167：169：170：172：174
698	20/82/167：169：170：172：174
699	21/82/167：169：170：172：174
700	22/82/167：169：170：172：175
701	23/82/167：169：170：172：175
702	24/82/167：169：170：172：175
703	25/83/167：169：170：172：175
704	26/83/167：169：170：172：175

（续表）

1981 年版	1990 年版
705	27/83/167：169：170：172：175
706	28/83/167：169：170：172：175
707	29/83/167：169：170：172：176
708	30/83/167：169：170：172：176
709	31/83/167：169：170：172：176
710	32/83/167：169：170：172：176
711	33/83/167：169：170：172：176
712	34/83/167：169：170：172：176
713	35/83/167：169：170：172：176
714	36/83/167：169：170：172：176
715	37/84/167：169：170：172：176
716	38/84/167：169：170：172
717	39/84/167：169：170：172
718	40/84/167：169：170：172
719	41/84/167：169：170：172
720	42/84/167：169：170：172
721	43/84/167：169：170：172
722	44/84/167：169：170：173
723	45/84/167：169：170：173
724	46/84/167：169：170：173
725	47/84/167：169：171：173
726	48/84/167：169—170：171：173
727	49/85/167：170：171：173
728	50/85/167：170：171：173
729	51/85/167：170：171
日书甲种	
730　**119—120,311**	1/89/180：181
731　**119—120,311**	2/89/180：181

（续表）

1981 年版	1990 年版
732　119—120,167,311	3/89/180：181
733　119—120,280,311	4/89/180：181
734　119—120,280,311	5/89/180：181
735　119—120,172,311	6/89/180：181
736　119—120,311	7/89/180：181
737　119—120,311	8/89/180：181
738　119—120,169,311	9/89/180：181
739　119—120,311	10/89/180：181
740　119—120,311	11/89/180：181
741　119—120,169,311	12/89/180：181
742　119—120,311	13/90/180：181
743　119,120,143,162, 179,312	14/90/182：183
744　120,162,312	15/90/182：183
745　120,162,312	16/90/182：183
746　120,162,260,312	17/90/182：183：184
747　120,162,175,312	18/90/182：183：184
748　120,162,312	19/90/182：183：184
749　120,162,312	20/90/182：183：184
750　120,163,312	21/90/182：183：184
751　120,163,312	22/90/182：183：184
752　120,163,312	23/90/183：183：184
753　120,163,312	24/90/183：183：184
754　120,163,312	25/91/183：183：184
755　143,165,307	26/91/184：186
756　108,307	27/91/184：186
757　307	28/91/184：186
758　308	29/91/184：186
759　308	30/91/184：187

（续表）

1981 年版	1990 年版
760　**308**	31/91/184：187
761　**169,171,179**	32/91/184
762　**180**	33/91/184
763　**111,179**	34/91/184
764　**111—112**	35/91/184—185
765　**180**	36/91/185
766	37/92/185
767　**179**	38/92/185
768	39/92/185
769　**167**	40/92/185
770	41/92/185
771　**180**	42/92/185
772	43/92/185
773	44/92/185
774	45/92/185
775	46/92/185
776　**116,294**	47/92/187：189：190
777　**116,295**	48/92/187：189：190
778　**116,287,295**	49/93/187：189：190
779　**116,287,295**	50/93/187：189：190
780　**116,287,295**	51/93/187：189：190
781　**116,295**	52/93/187：189：190
782　**116,295**	53/93/187—188：189：190
783　**116,295**	54/93/188：189：190
784　**116,295**	55/93/188：189：190
785　**116,295**	56/93/188：189：190
786　**116,296**	57/93/188：189：190
787　**296**	58/93/188：189：190
788	59/93/189：189：190

（续表）

1981 年版		1990 年版
789		60/93/188：189：190
790		61/94/189
791		62/94/189
792		63/94/189
793	**165,316**	64/94/190：190：190：191
794	**165,316—317**	65/94/190：190：190：191
795	**165,316—317**	66/94/190：190：191：191
796	**165,316—317**	67/94/190：190：191：191
797	**111,128,181,306**	68/94/191：193
798	**128,173,280**	69/94/191：193
799	**128,143**	70/94/191：193
800	**128,143,260**	71/94/191：193
801	**128**	72/94/191：193
802	**128**	73/95/191：193
803	**128**	74/95/191：193
804	**128**	75/95/192：193
805	**128**	76/95/192：193
806	**128**	77/95/192：193
807	**108,128**	78/95/192：194
808	**128,195,282**	79/95/192：194
809	**128,181**	80/95/192：194
810	**128**	81/95/192：194
811	**111,144,128,181**	82/95/192：194
812	**128,144**	83/95/192：194
813	**128**	84/95/192：194
814	**129**	85/96/192：194
815	**129**	86/96/192：194
816	**129**	87/96/192：194
817	**129**	88/96/192：194

（续表）

1981 年版		1990 年版
818	**129**	89/96/192：194
819	**129**	90/96/192：194
820	**129**	91/96/192：194
821	**129**	92/96/192：194
822	**129**	93/96/192：194
823	**129，262**	94/96/192：194
824	**129**	95/96/192：195
825	**131**	96/96/195：195：195
826	**131**	97/97/195：195：195
827	**131**	98/97/195：195：195
828	**132**	99/97/195：195
829	**132**	100/97/195
830	**116，132，170**	101/97/195：197
831		102/97/196：197
832		103/97/196：197
833		104/97/196：197
834		105/97/196：197
835		106/97/196
836		107/97/196：197
837		108/97/196：197
838		109/98/196：197
839		110/98/196：197
840		111/98/197：197
841		112/98/197：197
842		113/98/197：197
843	**195**	114/98/198：199：199
844	**134，195**	115/98/198：199：199
845	**195，196**	116/98/198：199：199
846	**195**	117/98/198：199：199

（续表）

1981 年版	1990 年版
847　**195**	118/98/198：199：199
848　**172,195,196**	119/98/198：199：199
849　**195**	120/98/198：199：199
850　**195**	121/99/198：199：199
851　**173,195**	122/99/198：199：199
852　**195**	123/99/198：199：199
853　**195**	124/99/198：199：200
854　**195**	125/99/198：199：200
855　**195,196**	126/99/198：199：200
856　**200**	127/99/200
857　**132,200,260**	128/99/200
858　**200,260**	129/99/200
859　**200,260,266**	130/99/200
860　**224**	131/99/201
861　**224**	132/99/201
862　**224**	133/100/201
863　**198,227**	134/100/201
864　**157,208**	135/100/201
865	136/100/202：202：202：202：202：202：202：202
866	137/100/202：202：202：202：202：202：202：202
867	138/100/202：202：202：202：202：202：202：202
868	139/100/202：202：202：202：202：202：202：202
869　**181**	140/100/202：203：203：204：204：205
870	141/100/202：203：203：204：204：205

（续表）

1981 年版	1990 年版
871	142/100/203：203：203：204：204：205
872	143/100/203：203：203：204：204：205
873　**169**	144/100/203：203：203：204：204：205
874	145/101/203：203：203：204：204：205
875	146/101/203：203：204：204：204：205
876	147/101/203：203：204：204：204：205
877	148/101/203：203：204：204：204：205
878　**181**	149/101/203：203：204：204：204：205
879	150/101/206：206：206
880	151/101/206：206：206
881	152/101/206：206：206
882	153/101/206：206：206
883	154/101/206：206：206
884　**261**	155/101/206
885	156/101/207
886　**178,182,351**	157/102/207：207：207：207：207：208
887　**178,182,351**	158/102/207：207：207：207：207：208
888　**178,182,351**	159/102/207：207：207：207：207：208
889　**178,182,351**	160/102/207：207：207：207：207：208

（续表）

1981 年版	1990 年版
890　**178,182,351**	161/102/207：207：207：207：207：208
891　**178,182,351**	162/102/207：207：207：207：207：208
892　**178,182,351**	163/102/207：207：207：207：207：208
893　**178,182,351**	164/102/208：208：208：208：208：208
894　**178,182,352**	165/102/208：208：208：208：208：208
895　**171,182,352**	166/102/208：208：208：208：208：208
895b	1b/103/208
894b　**262**	2b/103/208：209
893b　**261**	3b/103/208：209
892b	4b/103/208：209
891b	5b/103/208：209
890b	6b/103/208：209
889b	7b/103/208：209
888b	8b/103/209：209
887b	9b/103/209：209
886b　**262**	10b/103/209
885b	11b/103/209
884b	12b/103/209
883b　**248**	13b/104/210
882b　**248**	14b/104/210：210：210：210：211：211
881b	15b/104/210：210：210：210：211：211

（续表）

1981 年版	1990 年版
880b	16b/104/210：210：210：210：211：211
879b	17b/104/210：210：210：210：211：211
878b	18b/104/210：210：210：211：211：211
877b	19b/104/210：210：210：211：211：211
876b **169,202**	20b/104/210：210：210：211：211：211
875b	21b/104/210：210：210：211：211
874b	22b/104/210：210：210：211：211
873b	23b/104/210：210：210：211：211
872b **286**	24b/104/212：213：214
871b **286—287**	25b/105/212：213：214
870b **287**	26b/105/212：213：214
869b	27b/105/212：213：215
868b	28b/105/212：213：215
867b	29b/105/212：213：215
866b	30b/105/212：213：215
865b	31b/105/212：213：215
864b	32b/105/212：213：215
863b	33b/105/212：213：215
862b	34b/105/212：213：215
861b	35b/105/212：213：215
860b	36b/105/212：213：215

（续表）

1981 年版		1990 年版
859b		37b/106/212：213：215
858b		38b/106/212：213：215
857b		39b/106/212：213：215
856b		40b/106/212：213：215
855b		41b/106/212：213：215
854b		42b/106/212：213：215
853b		43b/106/212：213：215
852b		44b/106/212：213：215
851b		45b/106/212：213：215
850b		46b/106/212：214：215
849b		47b/106/212：214：215
848b		48b/106/212：214：215
847b		49b/107/212：214：215
846b		50b/107/212：214：216
845b		51b/107/212：214：216
844b		52b/107/212：214：216
843b		53b/107/212：214：216
842b		54b/107/212：214：216
841b		55b/107/212：214：216
840b		56b/107/212：214：216
839b		57b/107/212：214：216
838b		58b/107/213：214：216
837b		59b/107/213：214：216
836b	**221**	60b/107/213：214：219：219
835b	**221**	61b/108/213：214：219：219
834b	**221**	62b/108/213：214：219：219
833b	**221**	63b/108/213：214：219
832b	**221**	64b/108/213：214：219
831b	**221**	65b/108/213：214：219

（续表）

1981 年版		1990 年版
830b	**221**	66b/108/213：214：219
829b	**221**	67b/108/213：214：219
828b	**221**	68b/108/213：214：219
827b		69b/108/219
826b		70b/108/219
825b		71b/108/219
824b		72b/108/219
823b		73b/109/219
822b		74b/109/219
821b		75b/109/219—220
820b		76b/109/220
819b		77b/109/220
818b		78b/109/220
817b		79b/109/220
816b		80b/109/220
815b		81b/109/220
814b	**163**	82b/109/220
813b	**113,124**	83b/109/221：223：223：223
812b	**113,124**	84b/109/221：223：223：223
811b	**113,124**	85b/110/221：223：223：223
810b	**113,124**	86b/110/221：223：223：223
809b	**113,124**	87b/110/221：223：223：223
808b	**113,124**	88b/110/221：223：223：223
807b	**113,124**	89b/110/221：223：223：223
806b	**113,124**	90b/110/221：223：223：223
805b	**113,124**	91b/110/221：＊：223：223
804b	**113,124**	92b/110/221：223：223
803b	**124**	93b/110/221：223
802b	**124**	94b/110/221：223

（续表）

1981 年版		1990 年版
801b	**198**	95b/110/221：223
800b		96b/110/221：223
799b	**199,207**	97b/111/222：223
798b	**199,207**	98b/111/222：223
797b	**207**	99b/111/222：223
796b	**207**	100b/111/222
795b	**207**	101b/111/222
794b		102b/111/222
793b		103b/111/222
792b		104b/111/222
791b		105b/111/222
790b		106b/111/222
789b		107b/111/223
788b		108b/111/223
787b	**198**	109b/112/223
786b	**198**	110b/112/223
785b	**168,204,246,267**	111b/112/223
784b	**204,246,267**	112b/112/223
783b		113b/112/224
782b		114b/112/224
781b		115b/112/224
780b		116b/112/224
779b		117b/112/224
778b		118b/112/224
777b		119b/112/224
776b		120b/112/224
775b		121b/113/224
774b		122b/113/224
773b		123b/113/无

（续表）

1981 年版		1990 年版
772b		124b/113/225
771b		125b/113/225
770b		126b/113/225
769b	**198**	127b/113/225
768b		128b/113/225
767b		129b/113/225
766b		130b/113/225
765b		131b/113/225
764b		132b/113/225
763b		133b/114/225
762b		134b/114/225
761b		135b/114/225
760b		136b/114/225
759b		137b/114/225
758b		138b/114/225
757b		139b/114/225—226
756b		140b/114/226
755b		141b/114/226
754b		142b/114/226
753b		143b/114/226
752b		144b/114/226
751b	**175**	145b/115/226
750b	**175**	146b/115/226
749b		147b/115/226
748b		148b/115/226
747b		149b/115/226
746b		150b/115/226
745b		151b/115/227
744b		152b/115/227

（续表）

1981 年版	1990 年版
743b **176**	153b/115/227
742b **176**	154b/115/227
741b	155b/115/227
740b	156b/115/227—228
739b	157b/116/228
738b	158b/116/228
737b	159b/116/228
736b	160b/116/228
735b	161b/116/无
734b	162b/116/无
733b	163b/116/无
732b	164b/116/无
731b	165b/116/无
730b	166b/116/无
日书乙种	
896 **120—121,313**	1/119/231
897 **120—121,313**	2/119/231
898 **120—121,313**	3/119/231
899 **120—121,313**	4/119/231
900 **120—121,313**	5/119/231
901 **120—121,313**	6/119/231
902 **120—121,313**	7/119/231
903 **120—121,313**	8/119/231
904 **120—121,313**	9/119/231
905 **120—121,313**	10/119/231
906 **120—121,313**	11/119/231
907 **120—121,313**	12/119/231
908 **120—121,313**	13/120/231

（续表）

1981 年版		1990 年版
909		14/120/231
910		15/120/231
911		16/120/231
912		17/120/231
913		18/120/231：232
914		19/120/231：232
915		20/120/231：232
916		21/120/231：232
917	**198**	22/120/231：232
918		23/120/232：232
919		24/120/232：232
920		25/121/232：232
921	**121,314**	26/121/232：232
922	**121,314**	27/121/232：232
923	**121,314**	28/121/232：232
924	**121,314**	29/121/232：232
925	**121,314**	30/121/232：236
926	**121,134,281,314**	31/121/232：236
927	**121,134,281,314**	32/121/232：236
928	**121,134,281,314**	33/121/233：236
929	**121,134,281,314**	34/121/233：236
930	**121,134,281,314**	35/121/233：236
931	**121,134,281,314**	36/121/233：236
932	**121,134,195,281,314**	37/122/233：236
933	**134,195,281**	38/122/233：236
934	**134,281**	39/122/233：236
935	**281**	40/122/233：236
936		41/122/233：236
937		42/122/233：236

（续表）

1981 年版		1990 年版
938	**198**	43/122/233：236
939	**132,199**	44/122/233：236
940		45/122/233：236
941		46/122/233：236
942	**164,309**	47/122/233：236
943	**164,309**	48/122/233：236
944	**164,309**	49/123/233：236
945	**164,309**	50/123/234：236
946	**164,309**	51/123/234：236
947	**164,309—310**	52/123/234：236
948		53/123/234
949	**112**	54/123/234
950	**112**	55/123/234
951		56/123/234
952		57/123/234
953		58/123/234
954		59/123/234
955		60/123/234
956		61/124/234
957		62/124/234
958		63/124/234
959		64/124/235
960		65/124/235
961		66/124/235
962		67/124/235
963	**144**	68/124/235
964	**144**	69/124/235
965		70/124/235
966		71/124/235

（续表）

1981 年版		1990 年版
967		72/124/235
968		73/125/235
969		74/125/235：236
970		75/125/235：236
971		76/125/235：236
972		77/125/237：无
973		78/125/237
974	**113**	79/125/237：239
975	**113,307**	80/125/237：239
976	**113**	81/125/237：239
977	**111,113**	82/125/237：239
978	**113**	83/125/237：239
979		84/125/237：239
980	**113**	85/126/237：239
981		86/126/237
982	**113**	87/126/237：239
983	**126**	88/126/237：239：239
984	**126**	89/126/237：239：239
985	**126**	90/126/237：239：239
986	**126**	91/126/237：239：239
987	**126**	92/126/237：239：239
988	**126**	93/126/238：239：239
989	**126**	94/126/238：239：239
990	**126**	95/126/238：239：239：239
991	**111,126**	96/126/238：239：239：239
992	**126,173**	97/127/238：239：239：239
993	**126**	98/127/238：239：239：240
994	**126**	99/127/238：239：239：240
995	**126**	100/127/238：239：240

（续表）

1981 年版	1990 年版
996	101/127/238：239：240
997 **168,227,266**	102/127/238：239：240 ·
998 **227,266**	103/127/238：239：240
999 **227,266**	104/127/238：239：240
1000 **227,267**	105/127/238：239：240
1001 **227,267**	106/127/238：239：240
1002 **227,267**	107/127/238：240
1003	108/127/240
1004	109/128/240
1005	110/128/240
1006	111/128/240
1007	112/128/241
1008	113/128/241
1009	114/128/241
1010	115/128/241
1011	116/128/241
1012 **261**	117/128/241
1013	118/128/241
1014	119/128/241
1015	120/128/241
1016	121/129/241
1017	122/129/241
1018	123/129/241
1019	124/129/241
1020	125/129/241
1021 **116**	126/129/241
1022	127/129/242
1023	128/129/242
1024	129/129/242

（续表）

1981 年版		1990 年版
1025		130/129/242
1026		131/129/242
1027		132/129/242
1028		133/130/242
1029		134/130/242
1030		135/130/242
1031		136/130/242
1032		137/130/242
1033	**198**	138/130/243
1034	**198**	139/130/243
1035	**198**	140/130/243
1036	**174**	141/130/243
1037	**206**	142/130/243
1038	**196,282**	143/130/243
1039	**194,282**	144/130/243
1040	**171,196,247**	145/131/243
1041	**171,196,247**	146/131/243
1042		147/131/244
1043		148/131/244
1044		149/131/244
1045		150/131/244
1046		151/131/244
1047		152/131/244
1048		153/131/244
1049		154/131/244
1050		155/131/244
1051	**217**	156/131/244
1052	**144**	157/132/245
1053	**144**	158/132/245

（续表）

1981 年版	1990 年版
1054	159/132/245
1055	160/132/245
1056	161/132/245
1057	162/132/245
1058	163/132/245
1059	164/132/245
1060	165/132/245
1061	166/132/245
1062	167/132/245
1063	168/132/245
1064	169/133/245
1065	170/133/245
1066	171/133/245
1067	172/133/245
1068	173/133/245
1069	174/133/245
1070	175/133/245
1071	176/133/245
1072	177/133/245—246
1073	178/133/246
1074	179/133/246
1075	180/133/246
1076	181/134/246
1077	182/134/246
1078 **143**	183/134/246
1079	184/134/246
1080	185/134/246
1081	186/134/246—247
1082	187/134/247

（续表）

1981 年版	1990 年版
1083	188/134/247：248
1084 **157**	189/134/247：248
1085 **157**	190/134/247：248
1086 **116,157**	191/134/247：248
1087 **157**	192/134/247：248
1088 **157**	193/135/247：248
1089	194/135/247
1090	195/135/247：248
1091	196/135/248：248
1092 **145,318**	197/135/248
1093 **318—319**	198/135/248
1094 **319**	199/135/248—249
1095 **319**	200/135/249
1096	201/135/249
1097 **157**	202/135/249
1098 **157**	203/135/249
1099 **157**	204/135/249
1100 **157**	205/136/249
1101 **158**	206/136/249：250
1102	207/136/249：250
1103	208/136/249：250
1104	209/136/249：250
1105	210/136/249：250
1106	211/136/249：250
1107	212/136/249：250
1108	213/136/249：250
1109	214/136/249：250
1110	215/136/249：250
1111	216/136/249：250

（续表）

1981 年版	1990 年版
1112	217/137/249：250
1113	218/137/249：250
1114	219/137/249
1115	220/137/249
1116	221/137/249
1117	222/137/249
1118	223/137/249：251
1119　**178**	224/137/250：251：251
1120　**178**	225/137/250：251
1121　**178**	226/137/250：251
1122　**178**	227/137/250：251
1123　**178**	228/137/250：251
1124　**178**	229/138/250：251
1125　**178**	230/138/250：251
1126　**178**	231/138/250：251
1127　**178**	232/138/250：251
1128　**178,217**	233/138/250：251
1129　**178**	234/138/250：251
1130　**178**	235/138/250：251
1131　**178**	236/138/250：251
1132　**178**	237/138/250：251
1133	238/138/251
1134	239/138/251—252
1135	240/138/252
1136	241/139/252
1137	242/139/252
1138　**165**	243/139/252—253
1139	244/139/253

（续表）

1981 年版	1990 年版
1140	245/139/253
1141	246/139/253—254
1142	247/139/254
1143　**173**	248/139/254
1144	249/139/254
1145	250/139/254
1146	251/139/254
1147	252/139/254
1148	253/140/254
1149	254/140/254
1150	255/140/255
1151	256/140/255
1152	257/140/255
1153	258/140/255
1154	259/140/255
1154b	260/140/255
1155	261/140/无
1155c	261c/140/无

按：＊缺"直此日月者不出"。

译 后 记

　　2008年，我们合作翻译的日本爱媛大学教授藤田胜久的著作《〈史记〉战国史料研究》在上海古籍出版社出版，获得学界好评，于是决定再接再厉，继续合作翻译日本早稻田大学教授工藤元男的名著《睡虎地秦简所见秦代国家与社会》，得到"早期中国研究丛书"策划者朱渊清教授和上海古籍出版社童力军先生的大力支持，于是有了这部著作的翻译和出版。在此要向朱渊清先生、童力军先生表示深厚的谢意。

　　工藤元男教授现任早稻田大学文学部教授、早稻田长江流域文化研究所所长。曾任日本中国出土资料学会会长，主持过日本最高级别的大型科研项目。主要利用出土资料研究中国古代法制史、社会史、宗教史。也通过四川省及两湖地区的野外实地考察，对长江中上游展开过历史学、民族学、考古学的综合研究。成果丰富，自成体系，在中国史学界和出土资料学界享有盛名。我们在中国的学术刊物或网络上常常能够读到他的论文，然而系统阐述其完整思想的译著却一部也没有，这不能不说是件憾事，现在这个缺憾能够由我们来弥补，实在令人欣慰。我们俩曾听过工藤教授的课，或参与过他的科研项目，可以说是他非正式的学生。这次翻译，对我们来说是一次极好的学习机会。而译著的出版，也可以说是我们对他素日教诲之恩的一个回报吧。

工藤元男教授已出版多部学术专著，在我们看来，本书是最主要的、也是评价最高的一部。此书主要利用睡虎地秦简对秦国及其统治地区展开社会史研究。其内容分为两部分，前半部考察了秦国内史等官职制度、伴随秦国疆域扩大形成的国际次序等问题。后半部通过对睡虎地秦简日书的结构分析，探讨了日书这种民间术数的占法原理，以及由日书反映出来的宗教信仰、道教风俗、秦国在占领地区的法律和习俗。虽然国内外学者对睡虎地秦简已有很多研究，但工藤教授独特的视角和研究方法，引起了学界的高度重视，随着岳麓秦简、孔家坡汉简等新出土文献的大量涌现，中国古代行政史、法制史、民间宗教信仰礼仪的研究在国内外方兴未艾，我们相信，工藤教授独特的视角和方法一定会促使这一研究领域取得更大的进步。

本书延续了《〈史记〉战国史料研究》的翻译操作方式，即由双方各自做第一道翻译，然后彼此依照原著，仔细检查对方译文，做出第二道翻译，通过电子信件反复确认之后再最后定稿。序章、第一章、第二章、第三章、第四章、第五章、第六章的前半部分、第十章、终章由复旦大学出土文献与古文字研究中心广濑薰雄做第一道翻译，中文版序言、第六章的后半部分、第七章、第八章、第九章、后记由清华大学哲学系曹峰做第一道翻译。作者表达不清楚的地方、引用文献有误的地方等所有向作者查询之事，由曹峰负责，校对译稿由两人共同负责，最终定稿由曹峰负责。我们深感这种操作方式，能够发挥各自母语之所长，既使细微之处得到更为精准的表达，也使译文的语言更易被读者接受，因此这是我们之间又一次愉快的合作。

《〈史记〉战国史料研究》的翻译后记，曾指出学术翻译在中国学界吃力不讨好，没有多少人愿做的现状，并呼吁有关部门重视这个问题,改革不合理的评价制度。应该说,这种情况这两年已有所改观。一些科研基金开始向译著开放,使译者的工作得到了积极的扶持和正面的评价,应该说这是好事,然而依然存在不尽人意之处,例如有些比较合适的科研项目不向外国学者开放,甚至不向已在中国取得正式工作的外国学者开放。其实,由具备共同学术背景、又相互熟悉各自母语的译者合作翻译,这是"黄金搭档",经得起检验,能够取得最佳的翻译效果,值得大力提倡,然而国内目前的科研鼓励制度却偏偏对这种"黄金搭档"设限,实在不合理,在此,我们要再次大声呼吁,改革这种不合理制度,为更多更好的学术著作传入中国或进入海外,提供最佳的翻译环境。

广濑薰雄、曹峰

2010 年 10 月

早期中国研究丛书

（精装版）

图书在版编目(CIP)数据

睡虎地秦简所见秦代国家与社会／（日）工藤元男著；（日）广濑薰雄，曹峰译. —上海：上海古籍出版社，2018.9（2024.4重印）
（早期中国研究丛书）
ISBN 978-7-5325-8972-2

Ⅰ.①睡… Ⅱ.①工… ②广… ③曹… Ⅲ.①云梦竹简-研究②中国历史-研究-秦代 Ⅳ.①K877.54②K233.07

中国版本图书馆 CIP 数据核字(2018)第 209594 号

早期中国研究丛书

睡虎地秦简所见秦代国家与社会

［日］工藤元男　著

［日］广濑薰雄　曹　峰　译

上海古籍出版社出版发行

（上海市闵行区号景路 159 弄 1-5 号 A 座 5F　邮政编码 201101）

（1）网址：www.guji.com.cn

（2）E-mail：guji1@guji.com.cn

（3）易文网网址：www.ewen.co

苏州市越洋印刷有限公司印刷

开本 890×1240　1/32　印张 14.125　插页 5　字数 337,000

2018 年 9 月第 1 版　2024 年 4 月第 4 次印刷

印数：4,701—5,500

ISBN 978-7-5325-8972-2

K·2542　定价：78.00 元

如有质量问题，请与承印公司联系